Die Jagd ums Blaue Band

Reeder, Rennen und Rekorde

Hans-Joachim Rook

Die Jagd ums Blaue Band

Reeder, Rennen und Rekorde

transpress

Hapag-Schnelldampfer »Fürst Bismarck« (S. 2)

Leuchtturm Eddystone

Vorsatz vorn: Silhouetten einer vergangenen Zeit – Vierschornsteiner.
Foto: Deutsches Schiffahrtsmuseum, Bremerhaven

Vorsatz hinten: Der New Yorker Hafen um 1860.
Stich: Sammlung Autor

Rook, Hans-Joachim:
Die Jagd ums Blaue Band: Reeder, Rennen und Rekorde. – 1. Auflage
Berlin: Transpress Verlagsgesellschaft, 1991. –
232 S: 412 Abb., davon 44 farb., 18 Tab.,
1 Frontispiz & [8] s. Anl.

ISBN 3-344-70720-5

1. Auflage

Französische Straße 13/14, O-1086 Berlin
Printed in Germany
Lektor: Jürgen Schödler
Gestaltung: Ulrich Reuter, Berlin
Satz: Vaihinger Satz + Druck, 7143 Vaihingen/Enz
Druck: Maisch und Queck, 7016 Gerlingen
Bindung: Karl Dieringer, 7016 Gerlingen

Inhalt

Ein Wort zuvor

Bemerkenswerte technische und seemännische Leistungen wurden vollbracht, seit Dampfschiffsreedereien von der Mitte des 19. bis zur Mitte des 20. Jahrhunderts einen regelmäßigen Linienpassagierdienst über den Nordatlantik betrieben. Die Größe der Passagierschiffe sowie deren Geschwindigkeit und luxuriöse Ausstattung schienen keine Grenzen mehr zu kennen. Die Veränderungen nahmen in nur wenigen Jahrzehnten Ausmaße an, die jegliche Vorstellungskraft überstiegen. Und nicht nur diejenige von Laien, sondern gleichermaßen auch die von Experten. Die Bruttotonnage stieg um das 30- bis 40fache. Sie erreichte schließlich Werte von 50000 BRT und darüber! Die Geschwindigkeiten erhöhten sich auf 20 bis 25 und letztlich auf mehr als 30 Knoten. Schwimmende Paläste begannen seit der Jahrhundertwende schneller und schneller den Nordatlantik zu kreuzen.

Und wie die Spitzenleistungen beim Sport oder anderswo mit einer Siegestrophäe gewürdigt wurden, so begannen Journalisten eines Tages auch die schnellsten Passagierschiffe symbolisch mit einem »Blauen Band« zu bedenken. Das »Blaue Band des Ozeans« wurde zum »Wahr«zeichen eines vermeintlichen Kampfes um die schnellste Fahrt der Passagierschiffe zwischen Europa und Nordamerika.

Dennoch beinhaltet dieser Begriff mehr als einen rein »sportlichen« Wettkampf zur Steigerung der Geschwindigkeiten. Das »Blaue Band« stand andererseits auch nicht ausschließlich für wirtschaftliche Rivalitäten im Kampf um Marktanteile und Gewinne. Die Geschichte des »Blauen Bandes« als ein Teil schifffahrtsgeschichtlicher Entwicklung widerspiegelt die ganze Differenziertheit der sich innerhalb eines bestimmten Zeitabschnittes vollzogenen technischen und ökonomischen Veränderungen. Wie jegliche gesellschaftliche Erscheinung, so war auch das »Blaue Band des Ozeans« ein Produkt seiner Zeit!

Die vorliegende Publikation beinhaltet drei Komplexe. Dabei soll im ersten Komplex nach der Maxime »Eine einzige Tatsache ist besser als eine ganze Schiffsladung von Argumenten« versucht werden, die Wirklichkeit und die Legende des »Blauen Bandes« mit bislang unberücksichtigten Fakten und neuen Erkenntnissen weiter aufzuhellen. Es handelt sich dabei um Tatbestände, die selbst in Standardwerken zum »Blauen Band«, aber auch in einschlägigen Lexika entweder ganz fehlen, nebulös dargestellt oder als reine Behauptung nicht belegt sind und so schließlich über Jahre hinaus als Legende und Halbwahrheiten kolportiert wurden. Natürlich – und das sei ausdrücklich vermerkt – erhebt auch der Autor keinen Anspruch auf Absolutheit und Vollständigkeit, allein schon deswegen, weil einige wesentliche Quellen verschollen oder nur noch bedingt bzw. gar nicht mehr zugänglich sind. Im ersten Kapitel herrscht das Bemühen vor, anhand der vorhandenen, insbesondere der erreichbaren deutschen Quellen einen eigenständigen Beitrag zur Geschichte des »Blauen Bandes« zu leisten.

Ein zweiter Komplex beinhaltet die technischen Voraussetzungen sowie die wirtschaftlichen Möglichkeiten zum Bau und zum Einsatz von Rekordschiffen. Es war nicht allein der Gewinn, sondern zunehmend auch nationales Prestige, in dessen Dienst die Technik gestellt wurde. Dennoch zwang der unausweichliche Kampf ums wirtschaftliche Überleben ebenso zu Spitzenleistungen wird zum technischen va banqué mit all seinen Konsequenzen.

Dabei ist es jedoch bemerkenswert, daß keiner der Rekordbrecher jemals ein Innovationsschiff war. Denn keine der entscheidenden Veränderungen im Antrieb, im Vortrieb und bei den Baumaterialien wurde eigens zur Konstruktion von Rekordschiffen entwickelt. Erst als der Beweis der Leistungsfähigkeit und Überlegenheit bei anderen Schiffen nachgewiesen worden war, wurden die technischen Neuerungen für den Bau potentieller Rekordbrecher genutzt.

Im dritten Komplex werden die Reedereien mit ihren »Blau-Band-Trägern« vorgestellt. Angesichts der Schicksale der einzelnen Gesellschaften und anhand der Lebenswege ihrer Rekordschiffe sollen die Gemeinsamkeiten und Unterschiede im Auf und Ab der Entwicklung dargestellt werden. Die Komplexe zwei und drei werden jeweils in eine Periode bis zum ersten Weltkrieg und in eine solche zwischen den beiden Weltkriegen unterteilt. Der erste Weltkrieg stellte nicht nur politisch und gesellschaftlich, sondern auch schiffahrtsgeschichtlich einen wesentlichen Einschnitt dar. Prinzipiell trifft das auch für den zweiten Weltkrieg zu, obwohl dieser in seinen Auswirkungen auf die Geschichte des »Blauen Bandes« von weitaus geringerer Bedeutung war, weil der »Kampf ums Blaue Band« stark an Bedeutung verloren hatte und sehr bald nach dem zweiten Weltkrieg endete.

Schwierig blieb bei vorliegender Publikation eine exakte Bewertung der technischen Parameter von einzelnen Schiffen bzw. von bestimmten Rekordfahrten. Was die technischen Angaben betrifft, so stützt sich der Autor auf die beiden grundlegenden Werke von Bonsor (North Atlantic Seaway) und von Kludas (Die großen Passagierschiffe der Welt). Fehlten dort entsprechende Werte, wurden diejenigen mit einer mehrfachen Übereinstimmung bzw. der größten Ähnlichkeit aus anderen Quellen ausgewählt. Das gilt insbesondere für die Maschinenleistungen aus den ersten Jahrzehnten der nordatlantischen Passagierschiffahrt. Aufgrund der damals recht unterschiedlichen Berechnungsmethode von möglichem (indiziertem) und

Amerikas Stolz – »America« und »United States« der United States Lines

tatsächlichem Leistungsvermögen gibt es teilweise erhebliche Abweichungen, ohne diese im Nachhinein noch kritisch werten zu können. Deshalb bleiben die PS-Angaben aus der frühen Zeit der Dampfschifffahrt sporadisch, oder sie fehlen ganz.

Hinsichtlich der Träger des »Blauen Bandes« und deren nachweisbare Rekordfahrten wurde die Zusammenstellung von Bonsor zugrundegelegt. Bei seiner Beweisführung können diese Angaben – fast – als endgültig angesehen werden. Dennoch bleiben offene Fragen, insbesondere gegenüber der Monographie von Hughes (Der Kampf ums Blaue Band), aber auch zu anderen Veröffentlichungen. Ein wesentlicher Widerspruch betrifft die britische Reederei National Line mit ihrer »America«, die im Gegensatz zu Bonsor von zahlreichen anderen Autoren als Rekordschiff geführt wird. Da bei der gegebenen Quellenlage auch der Verfasser keine endgültige Entscheidung fällen konnte, versuchte er, diesen Widerspruch zumindest durch den Begriff »rekordverdächtiges« Schiff zu lösen.

Auf die Hauptursache dieser, aber auch anderer Unstimmigkeiten bzw. ähnlicher Problemfälle – es sei nur auf den »Blau-Band-Träger« »Fürst Bismarck« von der Hapag verwiesen – wird in den einzelnen Abschnitten eingegangen.

Abschließend sei noch auf ein konzeptionelles Problem verwiesen: die teilweise Unvermeidbarkeit einer doppelten Erwähnung von Ereignissen und Entwicklungen. Technische und ökonomische Veränderungen sind in ihrer allgemeinen Darstellung immer die Summe von Detailentwicklungen und werden konkret bei der Geschichte der Reedereien und ihrer Rekordbrecher behandelt. Zwangsläufig müssen aber entscheidende Veränderungen auch bei der allgemeinen historischen Betrachtung erwähnt werden. Ein Beispiel soll diesen Sachverhalt verdeutlichen: Der erste turbinengetriebene Rekordbrecher stellte für die allgemeine technische Entwicklung ebenso eine neue Etappe dar wie für die Reederei, die dieses Schiff bauen und in Dienst stellen ließ. Wollte man auf eine der Darstellungsweisen verzichten, würde das bedeuten, entweder den gesamthistorischen Überblick durch notwendige Detailerläuterungen zu überlagern oder notwendige Detaildarstellungen zugunsten der allgemeinen Entwicklung zu beschneiden. Deshalb sollten »Doppelungen« in Kauf genommen werden. Sie sind nicht nur das kleinere Übel, sondern dürften die komplizierten historischen Prozesse – in der Wiederholung aus einem anderen Blickwinkel – durchschaubarer werden lassen.

Die Publikation wäre ohne die umfassende Hilfe und tatkräftige Unterstützung zahlreicher Personen und Institutionen nicht zustande gekommen. Mein besonderer Dank gilt Herrn Dr. Jürgen Schmädicke von der Hochschule für Verkehrswesen in Dresden für seine fachlichen Hinweise von der Idee bis zur Fertigstellung des Projektes. Gleichermaßen bin ich dem Deutschen Schiffahrtsmuseum in Bremerhaven und hier insbesondere dem Leiter der Bibliothek, Herrn Arnold Kludas, zu Dank verpflichtet. In uneigennütziger Weise wurden mir spezielle Fachliteratur sowie umfangreiches Bildmaterial zur Verfügung gestellt. Überdies gaben mir die großzügige Nutzung des Privatarchives von Herrn Kludas und ein intensiver Gedankenaustausch wertvolle Hinweise und Anregungen zur Fertigstellung der Arbeit. Wenn dennoch unterschiedliche Auffassungen bestehen blieben, so mögen diese als Anregungen zu weiteren Diskussionen dienen.

Neben der Cunard-Reederei in London gilt mein besonderer Dank der Reederei Hapag Lloyd-AG für die Archivstudien in Hamburg und Bremen sowie für das großzügige Überlassen von Bildmaterial.

Folgenden Institutionen sei ferner gedankt: dem Zentralen Staatsarchiv in Potsdam, der Deutschen Staatsbibliothek in Berlin, den Universitätsbibliotheken in Berlin und Rostock, der Allgemeinwissenschaftlichen Bibliothek in Potsdam, dem Schiffahrtsmuseum in Rostock, der Hochschule für Verkehrswesen in Dresden, dem Verkehrsmuseum und der Sächsischen Landesbibliothek (Abteilung Deutsche Fotothek) ebenda, den Staatsarchiven in Hamburg und Bremen, den Staats- und Universitätsbibliotheken in Hamburg und Bremen sowie der Staatsbibliothek (Preußischer Kulturbesitz) in Berlin.

Herrn Werner Müller in Zehdenick gilt mein Dank für die Übersetzung von Fachtexten sowie Herrn Claus Rothe in Stralsund und Herrn Joachim Scharf in Braunschweig für die Bereitstellung von Bildmaterial.

Schornsteinmarken und Flaggen
der ersten Rekordbrecher sowie der Reedereien
mit Rekordschiffen

Sirius
Great Western
National
Cunard (bis 1880)
Cunard (ab 1881)
Guion
Italia
Collins (bis 1855)
Collins (ab 1855)
I&I
Inman
Inman & International
U S L
USL
Cie Gle
TRANSATLANTIQUE
CGT
H. A. P. A. G.
HAL
NDL

NATCHEZ
MAIL LINE.
ECLIPSE

HOVERSPEED
HOVERSPEED
SeaCat

Wettrennen zwischen zwei Mississippi-Raddampfern

Der Luftkissen-Katamaran »Sea Cat« des anglo-amerikanischen Großreeders James B. Sherwood fuhr Ende Juni 1990 neuen Rekord auf Ostkurs. Zweifelhaft bleibt die Zuerkennung des »Blauen Bandes«. Die »Sea Cat« ist eine Passagierfähre für den Ärmelkanal und kein Passagierschiff im Transatlantiklinienverkehr.

Als sensationell muß obige karikierende Darstellung aus der amerikanischen Zeitschrift Puck vom 3. März 1893 angesehen werden. Sie zeigt ein amerikanisches Schiff mit einem »Blauen Band«. Die Unterschrift lautet sinngemäß: »Es wurde bekannt, doch wir mußten es haben!« – Für die Zeit bis 1929 wurde überhaupt keine Darstellung eines Schiffes mit einem Blauen Band gefunden

Die Hales-Trophäe (North Atlantic Blue Riband Challenge Trophy), 1935 als offizielles »Blaues Band« gestiftet

Englands höchster Orden: Der Hosenbandorden, gestiftet 1350 von König Edward III. Die Inschrift lautet: »Ein Schelm, wer Arges dabei denkt«

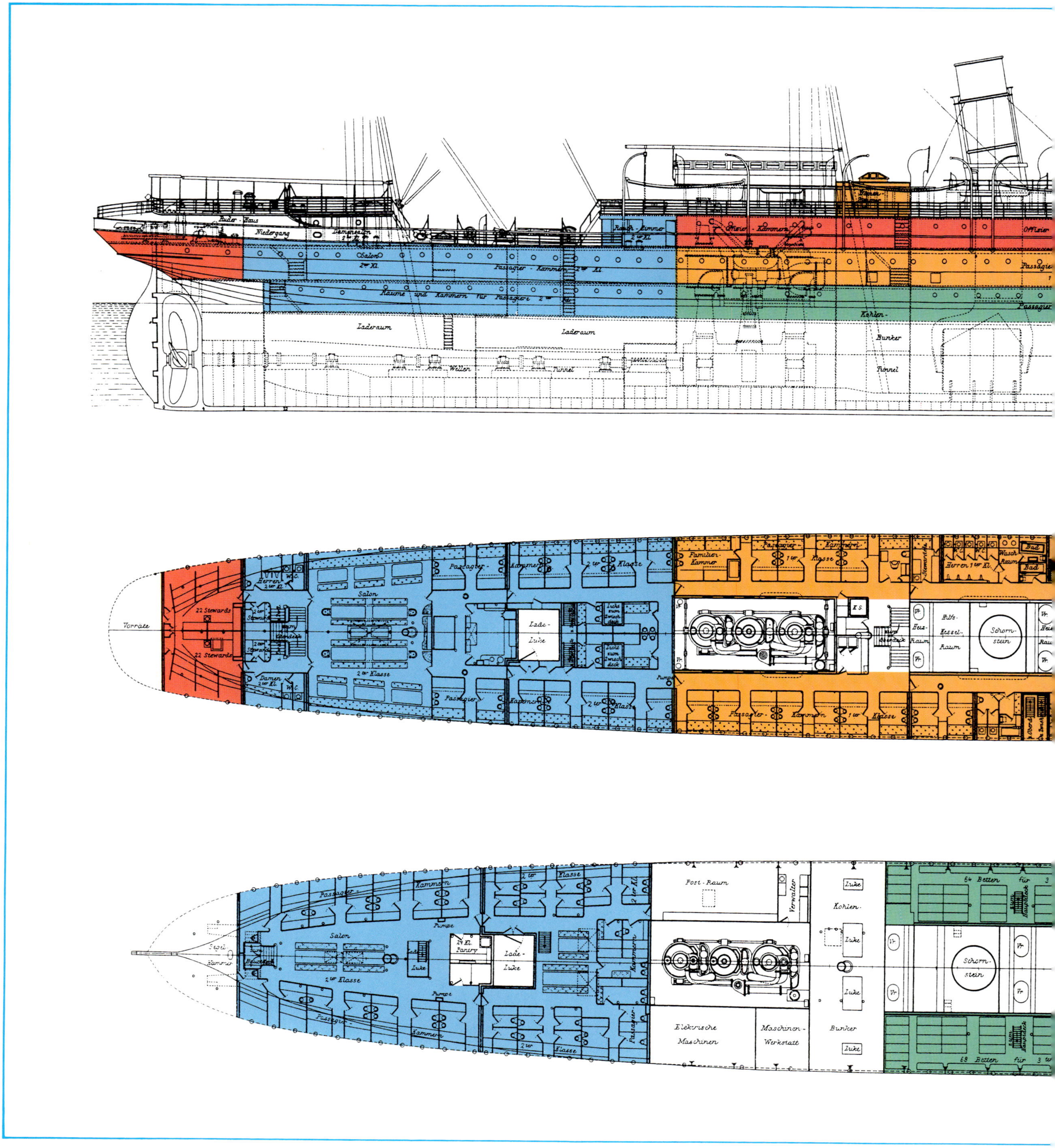

Raumaufteilung auf den Ozeanpassagierdampfern vor 1870 (Darstellung nach einer Idee von Arnold Kludas): 1. Klasse (gelb), 2. Klasse (blau), Zwischendeck (grün), Besatzung (rot)

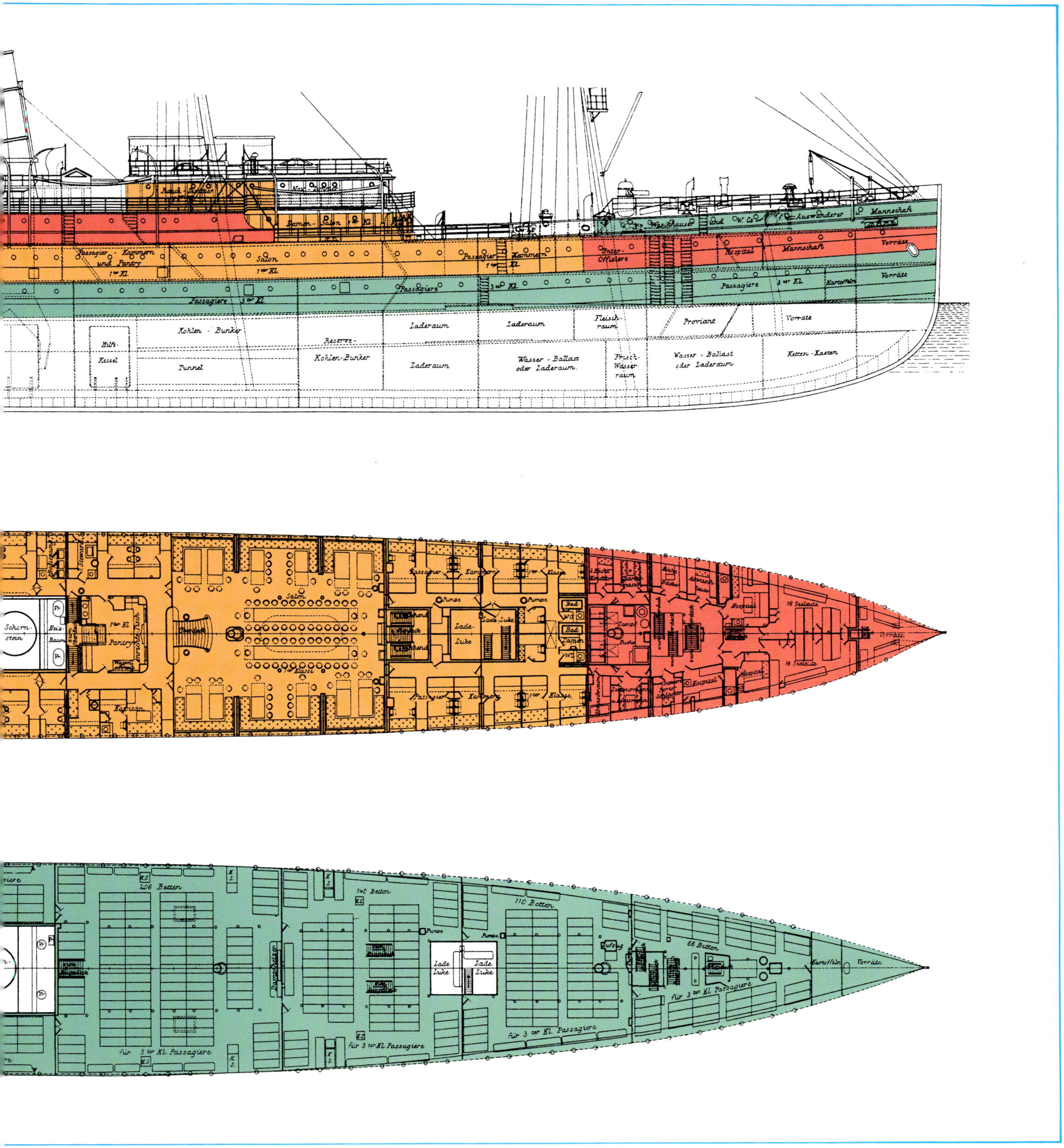

Damen-Salon
Auswanderer
Mannschaft
Passagier-Kammern und Pantry 1ter Kl.
Salon 1ter Kl.
Passagier Kammern 1ter Kl.
Unter-Offiziere
Hospital
Mannschaft
Vorräte
Passagiere 3ter Kl.
Passagiere 3ter Kl.
Kartoffeln
Vorräte
Kohlen-Bunker
Hilfs-Kessel
Tunnel
Reserve-Kohlen-Bunker
Laderaum
Laderaum
Laderaum
Fleisch-raum
Proviant
Vorräte
Wasser-Ballast oder Laderaum
Frisch-Wasser-raum
Wasser-Ballast oder Laderaum
Ketten-Kasten
Schorn-stein
Pantry
Salon
Pumpe
Lade-Luke
Bad
18 Seeleute
Hospital
Vorräte
206 Betten
140 Betten
110 Betten
66 Betten
Pumpe
Lade Luke
Lade Luke
Kartoffeln
Vorräte
für 3ter Kl. Passagiere
für 3ter Kl. Passagiere
für 3ter Kl. Passagiere
für 3ter Kl. Passagiere

Paketsegler auf dem Mersey vor Liverpool

Pioniere der nordatlantischen Dampfschiffahrt:
»Great Western«, »Britannia«, »Sirius«, »Persia«

Geschwindigkeit war ein wichtiges Werbeattribut: nun bereits in 6 Tagen nach New York

Geburt einer Legende

Die Wahrheit hat es oft schwer, sich gegenüber einer Legende zu behaupten. Eher scheint an der Wahrheit Rufmord begangen zu werden, als daß eine Legende für immer zerstört wird. Das gilt um so mehr, wenn sich die Legende als ein nachgerade unumstößlicher Tatbestand im Bewußtsein der Menschen eingenistet hat. Dies scheint auch beim »Blauen Band des Ozeans« der Fall zu sein, um dessen Besitz die schnellsten Passagierschiffe des Nordatlantiks im 19. und 20. Jahrhundert angeblich erbittert gekämpft haben.

Ein Begriff wird kreiert

Nun hat es aber offiziell kein »Blaues Band« gegeben. Allein deshalb schon kann nie ein Kampf um diese Trophäe stattgefunden haben. Es gab weder einen Staat noch ein Komitee, weder einen Verein noch irgendeine andere Institution, welche jemals den Titel »Träger des Blauen Bandes« verliehen hätten. Lediglich der in den 30er Jahren des 20. Jahrhunderts gestiftete Pokal des britischen Parlamentsabgeordneten Harold Keates Hales war der Versuch, der Legende um das »Blaue Band« einen offiziellen Anstrich zu geben. Das »Blaue Band des Ozeans« für die schnellste Nordatlantiküberquerung eines Passagierschiffes seit der Mitte des vorigen Jahrhunderts war, ist und bleibt eine imaginäre Trophäe, eine rein symbolische Auszeichnung ohne jegliche materielle Vergütung. Das gilt – ohne Ausnahme – für alle mit dem »Blauen Band« im Zusammenhang stehenden Schiffe, egal ob sie aus Großbritannien kamen, dem Land mit den meisten Blau-Band-Trägern, oder aus anderen Staaten, darunter auch aus Deutschland.

Wer hat aber nun die schnellsten Passagierschiffe auf dem Nordatlantik mit dem »Blauen Band« bedacht? Nimmt man das britische Standard-Nachschlagewerk »Encyklopädia Britannica« zur Hand, so sucht man in allen Auflagen unter dem Stichwort »blue riband« bzw. »blue ribbon« vergeblich irgendeinen Hinweis zur Schiffahrt (»blue riband« vorwiegend britisch, »blue ribbon« vorwiegend amerikanisch). Der Brite Lee verwendet in seiner 1931 erschienenen Monographie »The Blue Riband« von über 200 Seiten zwar mehr als 20mal diesen Begriff, ohne jedoch ein Wort zu seinem Ursprung zu verlieren. Er schildert praktisch auf dem Hintergrund des »Blauen Bandes« die Entwicklung der nordatlantischen Passagierschiffahrt seit der Mitte des 19. Jahrhunderts.

Nicht anders sein Landsmann Hughes. Wie dieser selbst schreibt, standen ihm für sein 1973 veröffentlichtes Buch »The Blue Riband of the Atlantic« (deutsche Ausgabe 1974, unveränderter Nachdruck 1988) persönliche Aufzeichnungen und Zeitungsausschnitte aus den letzten 50 Jahren zur Verfügung. Doch auch er gibt keine Hinweise über die Herkunft des Begriffes. Für Hughes beginnt »Der Kampf ums Blaue Band« im Juli 1840 mit der Eröffnung des ersten mit Dampf betriebenen regelmäßigen Post- und Passagierdienstes durch den hölzernen Cunard-Raddampfer »Britannia«.

In der britischen Fachpresse und anderen Schriften des 19. Jahrhunderts waren ebenfalls keine Hinweise auf ein »blue riband« in der Schiffahrt zu finden. Jüngere britische Veröffentlichungen geben gleichermaßen keine konkreten Hinweise. So schreibt Bonsor von einem »völlig mystischen« Begriff, der »erfolgreich zahlreiche Mythen selbst hervorbrachte«. Wall konstatiert, daß niemand weiß, wann die Bezeichnung »Blaues Band« erstmals verwendet wurde, die – seiner Meinung nach – seit den 80er Jahren des vergangenen Jahrhunderts allgemein gebräuchlich war. Bei Cornwell ist nachzulesen, daß man nirgends registrierte, wann der Begriff »Blue Riband of the Atlantic« erstmals geprägt wurde, ein Begriff, der nach dem 1. Weltkrieg, so meint er, dann allgemein genutzt wurde.

Nicht viel anders sieht es mit der einzigen, in der ehemaligen DDR zu dieser Problematik erschienenen Broschüre von Hessel aus. Bei der Darstellung der Schiffahrts- und Geschwindigkeitsentwicklung stützt er sich ausschließlich auf die teilweise recht widersprüchlichen Daten und Fakten von Hughes. Unter Hinweis auf den noch ungeklärten Ursprung bemerkt Hessel ohne Beweisführung, daß der Begriff »Blaues Band« für die schnellste Nordatlantiküberquerung erst sporadisch ab Ende des vorigen Jahrhunderts verwendet wurde und sich nach dem 1. Weltkrieg durchsetzte.

Analysiert man die vor 1945 für Deutschland in Frage kommenden Quellen, so ist in den Geschäftsberichten der Reedereien Norddeutscher Lloyd (NDL) und der Hamburg-Amerika-Linie (HAL/Hapag) – beide Gesellschaften besaßen zeitweilig die schnellsten Passagierschiffe der Welt – nie der Begriff »Blaues Band« verwendet worden. Ähnlich sieht es in den älteren Lexika von Meyer und Brockhaus aus.

Die erstmalige Erringung des »Blauen Bandes« durch einen deutschen Dampfer liest sich in der Münchner Allgemeinen Zeitung auf deren letzter Seite unter »Verschiedenes« wie folgt: »Bremen, 30. 11. (1897) Der Schnelldampfer ›Kaiser Wilhelm der Große‹ (vom NDL) ist am 29. November 9 Uhr nach einer Durchfahrt von 22,10 Seemeilen (Kap) Lizard passiert. Der Dampfer hat damit die schnellste über den Ozean gemachte Fahrt übertroffen und den Rekord sämtlicher Schnelldampfer nach beiden Seiten geschlagen.« Nichts von überschwenglicher Freude, wie das in schiffahrtsgeschichtlichen Publikationen des öfteren anklingt, sondern sachlich und objektiv wurde berichtet. Als lokalpatriotische Ausnahme kann die Weser-Zeitung gelten, die schreibt: »Der Dampfer ›Kaiser Wilhelm der Große‹ hat mit dieser Reise den transozeanischen Weltrekord an die Flagge des Norddeutschen Lloyd und damit zugleich an die deutsche Flagge geheftet.« Aber auch hier kein Wort zum »Blauen Band«.

Gleichermaßen verhielt es sich mit der führenden Schiffahrtszeitschrift »Hansa«: Auch sie vermeldete die Rekordfahrt von »Kaiser Wilhelm der Große«, ohne den Begriff »Blaues Band« zu verwenden. Und bei einer in der »Hansa« bereits 1891/92 geführten Diskussion, ob der Hapag-Dampfer »Fürst Bismarck« oder die englische Konkurrenz zwischen Europa und Nordamerika schneller gewesen sei, war nie vom »Blauen Band« die Rede.

Bemerkenswert ist überdies, daß von der Rekordfahrt des Dampfers »Kaiser Wilhelm der Große« auf Westkurs, d.h. von Europa nach Nordamerika, im April 1898 weder offiziell im Jahresbericht des NDL noch in der deutschen Presse davon Notiz genommen wurde. Nicht nur die Bremer Weserzeitung berichtete am 6. April unter »Dampfer-Bewegungen« lapidar: »Der Schnelldampfer ›Kaiser Wilhelm der Große‹, (Kapitän) Engelbart, ist gestern 7¾ Uhr Morgens wohlbehalten in New York angekommen.« Der Umstand ist insofern wichtig, als auch die Auffassung besteht, dies sei die erste Rekordfahrt eines deutschen Dampfers überhaupt gewesen, weil auf Westkurs erzielt.

Im Jahre 1900 fuhr dann ein weiteres deutsches Schiff Rekord. Stellvertretend für zahlreiche Zeitungen sei die Hamburgische Börsenhalle vom 14. Juli zitiert: »Der Schnelldampfer ›Deutschland‹ (HAL/Hapag) hat schon auf seiner ersten Reise den Rekord der schnellsten Fahrt, die jemals nach New York ausgeführt ist, errungen. Die Leistungen dieses Schiffes auf seiner Erstlingsreise übertreffen um mehr als einen Knoten per Stunde die Leistungen des nächst der ›Deutschland‹ schnellsten Schiffes, des Dampfers ›Kaiser Wilhelm der Große‹.«

Und über die Rückfahrt der »Deutschland« vermeldete nicht nur die Vossische Zeitung am 25. Juli 1900 auf der vierten Seite unter »Vermischtes«:

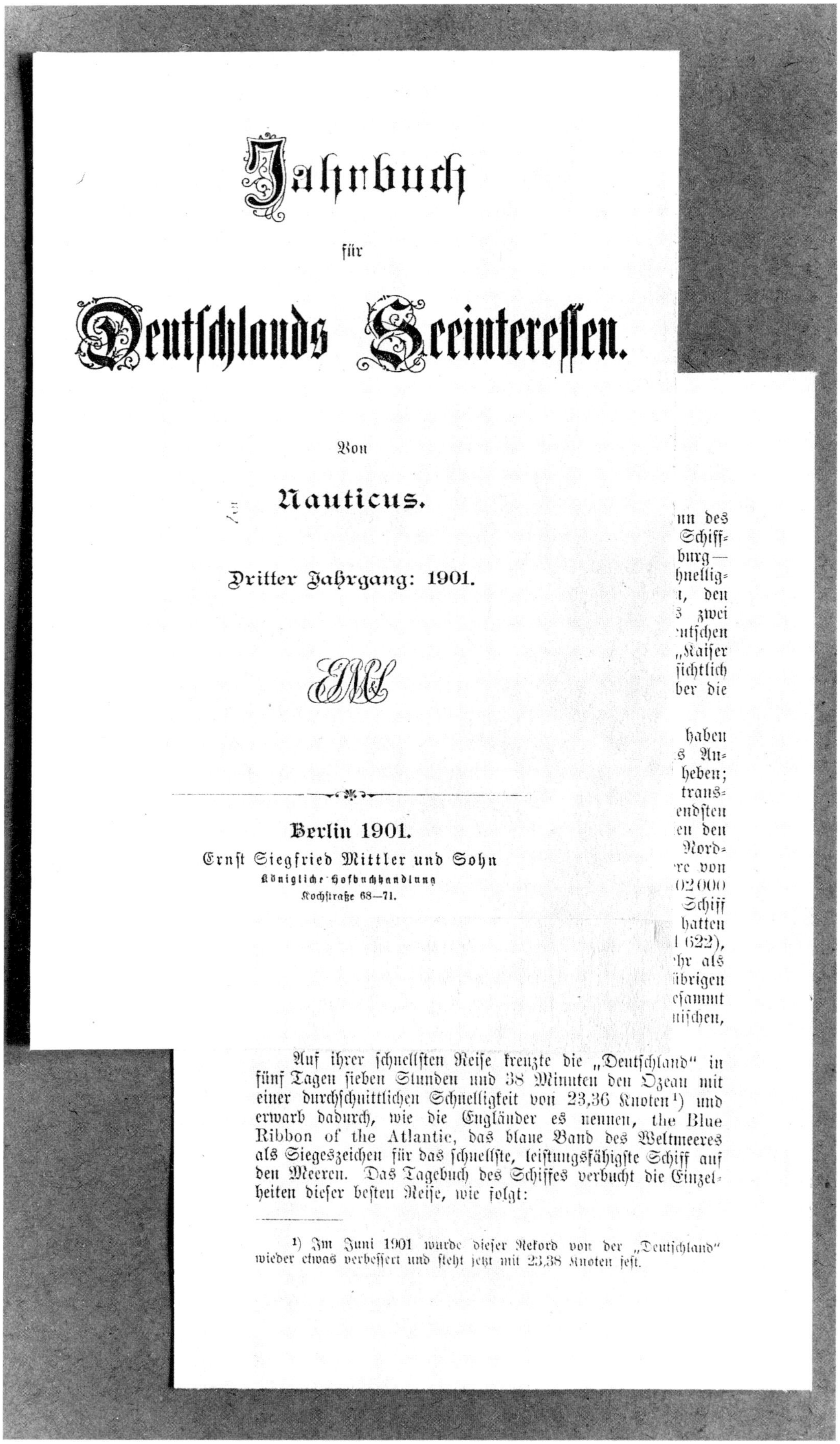
Jahrbuch für Deutschlands Seeinteressen.

Von Nauticus.

Dritter Jahrgang: 1901.

Berlin 1901.
Ernst Siegfried Mittler und Sohn
Königliche Hofbuchhandlung
Kochstraße 68–71.

Auf ihrer schnellsten Reise kreuzte die „Deutschland" in fünf Tagen sieben Stunden und 38 Minuten den Ozean mit einer durchschnittlichen Schnelligkeit von 23,36 Knoten[1]) und erwarb dadurch, wie die Engländer es nennen, the Blue Ribbon of the Atlantic, das blaue Band des Weltmeeres als Siegeszeichen für das schnellste, leistungsfähigste Schiff auf den Meeren. Das Tagebuch des Schiffes verbucht die Einzelheiten dieser besten Reise, wie folgt:

[1]) Im Juni 1901 wurde dieser Rekord von der „Deutschland" wieder etwas verbessert und steht jetzt mit 23,38 Knoten fest.

Erwähnung des Blauen Bandes im Jahre 1901

»Der Schnelldampfer ›Deutschland‹ ist gestern Dienstag, früh 8 Uhr in Plymouth eingetroffen. Er hat die Rückreise von New York nach Europa in der Durchschnittsgeschwindigkeit von 23 Knoten zurückgelegt und damit den höchsten Weltrekord erreicht.« Auch hier – nirgends ein »Blaues Band«.

Dieser Begriff konnte dennoch in der deutschen Presse im Jahre 1901 gleich zweimal nachgewiesen werden. So fand sich in der Zeitschrift »Nauticus« in einem Jahresrückblick die hochinteressante Formulierung: »Auf ihrer schnellsten Reise kreuzte die ›Deutschland‹ in fünf Tagen, sieben Stunden und 38 Minuten den Ozean mit einer durchschnittlichen Schnelligkeit von 23,36 Knoten und erwarb dadurch, *wie die Engländer es nennen, the Blue Ribbon of the Atlantic, das blaue Band des Weltmeeres als Siegeszeichen für das schnellste, leistungsfähigste Schiff auf dem Meere.«*

Die Norddeutsche Allgemeine Zeitung schrieb am 7. Mai 1901 in einer Betrachtung zur Passagierschiffahrtsentwicklung ebenfalls von einem »Blauen Band des Weltmeeres«. Und die gleiche Formulierung verwendete knapp ein Jahr später die Berliner Börsenzeitung, die am 16. April 1902 berichtete: »In der englischen Presse ist mit Jubel eine Nachricht begrüßt worden, daß die englische Cunard-Line sich endlich entschlossen habe, dem Bau von erstklassigen Eildampfern näher zu treten und um das ›Blaue Band des Weltmeeres‹, um die Palme der Schnelligkeit mit der ›Deutschland‹ der Hamburg-Amerika-Linie und der ihr zunächst stehenden beiden Schiffe des Norddeutschen Lloyds zu ringen.« Neben »Kaiser Wilhelm der Große« war die 1901 in Dienst gestellte »Kronprinz Wilhelm« gemeint.

Die Benutzung des Begriffes »Blaues Band« zu dieser Zeit in deutschen Zeitungen und Zeitschriften muß aber als eine Ausnahme angesehen werden. Denn es bleibt ein bemerkenswerter Tatbestand: Weder bei der »Deutschland«, die im Juli 1901 ihren eigenen Rekord verbesserte, noch bei »Kronprinz Wilhelm« nach vermeintlichen Rekordfahrten im Juni und September 1902 sind in den recherchierten Zeitungen und Zeitschriften irgendwelche Verbindungen zu einem »Blauen Band« hergestellt worden.

Das geschah selbst zwei Jahre später noch nicht, als der NDL einen weiteren Rekordbrecher über den Nordatlantik geschickt hatte. Stellvertretend sei die Bremer Weserzeitung zitiert, die am 21. Juni 1904 berichtete: »Der Schnelldampfer ›Kaiser Wilhelm II.‹ des Norddeutschen Lloyd hat auf seiner letzten Reise von Newyork einen neuen Ozeanrekord aufgestellt. Der Dampfer passierte Sandy Hook-Feuerschiff am 14. Juni 8 Uhr 12 Minuten morgens; die Reisedauer betrug mithin 5 Tage 11 Stunden und 58 Minuten, unter Berücksichtigung des Zeitunterschiedes, der Durchschnitt der Geschwindigkeit 23,58 Knoten.« Der Kaiser gratulierte dem NDL mit den Worten, veröffentlicht in der Vossischen Zeitung vom 24. Juni: »Gerade jetzt, wo so ernsthaft angestrebt wird, eine weitere Geschwindigkeitssteigerung bei den transatlantischen Fahrten zu erreichen, ist mir Ihre Nachricht, von der unübertroffenen Leistung des Schiffes, welches meinen Namen trägt, sehr willkommen. Ich gratuliere dem Lloyd zu diesem neuen Erfolge.«

Mit diesen Formulierungen spielte Kaiser Wilhelm II. ganz gezielt auf den beabsichtigten Bau von zwei Schnelldampfern durch die britische Cunard-Reederei an, zwei Dampfer, die in Größe, Technik und Geschwindigkeit, aber auch in wirtschaftlicher Hinsicht – infolge massiver staatlicher Unterstützung – die neue Etappe in der Entwicklung von Schiffbau und Passagierschiffahrt auf dem Nordatlantik Anfang des 20. Jahrhunderts einläuten sollten. Ähnlich war auch die Berichterstattung in der deutschen Presse. Und das gleich in zweierlei Hinsicht.

Wie in der großen Politik, so verschärfte sich in den Zeitungen die Polemik gegenüber dem Hauptschiffahrtskonkurrenten Großbritannien ebenfalls. Zum anderen erschienen 1904 nach der Rekordfahrt von »Kaiser Wilhelm II.« in den Tageszeitungen nicht nur häufiger Betrachtungen zur Entwicklung von Schiffbau und Schiffahrt, sondern es wurden auch zunehmend Begriffe wie »Blaues Band«, »Blaues Band der Ozeanfahrt« und »Blaues Band des Ozeans« verwendet. Die Berichterstattung in der deutschen Presse fand ihre Steigerung, als es der »Lusitania«, dem zuerst in Dienst gestellten Schiff, während ihrer Jungfernreise nach New York im September 1907 nicht auf Anhieb gelang, einen neuen Rekord zu fahren.

Die verschiedensten Tageszeitungen ebenso wie die Zeitschriften »Hansa« und »Nauticus« verwendeten in ihren Stellungnahmen und Kommentaren den Begriffen »Blaues Band« und setzten ihn sogar erstmals in Überschriften ein. Als bemerkenswerte Ausnahme sprach der Berliner Lokalanzeiger vom sogenannten Blauen Band auf dem Atlantik! Eine andere Zeitung, die »Post« vom 14. August 1907, publizierte erstmals die Formulierung in der Schlagzeile: »Der Kampf ums Blaue Band des Ozeans«. Diese Überschrift verwendete dann auch die Vossische Zeitung am 11. Oktober 1907, als die »Lusitania« tatsächlich einen neuen Geschwindigkeitsrekord auf dem Nordatlantik aufgestellt hatte.

Über diese Rekordfahrt der »Lusitania« berichtete die deutsche Presse insgesamt verhalten! Ja, einige Publizisten bemühten sich sogar, den Verlierer letztlich für den Sieger auszugeben. Derartige Versuche fanden aber keine ungeteilte Zustimmung. Am 14. Oktober 1907 schrieb die Kölner Zeitung unter der Überschrift »Das Blaue Band«: »Auf ihrer dritten Fahrt hat die ›Lusitania‹ eine Durchschnittsgeschwindigkeit von 23,96 Knoten erzielt und sonach die schnellste Überfahrt gemacht, die bisher überhaupt zu verzeichnen war. Sie übertrifft damit sowohl westwärts die ›Deutschland‹ (23,15) wie ostwärts den ›Kaiser Wilhelm II.‹ (23,58) und da kein Grund zur Annahme vorhanden ist, daß eine wesentliche Verschlechterung dieser Geschwindigkeit eintreten werde, so muß man sich wohl damit abfinden, das das Blaue Band für Deutschland verloren ist.«

»Wir sehen«, so schrieb die Kölner Zeitung weiter, »daß in der Presse der Versuch gemacht wird, andere Geschwindigkeitsmesser, die für deutsche Schiffe vorteilhafter sein sollen, heranzuziehen: nämlich die Fahrdauer von Anlegestelle zu Anlegestelle oder von Dock zu Dock. Wir halten diese Versuche für wenig glücklich, denn das für alle maßgebende Unterscheidungsmerkmal für die Schnelligkeit eines Dampfers beruht in der Durchschnittsziffer der zurückgelegten Knoten, und nach dieser Richtung hin ist eben kein Zweifel möglich. Statt an den englischen Erfolgen zu mäkeln, ziehen wir es vor, uns

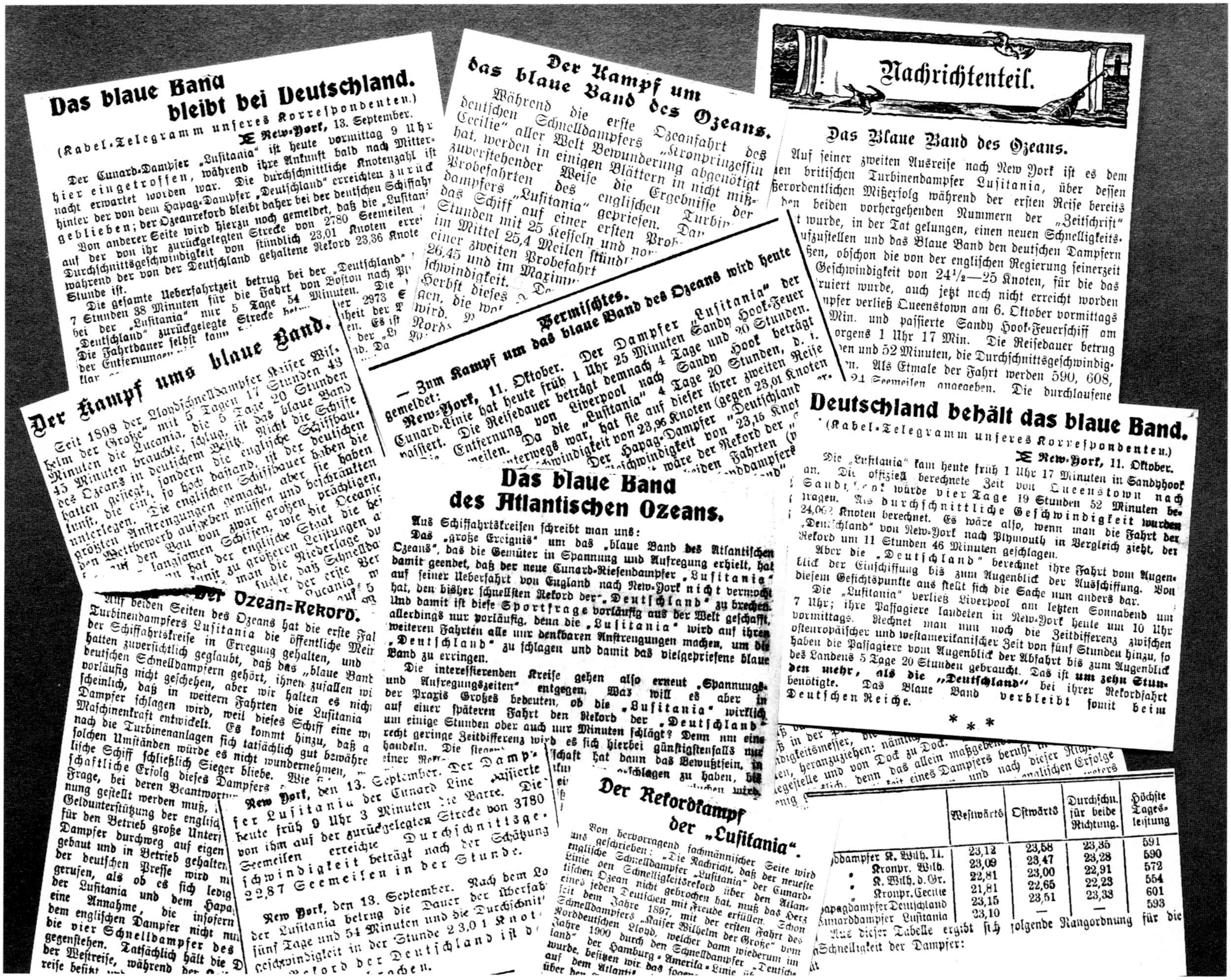

Das blaue Band bleibt bei Deutschland.

(Kabel-Telegramm unseres Korrespondenten.)

New-York, 13. September.

Der Cunard-Dampfer „Lusitania“ ist heute vormittag 9 Uhr hier eingetroffen, während ihre Ankunft bald nach Mitternacht erwartet worden war. Die durchschnittliche Knotenzahl ist hinter der von dem Hapag-Dampfer „Deutschland“ erreichten zurückgeblieben; der Ozeanrekord bleibt daher bei der deutschen Schiffahrt. …

Der Kampf um das blaue Band des Ozeans.

Nachrichtenteil.

Das Blaue Band des Ozeans.

Auf seiner zweiten Ausreise nach New York ist es dem britischen Turbinendampfer Lusitania, über dessen außerordentlichen Mißerfolg während der ersten Reise bereits in den beiden vorhergehenden Nummern der „Zeitschrift“ berichtet wurde, in der Tat gelungen, einen neuen Schnelligkeitsrekord aufzustellen und das Blaue Band den deutschen Dampfern zu entreißen, obschon die von der englischen Regierung seinerzeit verlangte Geschwindigkeit von 24½—25 Knoten, für die das Schiff konstruiert wurde, auch jetzt noch nicht erreicht worden ist. …

Der Kampf ums blaue Band.

Vermischtes.

Zum Kampf um das blaue Band des Ozeans wird heute gemeldet: New-York, 11. Oktober. Der Dampfer „Lusitania“ der Cunard-Linie hat heute früh 1 Uhr 25 Minuten Sandy Hook-Feuer passiert. …

Deutschland behält das blaue Band.

(Kabel-Telegramm unseres Korrespondenten.)

New-York, 11. Oktober.

Die „Lusitania“ kam heute früh 1 Uhr 17 Minuten in Sandyhook an. … Der Rekord um 11 Stunden 46 Minuten geschlagen. … Das Blaue Band verbleibt somit beim Deutschen Reiche.

* * *

Das blaue Band des Atlantischen Ozeans.

Aus Schiffahrtskreisen schreibt man uns:

Das „große Ereignis“ um das „blaue Band des Atlantischen Ozeans“, das die Gemüter in Spannung und Aufregung erhielt, hat damit geendet, daß der neue Cunard-Riesendampfer „Lusitania“ auf seiner Ueberfahrt von England nach New-York nicht vermocht hat, den bisher schnellsten Rekord der „Deutschland“ zu brechen. Und damit ist diese Sportfrage vorläufig aus der Welt geschafft, allerdings nur vorläufig, denn die „Lusitania“ wird auf ihren weiteren Fahrten alle nur denkbaren Anstrengungen machen, um die „Deutschland“ zu schlagen und damit das vielgepriesene blaue Band zu erringen. …

Der Ozean-Rekord.

Der Rekordkampf der „Lusitania“.

	Westwärts	Ostwärts	Durchschn. für beide Richtung.	Höchste Tagesleistung
…dampfer K. Wilh. II.	23,12	23,58	23,35	591
„ Kronpr. Wilh.	23,09	23,47	23,28	590
„ K. Wilh. d. Gr.	22,81	23,00	22,91	572
„ Kronpr. Cecilie	21,81	22,65	22,23	554
Hapagdampfer Deutschland	23,15	23,51	23,33	601
Cunarddampfer Lusitania	23,10	—	—	593

Aus deutschen Zeitungen vom Herbst 1907

Naive Darstellung des »Blauen Bandes« – überreicht an Kapitän Ziegenbein nach der Rekordfahrt seiner »Bremen« 1929

Mögliche erste Veröffentlichung des Begriffes »Blaues Band« in der deutschen Presse 1893 (aus »Zeitschrift VDI«)

der Auffassung des Vertreters der Norddeutschen Lloyds in New York anzuschließen, der die Cunardlinie zu ihrem Erfolge beglückwünschte mit dem Hinzufügen, daß es besser sei, geschlagen zu werden, als einen Rekord niemals besessen zu haben.«

Mit der Indienststellung der beiden britischen Schnelldampfer »Lusitania« und »Mauretania« im Herbst 1907 fand der Begriff »Blaues Band des Ozeans« allgemein Eingang in den deutschen Sprachgebrauch. Neben zahlreichen Tageszeitungen läßt sich dieser Begriff nun auch in den Zeitschriften »Hansa« und »Nauticus«, in Betriebs- und Reedereigeschichten, in populären und allgemeinen Darstellungen zur Schiffahrtsentwicklung sowie in historischen Rückblicken nachweisen. Vor allem ging es dabei um die Bekräftigung der in der technischen Entwicklung vollbrachten eigenen Leistungen. Sogar in einem von 1907 datierten Bericht des deutschen Konsulats aus New York an das Außenministerium in Berlin (siehe Anhang) wurde vom »Blauen Band« geschrieben. So taucht denn dieser Begriff schließlich 1925 zum ersten Mal in Meyers Lexikon auf: »Blaues Band des Ozeans, sinnbildliches Zeichen für die schnellste Dampferfahrt über den Nordatlantischen Ozean.« Ähnlich ist die Formulierung im Brockhaus von 1929 abgefaßt (siehe Anhang).

Der Ausgangspunkt für die Übertragung des Begriffes »Blaues Band« auf die Schiffahrt lag aber nicht bei der deutschen Presse. Die deutschen Journalisten haben diesen Begriff nur übernommen, und zwar – darauf verwies bereits die Zeitschrift »Nauticus« 1901 – von ihren britischen Kollegen. Der Ausdruck »Blaues Band« für die schnellste Nordatlantikpassage hat in britischen Zeitungen bereits Ende des vergangenen Jahrhunderts gestanden.

Als literarische Geburtsstunde des Begriffes »Blaues Band« bezeichnete Mertens in seinem 1975 erschienen Buch zur Entwicklung der Schnelldampferflotte vom Norddeutschen Lloyd eine Notiz im britischen Magazin »Syren and Shipping« vom 1. August 1900: »The Northatlantic Blue Riband has been gained by the Hamburg-Amerika-Lines, ›Deutschland‹, which arrived in Plymouth Sound, having made the passage from New York in five days, fourteen hours and six minutes, which works out at an average speed of 23 knots (Das Blaue Band des Nordatlantiks gewann die ›Deutschland‹ der Hamburg-Amerika-Linie, die in Plymouth ankam, nachdem die Passage von New York in 5 Tagen, 14 Stunden und 6 Minuten bei einer durchschnittlichen Geschwindigkeit von 23 Knoten zurückgelegt wurde).« Unter dem gleichem Datum und mit nahezu gleichem Wortlaut berichtet über dieses Ereignis auch die Zeitschrift »Illustrated London News«. Sie wird deshalb – wie Bonsor vermerkt – als »Urheberin« des Begriffes »Blaues Band« in einer anderen Gegenwartspublikation angeführt.

Andererseits zitiert Hughes in seinem »Kampf ums Blaue Band« den Londoner »Daily Chronicle«, der bereits am 5. Mai 1898 geschrieben hatte: »Mit einer Tagesleistung von 580 Seemeilen am letzten Tag ihrer Westreise gewann die ›Kaiser Wilhelm der Große‹ das ›Blaue Band des Atlantiks‹.« Am 5. April war das Schiff in New York angekommen.

Aber alle diese Veröffentlichungen waren nicht die ersten. Bonsor fand nach eigenen Recherchen in der amerikanischen Zeitung New York Herald vom 20. Oktober 1892 folgende Formulierung zur Rekordfahrt des Inman-Liners »City of Paris«: »Although the Inman greyhound now wears the blue ribbon for Atlantic speed, it by now means follows, that her altest record cannot be broken with propitions winds and seas by some of her present rivels... (Obwohl der Inman-Windhund nun das Blaue Band für Atlantikgeschwindigkeit trägt, sollte man nicht glauben, daß ihr letzter Rekord nicht gebrochen werden kann unter günstigem Wind und günstiger See durch mehrere ihrer gegenwärtigen Rivalinnen...).«

Als geradezu sensationell muß die auf Seite 11 abgedruckte amerikanische Karikatur vom Februar 1893 gewertet werden, publiziert in Coleman's Buch »The Liners«: Ein nordamerikanischer Schnelldampfer, die »New York«, mit einem »Blauen Band«! Und gleichermaßen bezeichnend sind die Unterschriften. Frei übersetzt lauten sie: »Es wurde bekannt, aber wir mußten es haben!« sowie »Onkel Sam reitet hoch; erwarb die bankrotten Inman Liner und mit ihnen, kurz und bündig, das Blaue Band.«

Die Zweischraubendampfer der Cunard-Linie »Campania« und »Lucania«

Beim Bau des Dampfers »Campania« und seines Schwesterschiffes »Lucania« sind die Erfahrungen, welche sich bei dem hitzigen Wettbewerb um die Palme des Sieges in der schnellsten und bequemsten Personenbeförderung zwischen Europa und Amerika herausgestellt haben, verwertet worden; es ist daher eine lohnende Aufgabe, die Konstruktion und Bauausführung dieser Fahrzeuge einer eingehenden Betrachtung zu unterziehen.

Die Besitzerin der Dampfer, die Cunard Steam Ship Co., welche einst unbestritten die Führung im transatlantischen Personen- und Postverkehr hatte, war durch andere Reedereien, vornehmlich durch die White Star Line, Inman Line und unsere beiden grofsen deutschen Gesellschaften, den Norddeutschen Lloyd und die Hamburg-Amerikanische Packetfahrt-A.-G., etwas ins Hintertreffen gedrängt, und es galt daher, durch eine ganz hervorragende Anstrengung die Nebenbuhler abzuschütteln und das »blaue Band« (the blue riband) wieder zu erobern, welches dem schnellsten der »Windhunde des Ozeans« zuerkannt wird.

Zum Hintergrund: Die unter britischer Flagge fahrenden Schiffe der Reederei Inman & International erhielten 1893 die amerikanische »Nationalität«. Darunter befanden sich auch die beiden Ex-Rekordbrecher »City of New York« und »City of Paris« (Vgl. Abschnitt: Inman setzt auf neue Technik). Diese amerikanische Darstellung eines »Blauen Bandes« ist dann auch die nachweisbar älteste konkrete Wiedergabe der an sich imaginären Trophäe und nicht diejenige Darstellung, die Ellmers in seinem Buch »Maritimes Silber im Industriezeitalter« auf Seite 71 beschreibt. Ellmers bezieht sich dabei auf ein phantasievolles Gemälde, das auch in dieser Publikation auf Seite 21 abgedruckt ist.

Als Überraschung erbrachten die eigenen Nachforschungen, daß der Begriff »Blaues Band« in einer deutschen Publikation bereits zur selben Zeit veröffentlicht wurde. Es handelt sich – wie nachstehendes Faksimile ausweist – um einen Beitrag in der Zeitschrift des Vereins deutscher Ingenieure vom 11. Oktober 1893. Und der dort in Klammern gesetzte Begriff »the blue riband« beweist eindeutig, daß das »Blaue Band« zu diesem Zeitpunkt auch schon in England mit der Schiffahrt in Zusammenhang gebracht worden ist. Waren die Jahre 1892/93 ganz und gar die Jahre einer literarischen Geburt des Begriffes vom »Blauen Band« in der Schiffahrt?

Wer auch immer der erste war! Tatsache bleibt – und auf diese Zusammenhänge und Hintergründe hat erstmals Kludas in 18, Bde I und II eingehend und ausführlich hingewiesen –, daß der Begriff »Blaues Band« für das schnellste Passagierschiff auf dem Nordatlantik zuerst von Journalisten gegen Ende des 19. Jahrhunderts benutzt worden ist, und zwar von britischen sowie amerikanischen. Dann übernahm die Presse anderer Länder das Schlagwort »Blaues Band«. In Deutschland geschah das seit der Jahrhundertwende noch sporadisch. Mit der Publizität um die Indienststellung der beiden britischen Dampfer »Lusitania« und »Mauretania« im Jahre 1907 ging der Begriff des »Blauen Bandes« in den allgemeinen deutschen Sprachgebrauch ein.

Strittiger indes bleibt, wo der Ursprung dieses Begriffes für die Schiffahrt liegt. In älteren Nachschlagewerken, einschließlich der »Encyklopädia Britannica«, werden beim »Blauen Band« stets Verbindungen zum englischen Hosenbandorden und zum Pferdesport, dem Derby, hergestellt. Nach dem Oxford-Wörterbuch wird der Begriff »Blaues Band« seit 1848 gebraucht und bedeutet so viel wie »Die größte Auszeichnung, der erste Platz oder Preis.«

Bemüht man neuere deutschsprachige Lexika, so ist zwar weiterhin von den Beziehungen Hosenbandorden – Derby die Rede, doch wird das »Blaue Band« in der Schiffahrt ursächlich auf einen blauen Wimpel zurückgeführt, der Anfang des 19. Jahrhunderts von einer englischen Reederei für die schnellste Fahrt von Australien nach London gestiftet worden sein soll. Diesen Wimpel habe man dann für die Atlantikfahrt übernommen. Als Jahr der Verleihung wird verschiedentlich 1838 angegeben, das Jahr, in dem mit den Dampfern »Sirius« und »Great Western« der direkte Passagierverkehr Großbritannien–New York aufgenommen wurde.

Ähnliches schrieb auch die Zeitschrift »Hansa« 1929. »Vor rund 100 Jahren«, so das Blatt, »erhielt der Kapitän des schnellsten ›Wollklippers‹ für die Reise von Australien nach England einen großen blauen Wimpel.« Für die Existenz eines derartigen Wimpels konnten sowohl in älterer als auch in neuerer Fachliteratur keine belegten Hinweise gefunden werden. Selbst der Brockhaus-Verlag Mannheim, in dessen neueren Ausgaben vornehmlich von diesem Wimpel die Rede ist, konnte – auf eine diesbezügliche Anfrage – für die tatsächliche Existenz keine autorisierten Belege vorweisen.

Nicht anders verhält es sich mit einem blauseidenen Wimpel, den die Rekordschiffe – nach neueren Angaben in Meyers Lexikon, Leipzig – als Symbol ihrer Schnelligkeit ab 1875 am Vormast getragen haben sollen. Keine Nachweise werden auch in einer Schweizer Publikation von Baumann angeführt, derzufolge das seit dem Jahre 1852 als Auszeichnung dem schnellsten Passagierschiff verliehene »Blaue Band des Ozeans« auf den uralten englischen Brauch zurückgeht, wonach die Sieger von Wettfahrten an ihrem Mast ein blaues Band befestigen durften.

Bonsor fand im »New York Herald« vom 23. August 1885 folgende Formulierung: »Cunards ›Etruria‹ kann an ihrem Vormast einen Wimpel flattern lassen. Auf ihrem Log steht der Rekord der schnellsten Reise, die je über den Atlantik gemacht wurde.« Kommentierend fügt Bonsor hinzu: »Es bedurfte nun einer relativ geringen Phantasie, gedanklich vom Wimpel (pennant) zum Blauen Band (blue ribbon) fortzuschreiten.«

Selbst wenn es nun einen derartigen blauen Wimpel bzw. ein derartiges »Blaues Band« gegeben haben sollte und dieses Symbol entweder uralter englischer Brauch ist oder – von wem auch immer – verliehen wurde, so haben die als Rekordbrecher in die Geschichte eingegangenen Schiffe von den noch heute existierenden Reedereien Cunard in Großbritannien und Hapag-Lloyd in Deutschland nie einen derartigen blauen Wimpel oder Stander getragen. Das haben beide Reedereien auf ausdrückliche Anfrage schriftlich bestätigt. Mit diesen Reedereien Cunard und Hapag-Lloyd wären es mehr als 50 Prozent aller Blau-Band-Träger, die nie ein »Blaues Band« als äußeres Zeichen des schnellsten Schiffes geführt haben.

Mehr noch: Als der Begriff des »Blauen Bandes« um die Jahrhundertwende in die nordatlantische Passagierschiffahrt Eingang fand, hatten bereits zahlreiche Reedereien mit ehemaligen Rekordschiffen aufgehört zu existieren, oder sie begannen, sich aus wirtschaftlichen Gründen von den Rekordfahrten abzuwenden. Die Schiffe dieser Reedereien machten in ihrer Gesamtheit nochmals einen Anteil von mehr als 40 Prozent aller »Blau-Band-Renner« aus. Somit wären es über 90 Prozent aller Schiffe, die keine Rekordtrophäe gesetzt hatten. Deshalb kam der Autor zu der Auffassung, daß zu keiner Zeit auch nur ein einziger »Blau-Band-Träger« je ein »Blaues Band« als äußeres Zeichen eines Geschwindigkeitsrekordes auf dem Nordatlantik getragen hat. Es gibt nur eine nachweisbare Ausnahme: Das ist die französische »Normandie«. Sie ließ nach ihrer 30-Knoten-Rekordfahrt im Jahre 1935 eine – selbstgenähte – 30 Meter lange blaue Fahne weithin sichtbar flattern.

Der Begriff des »Blauen Bandes« für die nordatlantische Passagierschiffahrt ist nach Ansicht des Autors mit sehr großer Wahrscheinlichkeit von den britischen Journalisten ihrem heimischen Pferde-

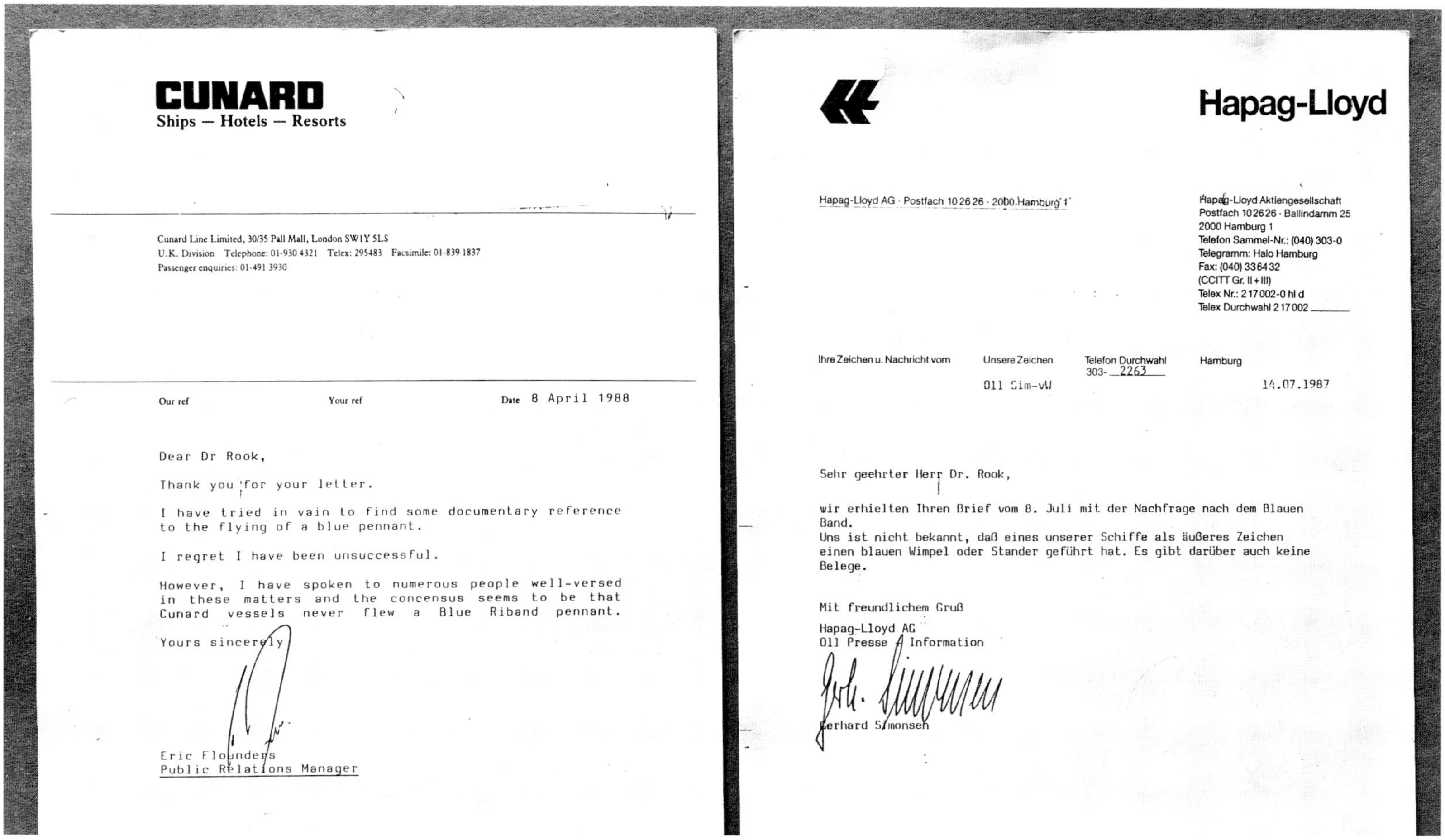

CUNARD
Ships — Hotels — Resorts

Cunard Line Limited, 30/35 Pall Mall, London SW1Y 5LS
U.K. Division Telephone: 01-930 4321 Telex: 295483 Facsimile: 01-839 1837
Passenger enquiries: 01-491 3930

Our ref Your ref Date 8 April 1988

Dear Dr Rook,

Thank you for your letter.

I have tried in vain to find some documentary reference to the flying of a blue pennant.

I regret I have been unsuccessful.

However, I have spoken to numerous people well-versed in these matters and the concensus seems to be that Cunard vessels never flew a Blue Riband pennant.

Yours sincerely

Eric Flounders
Public Relations Manager

Hapag-Lloyd

Hapag-Lloyd AG · Postfach 10 26 26 · 2000 Hamburg 1

Hapag-Lloyd Aktiengesellschaft
Postfach 10 26 26 · Ballindamm 25
2000 Hamburg 1
Telefon Sammel-Nr.: (040) 303-0
Telegramm: Halo Hamburg
Fax: (040) 33 64 32
(CCITT Gr. II + III)
Telex Nr.: 2 17 002-0 hl d
Telex Durchwahl 2 17 002

Ihre Zeichen u. Nachricht vom | Unsere Zeichen 011 Sim-vW | Telefon Durchwahl 303-2263 | Hamburg 14.07.1987

Sehr geehrter Herr Dr. Rook,

wir erhielten Ihren Brief vom 8. Juli mit der Nachfrage nach dem Blauen Band.
Uns ist nicht bekannt, daß eines unserer Schiffe als äußeres Zeichen einen blauen Wimpel oder Stander geführt hat. Es gibt darüber auch keine Belege.

Mit freundlichem Gruß
Hapag-Lloyd AG
011 Presse / Information

Gerhard Simonsen

Schiffe von Cunard und Hapag-Lloyd trugen nie ein »Blaues Band«.

sport entlehnt. Beim Derby, einem seit 1780 nachweisbaren und heute klassischen englischen Pferderennen der besten dreijährigen Vollblüter erhält das schnellste Pferd als äußeres Zeichen des Sieges ein blaue Schleife (blue riband). Und diese blaue Schleife wiederum soll auf den britischen Hosenbandorden zurückgehen, der als höchste Auszeichnung im 14. Jahrhundert von König Eduard III. gestiftet und an einem schmalen blauen Samtband getragen wurde.

Mit dem Einzug des Begriffes »Blaues Band« in die Dampfschiffahrt wurden nicht nur alle nun folgenden, sondern auch alle vorangegangenen schnellsten Passagierdampfer, die unter dem Begriff »record breaker« in die Schiffahrtsgeschichte eingegangen waren, von der Geschichtsschreibung im Nachhinein dazu »auserkoren«, um das »Blaue Band des Ozeans« gefahren zu sein. Sie erhielten praktisch posthum die Ehre eines »Blau-Band-Trägers« auf dem Nordatlantik.

Die vorerst sinnbildliche Auszeichnung sollte 1935 ihren offiziellen Anstrich bekommen. Der britische Parlamentsabgeordnete Harold K. Hales stiftete eine 45 Kilogramm schwere und rund 1,20 Meter hohe silberne Statuette als Symbol des »Blauen Bandes«. Diese »North Atlantic Blue Riband Challenge Trophy« – so der offizielle Name – wirkt rein äußerlich mehr monströs als geschmackvoll. Sie zeigt den Gott und die Göttin des Meeres, Neptun und Amphitrite, die beide auf einem Sockel sitzen. Darüber befinden sich eine von einer Siegesgöttin getragene Weltkugel, auf der zwei Titanen um einen Überseedampfer kämpfen. In der Mitte befindet sich ein Porträt von Hales. Dieses wird von den Fotos zweier Blau-Band-Träger eingerahmt, die nach deren Rekordfahrten angebracht worden waren. Das ganze wird dann von einem »Blauen Band« umschlungen.

Bei den Schiffen handelt es sich um die französische »Normandie« (1935) und die amerikanische »United States« (1952) als den letzten Blau-Band-Träger. Die britische »Queen Mary« (1936) fehlt mit der Begründung, daß es die Cunard-Reederei stets abgelehnt hat, sich an Rekordfahrten zu beteiligen. Im Nachhinein wurde auch noch der Name der italienischen »Rex« (1933) eingraviert. Am Fuße der Hales-Trophäe ist die legendäre »Great Western« dargestellt.

Mit der »Great Western« und der »Sirius«, die beide 1838 erstmals den Nordatlantik im ununterbrochenen Dampfbetrieb kreuzten, soll auch unsere Geschichte über das »Blaues Band des Ozeans« beginnen, eine Geschichte, die so, wie sie später geschrieben wurde, nie stattgefunden hat. Die Schiffe fuhren nicht ums »Blaue Band«. Es ging zunächst allein um Geschwindigkeit. Denn einzelne nordatlantische Passagierreedereien trachteten danach, schnelle Schiffe, ja das schnellste Schiff – ihren Rekordhalter –, zu besitzen. Diese »record breaker« waren es, die die Geschichte des »Blauen Bandes« schrieben.

Wettrennen auf See

Am Sonntag, dem 29. Juni 1986, raste der Brite Richard Branson mit seiner in New York gestarteten Yacht »Virgin Atlantic Challenger II« nach 3 Tagen, 8 Stunden und 32 Minuten an den Scilly-Inseln südwestlich von England vorüber. Auf der 2906 Seemeilen langen Strecke Ambrose Feuerschiff – Bishop Rock war er um 2 Stunden und 8 Minuten schneller als der amerikanische Liner »United States« während seiner Rekordfahrt 1952. Branson beanspruchte daraufhin für sich das Blaue Band! Er erhielt es jedoch nicht, weil es sich bei seiner Yacht um einen 20 Meter langen Katamaran mit 4000 PS Maschinenleistung und nicht um ein Passagierschiff handelte. Nur diesem nämlich steht die Trophäe zu! Was für den Millionär Branson blieb, war eine mehr oder weniger spektakuläre Firmenwerbung, für die er auch letztlich gestartet war.

Wettrennen auf hoher See, die hat es nicht erst in unserer Zeit gegeben. Sie gab es schon früher und wird es wohl auch weiterhin geben. Legendären Ruf erwarben sich die Klipper mit ihren ozeanischen Wettfahrten. Nach den Goldfunden in Kalifornien 1848 entwickelte sich eine über fast 15000 Seemeilen reichende Rennstrecke von der Ostküste Nordamerikas ums Kap Horn bis nach San Franzisco. Vom Goldfieber gepackte Menschen hatten nur ein Bestreben, billig und schnell an ihr Reiseziel zu gelangen. Die Segelschiffe begaben sich gleich Rennpferden auf die Strecke. Ihre Kapitäne waren die Jokkeys. Und es soll vorgekommen sein, daß man Rah an Rah – Steigbügel an Steigbügel gleich – die Meere kreuzte.

Die Fahrzeiten auf der Kalifornien-Route konnten von 160 bis 240 Tagen 1849 auf weniger als 100 Tage reduziert werden. Packende Wettfahrten lieferten sich die Klipper »Raven«, »Thyphoon« und »Sea Witch« ebenso wie »Flying Fish« und »Sword Fish«. Aber auch andere Windjammer, wie »Flying Cloud«, »Sovereign of the Sea« und »Westward Ho« haben an der Geschichte der Kalifornien-Klipper entscheidend mitgeschrieben.

Diesen Leistungen standen die Segler in der Australienfahrt nicht nach. Vorerst waren es die Wollklipper nach England. Dann setzte der große »run« in Gegenrichtung ein, als man 1851 auf dem 5. Kontinent ebenfalls Gold entdeckt hatte. Zu den Rekordschiffen gehörten die »James Baines« und die »Lightning«. Sie bewältigten die mehr als 11000 Seemeilen lange Strecke Liverpool–Melbourne sowohl bei der Hin- als auch bei der Rückfahrt in weniger als 70 Tagen.

Für das Segelschiff, das zuerst mit dem Tee der neuen Ernte, von China kommend, in London eintraf, gab es ab 1856 erstmalig eine Prämie von 1 Pfund Sterling je Tonne Fracht. Damit begannen die berühmten Teerennen – die »tea races«. Zehn Jahre später sollte mit insgesamt neun Schiffen die bis dahin größte Wettfahrt unter den Teeklippern ausgetragen werden. Aber nur fünf, die »Fiery Cross«, »Ariel«, »Serica«, »Teaping« und »Taitsing«, konnte man rechtzeitig beladen. Sie verließen zwischen dem 29. und 31. Mai 1866 nacheinander den Teehafen Futschou (heute Fuzhou).

Aga Khan will „Blaues Band" 1991 für Italien gewinnen

Mit einer 48 000 PS starken Motorjacht will Prinz Karim Aga Khan 1991 das „Blaue Band" für die schnellste Atlantiküberquerung gewinnen.

Nach Angaben des Jachtclubs Costa Smeralda auf Sardinien vom Donnerstag soll das 70 m lange Boot unter italienischer Flagge mit dem Namen „Destriern" (Schlachtroß) eine Spitzengeschwindigkeit von 100 Stundenkilometern erreichen. Der Bau des Schiffes wird voraussichtlich umgerechnet 70 bis 100 Mio. DM kosten.

Das offiziell als „Hales Trophy" bezeichnete „Blaue Band" galt ursprünglich als Auszeichnung für Passagierschiffe. Der Transatlantikliner „United States" hielt seit 1952 den Rekord für die 6332 km lange Strecke von Ambrose am Ausgang des Hafens von New York bis zum Bishop's Rock auf den Scilly Islands vor Cornwall mit drei Tagen, zehn Stunden und 40 Minuten.

Dem britischen Schallplattenmillionär Richard Branson gelang 1987 die Atlantiküberquerung in drei Tagen, acht Stunden und 31 Minuten. In diesem Juli schaffte es der Amerikaner Tom Gentry sogar in zwei Tagen, 14 Stunden und sieben Minuten. Wegen mehrerer Tankpausen blieb die Anerkennung dieser Rekorde jedoch strittig.

Aus »Täglicher Hafenbericht«, 8. September 1989

Branson mit der »Virgin Atlantic Challenger II«

Während der 16000 Seemeilen langen Reise änderte sich die Reihenfolge der Schiffe mehrfach. St. Helena wurde von allen Schiffen kurz nacheinander angelaufen. Im Nordatlantik gingen »Ariel« und »Teaping« in Führung. Sie liefen dann auch am 5. September als erste Schiffe in den Kanal ein und erreichten in einem Abstand von nur 8 Minuten die Themse. Von hier ließen sie sich per Schlepper in den Londoner Hafen bugsieren. Dort traf jedoch die »Teaping« mit einem leistungsfähigeren Schleppdampfer eine halbe Stunde früher ein.

Der tatsächliche Zeitunterschied nach 99 Tagen gemeinsamen Seetörns betrug infolge unterschiedlicher Abgangszeiten von Futschou ganze 12 Minuten zugunsten der »Teaping«. Der Streit, welches Schiff nun das schnellste gewesen sei, wurde dahingehend beigelegt, daß man sich die ausgesetzte Zielprämie teilte. Das letzte Teerennen fand 1871 statt. Daran waren solch berühmte Klipper, wie »Thermopylae«, »Cutty Sark« und »Forward Ho«, beteiligt.

Nicht minder dramatisch verliefen die Fahrten einzelner Segler auf dem Nordatlantik. Insbesondere nach Eröffnung einer Linienschiffahrt zwischen Nordamerika und Großbritannien ab 1818 ließen die konkurrierenden Reedereien ihre Schiffe ebenfalls zu regelrechten Wettfahrten in See stechen. Denn das schnellste Paketboot (»crack packet«) auf dem Nordatlantik zu besitzen, brachte auch hier nicht unerheblichen Gewinn, und zwar für beide Seiten, für die Reederei und für den Kapitän. Im Frühjahr 1837 segelte Kapitän de Peyster von der Black-Ball-Line mit seiner »Columbus« Seite an Seite mit Kapitän Russel von der Dramatic-Line auf der »Sheridan«. Nach 16 Tagen war de Peyster in Liverpool. Seinen Rivalen hatte er auf der mehr als 3000 Seemeilen langen Strecke um zwei Tage geschlagen. Dafür soll er 1000 Dollar Prämie gekommen haben! Kein Wunder – brachten doch die schnellsten Frachtsegler bei einer Rundreise einen Reingewinn von 30000 Dollar.

Rah an Rah – gleichsam Steigbügel an Steigbügel

Wettfahrt zwischen »Ariel« und »Teaping«

Wettrennen über den Atlantik: »City of Paris« und »Russia«

Mit dem Aufkommen der Dampfschiffahrt bot die Technik völlig neue Möglichkeiten bei der Entwicklung von Größe und Geschwindigkeit. Zwar fuhren solche berühmten Segler, wie »Lightning«, »Independence« und »Dreadnought«, mit Spitzengeschwindigkeiten bis zu 14 Knoten anfänglich manchem Dampfer zwischen Europa und Nordamerika auf und davon. Auf Dauer mußte aber die traditionelle, vom Wind abhängige Segelschiffahrt der Dampfschiffahrt unterliegen. Je mehr leistungsfähige Dampfer auf dem Atlantik erschienen, je mehr die Konkurrenz zunahm – sowohl gegenüber den Seglern als auch innerhalb der Dampfschiffahrt –, um so mehr wurde der Prozeß beschleunigt, nicht nur immer größere und luxuriösere, sondern auch immer schnellere Schiffe zu bauen. Das Wettrennen – the race – der Schiffsmaschinen konnte beginnen.

Natürlich haben die Reedereien stets jegliche Teilnahme am »race« dementiert. Denn wer wollte schon seine Einnahmequelle, die Passagiere, verschrecken angesichts der bei einer Wettfahrt nicht auszuschließenden Risiken? So wurde von den Reedereien immer wieder auf die Regeln der Beförderungsbedingungen hingewiesen, denen zufolge Personen und Fracht zwar schnell, aber zuverlässig und mit einem Höchstmaß an Sicherheit zu transportieren sind (s. Regeln der White Star Line im Anhang).

Zum 50jährigen Jubiläum der Cunard-Reederei – es war wieder einmal eine Zeit verstärkter »Wettfahrten« auf dem Nordatlantik – erklärte der Vorstandsvorsitzende David Jardine: »Ich glaube nicht, daß auf unseren Cunard-Schiffen oder auf denen einer anderen Linie von Liverpool so etwas wie um die Wette fahren betrieben wird. Was Cunard-Kapitäne und -Ingenieure angeht, so haben sie die Weisung, von dem Vorhandensein anderer Dampfschiffe im Atlantik keine Kenntnis zu nehmen. Ich glaube, das ist bei den anderen Gesellschaften ebenso, denn die Verantwortung ist zu groß, irgendwelche Wettfahrten zu veranstalten.«

Sein Nachfolger Lord Inverclyde bekräftigte, daß es Cunard-Kapitänen untersagt sei, an Wettrennen teilzunehmen. Als dem Cunard-Liner »Queen-Mary« nach

Atlantikkapitäne zwischen 1870 und 1880:
Judkins, Cunard; Perry, White Star; Willigerod, NDL; Frangeul, CGT; Hains, Cunard; McMickan, Cunard

der Rekordfahrt 1936 die Hales-Trophäe zustand, nahm die Cunard-Reederei diese Auszeichnung mit der Begründung nicht an: »Wir sind nur daran interessiert, das offiziell als schnellstes bezeichnete Schiff zu besitzen. Wir lehnen Rekordfahrten ab und erkennen das Blaue Band, das wir der französischen ›Normandie‹ nicht abverlangen werden, nicht an.«

Auch die HAL/Hapag unter Leitung von Generaldirektor Albert Ballin lehnte eine Teilnahme an Wettrennen strikt ab. So schrieb der Hannover Courier am 14. Mai 1914 unter der Überschrift »Kein Wettrennen über den Ozean«: »Die Hamburg-Amerika-Linie weist darauf hin, daß es kein Wettrennen zwischen der ›Vaterland‹ (mit 54282 BRT das damals größte in Dienst gestellte Schiff der Welt) und der ›Mauretania‹ der Cunard-Linie, die zur Zeit das Blaue Band des Ozeans besitzt, gibt. ... Überdies sei beim Bau der ›Vaterland‹ gar nicht die Erzielung einer solchen Geschwindigkeit bezweckt worden, wie sie die ›Mauretania‹ erreicht hat. Die Kapitäne der Hamburg-Amerika-Linie haben außerdem strenge Anweisung, sich niemals auf sogenannte Wettfahrten einzulassen.« Die Aussage von Ballin, daß auf seinen Schiffen die Passagiere lieber einen Tag länger reisen würden, ist nur mündlich überliefert.

Dennoch! Wie bei der Segelschifffahrt, so wurde auch bei der Dampfschifffahrt auf dem Nordatlantik um die Wette gefahren. Potentielle Renner waren alle Geschwindigkeitsrekordbrecher, wenngleich sie nur allein und für sich gegen die Uhr gefahren sind. Aber man fuhr auch direkt gegeneinander, indem die Schiffe zur gleichen Zeit den Hafen verließen und gemeinsam – nebeneinander – dem 3000 Seemeilen entfernten Reiseziel zustrebten. Anfänglich nahmen es die Segelschiffe sogar mit dem Dampfern auf. So heißt es im Jahresbericht der Hapag von 1850: »Die Tüchtigkeit der Schiffe und Kapitäne hat sich bei der Konkurrenz mit dem Dampfschiff ›British Queen‹ bewährt, das von zweien unserer Schiffe in der Kürze der Reise übertroffen wurde, wofür die Direktion im voraus eine Prämie von 100 Mark Banko als Belohnung ausgesetzt hatte und solche, wie gesagt, als Veranlassung hatte, zu verabfolgen.«

Sehr bald fuhren die Dampfer nur noch unter sich. Von einem »Atlantic-Steam-Race« berichtet die Illustrated London News am 6. März 1869. Danach hatten der Cunard-Dampfer »Russia« und der Inman-Dampfer »City of Paris« am gleichen Tag und zur gleichen Stunde New York verlassen. Gleichauf dampften sie über acht Tage ihrem Heimathafen Liverpool entgegen. Hier kam zwar die »Russia« als erste an, den Zwischenstop auf dieser Route im irischen Queenstown hatte aber die Konkurrentin früher erreicht. Man hatte keinen Rekord gefahren, stritt

Kapitän Engelbart; »Kaiser Wilhelm der Große«

aber längere Zeit darüber, wer nun der schnellste gewesen war.

Am 7. August 1889 lief fahrplanmäßig der Inman-Liner »City of New York« von Liverpool nach New York aus. Eine Stunde später ging der White-Star-Dampfer »Teutonic« auf seine Jungfernreise. Am Ziel hatte der neue Konkurrenz-Renner einen Vorsprung von vier Stunden gegenüber seinem Rivalen herausgefahren.

Um die Jahrhundertwende begannen auch deutsche Reedereien, sich an direkten Wettfahrten über den Ozean zu beteiligen. Am 4. September 1900 verließ der gerade frischgebackene Rekordbrecher »Deutschland« von der HAL/Hapag um 13.15 Uhr New York. Eine Stunde früher war der ihr unterlegene Rekordbrecher vom Norddeutschen Lloyd »Kaiser Wilhelm der Große« ausgelaufen.

»Jedermann wußte«, schrieb später die Londoner Mail, »daß Kapitän Albers von der ›Deutschland‹ und Kapitän Engelbart auf ›Kaiser Wilhelm der Große‹ alles tun würden, um die beste Leistung aus ihren Schiffen herauszuholen, obwohl beide abstritten, daß eine Wettfahrt stattfinden solle... Die ganze Nacht hindurch lief die ›Deutschland‹ mit voller Fahrt, wobei sie über 23 kn machte, und um 5 Uhr am nächsten Morgen hatte sie den ›Kaiser‹ wieder in Sicht. Die Passagiere eilten an Deck und ließen stundenlang kein Auge von dieser Jagd. Langsam aber sicher holte die ›Deutschland‹ auf. Das Frühstück blieb stehen. Als es Mittag wurde und der ›Kaiser‹ abermals nähergekommen war, vergaß man darüber das Dinner. Um 11.30 klangen Hurra-Rufe über das Wasser; die ›Deutschland‹ hatte sich Me-

verschwunden und nach zehnstündigem Kampf besiegt war.«

Nicht nur die Heizer, sondern auch die Maschinen sollen fast ständig mit kaltem Wasser gekühlt worden sein. Der Wahrheitsgehalt dieser Tatbestände ist heute nicht mehr nachprüfbar. Als Fakt bleiben die bis 45° hohen Temperaturen in den Kesselräumen, die natürlich bei Rekordfahrten weiter anstiegen. Und daß auch die Maschinen bei »Wettrennen« wesentlich stärker beansprucht wurden als sonst, steht außer Frage.

Einen neuen Höhepunkt brachte das

»Deutschland«; Kapitän Albers

ter für Meter vorgeschoben und mit einem ›dreimal AK‹ laufenden Lloyd-Dampfer gleichgezogen. In vier Seemeilen Abstand liefen beide Schiffe auf gleicher Höhe und kämpften um die Führung. Der Tag gehörte der ›Deutschland‹ – eine Stunde später lag sie klar vorn. Als die Nacht herabsank, war ›Kaiser Wilhelm der Große‹ achtern außer Sicht.«

Zum gleichen Ereignis schrieb unter der Überschrift »›Deutschland‹ und ›Kaiser‹« die Münchener Allgemeine Zeitung am 13. September 1900: »Die ›Deutschland‹ sichtete den eine Stunde früher abgefahrenen ›Kaiser‹ am zweiten Tag morgens um 4½ Uhr. Den ganzen Tag arbeiteten die Heizer übermenschlich, lösten sich ab, ließen sich mit kaltem Wasser begießen und schütteten Unmengen von Kohle in die Öfen. Langsam, ganz langsam kam das Riesenschiff dem anderen näher und dann, am Nachmittag, dampften die Schiffe vier Stunden nebeneinander in etwa einer deutschen Meile Entfernung. Endlich gewann ›Deutschland‹ einen sichtbaren Vorsprung und man sah, wie der ›Kaiser‹ zurückblieb. Die Erregung an Bord des Hamburger Dampfers war ganz außerordentlich, bis gegen 5 Uhr abends der Lloyddampfer am Horizont

Jahr 1906 mit den »äußerst spannenden Wettkämpfen« zwischen der »Deutschland« und der »La Provence«. Bei seiner zweiten Rückreise Ende Mai/Anfang Juni verließ der französische Dampfer eine Viertelstunde später als das deutsche Schiff New York, fuhr dafür aber vier Stunden früher am Leuchtturm von Bishop Rock auf den Scilly-Inseln vorüber. Der Zweikampf beider Schiffe war von den Passagieren leidenschaftlich verfolgt worden. Man hatte Wetten abgeschlossen. An

Bord der »Deutschland« war Petroleumkönig Rockefeller, auf der »Provence« der amerikanische Kohlenkönig Vanderbilt. Eingedenk dieser beiden Passagiere siegte – noch einmal – die Kohle über das Öl.

Vier Wochen später drehte die »Deutschland« den Spieß um. »Die Ozean-Wettfahrt zwischen ›Deutschland‹ und ›Provence‹ hat mit einem Sieg des deutschen Schiffes geendet«, schrieb am 4. Juli die Vossische Zeitung. »Die neue Ozeanwettfahrt erregte hier (in Paris) die größte Spannung.« Ergänzend wurde dann einen Tag später zu der von der »Deutschland« siegreich beendeten Wettfahrt mitgeteilt, daß die »Deutschland« die »Provence« um 10 Stunden geschlagen hat. »Die Überfahrt war ausgezeichnet ... Chauvinistische Blätter suchen aus falsch verstandenem Patriotismus den Sieg des deutschen Schiffes zu verkleinern oder sogar töricht zu leugnen. ›Matin‹ – eine französische Zeitung – schließt ihren Bericht über den Wettlauf mit der Prahlerei, die ›Provence‹ hätte den schon einmal geschlagenen deutschen Nebenbuhler beinahe wieder sicher besiegt, wenn sie ihre Maschinen hätte überanstrengen wollen, wie die ›Deutschland‹ es getan.«

Im Berliner Lokal-Anzeiger konnte unter der Überschrift »Der Ozean-Rekord bleibt bei Deutschland« nachgelesen werden, daß »den Ozeanmatch der Dampfer ›Deutschland‹ gewann. Die (französische Reederei) Transatlantiqué schreibt die Niederlage der ›Provence‹ dem Umstand zu, daß deren Personal diesmal nicht wie vor vier Wochen bei dem analogen Wettkampfe Überstunden machen wollte, weil die Belohnung damals der Mannschaft nicht ausreichend erschien. ... Die deutschen Erfolge, so meint die Zeitung, lassen sich auf zweierlei zurückführen. Einmal auf eine hochentwickelte Maschinenbaukunst, welche Schiffsmaschinen bis zu 40000 Pferdestärken liefert. Ferner auf die deutsche Wissenschaftlichkeit und Gründlichkeit, welche im Auslande lange verspottet wurde.«

Hinzugefügt werden muß zu der ersten »Wettfahrt« ein anderer, erst im Nachhinein bekanntgewordener Tatbestand. Beide Schiffe fuhren nicht auf der gleichen Route. Entgegen allgemeiner Festlegungen zwischen den nordatlantischen Reedereien lief die »Provence« auf der sogenannten Nordroute, weil die zwar kürzer, wegen der Eisbewegungen zu dieser Jahreszeit aber die gefährlichere Route war. Nur dadurch konnte sie die ohnehin leistungsstärkere »Deutschland« schlagen.

Für die Zeit nach dem 1. Weltkrieg sind derartige direkte Wettfahrten nicht bekannt. Man fuhr – wie in den meisten Fällen auch im 19. Jahrhundert – allein gegen die Uhr.

Angemerkt sei, daß die seit Ende der 60er Jahre des 19. Jahrhunderts ausgetragenen Transatlantik-Regatten in keiner unmittelbaren Beziehung zu der hier behandelten Problematik standen. Zwar ging es bei den Hochsee-Seglern auch um Wettfahrten. Doch diese erfolgten nur sporadisch, dazu nur von Amerika nach Europa und mit ganz wenigen Booten, sofern entsprechende Sponsoren das nötige »Kleingeld« bereitgestellt hatten. Anfangs waren es – aus nationalem Prestige – Millionäre diesseits und jenseits des Atlantiks, später kamen der deutsche Kaiser und die Nazis als Geldgeber hinzu, und die Fahrten erhielten einen ausgesprochen nationalistischen Charakter.

Rennstrecke Nordatlantik

Für die Rekordfahrten auf dem Nordatlantik hat es nie offiziell vorgeschriebene und präzise festgelegte Strecken gegeben. Überdies gab es keine von allen Beteiligten anerkannte Statuten oder Regeln, wie es ebensowenig ein Kampf- oder Schiedsgericht gab. Nicht einmal offizielle Zeitnehmer existierten. Was die Offiziere auf ihren Schiffen an Geschwindigkeit gemessen hatten, das stimmte eben. Niemand zweifelte von vornherein ernsthaft daran. Man fuhr praktisch auf Treu und Glauben.

So ist in einer zeitgenössischen Publikation nachzulesen: »Im August 1890 soll ›Teutonic‹ (White Star Line) eine Reise von 5 Tagen, 19 Stunden, 5 Minuten gehabt, also die ›City of Paris‹ (Inman Line) um 13 Minuten geschlagen haben. Die Zeit kommt aber nur heraus, wenn man der Angabe ihres Kapitäns Glauben schenken darf, wonach das Schiff vor Sandy Hook, um Tageslicht abzuwarten, längere Zeit langsam gefahren ist. Um 4 Uhr 20 Minuten morgens will Kapitän Irving mit der ›Teutonic‹ beim Feuerschiff gewesen sein, während sie vom Leuchtturmwärter in Sandy Hook erst um 5 Uhr 40 Minuten bemerkt wurde.« Daß bei so viel Glaubwürdigkeit Querelen unvermeidbar waren, muß nicht besonders hervorgehoben zu werden. Die Bemühungen des Briten Hales in den dreißiger Jahren unseres Jahrhunderts, die ungeschriebenen Bedingungen als verbindliche Richtlinien durchzusetzen, hatten insofern keine allzu große Bedeutung mehr, weil der »Kampf ums Blaue Band« selber an Bedeutung verloren hatte und kaum mehr als nostalgischen Wert besaß.

Die Geschwindigkeit stellten der Kapitän und die Offiziere anhand der von Mittag zu Mittag (höchster Sonnenstand) durchlaufenen Strecke fest. Sie wird als Etmal bezeichnet und gibt die in 24 Stunden zurückgelegte Entfernung – ausgedrückt in Seemeilen – wieder. Anhand der zurückgelegten Gesamtstrecke und der versegelten Zeit, abzüglich des Zeitunterschiedes Europa – Nordamerika, wurde die durchschnittliche Geschwindigkeit in Knoten als Gradmesser der Schnelligkeit berechnet.

Auf welcher Route wurde nun gefahren? Wo wurde die Geschwindigkeit ermittelt? Dazu der Hamburger »Correspondent« vom September 1900, der unter der Überschrift »Der Ozean-Rekord« zu dieser Problematik berichtete. Interessant ist dabei, daß dieser Beitrag vom deutschen Reichspostamt nachgedruckt wurde, hatte doch die Post ein besonderes Interesse an schnellen Schiffen. Unter Hinweis auf falsche amerikanische Sensationsnachrichten über »Wettfahrten der Ozean-Renner« schrieb die Zeitung: »Der Ozean-Rekord wird durch die größte Schnelligkeit in der Fahrt über den Atlantischen Ozean von Westeuropa nach New York und umgekehrt geschaffen. Auf dieser Strecke ist der internationale Wettbewerb der Reedereien, der Verkehr der Reisenden und die Schnelligkeit der verkehrenden Dampfer am größten. Und zwar wird die Schnelligkeit lediglich auf dem freien, offenen Weltmeer gemessen, wo durch internationale Abmachung der Reedereien bestimmte, sichere Bahnen für die Hin- und Rückfahrt der dort verkehrenden Schiffe vorgezeichnet sind, und kein Hindernis der Entfaltung der vollen Schnelligkeit entgegensteht...«

Somit wurden – und das ist in den Publikationen allgemein anerkannt – die Geschwindigkeitsrekorde auf dem Nordatlantik in beiden Richtungen gefahren. Deshalb gab es Rekordbrecher auf Westkurs von Europa nach Nordamerika als auch auf Ostkurs von Nordamerika nach Europa. Dadurch konnte es zwei verschiedene oder auch nur einen für beide Routen anerkannten Rekordbrecher geben. Generell war der Ostkurs wegen des Golfstromes und der Windunterstützung etwas »leichter« zu fahren. Deshalb jedoch nur den »schwierigeren« Westkurs als Rekordstrecke für das »Blaue Band« anzuerkennen und nur diese Schiffe als »Blau-Band-Träger« gelten zu lassen (18 Bd. I, S. 190), steht nach Meinung des Autors – zumindest bis jetzt – im Gegensatz zu den in der Literatur erfolgten Darstellungen, beide Richtungen als »Rennstrecke« im »Kampf ums Blaue Band« zu betrachten. Warum sollte man die bei Rekordfahrten auch auf Ostkurs vollbrachten seemännischen und technischen Leistungen nicht ebenfalls mit dem »Blauen Band« aus-

Queenstown um 1900 (heute Cobh)

Sandy-Hook-Feuerschiff

Sandy-Hook-Leuchtturm um 1880

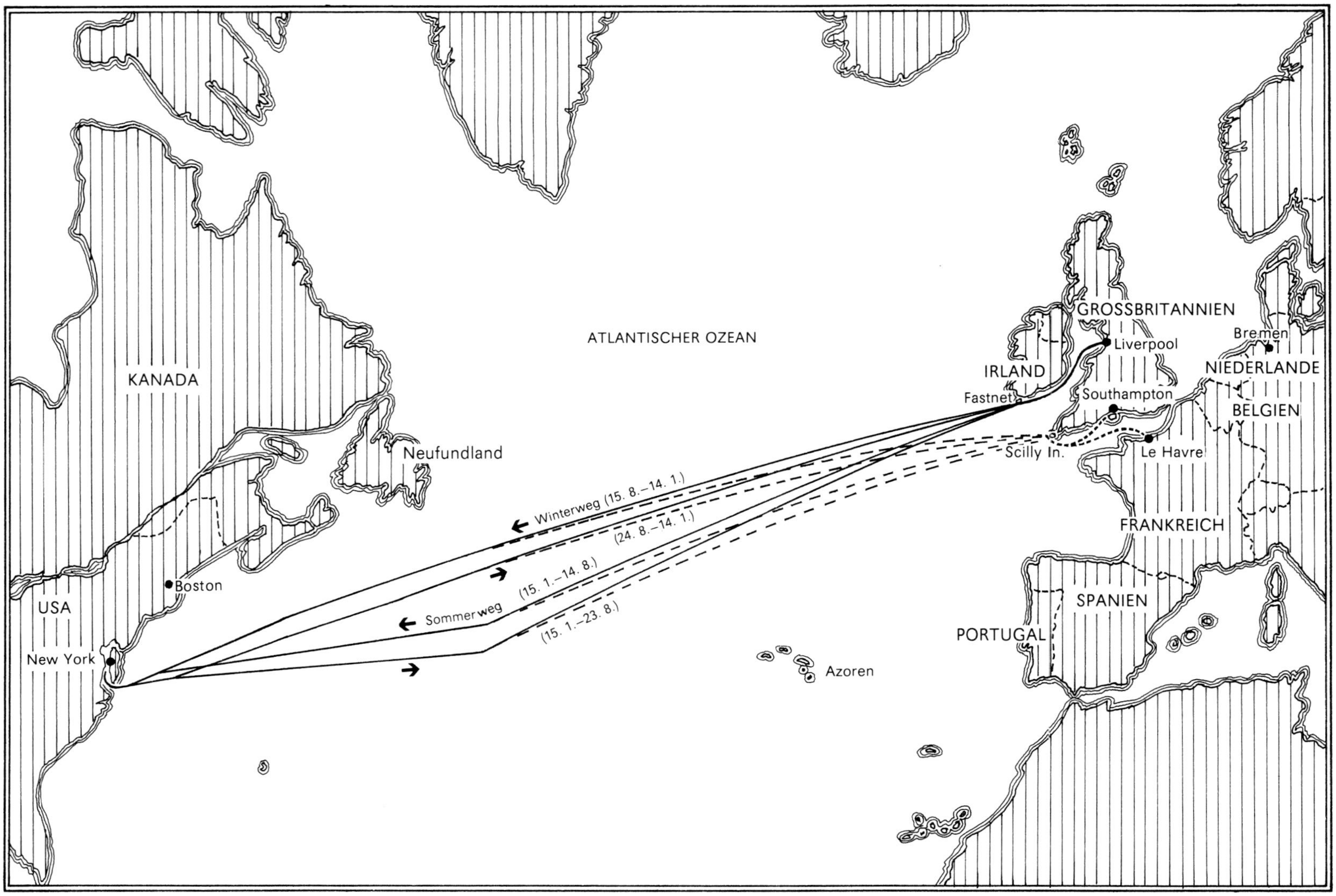

Dampferrouten auf dem Nordatlantik

zeichnen? Keinesfalls können jedoch – analog Kludas – die in beiden Richtungen erzielten Rekorde ob der unterschiedlichen natürlichen Voraussetzungen miteinander verglichen werden. Hier sollte stets der Zusatz erfolgen: auf Westkurs oder auf Ostkurs!

Auf dem Atlantik wurde – und wird heute noch – auf zwei je nach Jahreszeit unterschiedlichen Routen gefahren: der Nordroute (»Winterweg«) oder der Südroute (»Sommerweg«). Davon ist jede der Routen wieder in Doppelwege aufgeteilt: einen für die Reise Europa – Nordamerika und einen für die Reise Nordamerika – Europa. Durchschnittlich liegen diese für die Aus- bzw. Heimreise genutzten Wege 45 Seemeilen auseinander. Darauf hatten sich die großen nordatlantischen Reedereien 1892 verständigt, ohne dies jedoch vertraglich zu fixieren. Zeitlich wurde der nördliche Kurs vom 15. Januar bis zum 14. Juli, der südliche Kurs dagegen vom 15. Juli und bis zum 14. Januar begrenzt. Vor allem die Eis- und Nebelgefahr nahe der Neufundlandbänke im Frühjahr sowie eine erhöhte Kollisionsgefahr bei Rekordfahrten im Rahmen eines enorm gestiegenen Schiffsverkehrs auf dem Nordatlantik während der zweiten Hälfte des 19. Jahrhunderts waren für die Festlegungen ausschlaggebend.

Für die Bewertung von Rekordfahrten muß man aber berücksichtigen, daß der nördliche Weg im allgemeinen bis zu 100 Seemeilen kürzer ist. Damit trat ein Problem auf, das zwar vor 1890 wegen der fehlenden exakten Kursfestlegung eine größere Rolle spielte, danach aber auch nicht völlig ausblieb, wie die »Wettfahrt« zwischen der »Deutschland« und der »La Provence« demonstrierte. Fuhr ein Dampfer auf einer längeren Route, so konnte er länger unterwegs sein, obwohl er eine höhere Durchschnittsgeschwindigkeit erreicht hatte und damit – von der Geschwindigkeit her gesehen – schneller gewesen war. Die Konkurrenz wieder konnte langsamer gefahren sein, hatte aber wegen einer kürzeren Strecke ein geringere Reisezeit erzielt. Natürlich beanspruchte jeder, der schnellste und damit ein Rekordbrecher gewesen zu sein. Die spätere Geschichtsschreibung einigte sich darauf, die Durchschnittsgeschwindigkeit als Kriterium für eine Rekordfahrt festzulegen.

Die schnelle »America« der National Line

»Oregon« – Rekordbrecher für zwei Reedereien: Guion und Cunard

»Oceanic« der White Star Line – Prototyp des »modernen« Passagierdampfers

In schwerem Sturm: Hapag-Dampfer »Columbia« (Gemälde von W. Stöwer)

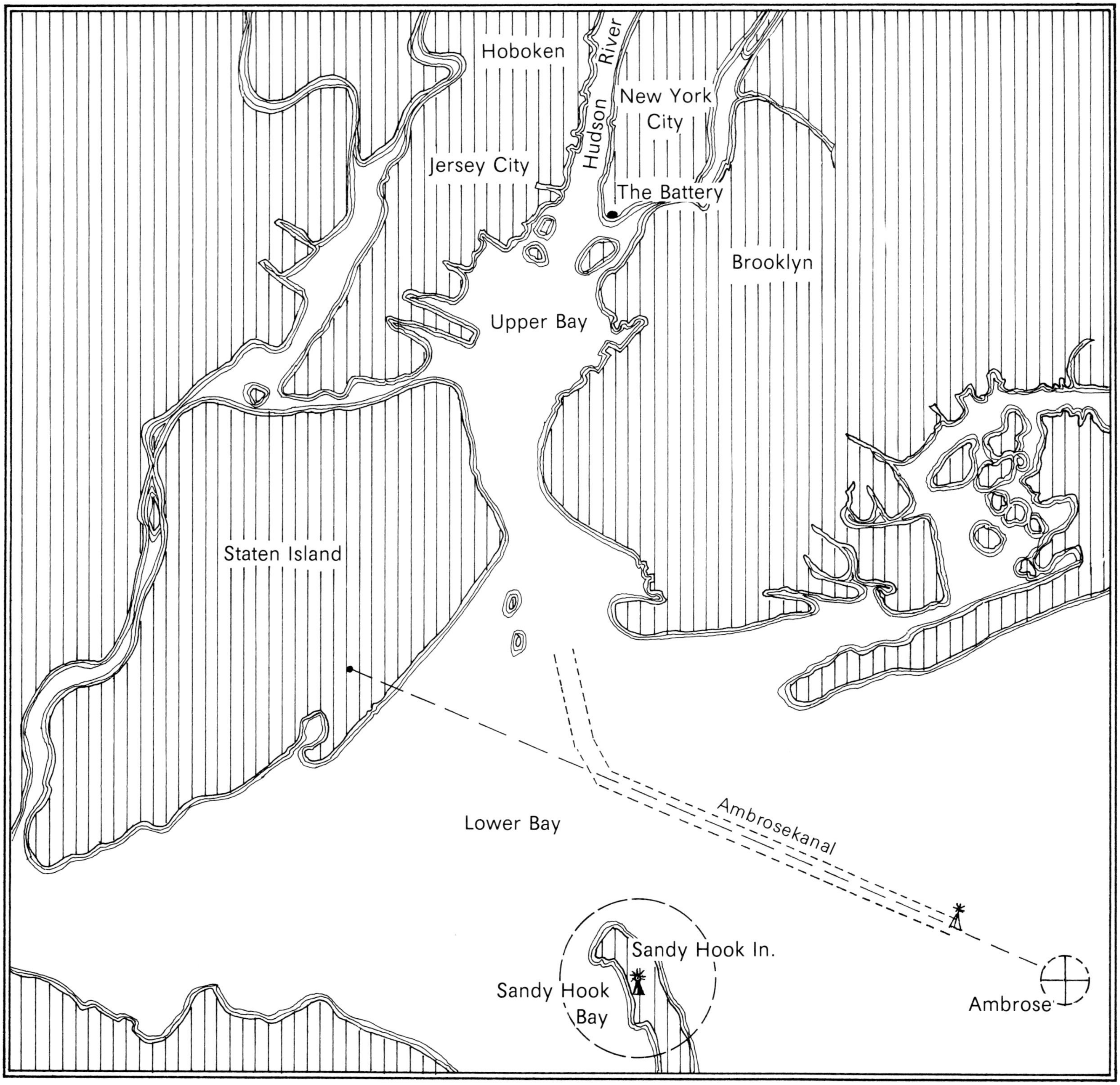

Diese Übereinkunft war um so dringlicher, weil noch ein zweiter, entscheidender Umstand hinzukam: Die für die Bestimmung der Rekordfahrten zugrunde gelegten Strecken blieben nie konstant. Sie veränderten sich von der Mitte des 19. Jahrhunderts bis ins 20. Jahrhundert häufig, weil die an den »Wettfahrten« beteiligten Reedereien verschiedene Linien befuhren und so unterschiedliche Ausgangs- bzw. Zielhäfen zugrunde lagen.

Die »Sirius« fuhr mehr als 3580 See-

Einfahrt vor New York

Häfen und Markierungspunkte in Europa

Die »Needles« auf der Insel Wight

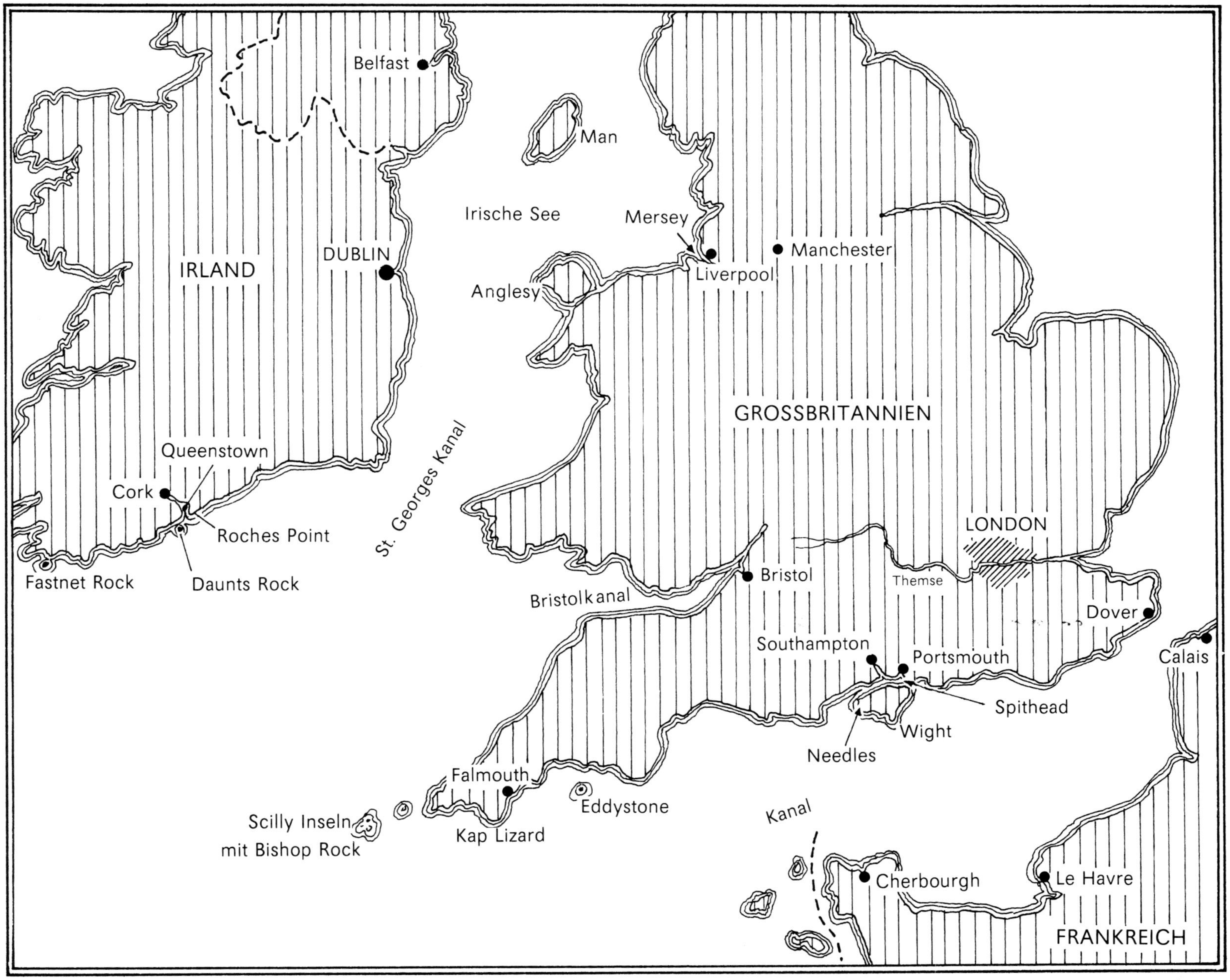

meilen von London via Cork nach New York. Die »Great Western« verkehrte auf der Route Avonmouth bei Bristol – New York (rund 3200 sm). Die britische Cunard Line nahm 1840 ihre Fahrten zwischen Liverpool, Halifax und Boston (rund 2500 sm) auf. Die amerikanische Collins-Reederei eröffnete 1850 die Strecke New York – Liverpool (rund 3000 sm). Cunard und andere britische Reedereien folgten etwas später mit Eröffnung der Linie Liverpool – New York, einschließlich eines Zwischenaufenthaltes im irischen Queenstown, dem heutigen Cork. Die Strecke Queenstown – New York mit etwa 2800 sm sollte

Raumaufteilung auf den Ozeanpassagierdampfern
nach 1870 (Darstellung nach einer Idee von
Arnold Kludas): 1. Klasse (gelb), 2. Klasse (blau),
Zwischendeck (grün), Besatzung (rot)

Leuchtturm Bishop Rock

Ambrose-Feuerschiff

wie auch in der Gegenrichtung bis zum 1. Weltkrieg die »klassische Rennstrecke« der Briten bleiben. Dabei galten die Orientierungspunkte Queenstown mit Roches Point und Daunts Rock Leuchtfeuer. Bei New York war es zunächst die Stadt selbst. Ab 1869 galt das 15½ Meilen vor der Küste liegende Sandy Hook Feuerschiff als Markierungspunkt. Im Herbst 1908 wurde es durch das Ambrose-Kanal Feuerschiff (Ambrose Channel Light-Vessel) abgelöst.

Wie aber selbst auf dieser klassischen Rennstrecke von Roches Point bis Sandy Hook noch »gemogelt« werden konnte, belegt nachfolgender Auszug aus einer deutschen Publikation vom Jahre 1892 (Natürlich nicht ohne Seitenhieb gegen den Hauptkonkurrenten England geschrieben!): »Die Reisedauer der englischen Schnelldampfer wird nur nach dieser Ozeanstrecke berechnet, wobei man wissen muß, ob sie bis Sandy Hook Leuchtturm oder nur bis Sandy Hook Feuerschiff gemeint ist, welches noch 10,5 Seemeilen vom Leuchtturm entfernt ist, von dem es aber bis Hoboken-Pier, dem Anlegeplatz der Dampfer in New York, abermals 12,5 Seemeilen sind. Die auf die Reisestrecke von Liverpool, ihrem Ausgangshafen, bis Queenstown, dem letzten von ihnen berührten europäischen Orte, verwandte Zeit zählt ebensowenig mit wie die letztere Entfernung. Bei den sogenannten ›Jockeyfahrten‹ soll vielfach als Abfahrtszeit aus Queenstown erst der Augenblick notiert worden sein, als das Schiff bei Fastnet Rock am Horizonte verschwand, und als Ankunftszeit der Moment, in dem das Sandy Hook Feuerschiff gesichtet wurde, wodurch die Fahrtdauer um mindestens 3 bis 4 Stunden kleiner wird. Man sieht daraus, daß hiermit sehr viel Schwindel getrieben werden kann.«

Als gegen Ende des 19. Jahrhunderts deutsche Schiffe begannen, sich an den Rekordfahrten zu beteiligen und dabei zwangsläufig durch den Ärmelkanal in Richtung New York fuhren, wurde für die Begrenzung der sogenannten Kanalroute von Markierungszeichen ausgegangen, die sich an der englischen Südküste am Ausgang des Ärmelkanals befinden. Dazu gehörten Kap Lizard sowie der Leuchtturm Eddystone vor Plymouth. Ein weiterer Punkt waren die »Needles« auf der Insel Wight, vorgelagert dem Hafen Southhampton (Entfernung bis New York etwa 3000 bis 3100 sm). Außerdem kam der von deutschen Schiffen angelaufene französische Hafen Cherbourgh mit seiner Mole hinzu (ebenfalls 3000 bis 3100 sm).

Nach dem Aufleben der Wettfahrten Ende der 20er und Anfang der 30er Jahre – inzwischen waren auch führende britische nordatlantische Passagierreedereien von ihrem alten Heimathafen Liverpool nach Southampton übergesiedelt und fuhren dadurch ebenfalls auf der Kanalroute nach Nordamerika – wurde schließlich 1935 mit Stiftung der Hales-Trophäe eine neue Begrenzung der Rennstrecke »festgelegt«. Die Anfangs- bzw. Endpunkte waren der Leuchtturm Bishop Rock auf den Scilly-Inseln vor Südwest-England und das Ambrose Feuerschiff vor New York. Das ist die bis heute für das »Blaue Band des Ozeans« auf dem Nordatlantik »klassisch« gebliebene Rennstrecke. Sie hat Eingang in alle einschlägigen lexikalischen Werke und in die entsprechende maritime Literatur gefunden.

Nur ein einziges Mal wurde in dieser Zeit auf einer »Outsider-Strecke« Rekord gefahren, und zwar 1933 von der italienischen »Rex« auf der Route Gibraltar – New York (etwa 3100 sm). Der Startpunkt lag bei Punta Marroqui, 15 sm westlich von Gibraltar. Der Endpunkt war Ambrose Feuerschiff.

Für die im 19. Jahrhundert bis Anfang des 20. Jahrhunderts geführten Auseinandersetzungen um die Anerkennung eines Rekordbrechers soll die »Fürst Bismarck« als charakteristisches Beispiel dienen. Die deutschen Schiffe liefen auf ihrer Reise nach Nordamerika den irischen Auswandererhafen Queenstown nicht an, sondern steuerten, wie oben dargelegt, von Hamburg bzw. Bremerhaven aus via Southhampton durch den Ärmelkanal nach New York. Allein von dieser Strecke her gesehen, war kein direkter Vergleich mit den englischen Schiffen möglich (Southhampton – New York etwa 300 Seemeilen länger als Queenstown – New York).

Die Geschwindigkeitsentwicklung auf der Kanalroute begann jedoch von dem Augenblick zusehends in den Blickpunkt des allgemeinen Interesses zu rücken, als nach 1880 zunächst der Norddeutsche Lloyd und später auch die Hapag immer mehr sogenannte Schnelldampfer im nordatlantischen Passagierverkehr einsetzten. Vorerst waren die in England gebauten und zur »Flüsse-Klasse« des NDL gehörenden Dampfer »Elbe«, »Werra«, »Eider«, »Aller« und »Lahn« die schnellsten zwischen den Needles und New York bzw. in der Gegenrichtung. Die Geschwindigkeiten konnten von 16 (»Elbe«) auf 18 Knoten (»Lahn«) gesteigert werden. Dadurch verringerten sich die Reisezeiten auf Westkurs von etwa 8 Tagen auf fast 7 Tage. Auf Ostkurs wurden die Zeiten der Kanalroute sogar um einen ganzen Tag reduziert und unter die 7-Tage-Grenze gedrückt.

Später kamen zu den Schiffen des NDL auch Schnelldampfer der Hapag hinzu. Darunter befand sich die 1891 in Dienst gestellte »Fürst Bismarck«. Und dieser Hapag-Dampfer sorgte nun in doppelter Hinsicht für Furore. Einmal fuhr das Schiff auf der Kanalroute nach New York einen Rekord in 6 Tagen, 11 Stunden und 44 Minuten bei einem Mittel von 19,91 Knoten. Zum anderen war es nicht – wie bisher üblich – auf einer englischen, sondern auf einer deutschen Werft, und zwar auf der Vulcan in Stettin-Bredow, gebaut worden.

In dem Jahresbericht der Hapag von 1892 heißt es sogar: »Die ›Fürst Bismarck‹ legte sowohl westwärts wie ostwärts die schnellste Reise zurück, welche je von einem Dampfer zwischen New York und Southampton gemacht worden ist.« Um den verschreckten und zweifelnden Briten klar zu machen, daß die »Fürst Bismarck« damit auch auf der kürzeren »klassischen Rennbahn« von Queenstown aus das schnellste Schiff und damit der erste deutsche Rekordbrecher überhaupt sei, schrieb die Zeitschrift Hansa 1892: »Der Schnelldampfer ›Fürst Bismarck‹ ist am 29. 4., 6.00, auf seiner ersten diesjährigen Reise wohlbehalten in New York angekommen. Die Dauer der Reise von Southampton beträgt 6 Tage, 10 Stunden und 33 Minuten, von den Needles 6 Tage, 9 Stunden und 28 Minuten, beides einschließlich Zeitunterschied. Es ist das Resultat, welches geeignet ist, in den weitesten Kreisen hüben und drüben große Sensation hervorzurufen, denn die Reise des ›Fürst Bismarck‹ ist bei weitem die schnellste, welche je über den Ozean gemacht worden ist. Die beste Reise eines englischen Schiffes ist diejenige der ›Teutonik‹, welche von Queenstown ungefähr 5 Tage, 22 Stunden zur Fahrt nach New York gebraucht hat. Die Reisedauer des ›Fürst Bismarck‹ auf dieselbe Distanz berechnet, welche die ›Teutonik‹ zu durchlaufen hatte, stellt sich aber nur 5 Tage, 18 Stunden und 28 Minuten. Das deutsche Schiff hat somit den schnellsten englischen Dampfer um mehr als drei Stunden geschlagen.«

Als die spätere Geschichtsschreibung die Rekordbrecher mit dem imaginären »Blauen Band« bedachte, dürften es zunächst die Hapag und die Vulcan-Werft gewesen sein, die ihre »Fürst Bismarck« zum ersten deutschen »Blau-Band-Träger« deklarierten. Das weisen ältere Reederei- und Werftgeschichten aus. Ganz offensichtlich rangierte damals Prestige vor der tatsächlichen Leistung, denn die »Fürst Bismarck« mit ihren fast 20 Knoten Durchschnittsgeschwindigkeit war etwas langsamer als die englische Konkurrenz mit bereits mehr als 20 Knoten. Somit ist die »Fürst Bismarck« nicht der erste deutsche »Blau-Band-Träger«. Ungeachtet dessen erzielte der Hapag-Dampfer eine bravouröse Leistung und demonstrierte den fortgeschrittenen Entwicklungsstand im deutschen Schiffbau, der auf dem Wege zur Weltspitze war. Heutzutage führt die Hapag – so wurde auf Anfrage bestätigt – nur die »Deutschland« als ehemaligen »Blau-Band-Träger«. Die erstmalige Erringung des »Blauen Bandes« durch ein deutsches Schiff wurde sogar noch vor den vermeintlichen Erfolg des Hapag-Dampfers »Fürst Bismarck« gelegt. In einem Beitrag zum 50jährigen Jubiläum des NDL 1907 schrieb man, daß der Lloyd bereits mit den Dampfern der Flüsse-Klasse den Engländern das »Blaue Band« entrissen habe. Als erster deutscher Blau-Band-Träger ist anerkanntermaßen der Schnelldampfer »Kaiser Wilhelm der Große« des NDL in die Geschichte eingegangen, der im November 1897 mit mehr als 22 Knoten neuen Rekord auf Ostkurs gefahren war. In diesem Zusammenhang sei darauf hingewiesen, daß der Autor die Auffassung nicht teilen kann, »Kaiser Wilhelm der Große« hätte erst mit seiner Rekordfahrt im April 1898 auf Westkurs als erstes Deutsches Schiff das »Blaue Band« gewonnen.

Welche Möglichkeiten der Interpretation die völlig unzureichende Begriffsbestimmung des »Blauen Bandes« nach wie vor auslösen konnte, nicht zuletzt, um den verlorengegangenen »Besitz« dennoch für sich reklamieren zu können, beweist das folgende, aus London abgesetzte und von der Allgemeinen Zeitung im Oktober 1907 abgedruckte »Privattelegramm«: »In hiesigen Schiffahrtskreisen herrscht lebhafter Streit, ob der Sieg der ›Lusitania‹ als unbestritten anzusehen ist. Authentisch wird hier folgendes mitgeteilt: Man unterscheidet drei Arten des atlantischen Rekordes:

PUBLISHED BY CURRIER & IVES
115 NASSAU ST. NEW YORK
The Magnificent Steamship "PARIS" of the American Line
LENGTH OVER ALL 580 FEET – DEPTH FROM UPPER DECK CABINS TO KEEL 59¼ FT. – BREADTH 63¼ FEET
TONNAGE 10 500
HORSE POWER 20 000

1. für die Zeit der Fahrt von Land zu Land,
2. für die durchschnittliche Geschwindigkeit und
3. für die Zeit von Dock zu Dock.

Die ersten beiden Rekorde hat die ›Lusitania‹ zweifellos gewonnen, gleichwohl hält die ›Deutschland‹ noch den dritten hauptsächlichsten, denn dieser ist es, dem praktische Bedeutung zukommt. Die

Nostalgisch wirkten die ehemaligen »City's« der Inman & International Line mit ihren Klippersteven: »Paris«

»New York«

Die englische Schwester »Normannia«

Hapag-Schnelldampfer »Fürst Bismarck«

Beispiele für unterschiedliche Angaben über die Rekordfahrten und -geschwindigkeiten ausgewählter Schiffe

Auf der Route Liverpool – Halifax bzw. umgekehrt

Quelle	**Britannia** Westwärts			Ostwärts		
Bonsor	Aug. 1840	kein Rekord		Juli 1840	09 d 21 h 44 min	10,98 kn
Hughes		12 d 00 h 00 min	8,50 kn		10 d 00 h 00 min	10,56 kn
Lee		12 d 00 h 00 min	8,50 kn		10 d 00 h 00 min	10,56 kn
Gibbs		kein Rekord			kein Rekord	
Corn./Bre.		14 d 08 h 00 min	8,19 kn*		kein Rekord	
Cornwell		– – –	10,00 kn		– – –	10,60 kn

Auf der Route Queenstown – New York bzw. umgekehrt

	City of Paris Westwärts			**Russia** Ostwärts		
Bonsor	Nov. 1867	kein Rekord		Nov. 1867	kein Rekord	
Hughes		kein Rekord			08 d 00 h 28 min	14,22 kn
Lee		08 d 04 h 01 min	13,77 kn		08 d 00 h 28 min	14,22 kn
Gibbs		08 d 04 h 01 min	13,75 kn		08 d 00 h 28 min	14,20 kn
Corn./Bre.		08 d 04 h 01 min	13,72 kn		08 d 00 h 25 min	14,55 kn
Cornwell		– – –	13,77 kn		– – –	14,26 kn

	Scotia Westwärts			Ostwärts		
Bonsor	Juli 1863	08 d 03 h 00 min	14,46 kn	Dez. 1863	08 d 05 h 42 min	14,16 kn
Hughes	Juni 1862	08 d 04 h 34 min	14,54 kn	Dez. 1863	08 d 03 h 00 min	14,02 kn
Lee	Juni 1864	08 d 04 h 34 min	14,54 kn	Dez. 1863	08 d 03 h 00 min	14,00 kn
Gibbs	– 1864	08 d 15 h 45 min	13,50 kn	– 1863	08 d 03 h 00 min	14,00 kn
Corn./Bre.	– 1864	08 d 04 h 34 min	14,51 kn	– 1863	08 d 03 h 00 min	14,01 kn
Cornwell	– 1863	– – –	14,56 kn	– 1862	– – –	14,06 kn

* = bis Boston; Corn./Bre. = Cornwell/Brennecke; – = nicht ausgewiesen
d = Tag; h = Stunde; min = Minute; kn = durchschnittliche Geschwindigkeit

›Deutschland‹ bringt ihre Passagiere schneller von Dock zu Dock, als dies die ›Lusitania‹ vermochte und vermutlich in der nächsten Zeit können wird; es wäre denn, daß sie als englischen Ausgangshafen Plymouth anstatt Liverpool wählt.«

Hinsichtlich der Rekordbestimmung sei nochmals hervorgehoben, daß man sich erst später auf die durchschnittliche Geschwindigkeit festgelegt hat. Dennoch waren damit nicht alle Probleme aus der Welt geschafft. Eine weitere Schwierigkeit blieb: Durch die retrospektive Betrachtung der Rekordfahrten lassen sich die notwendigen Daten für die genaue Berechnung der Durchschnittsgeschwindigkeiten, die jedoch wiederum Voraussetzung für eine exakte Bewertung des »Status« eines Rekordbrechers sind, nicht mehr in jedem Fall präzise ermitteln. Es mangelt an zuverlässigen Quellen mit den minutiösen Angaben über Abgangs- und Ankunftszeiten sowie über die jeweiligen Tagesleistungen (Etmale). Wie zahlreiche andere Autoren, so mußte sich auch Bonsor weitestgehend auf die in zeitgenössischen Tageszeitungen und Zeitschriften veröffentlichten Fakten stützen.

Der Hintergrund: Es waren hauptsächlich die Journalisten, die im ständigen Zwang zum Publizieren außergewöhnlicher Ereignisse nicht nur ein wachsendes Interesse an der Berichterstattung über Rekordfahrten nordatlantischer Passagierdampfer hatten, sondern auch als erste schnell und detailliert über die erzielten Zeiten informierten. Das galt besonders für die Zeit nach 1880, als – mit der Aufnahme des Schnelldampferverkehrs – die Geschwindigkeitsentwicklung auf dem Nordatlantik immer mehr in den Blickpunkt der Öffentlichkeit rückte, eingebracht und geschürt von der Presse. Und mit dieser zunehmenden Publizität dürfte dann auch eines Tages der Begriff vom »Blauen Band« für das schnellste Schiff geprägt worden sein!

Doch leider sind diese journalistischen Quellen, wie Bonsor selbst beklagt, nicht frei von Irrtümern und Widersprüchen. Als Beispiele führt er das Erstlingsschiff von Cunard, die »Britannia«, an, ebenso wie die bereits einleitend erwähnte »America« von der National Line. Nach Bonsors Berechnungen, die auch wieder auf Zeitungsdaten basieren, war die »America« langsamer als die Konkurrenz. Da es aber in der Literatur mehrheitlich als Rekordschiff geführt wird und keine Alternativberechnung mehr möglich ist, wird es in den folgenden Ausführungen als rekordverdächtiges Schiff dargestellt. Dies ist insofern wichtig, weil die »America« die einzige Rekordbrecherin von der Reederei National Line war.

Von diesen Überlegungen ausgehend, beteiligten sich an den Rekordfahrten über den Nordatlantik insgesamt 13 Reedereien, über die Hälfte davon britische, d.h. in Großbritannien registrierte. Jeweils zwei kamen aus den USA und aus Deutschland; Italien und Frankreich stellten je eine. Maximal können 45 Rekordbrecher geführt werden. Davon fuhren 33 unter britischer Flagge. Und von diesen gehörten allein 17 Schiffe der Cunard Line. Von den restlichen Dampfern gehörten 6 Schiffe deutschen Reedereien und weitere 4 amerikanischen Gesellschaften. Ein Schiff fuhr für ein italienisches und ein anderes für ein französisches Unternehmen. Zeitlich gesehen, gab es mit 39 Schiffen – das sind 87% – die meisten Rekordbrecher vor dem 1. Weltkrieg. Auf Westkurs brachen 36, auf Ostkurs 33 Schiffe den Geschwindigkeitsrekord. Insgesamt wurde der jeweilige Rekord auf Westkurs und auf Ostkurs 59mal verbessert.

Welches waren nun die technischen Möglichkeiten, die wirtschaftlichen Voraussetzungen sowie die Triebkräfte und Motivationen, um immer größere und immer schnellere Dampfer in Dienst zu stellen?

Wettfahrten und Rekordhalter bis 1914

Im Rahmen dieser Publikation kann die technische Entwicklung bis zum 1. Weltkrieg nicht in ihren Einzelheiten, schon gar nicht in einer detaillierten Betrachtung der Wirkungsmechanismen erfolgen. Hier muß auf die in der Auswahlbibliographie angegebene Fachliteratur verwiesen werden, wie Matschoß, Busley, Radunz und Hesse. Vorrangiges Anliegen für diesen Abschnitt blieb es, die entscheidenden Veränderungen der Schiffbau- und Maschinenbautechnik in ihren Auswirkungen auf den Bau und die Indienststellung von Rekordbrechern darzulegen.

Siebenmeilenstiefel der Technik

Für die technische Entwicklung im Schiffbau waren drei Voraussetzungen entscheidend:
- ein leistungsfähiger Antrieb,
- ein effektiver Vortrieb und
- eine stabile Bauweise.

Bei diesen drei Rahmenbedingungen vollzogen sich seit dem Bau des ersten brauchbaren Dampfschiffes 1807 bis zum ersten Weltkrieg grundlegende, ja revolutionäre Veränderungen. Die zunächst einfachwirkende Niederdruck-Dampfmaschine wurde bei steigenden Dampfdrücken von der Mehrfach-Expansionsmaschine abgelöst und diese schließlich durch die Turbine ersetzt. An die Stelle des Schaufelrades im Vortrieb trat zunächst die Einzelschraube; später wurden mehrere Schrauben zugleich eingesetzt. Das Holz als traditionelles Baumaterial wurde durch das Eisen und dieses wiederum durch den Stahl verdrängt. Zu keiner Zeit in der vieltausendjährigen Geschichte von Schiffbau und Schiffahrt verlief die Entwicklung so stürmisch wie im 19. und zu Beginn des 20. Jahrhunderts. Dies eingedenk der Tatsache, daß die Segelschiffahrt zugleich ihre höchste Blüte erreichte.

Fultons »Clermont«

Hölzerne Raddampfer

Mit der Fahrt von Robert Fultons »Clermont« 1807 auf dem Hudson war der Nachweis über die Verwendbarkeit der Dampfmaschine in Schiffen erbracht worden. Der neue Antrieb gab dem neuartigen Beförderungs- und Transportmittel den Namen: Dampfer. 1819 – kurz vor dem Tod von James Watt, dem Erfinder der Dampfmaschine – überquerte mit der »Savannah« erstmals ein Dampfschiff den Nordatlantik. Zwar wurde die Kraftmaschine größtenteils nur als Hilfsmotor benutzt, da man aus Brennstoffmangel die meiste Zeit segelte. Dennoch wies die »Savannah« unübersehbar auf die Möglichkeit von Atlantiküberquerungen mit Dampfern hin. Vornehmlich in England, dem damals technologisch fortgeschrittensten Land der Welt, wurden immer mehr Dampfer – zunächst für küstennahe Gewässer und schließlich auch für den Atlantik – gebaut.

Rein äußerlich blieben die Dampfer lange Zeit Segelschiffe, in die eine Dampfmaschine installiert worden war. So wurde vorerst die Takelage aus Gründen der Sicherheit bei technischen Defekten sowie zur Brennstoffeinsparung beibehalten. Diese Nutzung als Hilfsantrieb blieb jedoch wegen der schlechten Segeleigenschaften eines Dampfers fragwürdig.

Nützlicher war die Takelage bei der Dämpfung von Schlingerbewegungen, die durch den Druck des Windes auf die Segel erreicht wurde. Als Vortrieb diente das Schaufelrad, die Umkehrung des Mühlradprinzips. Und im Innern des Schiffes befand sich anfangs die einzylindrige Seitenhebelmaschine für den Schiffsantrieb. Das waren Niederdruckmaschinen, bei denen der Dampfdruck anfänglich nur etwas über 0,1 MPa lag. Zur Dampferzeugung dienten Kofferkessel. Anfangs waren es einfache Zugkessel, später Flammrohrkessel. Der Wirkungsgrad dieser Maschinen lag nicht einmal bei 20%.

Dennoch stellten die ersten hölzernen Überseeraddampfer eine neue Qualität im Transportwesen auf den Weltmeeren dar, ohne zunächst der traditionellen Segelschiffart überall und in jedem Punkt überlegen zu sein. Das galt gleichermaßen für die Pionierzeit der Rekordbrecher. Die meisten von ihnen lieferte Robert Napier in Glasgow, einer der hervorragendsten Dampfschiffbauer der Frühzeit. Aber auch seine Dampfer waren vorerst mit 10 bis 12 Knoten nicht in der Lage, den schnellen Seglern – vorausgesetzt, sie hatten günstigen Wind – in der Geschwindigkeit Paroli zu bieten. Der entscheidende Vorteil des Dampfers gegenüber den Segelschiffen war seine Unabhängigkeit von den Launen der Naturkraft Wind. Regelmäßigkeit und Pünktlichkeit zogen in die Schiffahrt ein. Doch dafür mußte bei der anfänglichen Unwirtschaftlichkeit der Maschinen ein relativ hoher Preis gezahlt werden, erwiesen sie sich doch als wahre Brennstofffresser.

Außerdem war bei den ersten Überseedampfern kein Maschinendauerbetrieb möglich. Das bei der Kondensation des Dampfes eingespritzte salzhaltige Seewasser führte zu Ablagerungen im Kessel und damit zu einer Leistungsminderung. Deshalb mußte mehrfach die Maschine gestoppt und der »Kesselstein« entfernt werden. Abhilfe brachte der 1838 von Samuel Hall entwickelte Oberflächenkondensator, bei dem sich der Dampf – ohne Mischung mit Seewasser – niederschlagen konnte.

Hinzu kam, daß die an den Seitenrändern starr angebrachten Schaufeln einen geringen Vortriebseffekt besaßen. Beim Drehen der Antriebsräder im Wasser wirkten nämlich vertikale Kräfte bremsend auf

den Schiffskörper ein. Mit den von Buchanan und Galloway entwickelten beweglichen Schaufeln konnte der Wirkungsgrad zwar verbessert werden, dennoch blieb ein entscheidender Nachteil bestehen: Die große Störanfälligkeit der Schaufeln bei rauher See. Außerdem bestand bei schwerem Seegang die Gefahr, daß mal das eine, mal das andere Rad aus dem Wasser gehoben wurde und so das Schiff schwer auf Kurs zu halten war bzw. ganz und gar kreisende Bewegungen ausführte.

Schließlich sollte sich mit zunehmender Größe der Maschinen infolge gesteigerter Leistung, wobei an die Stelle der Einzylinder- die Zwillingsmaschine trat, ein weiterer Nachteil bemerkbar machen. Einer weiteren Leistungssteigerung stand die immer deutlicher zutage tretende Instabilität des Schiffskörpers entgegen. Der hölzerne Rumpf wurde vom Stampfen der Maschine regelrecht durcheinandergerüttelt. Die Verbände drohten zu reißen. Die Reparaturkosten schwollen an. Das Material Holz wurde zu einem unüberwindlichen Hindernis für den Bau größerer und schnellerer Schiffe.

Zwei technische Neuerungen revolutionierten dann in der ersten Hälfte des 19. Jahrhunderts den Schiffbau, ohne daß sie speziell für eine Rekordfahrt oder für einen Rekordbrecher entwickelt worden wären. Im Juli 1845 wurde mit der »Great Britain« der erste eiserne Schraubendampfer in Dienst gestellt. Konstrukteur war der geniale Ingenieur Isambard Kingdom Brunel. Er hatte bereits mit der 1340 BRT großen »Great Western« den ersten, speziell für den Nordatlantikdienst bestimmten Dampfer und damit einen der ersten Rekordbrecher überhaupt gebaut, dessen anfängliche Geschwindigkeit bei etwas mehr als 9 Knoten lag. Nun sollte mit 3270 BRT ein wesentlich größeres Schwesterschiff folgen, ebenfalls aus Holz und mit Seitenrädern versehen. Der Kiel war noch nicht gestreckt, da bestätigte die 1839 fertiggestellte und im London–Ant-

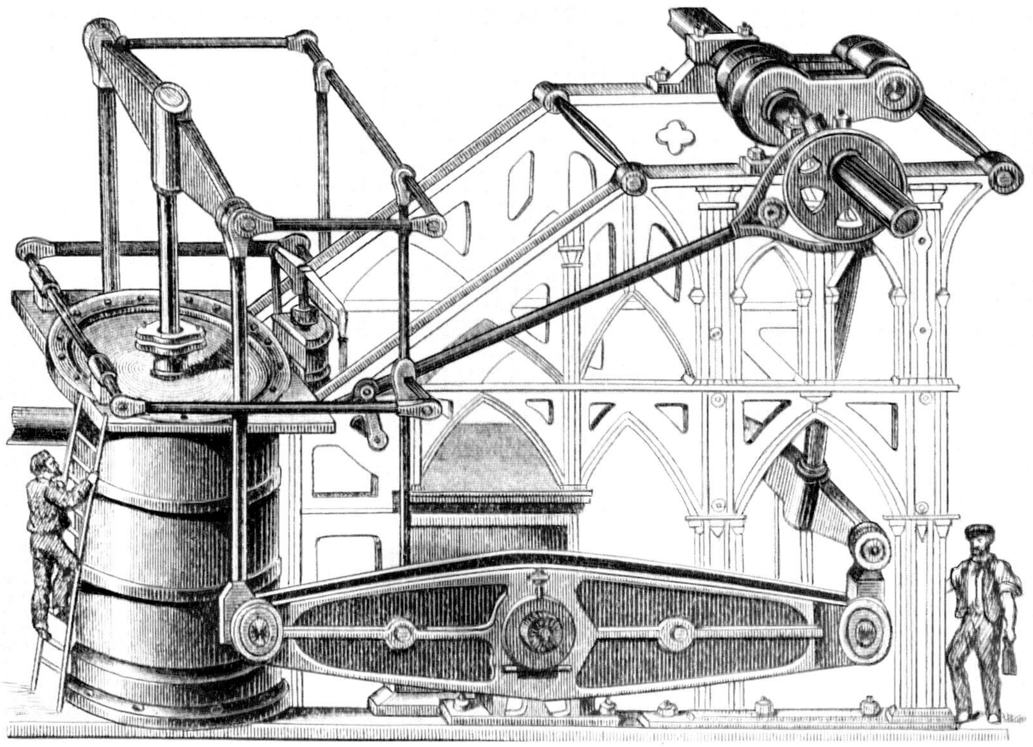

Durchschnittliche Reisezeiten von Segel- und Dampfschiffen im Jahre 1839

Segler-Reedereien **Dampfschiffe**	Westkurs d	h	Ostkurs d	h
Black Ball Line	33	17	22	12
Dramatic Line	30	12	20	12
Star Line	36	–	24	–
Swallow Tail Line	35	–	22	12
»Great Western«	16	12	13	9
»British Queen«	17	8	16	12
»Liverpool«	17	4	15	16

Savannah – erster transatlantischer »Dampfer«

Raddampfer in schwerer See
(Flußdampfer dazu im Größenvergleich)

Schiffs-(Seitenbalancier-)Maschine

Raddampfer um 1850

werpen-Dienst verkehrende »Rainbow« als erster Dampfer die »Schwimmfähigkeit« des Eisens auch im Seeverkehr. Der erste eiserne Dampfer überhaupt war 1821 mit der »Aaron Manby« geschaffen worden.

Schiffbauer ebenso wie Reeder waren zuerst recht skeptisch gegenüber dem neuen Baumaterial. Für die Schiffbauer bedeutete Eisen ein totales Umlernen, eine völlig neue Technologie. Und auch für die Reeder war Holz ein über Jahrtausende hinweg bewährtes Baumaterial. Ein Eisenschiff war überdies teurer. Andererseits brachte die massesparende Bauweise einen nicht unbeträchtlichen Zuwachs an Tragfähigkeit und damit an Wirtschaftlichkeit, der wiederum mehr Gewinn garantierte. Stand bei den Seglern nahezu der gesamte Schiffsraum für das Trans-

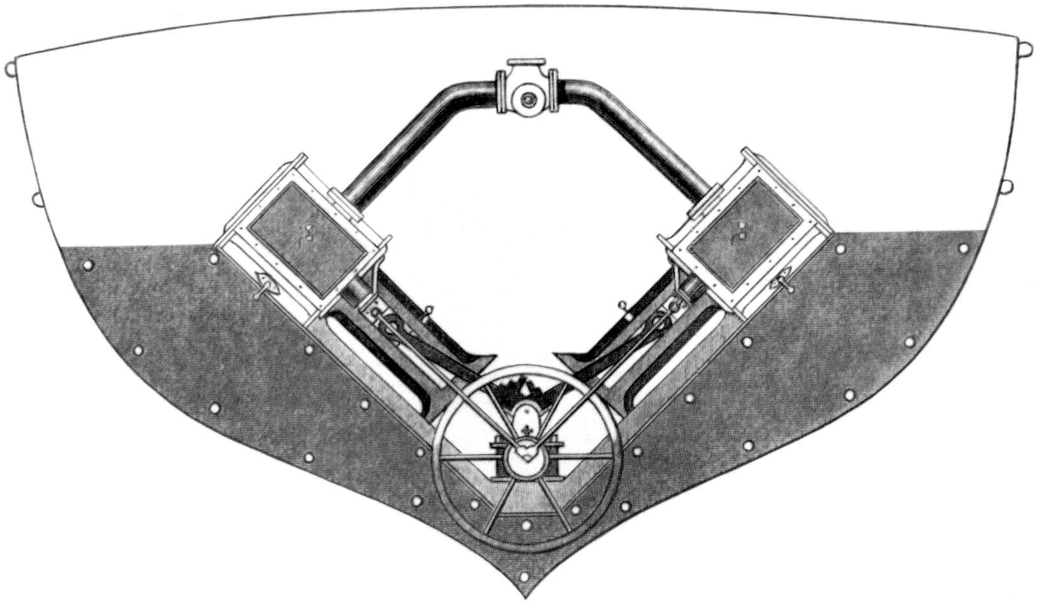

portgut zur Verfügung, ging beim Dampfer ein beachtlicher Teil durch die Maschine und die Kohlenvorräte als »toter« Raum verloren. Mehr Raum auf den Dampfern bedingte den Bau größerer Schiffe. Zugleich ermöglichte Eisen eine schnittigere Gestaltung der Rümpfe, da es sich besser und beliebiger formen ließ. Brunel entschied deshalb, die »Great Britain« als Eisenschiff bauen zu lassen.

1840 erschien in Bristol, wo Brunels »Great Britain« auf der Helling lag, die von seinem Landsmann Francis Pettit Smith zwei Jahre zuvor in Dienst gestellte »Archimedes«. Es besaß, äußerlich für alle sichtbar, keine Seitenräder mehr, denn es war das erste mit einem Propeller ausgestattete seegängige Schiff. Die entscheidenden Schritte bei der Entwicklung eines brauchbaren Schraubenantriebs für Schiffe waren bereits 1829 dem Österreicher Ressel gelungen. Andere konstruktive Lösungen bot der in England lebende Schwede Ericsson an. Den entscheidenden Durchbruch für ein leistungsfähiges Schraubenschiff erzielte schließlich Smith. Brunel übernahm für die »Great Britain« auch diese technische Neuerung.

Als das Schiff am 26. Juli 1845 zu seiner Jungfernfahrt von Liverpool nach New York auslief, kreuzte erstmals ein eiserner Schraubendampfer den Nordatlantik. Damit war der Prototyp einer neuen Dampfergeneration geschaffen worden. Weitere grundlegende Neuerungen lieferte Brunel mit seiner mehr als 10 Jahre später fertiggestellten »Great Eastern«. Wirtschaftlich wurde das Schiff ein Mißerfolg. Mit Doppelboden und Längsspanten jedoch schuf Brunel jene technischen Voraussetzungen, die für den Schiffbau in gleichem Maße richtungsweisend wurden wie Eisen und Schraube.

Der neue Vortrieb verlangte jedoch neue Antriebsmaschinen. Sie mußten kleiner und kompakter sein als die bisherigen Seitenhebelmaschinen. Weil die Propellerwelle tiefer lag, wurden anstatt der bisherigen stehenden Maschinen mit vertikal angeordneten Zylindern nun solche mit schrägen oder liegenden Zylindern entwickelt. Am besten bewährten sich die Trunkmaschinen, bei denen die Kolben direkt mit der Kurbelwelle verbunden waren. Die für die Schrauben erforderlichen höheren Umlaufgeschwindigkeiten wurden durch ein zwischengeschaltetes Getriebe erreicht.

Der erste Rekordbrecher der neuen Dampfergeneration war jedoch kein eiserner Schraubendampfer, sondern *nur* ein eiserner Raddampfer. Es war Cunards »Persia«. Und obendrein fuhr das Schiff erst 1856 – das sind 11 Jahre nach der Indienststellung der »Great Britain« – neuen Rekord auf dem Nordatlantik. Das weitere Festhalten an den Seitenrädern lag letztlich nicht an der Unterlegenheit der Schraube. Davon hatten sich selbst die äußerst skeptischen Admirale der Royal Navy bereits 1845 beim legendär gewordenen Test zwischen zwei gleichgroßen Schiffen, dem Raddampfer »Alecto« und seinem propellergetriebenen Schwesterschiff »Rattler«, überzeugen können. Von Heck zu Heck mit schweren Trossen verbunden, gingen beide Schiffe am 3. April 1845 für sich voraus. Dabei zog die »Rattler« die »Alecto« über den Achtersteven hinter sich her. Die königliche Marine erhielt daraufhin ihre ersten mit Propellern ausgerüsteten Schiffe.

Dennoch: Bei aller Überlegenheit der Schraube, was sich auch in einer erheblichen Brennstoffreduzierung bis zu 50% bemerkbar machte, dominierten hinsichtlich der Schnelligkeit vorerst noch die Raddampfer. Deshalb mußte auch die da-

Trunk-Maschine

»Great Britain« – erster eiserner Schraubendampfer

»Tauziehen« zwischen »Rattler« und »Alecto«

mals führende britische Reederei auf dem Nordatlantik, die Cunard Line, angesichts ihrer Verpflichtungen gegenüber der Royal Navy, schnelle Schiffe als Truppentransporter bereitzuhalten, weiterhin Raddampfer in Dienst stellen. Und es dauerte bis zum Jahre 1869, als mit der »City of Brussels« von der Inman Line der erste propellergetriebene Rekordbrecher den Atlantik auf Ostkurs überquerte. Auf Westkurs geschah dies noch später, und zwar 1872 durch die »Adriatic« von der White Star Line.

In beiden Richtungen war bis dahin Cunards »Scotia« die schnellste gewesen. Sie blieb somit das letzte radgetriebene Rekordschiff auf dem Nordatlantik. Mit der »Adriatic« erschien unter den Rekordbrechern zugleich das erste Schiff mit einem neuen, weiterentwickelten Antrieb, der Compound-(Verbund-)Maschine.

Eiserne Schraubendampfer

Bis Ende der 60er und Anfang der 70er Jahre blieb bei allen technischen Verbesserungen ein entscheidender Nachteil der Dampfer bestehen: der nach wie vor viel zu hohe Brennstoffverbrauch! So gesehen, bestand für die Segelschiffahrt vorerst keine grundsätzliche Bedrohung, schon gar nicht bei Reisen in den Südatlantik und in den Pazifik sowie nach Ostasien und Australien. Trotzdem nahm die Segelschiffahrt die Herausforderung Dampf an. Das Ergebnis waren die Klipperschiffe. Damit erreichte die jahrtausendalte Segelschiffahrt ihren Höhepunkt und Abschluß zugleich. Der Amerikaner McKay avancierte zu einem der berühmtesten Klipperschiffbauer. Schlank und schnittig waren seine Schiffe, kirchturmhoch ihre Takelage. Diese »Königinnen der Meere« fuhren bei günstigem Wind zehn, zwölf und mehr Knoten. Auf Fernfahrten waren sie – ob ihrer Unabhängigkeit von der Energiebasis – ohnehin konkurrenzlos.

Die Segelschiffahrt mußte aber schließlich den ungleichen Kampf gegen den Dampf verlieren, genauso wie der Schreiber gegenüber dem Buchdrucker, der Weber gegenüber der Spinnmaschine oder der Treidler gegenüber dem Schleppdampfer den Kürzeren zog. Ein entscheidender Schlag wurde 1869 mit der Eröffnung des Suezkanals geführt. Für die Dampfer verkürzte sich der Reiseweg nach Indien um fast 13000 km. Den Ausschlag gaben dann die technischen Neuentwicklungen, vor allem bei Antrieben, welche beträchtliche Kohleeinsparungen mit sich brachten. Weniger Kohle bedeutete mehr Raum, mehr kommerziell nutzbarer Raum erhöhte die Ladefähigkeit, ein ewiges Bestreben der Reeder, das günstigste Verhältnis zwischen dem gewinnbringenden Nutz- und dem verfügbaren Bruttoraum zu erzielen. Bald konnten Dampfer mehr Ladung transportieren als ein gleichgroßes Segelschiff. Mit der Kohleersparnis sanken auch die Frachtkosten. Also büßten die Segler auch ihren letzten Vorteil ein – den der Billigkeit. Ende des 19. Jahrhunderts hatte die Welttonnage der Dampfer diejenige der Segelschiffe überrundet.

Die Möglichkeiten der Energieeinsparung bei Schiffsmaschinen hatte bereits 1834 der Holländer Moritz Röntgen, technischer Leiter eines niederländischen Schiffahrtsbetriebes, erkannt. Vorbild für ihn waren die in England entwickelten Zweifach-Expansionsmaschinen. Einerseits war es nun gelungen, den Dampfdruck durch stabilere Kessel zu steigern, andererseits aber konnte man diesen höheren Druck bei einfacher Expansion nicht voll ausnutzen. Trotz größeren Energieangebots arbeiteten die Maschinen weiterhin unwirtschaftlich. Röntgen konstruierte deshalb eine Schiffsmaschine, bestehend aus zwei Zylindern: einem kleineren

Mancher Klipper war schneller als die ersten Dampfer

Größenvergleich einer Compoundmaschine

Roentgens Schiffs-Verbundmaschine von 1829

Hochdruck- und einem größeren Niederdruckzylinder. Beide hatte er verbunden (engl. compound) mit einem Zwischenbehälter als Überströmrohr, dem Refrigator. Damit verrichtete der Dampf zweimal Arbeit. Zunächst bewegte er den Hochdruck- und sodann den Niederdruckzylinder. Bei einer Steigerung der Drücke auf mehr als 0,4 MPa in den 60er Jahren bedeutete das eine Brennstoffeinsparung gegenüber den üblichen einzylindrigen Zwillingsmaschinen von 33%. Deren Brennstoffbedarf hatte man gegenüber

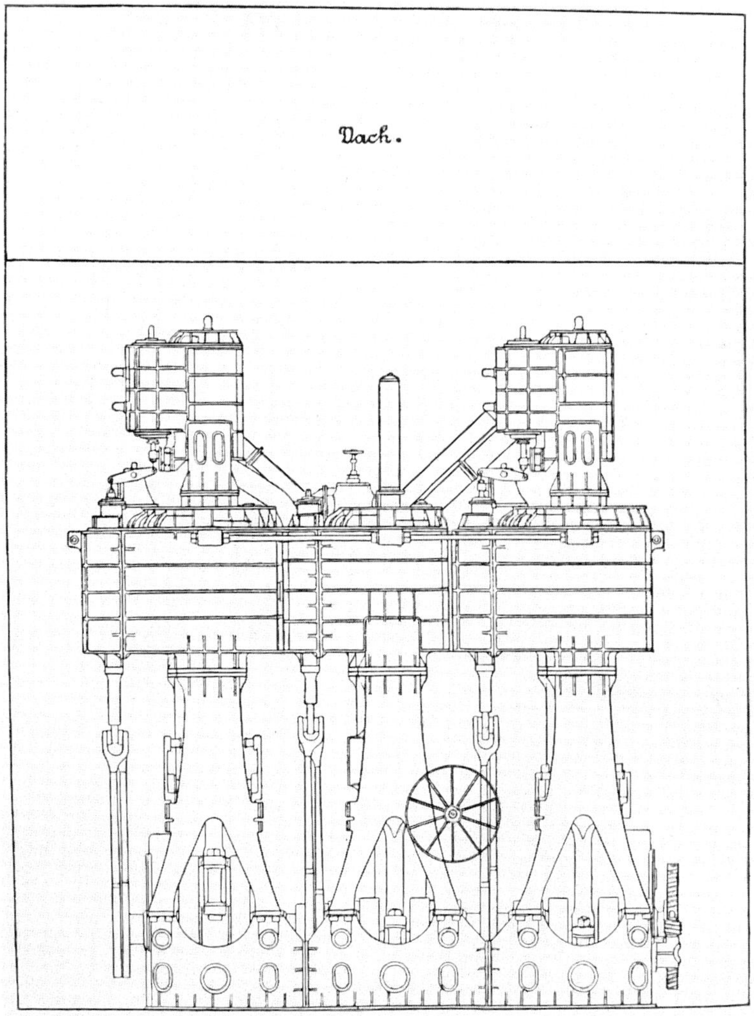

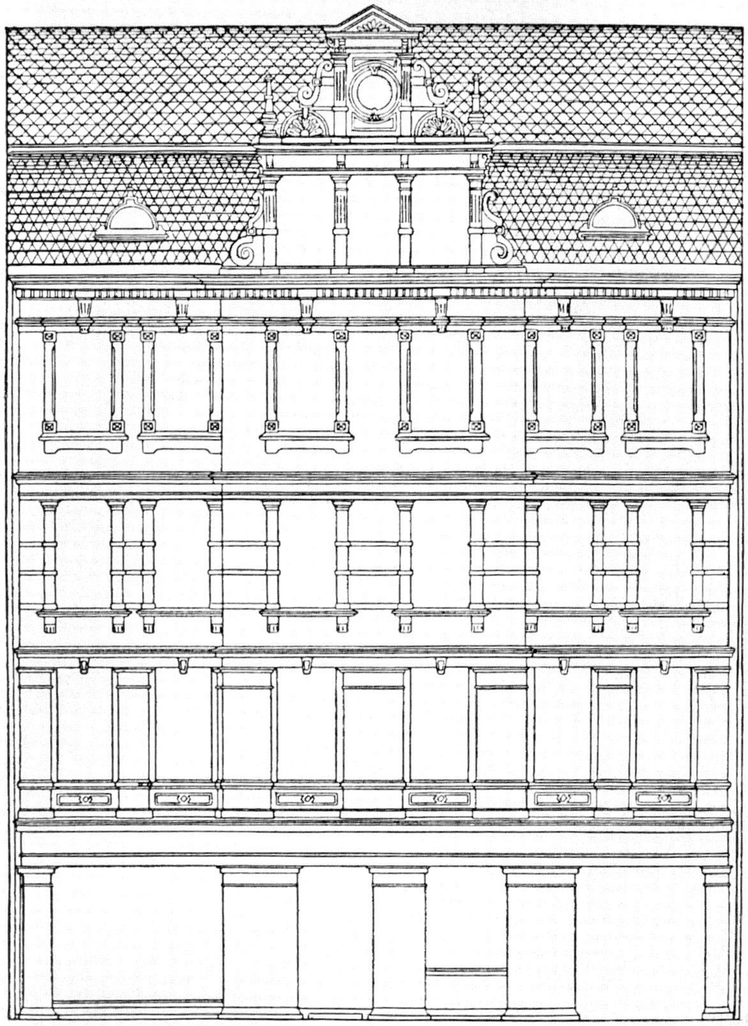

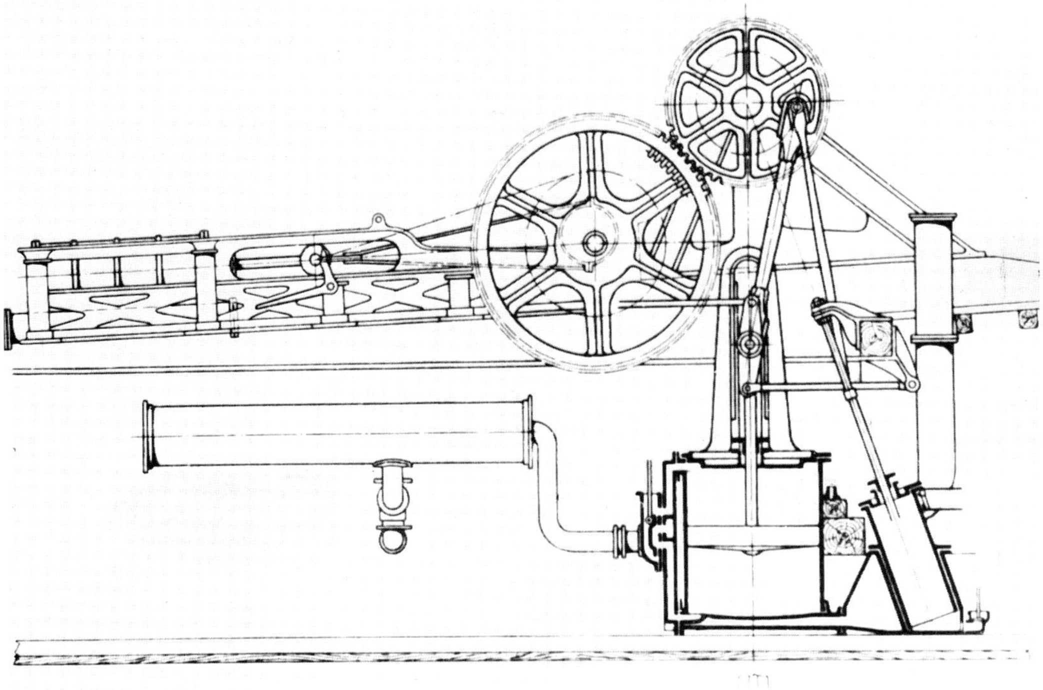

den Niederdruckmaschinen bereits um annähernd 12% reduziert. Mithin war eine Energieeinsparung von 45% in weniger als einem halben Jahrhundert erreicht.

Der neue Antrieb, für dessen volle Wirksamkeit der Oberflächenkondensator unentbehrlich geworden war, begann sich auf dem Nordatlantik zu Beginn der 70er Jahre durchzusetzen. 1872/73 – fast zwei Jahrzehnte nach Entwicklung der Roentgen-Maschine – fuhren dann die erstmals mit Compound-Maschinen ausgerüsteten Pionierschiffe der White Star Line neue Geschwindigkeitsrekorde. Auf Westkurs war es die »Adriatic«, auf Ostkurs die »Baltic«. Internationale Maßstäbe beim Bau derartiger Schiffsmaschinen setzte der Schotte John Elder. Er lieferte zugleich mehrere Schiffe, die Ende der 70er Jahre und während der 80er Jahre neue atlantische Geschwindigkeitsrekorde errangen. Durch die auf 0,6 bis 0,7 MPa gesteigerten Dampfdrücke wurde es möglich, dreizylindrische Maschinen mit einem Hochdruckzylinder und zwei Niederdruckzylindern zu bauen, deren Leistungen bereits über 7350 kW (10000 PS) lagen. Ihre Größe entsprach der eines vierstöckigen Hauses. Die Geschwindigkeit konnte von 16 auf über 18 Knoten gesteigert werden. Für die erste Generation dieses neuen Schiffstyps mit Compound-Maschinen kam der Begriff Schnelldampfer auf.

Die höheren Geschwindigkeiten infolge gesteigerter Maschinenleistungen mußten die Reedereien jedoch mit wiederum wachsendem Kohleverbrauch und damit erhöhten Betriebskosten erkaufen. Allein schon deshalb war man gezwungen, nach einer Reduzierung des spezifischen Energiebedarfs zu suchen. Und man wollte nicht nur die Geschwindigkeit weiter steigern, aus Konkurrenzgründen mußte man es sogar.

Mit der Compound-Maschine war die grundsätzliche Neuerung eines energiesparenden Antriebs geschaffen worden. Jetzt mußte man, um eine bessere Ausnutzung des Dampfes zu erzielen, nur noch den Druck weiter steigern. Doch dar-

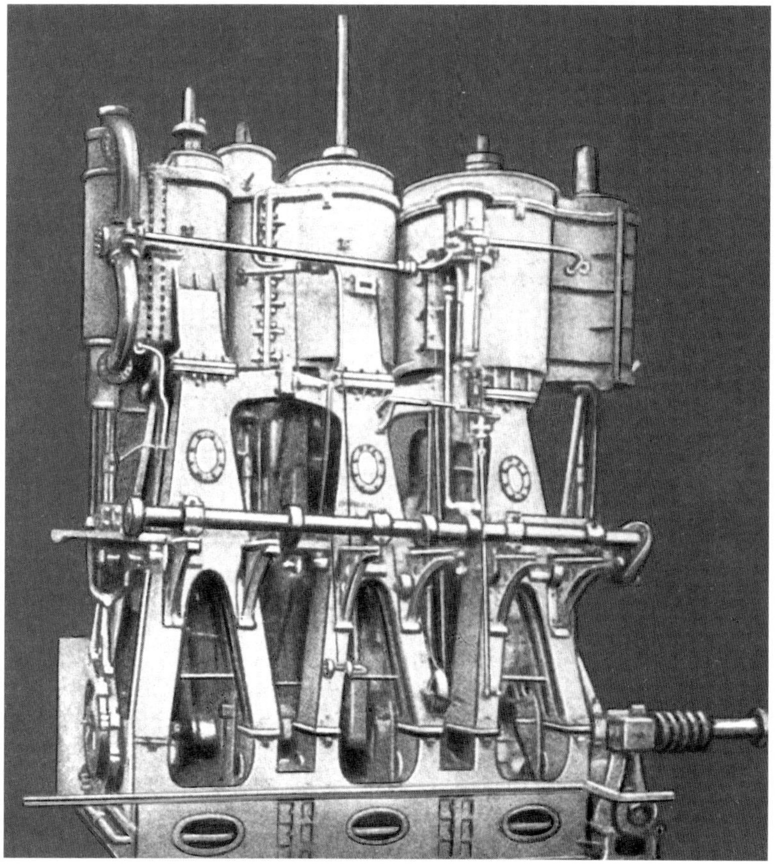

an scheiterte nicht nur John Elder, sondern auch andere Maschinenbauer kamen nicht weiter. Die Kessel hielten nicht stand. Sie waren zu schwach.

Das Problem löste Elders' Landsmann Kirk, Chefingenieur der alteingesessenen Glasgower Firma Napier & Sons. Sein Auftrag lautete angesichts der Weltwirtschaftskrise in den 70er Jahren: Konstruktion einer Schiffsmaschine mit erheblich geringerem Kohleverbrauch, um der Konkurrenz mit einem energiereduzierten Antrieb dennoch überlegen zu sein. Kirk schaffte es! Sein 1881 präsentiertes Ergebnis: die erste Dreifach-Expansionsmaschine. Sie besaß einen Hoch-, einen Mittel- und einen Niederdruckzylinder. Damit verrichtete der Dampf drei Arbeitsgänge. dienststellung 1883 der erste mit einer Dreifach-Expansionsmaschine ausgerüstete Dampfer war. Eine Verringerung des Kohleverbrauchs bis zu 30% im Vergleich zu den Compoundmaschinen war Werbung genug für eine schnelle Ausbreitung des noch rationelleren Maschinentyps. Dieser wurde dann über Jahrzehnte zum Prototyp des Antriebs in der Schiffahrt.

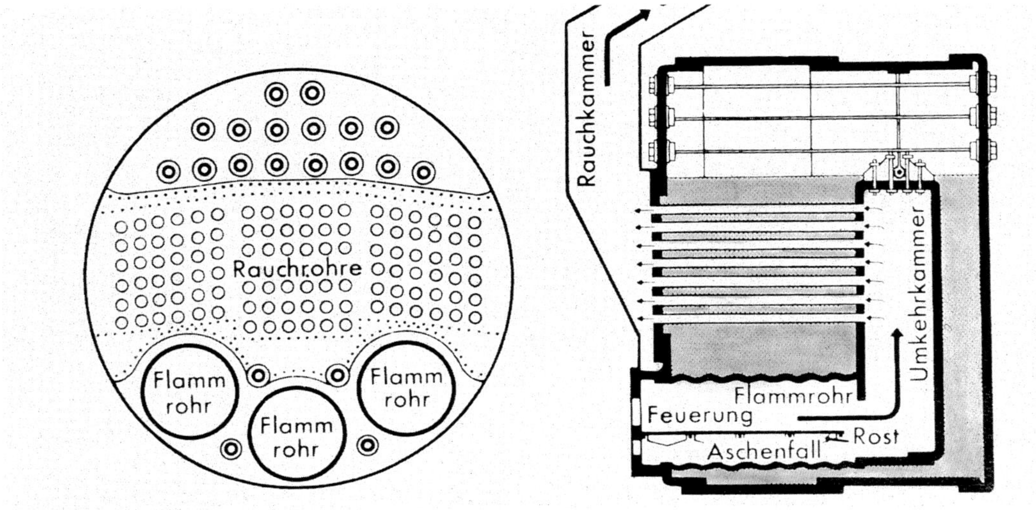

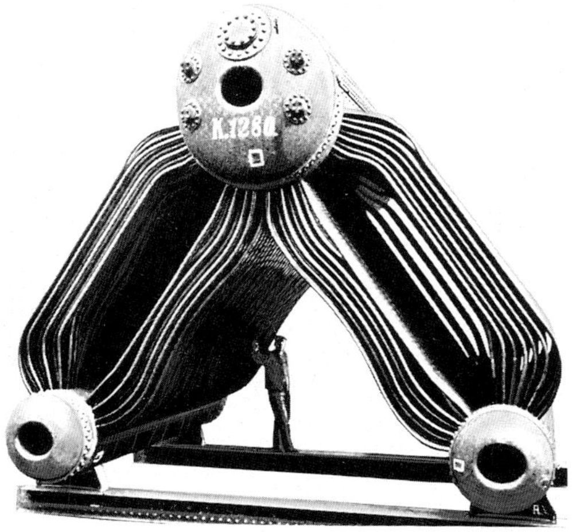

Entwicklung der Kolbendampfmaschinen als Schiffsantriebe

Zeit	Maschinenart für ca. 6000 PS	Betriebsdruck atü	Brennstoffverbrauch Spezifisch kg/PS. h	Je Tag t/Tag	Maschinenmasse kg	Wachpersonal (ungefähr) Masch. Raum	Heizraum	Gesamt
1850	oszillierende Maschine	2	2,60	375	2100	40	190	230
1880	2fach-Expansionsmaschine	5–9	1,20	173	1700	30	85	115
1900	3fach-Expansionsmaschine	12–15	0,75	108	1500	30	55	85
1910	4fach-Expansionsmaschine	14–17	0,60	86	1400	30	45	75

aus [12, S. 79]

Die »Aberdeen« im Dock

Dreifach-Expansionsmaschine der »Augusta Victoria« – erster auf einer deutschen Werft gebauter Doppelschraubenschnelldampfer

Dreifach-Expansionsmaschine der »Aberdeen«

Flammrohrkessel

Wasserrohrkessel

Kirk hatte den Druck auf 0,9 MPa gesteigert. Und der Kessel hielt, denn er war aus »mildem« Stahl (mild steel) hergestellt worden, benannt nach dem in den 70er Jahren entwickelten Siemens-Martin-Stahl. Später besaß die neue Maschinenart mehr als drei Zylinder, wenn Hoch- und/oder Niederdruckzylinder doppelt ausgeführt waren.

Die neue Maschine wurde in die »Aberdeen« eingebaut, die nach ihrer Inbetriebnahme ... Wie die Compoundmaschinen, so wurden auch die Dreifach-Expansionsmaschinen mit stehenden Zylindern ausgeführt. Man nannte sie deshalb Hammermaschinen.

Die weitere Steigerung des Dampfdruckes hatte zu neuen Kesselkonstruktionen geführt. Der Kofferkessel war inzwischen vom Zylinderkessel abgelöst worden. Die Drücke konnten bis 1,2 und mehr MPa gesteigert werden. Anstelle des Feuerrohrkessels trat der Wasserrohrkessel.

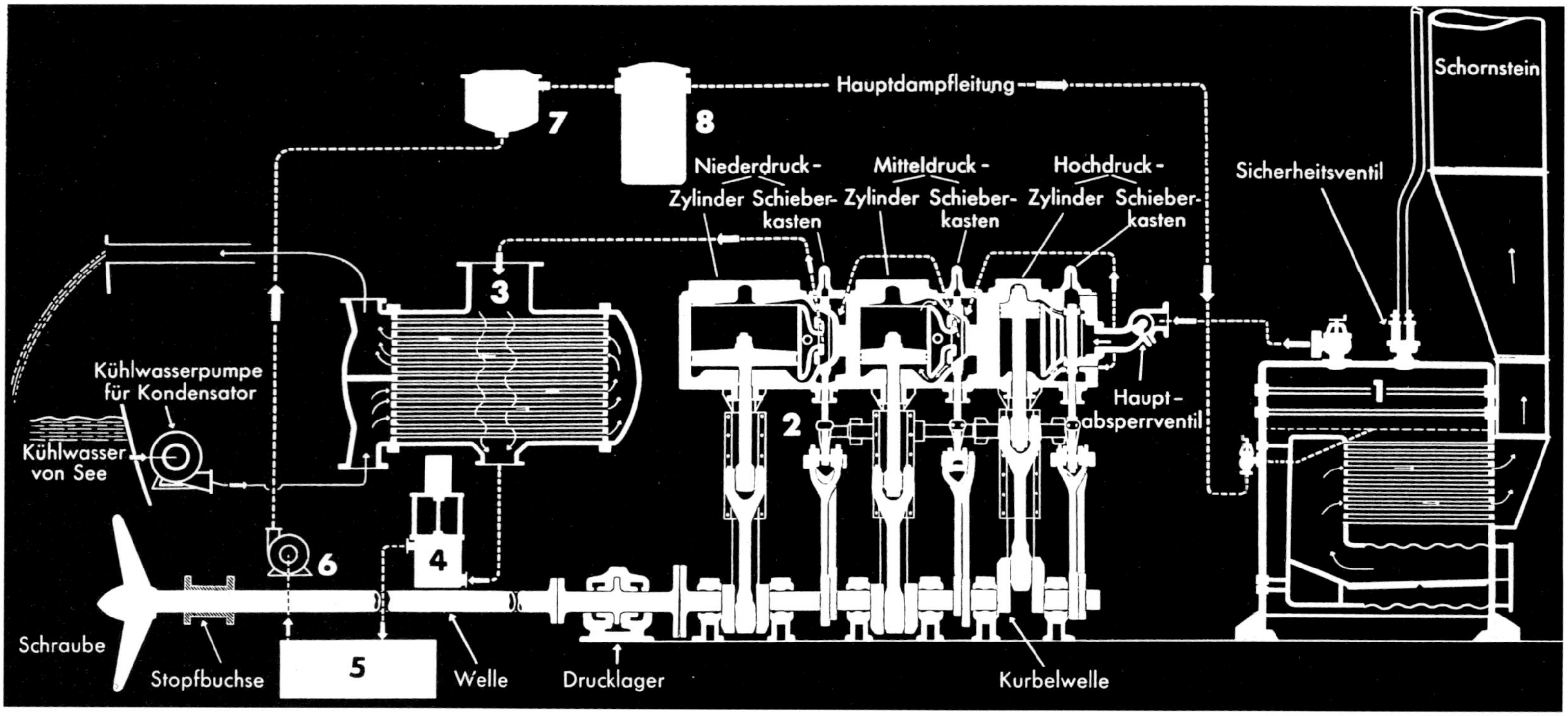

Hohe Drücke bei geringerem Kohleverbrauch, so lautete die Devise für die Projektanten und Konstrukteure. Das galt um so mehr, nahm doch bei aller Verringerung des spezifischen Brennstoffbedarfs (kg Kohle je PS/h) der Verbrauch in dem Maße weiter zu, wie versucht wurde, mit immer größeren Schiffen neue Geschwindigkeitsrekorde zu erzielen. Verbrauchte der Pionier »Great Western« täglich mehr als 30 Tonnen, so wurden in den 80er Jahren bereits 200 Tonnen verbrannt. Bei den letzten, vor dem 1. Weltkrieg in Dienst gestellten Rekordbrechern bewegte sich der Tagesbedarf in Richtung 1000 Tonnen.

Diese Mengen mußten per Hand gebunkert werden. Danach wurde alles wieder von Hand aus den Bunkern herbeigeschafft, sei es in Körben oder in kleinen Handloren und vor den Feuerlöchern abgekippt. Während einer 4-Stunden-Wache konnten bis zu 5 Tonnen Kohle auf jeden Mann entfallen. Ständig waren die Trimmer, die Kohlenzieher und die Heizer in Staubwolken gehüllt. Und das bei Temperaturen bis 45 °C und mehr. Wurde Rekord gefahren, stiegen die Mengen weiter an. Auf Pfiff des Oberheizers wurden die Türen stets gleichzeitig geöffnet, damit kein Gegenzug entstand. In Abständen von wenigen Minuten, die bei Rekordfahrten selbstverständlich noch kürzer waren, wurden die Kohlen mit Schaufeln auf die Roste geworfen. Auch die anfallende Asche mußte wieder manuell beseitigt werden und ging dann über Bord. Wenn es schon nicht das Fegefeuer war, so bedeuteten doch die Arbeitsbedingungen der Kohlentrimmer und der Heizer sehr oft die Vorstufe zur Hölle. Desertionen und Selbstmorde waren deshalb keine Seltenheit. »Wenn ich so weiter arbeiten soll«, hatte der Trimmer D. des Dampfers »Columbia« vor seinem Sprung über Bord geäußert, »dann will ich lieber sterben.« So aus einem Protokoll des Seeamtes Bremerhaven.

Und in einer anderen Verhandlung des Seeamtes, den Ex-Rekordbrecher »Kaiser Wilhelm der Große« betreffend, heißt es: »An Bord des Bremer Dampfers ›Kaiser Wilhelm der Große‹ sind während der Reise von New York nach Bremerhaven am 5. August 1912 zwei Überarbeiter, die Kohlenzieher März und Johann Lind, an Herzlähmung infolge Hitzschlag verstorben.« Für 38 in New York desertierte Trimmer hatte man 34 sogenannte Überarbeiter angeheuert. So bezeichnete man Personen, die sich die Überfahrt durch Arbeit an Bord verdienen mußten. »Allerdings«, so wird quasi entschuldigend hinzugefügt, »soll das Menschenmaterial an

Desertionen von Heizern und Kohlenziehern in der bremischen Handelsflotte absolut und in % zu den Gesamtdesertionen

Jahr	Desertionen	
1880	363	37,30
1881	483	41,92
1882	499	46,03
1883	516	45,78
1884	691	51,95
1885	360	50,13
1886	571	62,06
1887	865	61,43
1888	1000	67,52
1889	864	57,40
1890	915	68,18
.	.	.
.	.	.
.	.	.
1900	798	56,47
1901	747	54,13
1902	720	52,63
1903	818	56,18
1904	570	53,92
1905	938	62,07
1906	1227	64,95
1907	1454	62,91
1908	913	65,40
1909	1181	64,60
1910	1493	61,67
1911	1501	61,97
1912	639	57,77
1913	1990	61,95

aus [16. Tab. 18]

Überarbeitern gerade bei dieser Reise nicht gut gewesen sein; man habe aus Not nehmen müssen, was man an irgend tauglichen Leuten bekam!« Grundlegende Verbesserungen der Arbeitsbedingungen traten dann nach dem ersten Weltkrieg mit verstärkter Umstellung auf Ölfeuerung ein.

Nachdem die Dreifach-Expansionsmaschine der »Aberdeen« 1883 ihre Bewährungsprobe bestanden hatte, dauerte es nur drei Jahre, bis der erste Schnelldampfer der Welt mit diesem damals modernsten Schiffsantrieb in Dienst gestellt wurde. Es war die »Aller« vom Norddeutschen Lloyd, gebaut auf der Elder/Fairfield-Werft in Glasgow. Im April 1886 ging das Schiff auf Jungfernfahrt. Und weitere drei Jahre vergingen, bis der erste mit einer Dreifach-Expansionsmaschine ausgerüstete Rekordbrecher über den Atlantik fuhr: die »City of Paris« der Inman Line. Ihre Geschwindigkeit betrug zunächst knapp 20 Knoten und lag später – wie auch bei ihrer »Schwester«, der »City of New York« – bei über 20 Knoten. Beide Schiffe besaßen darüber hinaus eine weitere technische Neuerung: Sie waren die beiden ersten Zweischraubendampfer in der Passagierschiffahrt.

Und noch eines kam hinzu: Beide Schiffe waren in der normalen Größenentwicklung, die »Great Eastern« einmal ausgenommen, mit erstmals 10000 BRT führend. Diese neue Dimension bei gleichzeitiger Steigerung der Antriebsleistung und einer damit verbundenen höheren Geschwindigkeit wäre ohne die Verwendung eines Stahl- anstelle des bisherigen Eisenschiffskörpers nicht möglich gewesen. Denn der erstmals eingesetzte Stahl bot noch mehr Festigkeit bei weiterer Verringerung der Masse des Fahrzeuges (siehe Tabelle).

Die seit Ende des 19. Jahrhunderts in Dienst gestellten Rekordbrecher hätten ohne Stahl gar nicht als solche gebaut werden können. Zu Beginn des 20. Jahrhunderts wurden im Weltdampfschiffbau 95% Stahl verwendet.

Den ersten stählernen Schnelldampfer schickte 1881 die Cunard Line mit ihrer 7392 BRT großen »Servia« auf die Jungfernreise. In der äußeren Gestaltung gelungen, wurde diese jedoch kein »Renner«. Rekordverdächtig fuhr als erstes Stahlschiff die »America« der National Line über den Atlantik. Unstrittig mit ihren Rekordfahrten blieben dagegen die ihr folgenden stählernen Schwesternschiffe der Cunard Line, die »Umbria« und die »Etruria«, welche zugleich die letzten beiden Rekordbrecher mit Compoundmaschinen und nur einer Schraube waren. Beide Schiffe wurden von Inmans »City of Paris« und »City of New York« mit deren Dreifach-Expansionsmaschinen und Doppelschrauben überrundet.

Konnte mit der Dreifach-Expansion der Kohleverbrauch erheblich verringert

Tragfähigkeit in Abhängigkeit vom Baumaterial

Schiffskörper	Eigenmasse (t)	Tragfähigkeit einschl. Ausrüstung (t)
Holz	1500	1500
Eisen	1290	1710
Stahl	1140	1860

Schema einer Dreifach-Expansions-Schiffsdampfmaschinenanlage

Manuelles Kohlebunkern – Arbeiter am Kai

Heizer vor Feuerlöchern

werden, so erhöhte sich mit den Doppelschrauben die Sicherheit ganz erheblich. Das Schiff blieb beim Bruch einer Schraubenwelle oder beim Verlust einer Schraube über das zweite Vortriebsmittel ebenso manövrierfähig. Beim Ausfall einer Maschine konnte das Schiff, da die Antriebsanlage geteilt war, mit der anderen vermindert weiterfahren. Schließlich konnte man beim Verlust des Ruders das Schiff mit den beiden Schrauben steuern.

Ungeachtet dieser überzeugenden Vorteile betrachteten die Schiffbauer und Reeder den Doppelschraubenvortrieb recht skeptisch. Bei Kriegsschiffen bereits seit langem praktiziert, wurden nämlich dort mit Zweischraubenschiffen anfänglich keine höheren Geschwindigkeiten als bei Einschraubenschiffen erreicht. Erst als zu Beginn der 80er Jahre in England und Deutschland gebaute Zweischraubentorpedoboote schneller als vergleichbare Fahrzeuge mit nur einem Propeller fuhren, entschloß man sich, auch in der Passagierschiffahrt das neue Vortriebssystem zu übernehmen. Die zunächst höheren Kosten waren zumindest durch die erhöhte Sicherheit gerechtfertigt. Angesichts der größeren Sicherheit verschwand dann auch die für Einschraubendampfer bis dahin typische Hilfsbesegelung. Erhalten blieben nur die Masten für das Ladegeschirr.

Das Doppelschraubensystem bot darüber hinaus eine zusätzliche Sicherheit durch die Teilung der Antriebsmaschine in zwei selbständige Anlagen, nämlich in eine Steuerbord- und eine Backbordmaschine. Beide konnten getrennt gefahren werden, und beide waren durch ein Längsschott gesichert. Querschotte zur Erhöhung der Sicherheit gab es schon seit Jahrzehnten. Ihr Einbau in Passagierschiffe vollzog sich aber wegen der höheren Ausgaben und aufgrund »dehnbarer« Vorschriften bzw. gänzlich fehlender gesetzlicher Regelungen nur sehr zögernd. Erst der Untergang des NDL-Dampfers »Elbe« in der Nordsee nach Kollision mit einem britischen Frachter im Jahre 1895, bei dem 332 Menschen ertranken, führte zu einer Verschärfung der Sicherheitsbestimmungen, so auch bei der Abschottung der Schiffe.

Welche Gefahren sogar bei technischen Störungen drohten – vor allem waren Wellenbrüche bei Rekordbrechern nicht selten – hatte die »City of Paris« nachdrücklich vor Augen geführt. Am 25. März 1890 befand sich das Schiff nahe der irischen Küste. Bei voller Fahrt brach plötzlich die Steuerbordwelle. Die nun ohne Last arbeitende Maschine »drehte durch« und zerbarst. Umherfliegende Eisenteile durchbrachen den Rumpf, zerschlugen aber auch die Längsabschottung. Beide Maschinenräume liefen voll Wasser. Die »City of Paris« war manövrierunfähig, blieb aber schwimmfähig. Es gab keine Verletzten. Das Schiff wurde schließlich für 162000 Mark von den Schleppern »Adlersgate« und »Ohio« nach Queenstown gebracht. Nach einjähriger Reparatur konnte die »City of Paris« in den Atlantikdienst zurückkehren.

Vierfach-Expansionsmaschine kontra Turbine

Gegen Ende des 19. Jahrhunderts wurde die Dreifach-Expansions- zu einer Vierfach-Expansionsmaschine weiterentwikkelt. Steigende Dampfdrücke ermöglichten eine noch bessere Dampf- und damit Brennstoffnutzung, ohne daß jedoch mit diesem Maschinentyp eine grundsätzliche Neuerung in die Schiffahrt Einzug gehalten hätte. Das eigentlich Neue, ja Sensationelle daran war, daß diesmal deutsche Schiffe, ausgestattet mit Vierfach-Expansionsmaschinen, neue atlantische Rekorde aufstellten.

Bis zum Ende des 19. Jahrhunderts hatte Großbritannien eindeutig das Weltniveau im Schiffbau bestimmt. Von den etwas mehr als 30 Rekordbrechern bis Mitte

»Aller« vom NDL – erster Schnelldampfer der Welt mit einer Dreifach-Expansionsmaschine

Maschine der »Aller«

»City of New York«: Doppelboden

Doppelschrauben im Vortrieb

In den Spanten stehend

der 90er Jahre kamen allein 25 von britischen Werften. Das Zentrum lag in Schottland am Clyde. Auch die führenden deutschen Reedereien bestellten ihre Schiffe, vornehmlich die Schnelldampfer, ausschließlich in England. Damit befand man sich aber gleich in doppelter Abhängigkeit: technologisch-ökonomisch und technisch-militärisch. Denn Rekordbrecher waren nicht nur Passagierdampfer in Friedenszeiten, sondern als Truppentransporter oder als Hilfskreuzer im Kriegsfalle zu verwenden. Angesichts der mit dem imperialen Machtstreben verbundenen maritimen Ambitionen Deutschlands drängte die Führung der Kriegsmarine auf nationale Unabhängigkeit im Schiffbau. Selbst Kaiser Wilhelm II. bemühte sich um psychologisch-moralische Aufrüstung: »Unter den deutschen Ingenieuren sind Männer genug, wenn man sie in den Sattel setzen wollte, die dasselbe leisten könnten wie ihre englischen Berufsgenossen.«

Die Ingenieure und Arbeiter der Stettiner Vulcan-Werft rechtfertigten das in sie gesetzte Vertrauen. 1889 lief der erste auf einer deutschen Werft und ausschließlich mit heimischen Erzeugnissen ausgestattete Schnelldampfer vom Stapel: die 7661 BRT große »Augusta Viktoria«. Auftraggeber war die Hapag. Mit dem 1891 ebenfalls von der Hapag bestellten und von der Vulcan-Werft gelieferten Dampfer »Fürst Bismarck« lagen die deutschen Schiffe mit Geschwindigkeiten von mehr als 19 Knoten nur knapp hinter der englischen Konkurrenz zurück. Deutschland war auf dem Wege zum Weltniveau. Der Durchbruch gelang 1897. Mit »Kaiser Wilhelm der Große« vom Norddeutschen Lloyd errang auf Ostkurs erstmals ein deutscher Schnelldampfer den atlantischen Rekord, seine Geschwindigkeit: 22,35 Knoten. Ein Freudentag auch für die Stettiner Werftarbeiter.

Besaß »Kaiser Wilhelm der Große« noch eine Dreifach-Expansionsmaschine von 28000 PS, so waren die drei nachfolgenden Rekordbrecher »Deutschland«, »Kronprinz Wilhelm« und »Kaiser Wilhelm II.« allesamt mit Vierfach-Expansionsmaschinen ausgerüstet. Die Leistung hatte man auf 44500 PS steigern können. Bei einer Schiffsgröße von fast 20000 BRT wurde eine Geschwindigkeit von mehr als 23 Knoten erreicht. Das letzte Schiff dieser von der Stettiner Vulcan-Werft gelieferten Serie, die 1907 in Dienst gestellte »Kronprinzessin Cecilie«, erhielt mit 45000 Psi die größte, jemals in einen Passagierdampfer installierte Dampfmaschinenanlage. Es waren vier Vierfach-Expansionsmaschinen, von denen man je zwei hintereinander geschaltet hatte. Rekord ist die »Kronprinzessin Cecilie« damit jedoch nicht mehr gefahren. Sie vermochte mit dieser herkömmlichen Kraftmaschine der englischen Konkurrenz kein Paroli mehr zu bieten.

Die Rekordfahrten der deutschen Passagierschiffe Ende des 19. und Anfang des 20. Jahrhunderts auf dem Nordatlantik hatten Großbritanniens maritime Vorherrschaft gebrochen. In ihrem Selbstwertgefühl getroffen, wollten die Briten ihre alte Vormachtstellung auf allen Weltmeeren zurückerobern. Darüber waren sich nicht nur die Regierung, die Marine und die für den Bau verantwortliche Cunard-Reederei, sondern auch große Teile der Öffentlichkeit einig. Umstritten war dagegen die technische Realisierung, vor allem die Wahl des Antriebs.

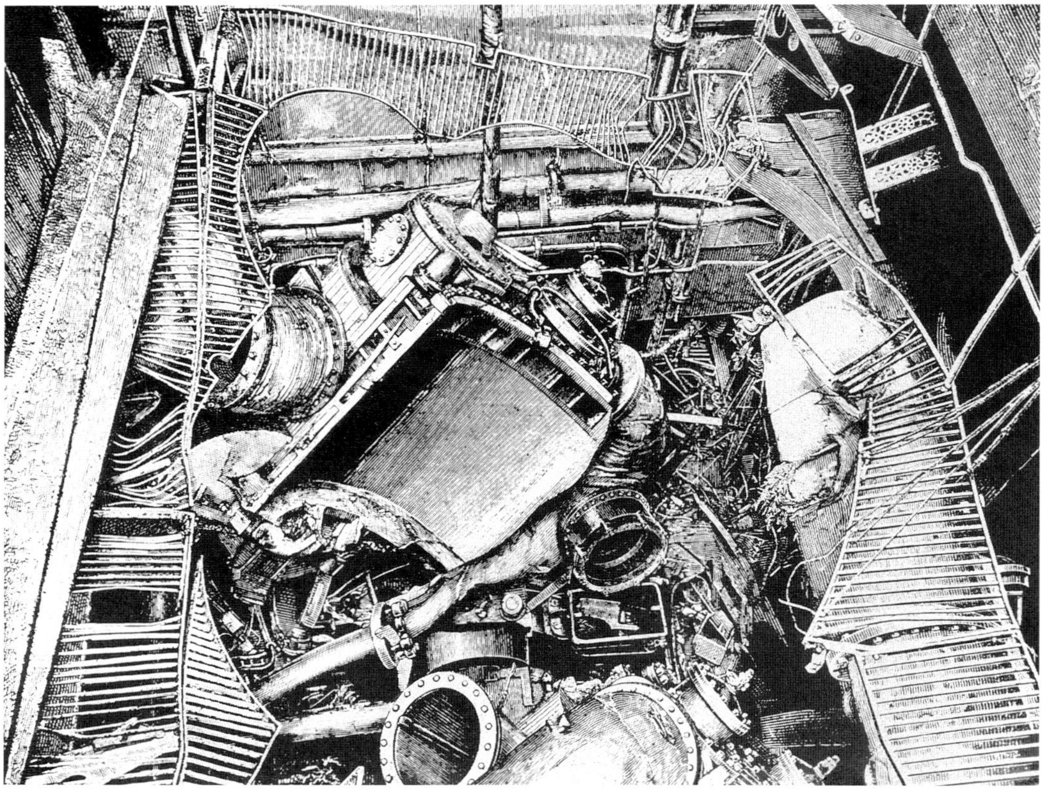

Um der Konkurrenz auf jeden Fall überlegen zu sein, mußte bei der projektierten Größe und Geschwindigkeit des Schiffes eine Leistung von nahezu 70000 PS erzeugt werden. Dies war mit herkömmlichen Dampfmaschinen nicht mehr möglich. Denn bei einer derartigen Größenordnung mußten nicht mehr kilogramm- oder zentner-, sondern tonnenschwere Massen an Zylindern, Pleueln und Kurbelwellen in Bewegung gesetzt werden. Die Leistungsgrenze war erreicht. Eine konzipierte Marschfahrt von 25 Knoten bei einer Größe von 30000 BRT konnte mit keiner noch so großen Dampfmaschinenanlage erzielt werden. Ein seit einiger Zeit bereits erprobter neuer Antrieb, die Dampfturbine, mußte also für den »Riesen«-Rekordbrecher nutzbar gemacht werden.

Seit den 90er Jahren hatte sich der Engländer Charles Parsons intensiv bemüht, die Dampfturbine auch für den Antrieb in der Schiffahrt zu nutzen. Trotz erfolgversprechender Experimente fand er nirgends die rechte Anerkennung und Unterstützung, auch nicht bei der Royal Navy. Deshalb schritt Parsons zu einer gleichermaßen spektakulären wie provokatorischen Aktion. Als die königliche Flot-

Zerstörte Steuerbordmaschine der »City of New York«

Schottentür

Stettiner Vulcan-Werft um 1900

te am 26. Juni 1897 vor Spithead zur großen Flottenparade anläßlich des 60. Jahrestages der Inthronisation von Königin Victoria aufmarschiert war, kreuzte plötzlich ein kleines Boot von nur 44 Tonnen die Paradeeinheiten. Sofort wurden die schnellsten Torpedoboote in Marsch gesetzt, um den ungebetenen Gast aufzubringen. Doch ihre 27 kn reichten nicht aus. Parsons war mit seiner »Turbinia« (1760 kW) um mehr als 7 Knoten schneller. Die ersten Aufträge waren dem Erfinder nunmehr sicher. Sie kamen von der Royal Navy.

Damit hatte Parsons aber noch keinen grundlegenden Durchbruch erzielt. Denn die beiden turbinengetriebenen Zerstörer »Viper« und »Cobra« waren wohl sehr schnell, überzeugten aber noch nicht in ihrer Gesamtkonstruktion. Zwar gab es bei der Turbine – im Gegensatz zur Dampfmaschine – keine schwingenden Massen mehr, sondern nur noch rotierende Teile. Denn der aus Düsen strömende Dampf wurde gegen Schaufelräder gelenkt, die, mit der Welle fest verbunden, die Propeller in direkte Drehbewegungen versetzten. Rentabel war der neue Antrieb gegenüber der Kolbendampfmaschine jedoch nur bei einer entsprechend großen Turbine mit hohen Drehzahlen. Deshalb waren die zunächst getriebelosen Mehrwellenanlagen besonders für große Fahrzeuge geeignet. Bei kleinen und langsameren Schiffen verkehrte sich ein günstiges Verhältnis von Aufwand (Kohleverbrauch) und Nutzen (höhere Geschwindigkeit) ins Gegenteil. Hier blieben die Dreifach-Expansionsmaschinen und später die Dieselmotoren dominierend.

Ferner existierte das Problem der Kavitation. Infolge der hohen Umdrehungszahlen entstand an den Propellerflügeln im Wasser ein Unterdruck, wodurch regelrechte Löcher in die Flügel geschlagen wurden. Die »Turbinia« besaß deshalb auch ein dreiwelliges Antriebssystem mit je drei hintereinander angeordneten Propellern. Abhilfe brachte hier die spätere Entwicklung und Produktion betriebssicherer Untersetzungsgetriebe, um die Drehzahl zu verringern.

Die spezifischen Anforderungen der Turbine behinderten auch eine schnelle Durchsetzung des neuen Antriebs in der Passagierschiffahrt. Nicht einmal Thomas Ismay, welcher als Chef der White Star Line an der Demonstrationsfahrt der »Turbinia« teilgenommen hatte, übernahm für seine bedeutende Passagierdampferflotte den neuen Antrieb. So sah sich Parsons gezwungen, mit der »King Edward« das erste turbinengetriebene Handelsschiff selbst in Dienst zu stellen. Erst drei Jahre später verkehrte mit dem 10635 BRT großen Allan-Liner »Victorian« das erste Turbinenschiff auf dem Atlantik, ohne jedoch sofort Nachfolger zu finden.

Die Reeder tasteten sich vorsichtig an das Neuartige heran, so auch die Cunard Line nach der Auftragsübernahme für den Bau der neuen »Riesen«-Rekordbrecher. Um die Überlegenheit der Turbine in Leistung und Wirtschaftlichkeit praktisch nachweisen zu können, ließ die große Reederei 1904 bzw. 1905 zwei Schiffe in Dienst stellen, die – abgesehen von ihren Maschinen – Schwestern waren: die »Caronia« mit einer Vierfach-Expansionsanlage von 22000 PSi (16181 kW) und die »Carmania« mit Turbinen von 21000 PSi (15446 kW). Bei gleichem

Kohleverbrauch schaffte die »Carmania« 20,4 Knoten gegenüber der »Caronia« mit 19,7 Knoten. Also war die Entscheidung zugunsten des Einbaus einer Turbinenanlage in die neuen Cunard-Dampfer gefallen.

Im September bzw. im November 1907 traten die auf »Lusitania« und »Mauretania« getauften Schiffe ihre Jungfernreise an. Mit mehr als 30 000 BRT waren sie die damals größten Schiffe. Das Herzstück beider Riesen war jedoch die Antriebsanlage. Die Turbinen erbrachten bei der »Lusitania« eine Leistung von 76 000 PSw und bei der »Mauretania« gar von 78 000 PSw. Diese enorme Kraft wurde auf vier Schrauben übertragen. Auch

das war neu in der Schiffbaugeschichte. Die projektierte Dienstgeschwindigkeit lag bei 25 kn.

Wenngleich nicht sofort bei der Jungfernfahrt, wie es die meisten Briten erhofft hatten, so fuhren beide Schiffe jedoch wenig später neue Geschwindigkeitsrekorde auf dem Nordatlantik und das in beiden Richtungen. Großbritanniens Ehre war gerettet. Der Mut zum Risiko hatte sich ausgezahlt. Beide Schiffe blieben in punkto Geschwindigkeit unangefochten, zumal die konkurrierenden nordatlantischen Passagierreedereien infolge der hohen Betriebskosten keinen Drang mehr verspürten, die Rekordzeiten zu unterbieten. Von den beiden Rennern erwies sich schließlich die »Mauretania« als die schnellste. Sie steigerte sich noch vor dem ersten Weltkrieg auf über 26 Knoten.

In der technischen Entwicklung stellten die Cunard-Liner »Lusitania« und »Mauretania« einen Höhepunkt und den Abschluß vor dem ersten Weltkrieg dar. Alle anderen Neuerungen blieben mehr oder weniger Variationen eines Grundprinzips. Wie bei der Dampfmaschine, so wurde auch bei der Turbine die Kraft des Dampfes mehrfach genutzt. Charakteristisch für die »Riesendampfer« waren Anlagen mit Hoch- und Niederdruckturbinen. Davon abweichend, gab es auch noch Dampfmaschinenantriebe, gekoppelt mit einer Abdampfturbine. Zum Beispiel die Olympic-Klasse der White Star Line, zu der auch die »Titanic« gehörte, war damit ausgerüstet. Ferner besaßen diese Schiffe lediglich eine Drei-Wellen-Anlage.

Auf der Brücke – »Kopf« eines Ozeanriesen

»Herz« eines Ozeanriesen: Zwei der vier Sätze der Vierfach-Expanisonsmaschine von »Kaiser Wilhelm II.«

»Turbinia« in voller Fahrt

Hinsichtlich der Größenentwicklung bis zum ersten Weltkrieg wurden die Cunard-Schiffe allerdings noch übertroffen. Überschritt die White Star Line mit ihrer Olympic-Klasse die 40 000-BRT-Grenze, so steigerte sich die HAL/Hapag mit ihrer Imperator-Klasse auf mehr als 50 000 BRT. Bei diesen Größenordnungen setzten die Reedereien aber aus wirtschaftlichen Gründen nicht mehr auf Rekordfahrten.

Betrachtet man rückblickend die schiffahrtstechnische Entwicklung im 19. und zu Beginn des 20. Jahrhunderts in ihren Auswirkungen auf die Rekordbrecher, so läßt sich verallgemeinernd ein bemerkenswerter Trend feststellen: Keine der entscheidenden technischen Veränderungen ging unmittelbar von Rekordschiffen aus. Das galt sowohl für den Antrieb, für den Vortrieb als auch für das Baumaterial. Grundlegende technische Neuerungen wurden nie erstmals in Rekordschiffen eingesetzt. Demzufolge waren diese im übertragenen Sinn auch keine Innovationsschiffe. Erst wenn sich ein neues Prinzip bewährt hatte – entweder bei anderen Schiffen, bei anderen Reedereien oder bei der Marine – wurde es auch für den Bau potentieller Rekordbrecher übernommen.

Bei der Auftragsvergabe von ausschließlichen Rekordbrechern war zwar stets eine Überlegenheit gegenüber dem Mitbewerber gefordert. Dies wurde jedoch nicht von der Einführung einer technischen Neuerung abhängig gemacht. Weitestgehend wurde auf Bewährtes – natürlich in weiterentwickelter Form – zurückgegriffen. Zu groß war das Risiko, mit einem technischen Versager auch ein ökonomisches Fiasko und damit den Konkurs des Unternehmens herbeizuführen. Bei allem Drang der Reedereien nach schnellen Schiffen als technischem Überlegenheitsbeweis war dennoch die stetige Geschwindigkeitssteigerung nicht das alleinige, sondern nur ein hervorstechendes Mittel, um den Rivalen im unausweichlichen Konkurrenzkampf jederzeit – gleichsam symbolisch – zu überholen und ihn damit wie auch immer auszuschalten.

Die sich in der Schiffahrt vor dem ersten Weltkrieg bereits abzeichnenden Neuerungen, wie der Dieselmotor und die

Ölfeuerung, kamen erst nach 1920 voll zum Tragen.

Durch den unmittelbaren Einfluß der technischen Entwicklung auf die Geschwindigkeitssteigerung ergaben sich die folgenden Tendenzen (nach Tabelle S. 61).

Einfach-Expansion/Seitenräder: Während der ersten rund 20 Jahre erhöhte sich die Geschwindigkeit in mehr oder weniger regelmäßigen Zeitabständen um insgesamt 6 Knoten. Danach folgte eine Etappe von rund 15 Jahren mit einer Zunahme von nur 1 Knoten; Ausdruck dafür, daß Rekordschiffe mit Einfach-Expansion und Seitenrädern ihre technische Höchstgrenze erreicht hatten.

Zweifach-Expansion/eine Schraube: Mit dieser Neuerung war zunächst eine Art »Einführungsetappe« verbunden. In 7 Jahren nahm die Geschwindigkeit nur um 1 Knoten zu. Danach setzte die Phase mit einer der höchsten Geschwindigkeitssteigerungen ein: 4 Knoten in weniger als 10 Jahren. Ursache dafür war der von einigen Reedereien forcierte Bau ausgesprochener Rekordbrecher als wichtiges Mittel im Konkurrenzkampf.

Drei- und Vierfach-Expansion/Doppelschrauben: Diese technischen Neuerungen brachten keine sprunghafte, sondern vielmehr eine kontinuierliche Geschwindigkeitszunahme. In 11 Jahren waren das 3 Knoten. Anschließend trat wieder eine Stagnation ein: in rund 8 Jahren lediglich 1 Knoten. Die Schiffsdampfmaschine hatte für Rekordfahrten ihre Leistungsgrenzen erreicht.

Turbinenantrieb/vier Schrauben: Einen neuerlichen Geschwindigkeitsschub brachte der Turbinenantrieb mit vier Schrauben im Vortrieb. Innerhalb kürzester Zeit gelang eine Steigerung um 2 Knoten. Die hohen Betriebskosten der

»King Edward« – erstes turbinengetriebenes Handelsschiff

»Victorian« – erstes transatlantisches Turbinenschiff

Cunards »Lusitania« – erster Vierschrauben-Turbinenschnelldampfer

Entwicklung von Schiffsgröße und PS-Leistungen, dargestellt an der Cunard-Flotte von 1840–1907

Auswirkungen der technischen Entwicklung auf die Geschwindigkeitssteigerung
(stetige Zunahme um 1 kn; Etappen in Abhängigkeit von der technischen Entwicklung)

Westkurs Jahr	kn	Etappen	Ostkurs Jahr	kn
1838	8	Einfachexpansion/Seitenräder	1838	7
1838	9		1838	10
1843	10		1843	11
1846	11	In etwa 20 Jahren Erhöhung um 6 kn.	1851	12
1850	12		1851	13
1854	13		–	–
1860	14	In 15/17 Jahren Erhöhung um 1 kn.	1856	14
1875	15		1873	15
1882	16	Zweifachexpansion (Compoundmaschine)	1880	16
1883	17	eine Schraube	1882	17
1884	18	In 7 bis 9 Jahren Erhöhung um 4 kn.	1884	18
1887	19		1887	19
1889	20		1889	20
1893	21	Drei- und Vierfachexpansion/zwei Schrauben	1893	21
1898	22	In 11 Jahren Erhöhung um 3 kn,	1895	22
1900	23	in 7/8 Jahren um 1 kn.	1900	23
1907	24	Turbine/vier Schrauben	–	–
1908	25	In 2 Jahren Erhöhung um 2 kn.	1908	24
1909	26		1909	25
erster Weltkrieg				
1924	26		1924	26
1929	28		1929	28
1933	28		1933	28
1933	29	In etwa 10 Jahren Erhöhung um 5 kn.	–	–
1935	30		1935	30
1938	31		1937	31
zweiter Weltkrieg				
1952	34,5		1952	35,6

neuen Technik sowie der Ausbruch des ersten Weltkrieges verhinderten jedoch zunächst weitere Rekordfahrten ebenso wie den Bau zusätzlicher Rekordbrecher.

Der Ende der 20er und Anfang der 30er Jahre unseres Jahrhunderts von nationalem Prestige beeinflußte Bau neuer Rekordschiffe brachte eine nochmalige Erhöhung der Geschwindigkeit um rund 5 Knoten. Der zweite Weltkrieg unterbrach diese Entwicklung. Als die wohl größte Steigerung überhaupt kann die von der 1952 in Dienst gestellten »United States« erzielte Geschwindigkeitszunahme von rund 4 Knoten angesehen werden.

Ökonomie – aber wie?

Wie bei der Technik, so werden auch in diesem Abschnitt die Zusammenhänge nur soweit aufgehellt und eingehender dargestellt, als die wirtschaftspolitischen und ökonomischen Veränderungen einen unmittelbaren Einfluß auf die Entwicklung der nordatlantischen Passagierschiffahrt, insbesondere auf die Rekordbrecher und deren Fahrten, hatten.

Für leistungsfähige Reedereien waren – als Voraussetzung zum Bau potentieller Rekordschiffe und deren Rentabilität nach Indienststellung – zwei Bedingungen ausschlaggebend: die Postsubventionen und der Auswandererstrom. Zu diesen wirtschaftlichen Eckpfeilern kamen flankierend bis zum ersten Weltkrieg direkte staatliche Finanzhilfen sowie monopolistische Ratenabsprachen hinzu.

Sichere Einnahmequelle: Posttransport

Als die 1840 von Samuel Cunard gegründete British and North American Royal Mail Steam Packet Company ihren Pionierdampfer »Britannia« von Großbritannien nach Nordamerika schickte, wurde das Zeitalter der Linienschiffahrt per Dampfer eröffnet. Damit übernahmen die Dampfer eine in der Segelschiffahrt bereits seit Jahrzehnten praktizierte Methode. Wie jedoch der Name der Reederei schon zum Ausdruck brachte, stand dabei der Transport der »königlichen Post« im Vordergrund. Hinzu kam vorerst nur eine geringere Anzahl von Passagieren. Zum einen wegen der begrenzten Unterbringungsmöglichkeiten auf den ersten Dampfern, zum anderen wegen der wesentlich höheren Fahrpreise, weil ausschließlich Kabinenplätze zur Verfügung standen.

Eine größere Frachtzuladung war ohnehin nicht möglich. Von einer Kabinen-Passagierbeförderung und einem Posttransport allein konnte jedoch in der Anfangszeit kein Dampfschiffahrtsunternehmen existieren. Ohne Subventionen waren dessen Überlebenschancen äußerst gering. Die Reeder waren auf finanzielle Zuschüsse aus dem Staatssäckel angewiesen. So wurde der staatlich subventionierte Posttransport zum Geburtshelfer der ersten privaten Dampfschiffreedereien. Ja, die Postbeförderung erwies sich auch in der Schiffahrt als einer der Faktoren für die Transportentwicklung.

Die von den ersten Dampfreedereien übernommene Linienfahrt war 1818 erstmals von den Seglern der Reederei Black Ball Line praktiziert worden. Deren Schiffe fuhren auf der Route New York–Liverpool. Liefen die Segler in der traditionellen und natürlich fortbestehenden Trampschiffahrt auf der Suche nach Fracht verschiedene Häfen zu unterschiedlichen Zeiten nacheinander an, mußten die an Bord befindlichen Passagiere selbstverständlich Umwege und Zeitverluste in Kauf nehmen. Währenddessen fuhr man in der Linienschiffahrt zu ganz bestimmten Zeiten zwischen exakt festgelegten Häfen. Die Black-Ball-Segler verließen regelmäßig am 1. und am 16. eines jeden Monats New York Richtung Liverpool. Weitere britische Reedereien folgten diesem Beispiel. Eine Schiffahrt nach Fahrplan war eingerichtet worden. Die durchschnittliche Reisezeit bei der Black Ball Line betrug auf Ostkurs 23 Tage, in der Gegenrichtung 40 Tage. Den Rekord hielt der Segler »Canada« mit 15 Tagen und 18 Stunden.

Die Vorteile der Linienschiffahrt bestanden für den Fabrikanten und den Händler – und natürlich ganz besonders für die Post – in einer präziser zu kalkulierenden Transportzeit, zumindest was die Abfahrtszeit der Segler betraf. Davon profitierten auch die mitreisenden Passagiere. Bestehen blieb jedoch die für die Segelschiffahrt charakteristische »Unpünktlichkeit« bei der Ankunft. Dieser Nachteil konnte mit einer per Dampfer betriebenen Linienschiffahrt durch zunehmende Regelmäßigkeit weitestgehend eingeschränkt und schließlich ganz beseitigt werden. Die Reisezeiten wurden zugleich verkürzt. »Time is money«, das galt für die Dampfschiffahrt um so mehr, als die Investitionen für Dampfer wesentlich höher lagen. Somit sahen sich die Reeder objektiv gezwungen, die Umlaufgeschwindigkeit ihres Kapitals zu erhöhen. Nur ein Schiff, das fährt, bringt Gewinn. Höhere Geschwindigkeiten brachten mehr Reisen im Jahr. Mehr Reisen versprachen höhere Einnahmen.

Bei der Linienschiffahrt mit ihren festgelegten Abfahrtszeiten bestand jedoch eine Gefahr, die Segler wie Dampfschiffe gleichermaßen betraf: mangelnde Rentabilität bei nicht voller Beladung des Schiffes. Deshalb mußten in den Häfen Makler und Agenten angestellt werden, die für eine stets ausreichende Ladung zu sorgen hatten. Letztlich blieb dem Reeder noch eine Senkung der Frachtkosten, um so dem Konkurrenten die Fracht »wegzuschnappen«. Den Vorteil hatte zweifellos der Verlader. Aber nicht jede Reederei überlebte mit Mindereinnahmen! Deshalb entbrannte um jede Tonne Fracht und um jeden Passagier ein erbitterter Konkurrenzkampf. Später sollte auch noch der Posttransport mit einbezogen werden, als zum Beispiel in Großbritannien das einer Reederei übertragene Posttransport-Monopol aufgehoben wurde. Die Regierung konnte sich nun auf dem freien Markt den schnellsten Dampfer aussuchen.

Die Linienschiffahrt mit Dampfschiffen wurde anfänglich zwischen denjenigen Häfen eingerichtet, die von den Postverwaltungen vornehmlich im kolonialen Interesse des Staates für notwendig erachtet wurde. Später dominierte der kommerzielle Gesichtspunkt. Deshalb wurden mit der weiteren Ausdehnung einer dampferbetriebenen Linienfahrt neue Routen dort etabliert, wo die Segelschiffe bereits erfolgreich fuhren. Im Verkehr zwischen Großbritannien und Nordamerika gewann dabei die Linie Liverpool – New York – Liverpool wachsende Bedeutung.

New York entwickelte sich zum führenden amerikanischen Einwandererhafen für den aus Europa kommenden Menschenstrom. Liverpool – am Mersey liegend – war wichtigster Umschlagplatz für die im Hinterland befindlichen Industrien, allen voran das amerikanische Baumwolle verarbeitende Zentrum von Manchester. Diese traditionellen wirtschaftlichen Beziehungen dürften mit den Ausschlag dafür gegeben haben, daß sich im 19. Jahr-

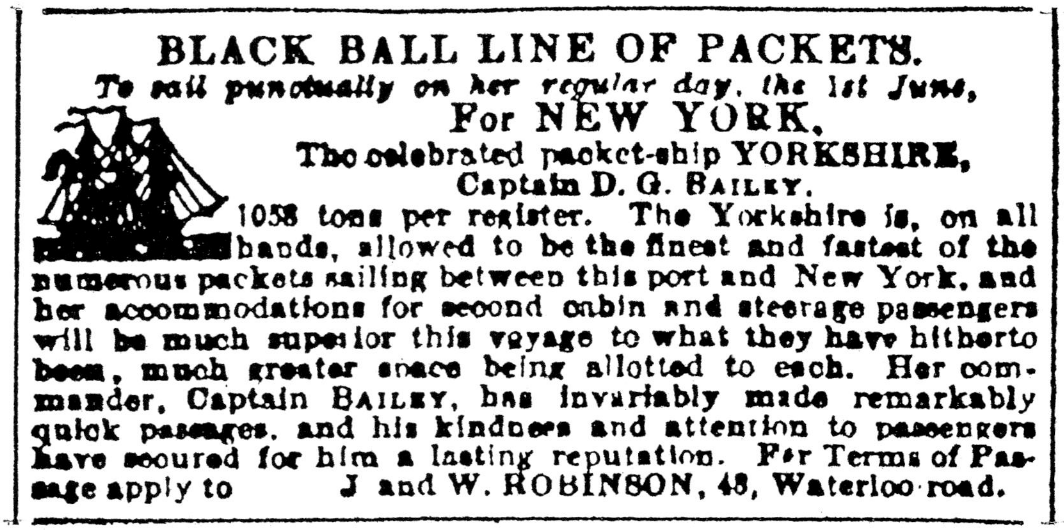

Werbung für den Postsegler »Yorkshire«

Noch dominieren die Segler, aber das neue Zeitalter kündigt sich mit den Dampfern an.

hundert alle führenden nordatlantischen Passagierreedereien Großbritanniens in Liverpool niederließen. Dadurch waren und blieben die meisten Rekordbrecher des Nordatlantiks in Liverpool beheimatet. Der Nordatlantik selbst entwickelte sich zur Hochstraße des Weltseeverkehrs.

Das Beispiel einer Linienfahrt mit Dampfern machte nicht nur in Großbritannien Schule, sondern wurde auch sehr bald von anderen Staaten, wie den USA, Frankreich und Deutschland, übernommen. Aber es zeigte sich, daß bei mangelnder staatlicher Unterstützung ein Fortbestand der Linienreedereien nicht möglich war. Das betraf vor allem Gesellschaften, die als Neugründungen ausschließlich auf die Dampfschiffahrt gesetzt hatten. In anderen Fällen, so in Deutschland, gingen Reeder von einer Liniensegelgesellschaft als wirtschaftlicher Basis aus und nahmen allmählich den Dampferbetrieb auf.

Mit der Vergabe staatlicher Subventionen für den Posttransport an private Reedereien waren teilweise staatliche Auflagen verbunden. Da jeder Passagierdampfer ein potentielles Kriegsfahrzeug ist – und sei es nur zum Truppentransport, hatten die Reedereien ihre Schiffe im Bedarfsfall der Marine zur Verfügung zu stellen. Im Krimkrieg 1853–1856 dampften englische und französische Passagierschiffe als Truppentransporter mit gemeinsamem Kurs Richtung Schwarzes Meer. Da die Kapazität nicht ausreichte, wurden auch noch die beiden Erstlingsdampfer der Hapag, bevor sie überhaupt zum Passagiereinsatz kamen, zusätzlich gechartert.

Ende der 70er Jahre traf die britische Postverwaltung eine für die weitere Entwicklung des überseeischen Posttransports entscheidende Maßnahme. Die Reedereien erhielten keine »Festbeträge« mehr an Subventionen, unabhängig von der Menge der Post. Vergütet wurde nur noch nach der transportierten Masse. Mit dieser Maßnahme wurde obendrein das Posttransportmonopol der Cunard Line beseitigt. Sie geriet in arge finanzielle Bedrängnis. Diejenigen Reedereien hatten die besten Aussichten auf die größte Menge Post – und damit auf erhöhte Zuschüsse –, die die schnellsten Schiffe besaßen. Zur damaligen Zeit war das nicht mehr Cunard.

Der Postverkehr nahm im Verlauf des 19. Jahrhunderts ständig zu, um seit der Jahrhundertwende weiter anzuschwellen. Dazu gehörten nicht nur private und dienstliche Mitteilungen, nicht nur Ansichtskarten und Briefe, sondern auch Päckchen, Pakete und Wertsachen. Vor allem der Posttransport mit den Vereinigten Staaten wuchs weiter an. Allein 1889 gelangten 38,5 Mio Postsendungen von den USA nach Deutschland. Da die Amerikaner keine eigene Postdampferlinie nach Deutschland unterhielten, ließen sie bevorzugt mit dem Norddeutschen Lloyd – ob seiner besonders schnellen Dampfer – transportieren. Um die Bearbeitung der Post zu beschleunigen, wurde auf deutschen Schiffen ab 1891 eine von den beiden Postverwaltungen gemeinsam betriebene deutsch-amerikanische Seepost eingerichtet. Damit gab es erstmals schwimmende Postbüros.

Überdies waren es amerikanische Zeitungen, welche ständig die neuesten Reisezeiten der nordatlantischen und zugleich die Post befördernden Schnelldampfer veröffentlichten, um so den Versendern die schnellsten Transportmöglichkeiten zu offerieren. Die großen Passagierreedereien selber warben mit einem »Post- und Schnelldampferdienst«. Aber auch in den europäischen Ländern beschäftigte man sich nicht nur in der Öffentlichkeit, sondern auch von staatlicher Seite mit der Geschwindigkeitsentwicklung der eigenen Dampfer sowie derjenigen der Konkurrenz, einschließlich der daraus resultierenden Postbeförderungszeiten, wie eine vom Reichspostamt erarbeitete Übersicht ausweist (s. S. 67).

Das Erhöhen der Geschwindigkeit als wesentliche Voraussetzung für Fahrzeitverkürzungen war eine Seite des allgemein wachsenden Interesses. Zugleich mußten die Reedereien bei ihrem permanenten Konkurrenzkampf Fahrplantreue gewährleisten. Nur Pünktlichkeit sicherte Dauerkunden, und das nicht nur bei der Post! Aber die Einhaltung des Fahrplanes war kein ausschließlich technisches Problem, in dem eine zuverlässig arbeitende Antriebsmaschine die notwendige Durchschnittsgeschwindigkeit als Gradmesser der Schnelligkeit erbrachte. Fahrplantreue begann – angesichts stetig wachsender Schiffsgrößen und so mit erhöhtem Tiefgang – immer mehr von einem täglich zweimal wiederkehrenden Naturereignis abhängig zu werden: von den Gezeiten. Wie wichtig eine genaue Kenntnis des zeitlichen Ablaufs von Ebbe und Flut war, wird daran deutlich, daß der Tidenfall in englischen Häfen innerhalb von 6 Stunden mehrere Meter betragen konnte. Hinzu kommen Gezeitenströme, die z. B. im englischen Kanal Werte bis zu 6 Knoten erreichen.

Deshalb bekamen in der zweiten Hälfte des 19. Jahrhunderts exakte Untersuchungen über den Gezeitenablauf große wirtschaftliche Bedeutung. Denn die Einhaltung der Fahrpläne und der Hafenliegezeiten war und blieb eine Frage des

Paketsegler um 1850 – obere Reihe: Kajütpassagiere, untere Reihe: Zwischendeck

Postransport führender Reedereien zu Beginn des 20. Jahrhunderts

Reederei	Briefe in Gramm	Drucksachen in Stück
Internationale Mercantile Marine Co.*	159 097 366	1 081 363 086
White Star Line	131 654 060	687 811 245
Norddeutscher Lloyd	112 852 195	535 800 884
Cunard Line	99 175 639	573 745 873
Compagnie Générale Transatlantique	33 522 682	131 772 011
Hamburg–Amerika-Linie	27 734 993	126 063 877
Holland–Amerika-Linie	3 326 511	14 125 691

* Dazu gehörte die American Line

Amerikanischer Postdampfer »Washington« vor Bremerhaven 1847

Passagier- und Postdampfer »Hudson« vom NDL (1858)

Postdampfer-Stapellauf für die französische Reederei CGT (1860) geringsten Zeitaufwandes und damit der Rentabilität. Das galt vor allem für die immer größer werdenden Schnelldampfer. Bei ihnen mußten Geschwindigkeitssteigerung und Fahrplangestaltung – zunehmend in Abhängigkeit von den Gezeiten – genauestens aufeinander abgestimmt werden. Es nutzte nämlich gar nichts, wenn der erzielte Zeitgewinn – besonders bei möglichen Rekordfahrten – durch einen unfreiwilligen Aufenthalt vor dem Zielhafen infolge Ebbe wieder eingebüßt wurde.

Zu Beginn des 20. Jahrhunderts erreichten die von einzelnen Dampfergesellschaften im Postverkehr transportierten Mengen folgenden Umfang (vergleiche dazu die entsprechende Tabelle S. 64). Wie hoch die zur gleichen Zeit von einzelnen Ländern insgesamt gezahlten Vergütungen für den Posttransport waren, gibt eine vom Reichspostamt für die Jahre 1905/06 erarbeitete Zusammenstellung wieder (ZStA Potsdam, RPM 47.01, Nr. 955, vgl. Tab. S. 66). Dabei muß jedoch berücksichtigt werden, daß die Anteile am Nordatlantiktransport sehr unterschiedlich sein konnten. Deutschland zahlte von seinen mehr als 9 Mill. Mark allein 6,94 Mill. für die sogenannten Reichspostdampfer-Linien nach Ostasien und Australien sowie nach der ehemaligen Kolonie Deutsch-Ostafrika. Zuschüsse erhielten außerdem die in der Nord- und Ostsee betriebenen Linien. Damit blieb für den Posttransport auf dem Atlantik nicht mehr allzuviel übrig. Deshalb versuchten nicht nur die deutschen Dampfer, zusätzliche ausländische Post zu transportieren, die den Reedereien durch staatliche Ausgleichszahlungen der jeweiligen Länder ebenfalls vergütet wurden.

Welchen ökonomischen Stellenwert der Posttransport konkret haben konnte, demonstriert der im Berliner Tagblatt vom 15. Juli 1906 abgedruckte Bericht über die »Wettfahrt« des HAL-Dampfers »Deutschland« mit der »La Provence« von der französischen Reederei CGT: »Sowohl die Direktion (die HAL) als auch Kapitän Kämpf, der Führer des deutschen Steamers, waren sich bei diesem immerhin bedeutsamen Beschluß (in Konkurrenzfahrt mit der ›La Provence‹ zu treten) voll bewußt, daß es nicht allein galt, die Ehre unserer Flagge gegen die Trikolore zu verteidigen, son-

dern daß die ›Deutschland‹ in Gefahr war, im Falle einer Niederlage die Post und damit zirka 30000 Mark pro Jahr einzubüßen. Ganz abgesehen von den andern hieraus unbedingt resultierenden finanziellen Verlusten.«

Die staatliche Unterstützung beim Bau von Schnelldampfern sollte Ende der 80er Jahre eine neue Dimension erhalten. Die White Star Line stellte im Juli 1889 mit der »Teutonic« das erste von vornherein als Hilfskreuzer projektierte Passagierschiff in Dienst. Die Decks waren verstärkt worden, um im Bedarfsfall Geschütze aufstellen zu können. Der Staat zahlte bis zu 15 Schilling Zuschuß je Tonne. Für drei zu Beginn des 20. Jahrhunderts gebaute Hilfskreuzer erhielt die White Star Line jährlich fast 430000 Mark an Subventionen.

Von der militärischen Nutzung potentieller Rekordbrecher konnte sich Kaiser Wilhelm II. bei seinem Großbritannien-Besuch Anfang August 1889 höchstpersönlich überzeugen. Unter den 112 Kriegsschiffen mit 22125 Mann Besatzung, die Großmutter Königin Victoria vor ihrem Enkel Kaiser Wilhelm II. während einer Flottenparade vor Spithead zur Bekräftigung der maritimen Weltgeltung Großbritanniens hatte auffahren lassen, befand sich auch die gerade fertiggestellte und eigens nach Spithead gebrachte »Teutonic«. Nach der Inspektion des Schiffes zeigte sich Wilhelm II. sichtlich beeindruckt. »Davon müssen wir auch einige haben«, soll er zu seinem Onkel, dem Prince of Wales und späteren König Edward VII., gesagt haben.

Bereits seit seinem Amtsantritt als deutscher Kaiser 1888 kümmerte sich Wilhelm II. nicht nur intensiv um die Aufrüstung der Kriegsflotte, sondern auch um den weiteren Schnelldampferbau. Der Auftrag für den ersten auf einer deutschen Werft gebauten Schnelldampfer war ohnehin auf sein energisches Drängen, damals noch als Kronprinz, und unter Einschaltung des Reichskanzlers Bismarck von der Hapag an die Stettiner Vulcan-Werft vergeben worden. Alle späteren deutschen Rekordbrecher wurden – gleich der

Vergütungen für Posttransport 1905/06 (Reichspostamt)

Land	Summe in Mark
Großbritannien	
– ohne Kolonien	12695713
– mit Kolonien	15441474
insgesamt	28137187
Frankreich	55510564
Vereinigte Staaten	7243908
Deutschland	9382654

Im Reichspostamt erarbeitete Übersicht [ZStA Postdam, RPB]

Postkammer auf einem Hapag-Schnelldampfer

Die »Oder« vom NDL – typischer Dampfer der 70/80er Jahre

Anzeige vom Norddeutschen Lloyd

Durchschnittliche Beförderungsdauer von New York nach London — von New York nach Paris — 108

mit Dampfer → (Tage.Std.)

	Hamburg-Amerika				Norddeutscher Lloyd											
	Normannia	Columbia	Fürst Bismarck	Augusta Victoria	Kaiser Wilhelm d. Gr.	Kaiser Friedrich	Havel	Lahn	Spree	Trave	Ems	Aller	Saale	Werra	Fulda	K. Wilhelm II
von Juli 1890 – Juni 1891	7.9	7.6	7.1	7.18			7.16	7.21	7.17	8.9	8.14	8.10	8.12	8.14	8.14	8.23
von Juli 1891 – Juni 1892	7.9	7.7	7.3	7.18			7.15	7.21	7.15	8.16	8.14	8.13	8.16	8.10	8.12	8.20
von Juli 1892 – Juni 1893	7.5	7.10	7.9	7.21			7.17	7.23	7.20	8.13	8.16	8.12	8.16	–	–	8.22
von Juli 1893 – Juni 1894	7.2	7.6	7.8	7.14			7.16	7.19	8.4	8.13	8.13	8.13	8.14	9.7	–	9.9
von Juli 1894 – Juni 1895	7.10	7.11	7.6	7.16			7.21	8.0	8.7	8.12	8.14	8.8	8.14	–	8.20	9.6
von Juli 1895 – Juni 1896	7.13	7.17	7.6	7.16			7.20	7.21	8.6	8.9	8.12	8.5	8.12	9.11	8.14	9.3
von Juli 1896 bis Juni 1897	7.6	7.9	7.6	7.13			7.22	7.22	8.8	7.22	–	8.5	8.0	–	–	–
von Juli 1897 bis Juni 1898	7.12	7.6	7.10	7.20	6.15	9.16	8.0	8.0	8.6	8.1	–	8.3	–	–	–	–
von Juli 1898 – Juni 1899	jetzt L'Aquitaine	–	7.8	8.0	6.17	7.12	–	8.1	Kaiserin Maria Theresia	8.4	–	–	8.2	–	–	–
von Juli 1899 – Juni 1900		7.13	7.11	7.19	6.16	7.10		8.5	8.1	8.0	–	8.16	8.7	–	–	–

	Cunard Linie							White Star							American Line			
	Campania	Lucania	Etruria	[illegible]	Aurania	Servia	Gallia	Oceanic	Teutonic	Majestic	Germanic	Britannic	Adriatic	Cymric	St. Paul	St. Louis	Paris	New York
1890/91	–	–	7.18	[illegible]	8.22	8.21	9.13		7.10	7.12	9.2	8.22	9.22				7.17	7.12
1891/92	–	–	7.17	[illegible]	8.10	8.19	9.10		7.7	7.11	8.21	9.0	10.20				7.14	7.11
1892/93	6.22	–	7.12	[illegible]	8.13	8.22	9.19		7.10	7.11	8.23	9.1	9.18				7.11	7.9
1893/94	6.23	7.0	7.11	[illegible]	8.15	8.21	9.23		7.6	7.10	9.1	9.2	10.0				7.10	7.10
1894/95	6.18	6.19	7.11	[illegible]	8.16	8.16			7.7	7.9	8.19	9.2	9.17			7.16	7.15	7.9
1895/96	6.20	6.18	7.8	[illegible]	8.16	8.14			7.8	7.12	8.12	9.1	10.15		7.13	7.11	7.18	7.9
1896/97	6.20	6.20	7.10	[illegible]	8.17	8.16			7.8	7.11	8.14	9.0	10.4		7.11	7.7	8.5 Unfall 7.17	7.12
1897/98	6.18	6.19	7.14	[illegible]	9.0 aufgehalten	8.21			7.8	7.8	8.11	9.0	9.23		7.6	7.4	8.0 Unfall	7.22
1898/99	6.22	7.1	7.11	[illegible]	9.2 2 Tage Versp. bei einer Reise	9.0			7.13	7.10	8.15 2 Tage Versp. bei einer Reise	9.2	–	10.4	7.17 2 Tage Versp. bei einer Reise	7.10	7.15	8.8 2½ Tge Versp. bei einer Reise
1899/1900	7.2	7.1	7.19	[illegible]	8.19	9.3		7.8	7.19	7.14	8.17	9.5	–	10.10	7.13	7.15	–	7.17

	Cie Générale transatl.							
	La Touraine	La Champagne	La Bourgogne	La Gascogne	La Bretagne	La Normandie	La Navarre	
1890/91	–	8.14	8.17	8.16	8.14	9.8		1891
1891/92	8.6	8.12	8.10	8.14	8.15	9.10		1892
1892/93	8.1	8.14	8.12	8.16	8.14	9.12		1893
1893/94	7.22	8.12	8.14	8.18	8.20	9.12		1894
1894/95	8.1	8.14	8.14	8.13	8.16	9.1	9.19	1895
1895/96	8.4	8.13	8.13	8.15	8.8	8.18		1896
1896/97	8.5	8.9	8.15	8.16	8.10	8.21		1897
1897/98	8.10 aufgehalten	8.19 aufgehalten	8.16	8.19	8.14	9.10	9.0	1898
1898/99	8.13	8.11	L'Aquitaine	8.18	8.14	9.11	9.0	1899
1899/1900	8.17	8.14	8.20	8.23	8.17	9.4		1900

Norddeutscher Lloyd.

Postdampfschiffahrt von Bremen nach Newyork und Baltimore.

D. Donau	22. Juli	nach Newyork		D. Main	12. August	nach Newyork
D. Nürnberg	26. Juli	„ Baltimore		D. Neckar	19. August	„ Newyork
D. Rhein	29. Juli	„ Newyork		D. Braunschweig	23. August	„ Baltimore
D. Oder	5. August	„ Newyork		D. Mosel	26. August	„ Newyork
D. Leipzig	9. August	„ Baltimore		D. Donau	2. Sept.	„ Newyork

Passagepreise nach Newyork: Erste Kajüte 500 M. Zweite Kajüte 300 M. Zwischendeck 120 M. 685

Passagepreise nach Baltimore: Kajüte 400 M., Zwischendeck 120 M.

Von Bremen nach dem La Plata,

auf der Hin- und Rückreise **Antwerpen** und **Lissabon** anlaufend,

nach Bahia, Rio, Montevideo und Buenos Ayres

D. **Salier** 25. Juli | D. **Habsburg** 25. August
und ferner am 25. jedes Monats.

„Mit den im Herbst abgehenden, sowie mit den im Frühjahr zurückkehrenden Dampfern finden Passagiere nach und von Madeira Beförderung."

Die Direction des Norddeutschen Lloyd in Bremen.

»Teutonic« – von vornherein als Hilfskreuzer ausgelegt. Sie unterstanden damit, wie im Anhang ersichtlich, als »Augmentationsschiffe« der Marine, dessen oberster Kriegsherr wiederum der Kaiser war.

So mußte er dann auch, als die Hamburg–Amerika-Linie während des spanisch-amerikanischen Krieges 1898 Schnelldampfer äußerst vorteilhaft an Spanien verkauft hatte, und der Verkauf weiterer Schnelldampfer beabsichtigt war, durch allerhöchste Randvermerke die zuständigen Dienststellen davon überzeugen, daß der Chef der HAL, Albert Ballin, richtig entschieden und gehandelt hatte (s. dazu Anhang). Denn noch besaßen die Interessen der HAL/Hapag Vorrang vor denen der Militärs. Fünfzehn Jahre später sah das ganz anders aus.

Wie wichtig schnelle Passagierschiffe für die Kriegsmarine wurden, zeigte ein anderer Tatbestand. Die französische Reederei CGT hatte sich vordergründig nie an Rekordfahrten beteiligt. Ihre Schiffe blieben in der Geschwindigkeit stets hinter denen der damals führenden englischen zurück. Als um die Jahrhundertwende nun auch noch die deutschen Dampfer wesentlich schneller fuhren, erteilte die französische Marine der CGT – angesichts der beträchtlichen staatlichen Subventionen – die Auflage, neue Dampfer bauen zu lassen. Sie mußten, wenn schon nicht überlegen, so doch in ihrer Geschwindigkeit zumindest so schnell sein wie die Konkurrenz.

Den Höhepunkt der staatlichen Subventionspolitik vor dem ersten Weltkrieg stellten die Neubauten der 30000 BRT großen Cunard-Schiffe dar. Erstmals wurden – auf vertraglicher Basis – beträchtliche finanzielle Mittel zum Bau und zur Unterhaltung zweier »Riesen«-Schnelldampfer bereitgestellt. In der Allianz von Reederei und Staat ging es um die Rettung der wirtschaftlichen Eigenständigkeit von Unternehmen im Kampf gegen eine übermächtige internationale Konkurrenz. Von deutscher Seite wurde dieser qualitativ neue Schritt in der subventionierten Schiffahrtspolitik heftig und lautstark bekämpft. Dies eingedenk der Tatsache, daß man dabei von der Position der Stärke ausgehen konnte. Deutschland besaß zu dieser Zeit mit der HAL/Hapag und dem NDL die beiden größten Reedereien der Welt. Man sah in den massiven Finanzspritzen die Regeln eines normalen Geschäftsgebarens verletzt und fürchtete eine empfindliche Störung des freien Spiels der Kräfte auf den internationalen Märkten. Großbritannien rechtfertigte seine Handlungsweise dagegen als eine nationale Mission im Interesse seiner bedrängten nordatlantischen Passagierschiffahrt.

Betrachtet man rückblickend die vom Staat betriebene Subventionspolitik sowie deren Einflüsse auf die Passagierschifffahrt im 19. Jahrhundert, so waren sowohl die Post als auch die Marine an schnellen Schiffen interessiert. Geschwindigkeit blieb für diese beiden Bereiche des Staates ein Gradmesser der Überlegenheit. Die Subventionspolitik förderte also nicht nur, sondern forderte sogar den Bau von schnellen Dampfern, die ihrerseits wieder zu Rekordbrechern werden konnten. So gesehen, konnten durchaus Impulse für Rekordfahrten ausgehen, ohne jedoch unterstellen zu wollen, daß die Einflüsse von Post und Marine auf den Bau von Rekordschiffen hinausliefen.

Postübernahme durch den White-Star-Dampfer »Germanic«

Beim Auswanderer-Agenten

Auswanderer im Hafen Portsmouth

Gewinnbringende Auswanderer

Ermöglichten die Postsubventionen überhaupt erst eine Passagierdampfschiffahrt, so wurde der Auswanderertransport zu einer wesentlichen finanziellen Basis für die führenden nordatlantischen Passagierreedereien mit ihren Rekordbrechern. Den Anfang dabei machte die Liverpooler Inman-Reederei. Als Inman 1850 sein Unternehmen gründete, sicherten keine staatlichen Zuschüsse dessen Fortbestand. Er mußte sich die Einnahmequellen selber erschließen. Und er tat dies mit der Beförderung von Auswanderern. Damit wurde Inman nicht nur zum Vorbild nachfolgender Passagierreedereien, sondern er brach zugleich als erster das Auswanderer-Transportmonopol der Segelschiffahrt. Ein neues Kapitel in der Schiffahrtsgeschichte begann, das jedoch über Jahrzehnte hinweg genau so zwiespältig blieb wie in der zurückliegenden Zeit. Der Auswandererverkehr mit Dampfschiffen demonstrierte ebenfalls, wie rücksichtslos einzelne Reedereien im Streben nach größtmöglichem Gewinn vorgegangen sind.

Im Verlauf des 19. Jahrhunderts bewegte sich ein immer mächtiger anschwellender Auswandererstrom von Europa nach Nordamerika. Die Sehnsucht nach neuen – unbegrenzten – Möglichkeiten ließ Abertausende dem heimatlichen Elend und der politischen Enge entfliehen. Darunter waren verarmte Handwerker,

Gewerbetreibende und Dienstboten genauso wie landlose Bauern, Tagelöhner, Künstler und politisch Verfolgte. Aber auch viele Abenteurer! Um die Mitte des 19. Jahrhunderts hatte allein die Gesamtzahl der von der »Auswanderungslust« – so regierungsamtliche Bezeichnungen – erfaßten Deutschen die Ein-Millionen-Grenze überschritten. Außer Irland hatte bis dahin kein Land Europas eine solche Völkerwanderung erlebt wie Deutschland. Später kamen die skandinavischen Länder hinzu.

Gegen Ende des 19. Jahrhunderts verlagerte sich der Auswandererschwerpunkt nach Süd-, Südost- und Osteuropa. Die Auswanderer wurden für zahlreiche Hafenplätze an der Nordsee und im Mittel-

Strom der Auswanderer von Europa in die USA

Zeit	Personen je Jahr (im Durchschnitt)	Davon in % aus a	b	c	d	e	f	g
1825–1834	32000	44	12	–	–	–	–	–
1835–1844	71000	58	27	–	–	–	–	–
1845–1854	294000	57	32	1	–	–	–	–
1855–1864	150000	53	33	2	1	–	–	–
1865–1874	334000	40	33	7	1	1	1	–
1875–1884	389000	26	28	12	3	4	3	–
1885–1894	453000	26	22	12	10	11	8	–
1895–1904	463000	12	6	8	25	22	17	4
1905–1914	1012000	10	3	6	22	23	20	6

a = Großbritannien, b = Deutschland, c = Skandinavien, d = Italien,
e = Österreich-Ungarn, f = Rußland, g = Griechenland, Türkei, Rumänien, Portugal
(aus /43, S. 34/)

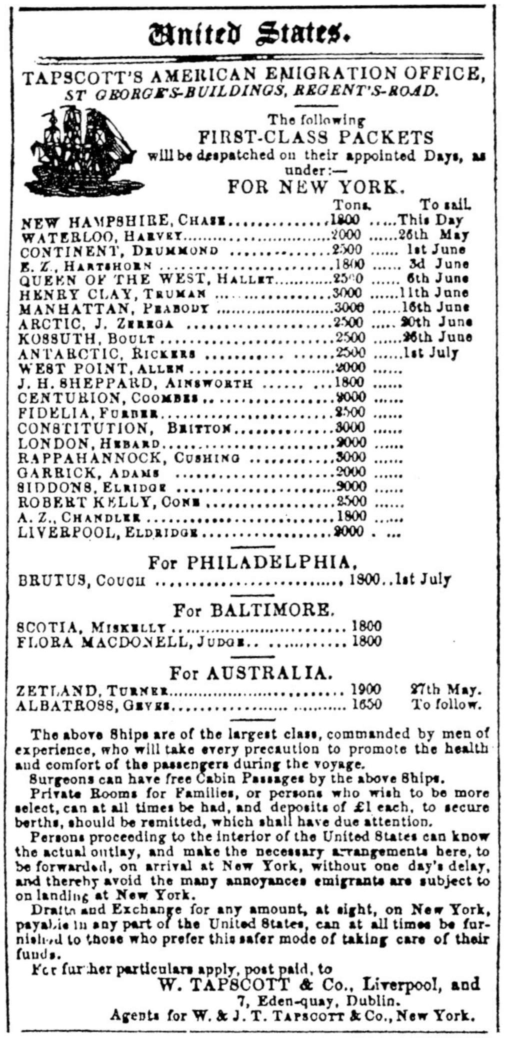

United States.

TAPSCOTT'S AMERICAN EMIGRATION OFFICE,
ST GEORGE'S-BUILDINGS, REGENT'S-ROAD.

The following
FIRST-CLASS PACKETS
will be despatched on their appointed Days, as under:—

FOR NEW YORK.

	Tons.	To sail.
NEW HAMPSHIRE, Chase	1800	This Day
WATERLOO, Harvey	2000	26th May
CONTINENT, Drummond	2500	1st June
E. Z., Hartshorn	1800	3d June
QUEEN OF THE WEST, Hallet	2500	6th June
HENRY CLAY, Truman	3000	11th June
MANHATTAN, Peabody	3000	16th June
ARCTIC, J. Zerega	2500	20th June
KOSSUTH, Boult	2500	26th June
ANTARCTIC, Rickers	2500	1st July
WEST POINT, Allen	2000	......
J. H. SHEPPARD, Ainsworth	1800	......
CENTURION, Coombes	2000	......
FIDELIA, Furber	2500	......
CONSTITUTION, Britton	3000	......
LONDON, Hebard	2000	......
RAPPAHANNOCK, Cushing	3000	......
GARRICK, Adams	2000	......
SIDDONS, Elridge	2000	......
ROBERT KELLY, Cone	2500	......
A. Z., Chandler	1800	......
LIVERPOOL, Eldridge	2000	......

For PHILADELPHIA.

BRUTUS, Couch .... 1800..1st July

For BALTIMORE.

SCOTIA, Miskelly 1800
FLORA MACDONELL, Judge 1800

For AUSTRALIA.

ZETLAND, Turner .... 1900 27th May.
ALBATROSS, Geves .... 1650 To follow.

The above Ships are of the largest class, commanded by men of experience, who will take every precaution to promote the health and comfort of the passengers during the voyage.

Surgeons can have free Cabin Passages by the above Ships.

Private Rooms for Families, or persons who wish to be more select, can at all times be had, and deposits of £1 each, to secure berths, should be remitted, which shall have due attention.

Persons proceeding to the interior of the United States can know the actual outlay, and make the necessary arrangements here, to be forwarded, on arrival at New York, without one day's delay, and thereby avoid the many annoyances emigrants are subject to on landing at New York.

Drafts and Exchange for any amount, at sight, on New York, payable in any part of the United States, can at all times be furnished to those who prefer this safer mode of taking care of their funds.

For further particulars apply, post paid, to
W. TAPSCOTT & Co., Liverpool, and
7, Eden-quay, Dublin.
Agents for W. & J. T. Tapscott & Co., New York.

meer zu einer wirtschaftlichen Existenzgrundlage ebenso wie für viele nordatlantische Passagierreedereien. Ja, deren ökonomische Stärke resultierte letztlich aus dem Auswandererverkehr. Betrug die europäische Auswanderung nach den Vereinigten Staaten um die Mitte des 19. Jahrhunderts im Durchschnitt pro Jahr fast 30000 Personen, so kletterte diese Zahl um 1910 auf mehr als eine Million jährlich.

Die Reedereien überzogen, unterstützt von den Häfen, das ganze Land mit einem Netz von Agenten und Agenturen, um so die jeweils höchste Zahl an Emigranten, wie die Auswanderer auch genannt wurden, für sich zu gewinnen. Hatten die Anwerber erst einmal ihre Provision kassiert, wurden die Auswanderer nach der Ankunft im Hafen von Maklern und Händlern sowie von Gastwirten und Herbergsvermittlern zur Kasse gebeten, bevor sie ihre Überfahrt ins »Gelobte Land« antreten konnten. Und wie bei der Abreise, so wurden sie bei ihrer Ankunft in New York oder anderswo erneut geschröpft. Es waren die sogenannten »runners«, zwielichtige Gestalten, die in der oftmals vorgetäuschten Bereitschaft, den des neuen Landes völlig unkundigen Einwanderern helfen zu wollen, diese nicht selten um das allerletzte Geld prellten.

Ein nicht minder einträgliches Geschäft machten die Passagierschiffahrtsreedereien. Nicht zuletzt durch die »Zwangslage« begünstigt, daß der Auswanderer nur per Schiff ins Land der unbegrenzten Möglichkeiten gelangen konnte. Also wurde er auch hier gleichermaßen traktiert und ausgeplündert. »Es war das selbstverständliche Bestreben aller Reeder«, so schreibt Wätjen treffend, »ihre Schiffe, in denen ja ein gut Teil des Vermögens steckte, so rentabel wie möglich zu machen. Je mehr Auswanderer der Segler hinübertrug (selbstverständlich galt das dann für Dampfer ebenso), um so besser stand es um die Kasse des Eigentümers. Da kleinere Fahrzeuge höchst selten 3 Überfahrten im Jahr (Nordsee–New York, New York–Nordsee) leisten konnten und viele Kapitäne schon froh waren, wenn sie 2 Hin- und Herreisen bewerkstelligten, lag die Versuchung nahe, das Zwischendeck

Werbung vom Auswandererbüro Tapscott

Ein Segler wird aufs offene Meer geschleppt

Auf Deck eines Seglers (1870)

Auf Deck eines Dampfers (1900)

Zeitvertreib im Zwischendeck

bis zum Bersten mit Menschen anzufüllen. Ob die Zahl der Betten ausreichte, war Nebensache.«

Die Beförderung oder häufig der Transport der Auswanderer im Zwischendeck bleibt eines der bedrückendsten und deprimierendsten Kapitel in der nordatlantischen Passagierschiffahrt. Von dem Passagegeld für einzelne Auswanderer konnten die Reeder nicht existieren. Die »Masse Mensch« mußte das Geld bringen.

Deshalb wurden die Auswanderer in dem Teil des Schiffes »verstaut«, der ansonsten für die Ladung genutzt wurde, nämlich im Zwischendeck. Dort vegetierten die Zwischendecker (engl. steerage) mehr als daß sie lebten; denn sie befanden sich im Schiff unterhalb der Wasserlinie ohne Licht, Luft und Sonne!

Hier herrschten teilweise grauenhafte Zustände. Zeitgenössische Illustrationen von zufriedenen, gar tanzenden und musizierenden Menschen existierten wohl mehr in der Vorstellungswelt der Künstler und weniger in der Realität. Keiner vermochte den Gestank im Bild wiederzugeben oder die Dunkelheit in den Räumen mangels ausreichender Beleuchtung. Keiner malte hungernde oder durch Pest und Cholera dahingeraffte Menschen genausowenig wie die Vergewaltigungen.

Der Tagesablauf war militärisch diszipliniert. Die Kost blieb schmal und eintönig, Wasser rationiert. Stets war die Verpflegung auf durchschnittliche Reisezeiten bemessen. Dauerte die Fahrt infolge widriger Naturereignisse mitunter wesentlich länger, wurden Hunger und Entbehrungen ebenso zu Reisebegleitern wie Krankheit oder gar Epidemien – und letztlich der Tod. Vom 1. September bis zum 31. Dezember 1853 gab es auf den 209 in New York angekommenen Schiffen mit 76162 Passagieren 2004 Todesfälle! Und mancher altersschwache Segler erreichte nie sein Ziel!

Mit der Dampfschiffahrt sollte sich zu-

mindest eines für die Zwischendecker grundsätzlich ändern: Die Reisen verliefen regelmäßig und pünktlicher. Die Fahrzeiten wurden erheblich verkürzt. Auch wurde etwas mehr Komfort geboten gegenüber der Segelschiffahrt. Natürlich dies alles nicht ohne Aufpreis. Nach wie vor stand jedoch der Zwischendeckertransport in einem äußerst schlechten Ruf. Die Dampferreedereien unternahmen daher alles, um sich von den in der Presse weiterhin kritisierten, katastrophalen Zuständen auf den Schiffen zu distanzieren.

Im November 1872 veröffentlichten sechs nordatlantische Passagierreedereien, darunter die damaligen bzw. späteren »Rekordbrecher«-Unternehmen Cunard, Inman, National, Guion und White Star, eine gemeinsame Erklärung. Darin wurden entschieden Behauptungen englischer und amerikanischer Zeitungen zurückgewiesen, es herrschten beim Zwischendecktransport Mißstände schlimmster Art, die Schiffe seien überfüllt, die Menschen wären zusammengepfercht wie Schafe und würden behandelt wie Schweine, die Passagiere nicht nach Geschlechtern getrennt, die Unsittlichkeiten nähmen überhand, die Nahrung wäre schlecht, das Wasser unsauber, die Mannschaft würde die Passagiere übel behandeln, unter denen eine große Sterblichkeit herrsche.

Natürlich versicherten die Reedereien wortreich, auf ihren Dampfern alles für die »Wohlfahrt und den Komfort der Emigranten« zu tun. Maßgebend seien die in den gesetzlichen Bestimmungen von 1852, 1855 und 1863 festgelegten Richtlinien. So würden die beiden Decks für Zwischendecker an Höhe »gleichbleibend 7 Fuß übertreffen« (etwas mehr als 2 m). Für jeden Passagier ständen »100 Kubikfuß Luft« (weniger als 3 m³) auf den oberen und etwas weniger auf dem unteren Deck zur Verfügung. Die Menschen würden – wie gesetzlich vorgeschrieben – nach Geschlechtern getrennt untergebracht, in der Regel Ehefrauen und alleinstehende Frauen bzw. Ehemänner und Unverheiratete zusammen. Selbstverständlich sei für notwendige Belüftung, einwandfreie Lebensmittel und ausreichend sauberes Wasser gesorgt. Kapitän und Arzt inspizierten täglich das Zwischendeck. Die Todesrate unter den Emigranten habe in den vergangenen Jahren 15 Promille (15 auf 1000) betragen. Dies sei eine geringere Rate als in manch einer großen Stadt, so in der gemeinsamen Reederei-Erklärung.

Die nordatlantischen Passagierreedereien benötigten publizistische Reputation, denn sie waren auf die Zwischendekker als ihre entscheidende Einnahmequelle angewiesen. Seit 1865 – so in der Stellungnahme – wurden 1,5 Mio Passagiere

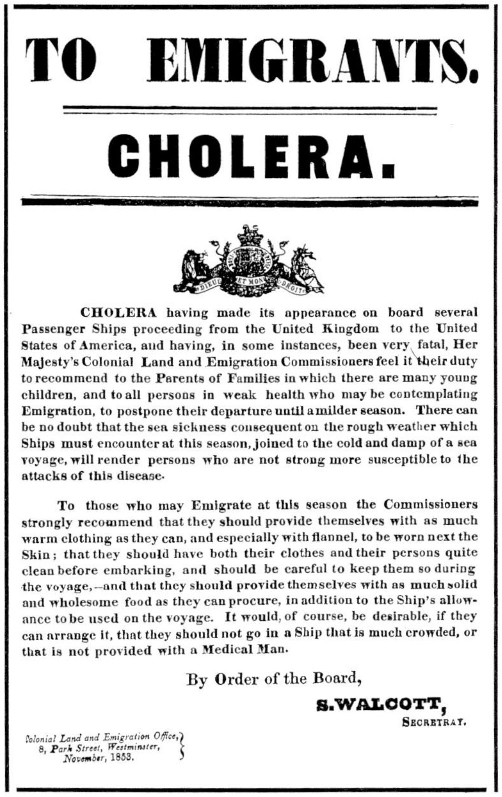

TO EMIGRANTS.

CHOLERA.

CHOLERA having made its appearance on board several Passenger Ships proceeding from the United Kingdom to the United States of America, and having, in some instances, been very fatal, Her Majesty's Colonial Land and Emigration Commissioners feel it their duty to recommend to the Parents of Families in which there are many young children, and to all persons in weak health who may be contemplating Emigration, to postpone their departure until a milder season. There can be no doubt that the sea sickness consequent on the rough weather which Ships must encounter at this season, joined to the cold and damp of a sea voyage, will render persons who are not strong more susceptible to the attacks of this disease.

To those who may Emigrate at this season the Commissioners strongly recommend that they should provide themselves with as much warm clothing as they can, and especially with flannel, to be worn next the Skin; that they should have both their clothes and their persons quite clean before embarking, and should be careful to keep them so during the voyage,—and that they should provide themselves with as much solid and wholesome food as they can procure, in addition to the Ship's allowance to be used on the voyage. It would, of course, be desirable, if they can arrange it, that they should not go in a Ship that is much crowded, or that is not provided with a Medical Man.

By Order of the Board,

S. WALCOTT,
SECRETRAY.

Colonial Land and Emigration Office,
8, Park Street, Westminster,
November, 1853.

befördert. Und diese Menschen dürften keinesfalls, wie es die zeitgenössische Presse darstellte, Objekte einer »Gier nach Gewinn« gewesen sein. Ihre Geschäfte, beteuerten deshalb die Reedereien in der gemeinsamen Stellungnahme abschließend, würden in einem »fairen und liberalen Geist« geführt. Das sollte jedoch eine verbale Absichtserklärung bleiben, es sei denn, daß man einen Konkurrenzkampf fair und liberal führen kann.

Denn ausgerechnet zur gleichen Zeit, als die britischen Reedereien ihre gemeinsame Stellungnahme veröffentlichten, nahmen die Auseinandersetzungen sowohl auf nationaler als auch auf internationaler Ebene an Schärfe zu. Ursache war die seit Anfang der 70er Jahre weltweit anhaltende »great depression«. Hatte das profitable Auswanderergeschäft immer mehr Reedereien entstehen lassen, und hatten diese immer mehr Neubauten – vorwiegend für den Zwischendeckertransport – bauen lassen, so blieben mit fortschreitender wirtschaftlicher Flaute die ganz großen Gewinne aus. Die Konkurrenz verschärfte sich. Besonders heftig bekämpften sich auf dem Nordatlantik nun ausgerechnet jene britischen Passagierreedereien, die die gemeinsame Zwischendeckererklärung unterzeichnet hatten. Vor allem versuchte man, mit gesteigerter Tonnage bei gleichzeitig größerer Geschwindigkeit allen anderen überlegen zu sein. Cunard wurde von Inman überholt, dieser wiederum von der White Star. Schließlich lag Guion vorn, bis sich Cunard wieder eine führende Position eroberte. Nicht nur zahlreiche kleine Unternehmen blieben auf der Strecke, auch größere Reedereien standen diesen »finanziellen Belastungskampf« auf Dauer nicht unbeschadet durch. Sie mußten Konkurs anmelden, wie z.B. Inman und Guion.

Angesichts dieser bedrohlichen Entwicklung bot die White Star der Cunard Line 1885 ein »Stillhalteabkommen« an. »Live and let live« – Leben und leben lassen – sollte laut Thomas Ismay die gemeinsame Devise sein. Seine Reederei hatte sich jedoch inzwischen bestens entwickelt. Cunard dagegen war ins Hintertreffen geraten und hatte Nachholbedarf. Cunard schickte »Umbria« und »Etruria« ins nordatlantische Rennen. White Star konterte mit »Teutonic« und »Majestic«.

Da mit stetig wachsenden Schiffsgrößen und gesteigerten Geschwindigkeiten kein endgültiger Sieg im Ringen um die Haupteinnahmequelle, die Auswanderer, zu erzielen war, mußten andere Formen der »Kriegsführung«, wie der Ratenkampf, erprobt werden. Ein Beispiel par

Anzahl der 1890 in New York gelandeten Passagiere von Reedereien mit Rekord- bzw. Exrekordbrechern

Reederei	Kajütpassagiere	Zwischendecker
Norddeutscher Lloyd*	16629	67775
Hapag*	8547	55991
White Star Line	12065	34308
Inman Line	9208	23977
Cunard Line	15285	20311
Guion Line	5889	14980
Summe	**67623**	**217342**
Restliche Reedereien	31566	154251
Insgesamt	**99189**	**371593**

* Stellten ihre Rekordbrecher erst nach 1890 in Dienst (aus /18, I; S. 223/)

Kojen im Zwischendeck

Zwischendecker bei der Mahlzeit

Ellis Island – Kontroll- und Quarantäne-Station von New York

Regierungsoffizielle Warnung vor Cholera

Im Auswanderer-Logierhaus

exellance lieferte Albert Ballin. 1879 zum Mitinhaber des väterlichen Auswanderergeschäfts geworden, begann er mit der zur gleichen Zeit in Hamburg gegründeten Carr-Linie zusammenzuarbeiten. Ballin verpflichtete sich, für volle Auswandererschiffe zu sorgen. Carr verlangte einen Passagepreis von nur 82 Mark. Das mußte auf die alteingesessene Hapag wie ein Schock wirken, die – wenngleich bei etwas mehr Komfort – immerhin 120 forderte. Der »David« Carr hatte den »Goliath« Hapag ins Visier des Ratenkrieges genommen. Das Risiko für Ballin war hoch. Schließlich ließ er den Preis auf 60 Mark drücken. »Du kannst dir denken«, schrieb er seinem Bruder, »daß bei einem solchen Preis kein Nutzen mehr ist, aber für die Packetfahrt (die Hapag) sind sie geradezu ruinierend!« Als nach zwei Jahren die Hapag immer noch ohne Dividende geblieben war, einigte man sich auf eine Interessengemeinschaft. Die Auswanderer wurden gerecht aufgeteilt, und zwar von Albert Ballin, der 1886 von der Hapag als deren Passageleiter übernommen worden war.

So sehr der Ratenkrieg unmittelbare Vorteile infolge niedrigerer Tarife für die Zwischendecker brachte, so bestand jedoch bei Preisnachlässen stets die Gefahr, daß selbst kapitalstärkere Reedereien Verluste hinnehmen mußten, wenn die

Kontrolle vor Betreten des Schiffes

Russische Auswanderer im Hamburger Hafen

Passagiere gehen an Bord

Steigende Zwischendecker-Kapazitäten auch bei der Hapag:

»Rugia« – 1882, 3467 BRT, 1100 ZwD

»Pennsylvania« – 1897, 12891 BRT, 2380 ZwD

»President Grant« – 1907, 18072 BRT, 3352 ZwD von der Kapazität her damals größtes Auswandererschiff der Welt

Mindereinnahmen nicht durch einen höheren Passagieranteil ausgeglichen werden konnten. Diese als »Unter-Wasser-Schießen« zu charakterisierende Methode des Preisnachlasses barg deshalb das große Risiko in sich, daß selbst wirtschaftlich stabile Reedereien nicht vor einem möglichen Konkurs verschont blieben. Das traditionelle Repertoire im freien Spiel der Kräfte um Marktanteile reichte nicht mehr aus, um einen gleichstarken Konkurrenten auszuschalten. Im Kampf um die Auswanderer mußten andere Strategien entwikkelt werden. Das Zauberwort hieß Pool!

Darunter ist eine Art Sammelkasse zu verstehen, aus der die Gewinne nach einem »gerechten« Schlüssel verteilt, »gepoolt«, wurden. So konnten durch monopolistische Preis- und Verkehrskartelle einerseits die Konkurrenzkämpfe weitgehend gemindert, andererseits die Gewinne ausreichend gesichert werden. Der für die Seeschiffahrt charakteristische Pool hatte seinen Ursprung in Kartellabsprachen. Sie wurden als Schiffahrtskonferenzen bezeichnet. Die dabei festgelegten Passagepreise nannte man Konferenzraten. Erste nationale Regelungen traf man in Deutschland und Großbritannien zwischen 1875 und 1880. Das erste von der Hapag vorgeschlagene internationale Monopol scheiterte hauptsächlich daran, daß mit der zur gleichen Zeit einsetzenden wirtschaftlichen Prosperität keine der Reedereien ihre »unbegrenzte Expansionskraft« einbüßen wollte. Doch die Angst vor neuerlichen finanziellen Verlusten angesichts wiederkehrender Depressionstendenzen führte 1892 zur Gründung des »Nordatlantischen Dampfer-Linien-Verbandes« (NDLV).

Damit war das erste internationale Schiffahrtsmonopol geschaffen worden, das jedoch vorerst – womit neuerlich die große Bedeutung des Zwischendeckertransportes für die Atlantikfahrt unterstrichen wurde – ausschließlich auf die Zwischendeckspassage begrenzt blieb. Neben gemeinsamen Raten wurde zugleich die Zahl der Zwischendeckspassagiere prozentual aufgeteilt. Von den vier zusammengeschlossenen Reedereien Norddeutscher Lloyd, Hapag, Red-Star (Belgien) und Holland – Amerika-Lijn sicherten sich der NDL mit 46% und die Hapag mit 29% die größten Anteile. Die beteiligten Reedereien bezeichneten den NDLV-Pool als einen Sprung ins Dunkle. Doch er bewährte sich. Durch Konkurrenzminderung scheffelte man ungeahnte Extragewinne. Deshalb wurden später die Absprachen auf den Stückgutverkehr und die Kajütpassagiere ausgedehnt. Mit den britischen Reedereien teilten sich die »Festlands«-Europäer 1895 in den Zwischendeckertransport.

Zu Beginn des 20. Jahrhunderts erfuhr der internationale Konkurrenzkampf auf den Nordatlantik, der »Hochstraße des Weltverkehrs«, eine enorme Zuspitzung. Das amerikanische Bankhaus Morgan war in das Schiffahrtsgeschäft eingestiegen und beabsichtigte, mit der »International Mercantil Marine Compagnie« (IMMC) einen die Weltschiffahrt kontrollierenden Trust zu schaffen. Neben der wichtigsten amerikanischen Nordatlantikreederei, der American Line, hatte Morgan auch schon führende britische Reedereien aufgekauft bzw. unter Aktienmajorität gebracht. Darunter waren White Star, Leyland und Dominion ebenso wie die belgische Red-Star. Eine Morganisierung der britischen Schiffahrt drohte, als schließlich noch das Traditionsunternehmen Cunard aufgekauft werden sollte. Aber auch die beiden führenden deutschen Reedereien Hapag und NDL mußten um ihre Selbständigkeit fürchten.

Albert Ballin, inzwischen zum Chef

Gründung des NDLV 1892

NDLV-Jubiläumsversammlung 1902 in Köln

Morgans Monopolansprüche – Plakat aus dem Jahre 1919

der HAL/Hapag als der Welt größten Monopolreederei aufgestiegen, wurde zum entscheidenden deutschen Verhandlungspartner mit der IMMC. In einem »ganz geheimen Bericht« zu den Verhandlungen mit Pierpont Morgan in London schrieb Albert Ballin 1902 an die zuständigen deutschen Regierungsstellen: »Morgan legt auf Erwerbung der Cunard-Linie augenblicklich keinen besonderen Werth, weil er der Ansicht ist, daß er sie im Hinblick auf ihre schwache Position täglich haben kann. Aus ähnlichen Gründen will er den Norddeutschen Lloyd vorläufig sich selbst überlassen, indem er hofft, ihn durch einen Tarifkampf so zu entwerten, daß er ihn später billig in seine Hände bekommen kann. Dagegen wünscht er sich die Kontrolle über die Hamburg-Amerika-Linie durch Erwerbung der Mehrzahl der Aktien zu sichern. Seine Pläne gehen nicht bloß darauf hinaus, den atlantischen Ozean zu beherrschen, sondern eine große Kombination der Weltschiffahrt herbeizuführen. Seine Verbündeten sind große amerikanische Eisenbahnlinien und reiche amerikanische Kapitalisten wie Rokkefeller und Vanderbilt.«

Deshalb hatte Ballin auch bei einem möglichen Scheitern der Verhandlungen weniger Angst vor einem Schiffahrtskonkurrenzkampf als vielmehr die Befürchtung, Morgan könnte ob seines Einflusses auf die amerikanischen Eisenbahnen einen An- bzw. Abtransport der von der Hapag und anderen deutschen Reedereien transportierten Güter verhindern. Denn eine Aktienmajorität von Morgan über die Hapag lehnte Ballin rundweg ab. Schließlich einigte man sich auf Dividendenausgleichszahlungen. Die Selbständigkeit von Hapag und NDL war gesichert. Deutschlands Unabhängigkeit gegenüber dem Dollardruck gerettet. Kaiser Wilhelm II. war höchst zufrieden. Als Dank lud er Ballin nach Schloß Hubertusstock ein.

Aber auch die Cunard-Reederei widersetzte sich dem Dollarkuratel. Sie konnte, wie bereits erwähnt, mit Hilfe von massiver staatlicher Unterstützung ihre Eigenständigkeit bewahren. Damit entbrannte jedoch ein neuerlicher, erbittert geführter Ratenkrieg. Zur Absicherung notwendiger Einnahmen drang »Outsider« Cunard in das bisher von der Hapag beherrschte südosteuropäische Auswandderergeschäft ein. Erst nach beträchtlichen finanziellen Verlusten entschärften sich die Auseinandersetzungen. Völlig ausgeblieben sind sie jedoch nie. Das galt in gleichem Maße für die im Pool zusammengeschlossenen Reedereien. Mit der Ratenregelung wurde zwar ein zeitweiliger Waffenstillstand im »Unter-Wasser-Schießen« erzielt, verbunden mit diversen Vorteilen, doch das war kein Dauerzustand. Der »Raten-Kuhhandel« blieb – wie ihn der Präsident der White Star Line, Bruce Ismay, sarkastisch charakterisierte: »a big game of bluff«.

Eine vortreffliche Einschätzung der tatsächlichen Verhältnisse im Schiffsverkehr auf dem Nordatlantik gibt ein im Anhang beigefügter, 1907 verfaßter Bericht vom »Kaiserlich-Deutschen Konsulat« in New York. Anschaulich wird demonstriert, wie differenziert die Interessenlagen waren und dementsprechend die Auseinandersetzungen geführt wurden, letztlich resultierend aus der unterschiedlichen ökonomischen Stärke von den am nordatlantischen Verkehr beteiligten Reedereien. Hatte man die Wogen des Ratenkampfes am Konferenztisch geglättet, so gingen »die Gefechte in der rauhen See der Surplusmacherei« mit unterschiedlicher Heftigkeit weiter. So blieb die Poolerei in der Tat ein großes Spiel der Irreführung.

1908 hatte die »Atlantik-Konferenz« stattgefunden. Beteiligt waren alle Passagierreedereien aus Großbritannien, Deutschland, den USA, den Niederlanden, Frankreich, Belgien und Kanada. Drei Jahre später wurde sie jedoch wieder aufgekündigt. Bestehen blieb nur der Nordatlantische Dampfer-Linien-Verband (NDLV). Als kurz vor Beginn des ersten Weltkrieges die Hamburg–Amerika-Linie mit ihrer Imperator-Klasse die größten Dampfer der Welt in Dienst stellte und bei einer Beförderungsmöglichkeit von 2700 Passagieren in der III. Klasse sowie im Zwischendeck auf höhere Ratenanteile pochte, gerieten erneut die beiden deutschen Monopolreedereien HAL und NDL aneinander. Der Streit zwischen beiden, deren Verhältnis sich trotz aller Beteuerungen nie ganz entspannt hatte, konnte erst durch das Eingreifen des Kaisers beigelegt werden.

Für die vom Ratenkrieg nur mittelbar Betroffenen, die Auswanderer, hatte sich seit dem Ende des 19. Jahrhunderts – mit zunehmender Größe der Schiffe und gesteigertem Luxus für die Kabinenpassagiere – das Leben an Bord verbessert. Wenngleich in der Ausstattung alles spartanisch einfach gehalten war, denn im Normalfall benutzten die Auswanderer nur einmal dieses Schiff bei möglichst billiger Überfahrt, so waren doch die Unterbringungsmöglichkeiten selbst im Massenquartier »menschlicher« geworden. Es standen Eßsäle zur Verfügung ebenso wie Bäder bzw. Duschen. Die Reedereien bemühten sich um eine ausreichende medizinische Betreuung, denn nichts war geschäftsschädigender als Krankheiten oder gar Epidemien an Bord.

Außerdem gingen einzelne Reederei-

Entwicklung der Schiffsgröße und der Passagierzahlen bei Rekordbrechern und bei Schiffen ab 20000 BRT von 1870 bis 1913

Zeit	Reederei	Schiff	BRT	1. u. 2. Klasse	3. Klasse u. Zwischendeck
Um 1870	Inman	City of Brussels	3081	200	600
	White Star	Adriatic	3888	166	1000
	Inman	City of Berlin	5491	270	1500
	White Star	Britannic	5004	220	1500
Um 1880	Guion	Arizona	5149	210	1140
	Cunard	Umbria	7718	550	800
Um 1890	Inman	City of Paris	10449	740	1000
	White Star	Teutonic	9984	1000	1000
	Cunard	Campania	12950	1000	1000
Um 1900	NDL	Kaiser Wilhelm d. Gr.	14394	896	1074
1901	White Star	Celtic	20904	507	2350
1907	Cunard	Mauretania	31938	1035	1300
1912	White Star	Titanic	46329	1469	1134
1913	HAL/Hapag	Imperator	52117	1880	2714

aus [3, 18, 19]

Entwicklung der Beförderungskapazität von 3.-Klasse- und Zwischendeckpassagieren auf Rekordbrechern und nach 1900 in Dienst gestellten Luxuslinern

Schiff	Reederei	BRT	**3. Klasse und Zwischendeck** Anzahl	% von Gesamt
City of Brussels	Inman	3081	600	66,7
Adriatic	White Star	3888	1000	85,6
City of Berlin	Inman	5491	1500	84,7
Britannic	White Star	5008	1500	87,2
Arizona	Guion	5147	1140	84,4
Umbria	Cunard	7718	800	59,0
City of Paris	Inman	10499	1000	57,5
Teutonic	White Star	9984	1000	67,1
Campania	Cunard	12950	1000	50,0
Kaiser Wilhelm der Große	NDL	14349	1074	71,3
Deutschland	HAL/Hapag	16502	284	30,1
Kronprinz Wilhelm	NDL	14908	717	50,4
Kaiser Wilhelm II.	NDL	19361	799	52,1
Mauretania	Cunard	31938	1300	55,7
Celtic (1901)	White Star	20904	2350	82,3
Amerika (1905)	HAL/Hapag	22225	2190	80,4
Präsident Grant* (1907)	HAL/Hapag	18073	3352	92,1
George Washington (1909)	NDL	25570	1901	73,0
Titanic (1912)	White Star	46329	1134	43,6
Imperator (1913)	HAL/Hapag	52117	2714	59,1

* Größtes Auswandererschiff vor dem ersten Weltkrieg
aus [3, 18, 19]

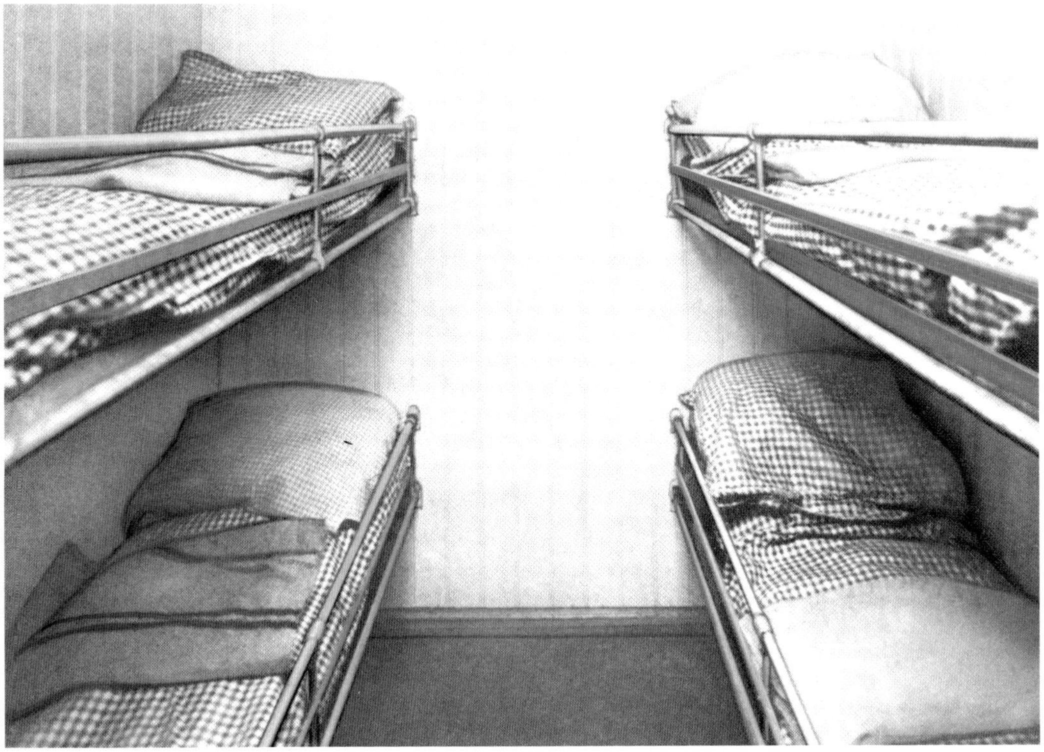

Ärtzliche Betreuung von Zwischendeckern um 1900

4-Bett-Kabine in der 3. Klasse auf der »Imperator«

en dazu über, zusätzlich eine 3. Klasse einzuführen. »Dadurch ist es möglich geworden«, schrieb der Norddeutsche Lloyd, »die gebildeten Elemente der Auswanderer für eine nur geringe Erhöhung des Passagierpreises von den südeuropäischen Auswanderern zu trennen und in Kabinen zu je zwei bis sechs Personen unterzubringen.« Eine grundsätzliche Statusaufwertung dieses Reisenden war jedoch damit nicht verbunden. In der Regel waren es – wie das Zitat beweist – »bessergestellte« Auswanderer, die sich eine Mehrbettkabine (rund 180 M pro Bett) anstelle eines Massenquartieres (rund 160 M pro Bett) leisten konnten. Die Zwischendecker blieben auch weiterhin »abgeschottet« gegenüber jedem Kajütpassagier auf dem Schiff.

Bei allen positiven Veränderungen schien jedoch das traurige Erbe des nordatlantischen Auswanderertransportes noch nicht ganz überwunden zu sein. Oder war es nur ein weiterbestehendes journalistisches Vorurteil, wenn der Berichterstatter des Berliner Tageblatts im Jahre 1906 unter dem Titel »Im Zwischendeck von Bremen nach New York« feststellte: »Ich fahre, wenn's meine Kasse irgend erlaubt, nie wieder im Zwischendeck« (auf dem Rekordbrecher »Kaiser Wilhelm II.« des NDL).

Betrachtet man die Entwicklung des Auswandererverkehrs bis zum ersten Weltkrieg im Überblick, so wird der hohe ökonomische Stellenwert des Zwischendeckertransports für die Passagierschifffahrt auf dem Nordatlantik deutlich. Deshalb wurden durch die in Auftrag gegebenen Rekordbrecher stets mit hohen Beförderungszahlen für »Emigranten« projektiert, wenngleich deren Anteile an der Gesamtkapazität – wie nebenstehende Tabelle ausweist – in der Grundtendenz bereits rückläufig waren. Die finanzielle Basis im Passagierverkehr bildeten speziell für die Auswandererbeförderung projektierte Schiffe: Wirtschaftliche Geschwindigkeit bei steigender Kapazität für das Zwischendeck und die 3. Klasse, einschließlich einer möglichst hohen Frachtzuladung. So wurden dann auch die Auseinandersetzungen um die Marktanteile beim Transportgut »Auswanderer« immer weniger von einem Kampf um Geschwindigkeit, als vielmehr von einem immer heftiger werdenden Kampf um höchstmögliche Ratenanteile bestimmt.

Im Zusammenhang mit dem Auswandererverkehr noch eine Bemerkung zu Ausführungen von Kludas in (18, Bd. II, S. 186f.), wo er sich entschieden gegen eine mehrfach erhobene Behauptung wendet, daß »die Auswanderer im Zwischendeck... mit ihren Fahrgeldern den Komfort der höheren Klassen mitfinanziert« hätten. Als Beispiel für den Gegenbeweis führt Kludas den Hapag-Rekordbrecher »Deutschland« an, obgleich – wie er selber schreibt – »Schnelldampfer wie die ›Deutschland‹ mit ihrer verhältnismäßig geringen Zahl von Zwischendeckspassagieren für solche Vergleiche ungeeignet sind.« Ausgehend von einer möglichen Totalauslastung in der Hauptsaison 1902 hätte man an Passagiergeldern eingenommen:

I. Klasse	463040 Mark =	78,35%,
II. Klasse	79660 Mark =	13,48%,
Zwischendeck	48280 Mark =	8,17%.

So überzeugend diese Zahlen auf den ersten Blick erscheinen mögen, so reichen sie dennoch für eine endgültige Beweisführung nicht aus. Sind doch nicht die zu zahlenden Fahrpreise entscheidend, sondern die Gewinne, die für den Reeder nach Abzug aller Unkosten übrig bleiben. Und diese Gewinne entsprachen nicht immer den Anteilen der Fahrpreise, letztlich resultierend aus unterschiedlich erbrachten Aufwendungen und Leistungen bei den Kajütpassagieren einerseits und den Zwischendeckern andererseits. Leider können aber für diese Beweisführung angesichts fehlender Quellen keine nach der Passagierstruktur aufgeschlüsselten Zahlen hinsichtlich Gewinn und Verlust erbracht werden.

Wenngleich – und hier muß Kludas nachdrücklich zugestimmt werden – sich nun nicht jeder Rekordbrecher durch den Zwischendeckertransport selbst finanzieren konnte, sondern auch auf die Einnahmen der Kajütpassagiere angewiesen war, so blieben doch die Auswanderer ein ganz entscheidender ökonomischer Faktor für den nordatlantischen Passagierverkehr. Warum sonst das permanente Ratengerangel um die Auswanderer? Warum dann immer mehr Zwischendeckerkapazitäten bei Neubauten? Warum die Indienststellung immer größerer, auf den Auswandererverkehr spezialisierter Schiffe? Warum selbst bei den Auswanderern – durch Schaffung einer 3. Klasse – der »Luxus« als neue »Waffe« im Kampf um Marktanteile? Warum die erheblichen wirtschaftlichen Probleme der Reedereien nach dem ersten Weltkrieg infolge drastischer Beschränkungen der Einwanderung in die USA?

Auswanderer an Bord der »Imperator«

Grandhotels durchpflügen den Atlantik

Brachte der Auswandererstrom das notwendige Geld, so gestaltete sich die Beförderung der Kajütpassagiere zum Renommé der führenden nordatlantischen Passagierreedereien. Bestimmte vorerst noch ein herkömmlicher, bescheidener Komfort die Unterbringung der Passagiere in der I. und II. Klasse, konnte die Ausstattung bald luxuriös genannt werden. Jahre später kreuzten seetüchtige Hotels und englische Herrensitze, schließlich »Schlösser« und »Paläste« – mit der »high society« an Bord – den Atlantik. Die sich in Größe, Geschwindigkeit und luxuriöser Ausstattung ständig steigernden Schnelldampfer wurden zu den »Paradepferden« der Passagierreedereien. An der Spitze fuhren deren Rekordbrecher!

Die Pionier-Rekordschiffe wirkten nicht nur gegenüber ihren Nachfahren unscheinbar und klein, sondern sie blieben auch in der Ausstattung ihrer Epoche verhaftet: mehr praktisch als luxuriös. Cunard stellte Zeit seines Lebens die Sicherheit seiner Passagiere über die Bequemlichkeit. Dennoch waren seine Dampfer den Seglern ein ganzes Zeitalter voraus. Die Passagiere wurden in Kabinen untergebracht. Man saß auf Sesseln, ausgelegt mit Roßhaar. Man war umgeben von Möbeln, hergestellt aus Teakholz. Alle acht Tage gab es frische Bettwäsche. Das Essen wurde gemeinsam in einem Salon eingenommen. Dieser diente zugleich als Aufenthaltsraum. Cunard verlangte für einen Kabinenplatz den Einheitspreis von 30 Guineen, inklusive Verpflegung. Dazu gehörte auch »ein gutes Steak und eine Flasche Rheinwein«, wie ein Reisender überlieferte.

Dennoch schien ein zeitgenössischer Prominenter wenig Gefallen an einer Atlantikreise mit einem Dampfer gefunden zu haben. Es war kein geringerer als der Schriftsteller Charles Dickens, der 1842 mit Cunards »Britannia« nach Amerika fuhr. Seine Kabine war für ihn eine »höchst unpraktische, gänzlich hoffnungslose und vollkommen lächerliche Schachtel«. Die Kojen charakterisierte er als »mit dünnen Matratzen und schlaffen Steppdecken versehene Regale«. In diesen engen Räumen hatten seine Ehefrau Kate und die ihn begleitende Zofe Mühe, die ganzen Schrankkoffer unterzubringen.

Kabine von Charles Dickens

1.-Klasse-Kabine um 1860

»Der wunderbare Salon von nahezu unbegrenzter Ausdehnung«, so hatte es die Cunard-Reederei versprochen, war für Dickens »ein langer, enger Raum, nicht unähnlich einem riesigen Leichenwagen mit Fenstern«.

Als die Britannia das offene Meer erreicht hatte, wurden Dickens und seine Frau seekrank. »Jedes Holz und jede Planke knarrte wie ein riesiges Feuer. Nichts als das Bett konnte helfen, und so ging ich ins Bett.« Zehn Tage blieb Dikkens im Bett. Währenddessen zertrümmerten die Stürme das Rettungsboot, rissen Planken von den Schaufelradverkleidungen ab, so daß »die Schaufelräder nackt und bloß« waren, und hinterließen die Takelage »gespleißt, verwirrt, naß und triefend«. Dennoch – alle überlebten.

Mit jedem neuen Rekordbrecher auf dem Atlantik nahmen nicht nur Größe und Geschwindigkeit, sondern auch die Ausstattung der Inneneinrichtung zu. Elegant, bequem, wohnlich und komfortabel waren nur einige der von den Reedereien und von der Tagespresse verliehenen Attribute. Daß hohe Geschwindigkeit auch mit einem entsprechenden Luxus der Unterbringung einhergehen konnte, demonstrierte der erste und ärgste Rivale von Cunard, der Amerikaner Collins. Seine Dampfer liefen mehr als einen halben Knoten schneller, und als erste Passagierschiffe besaßen sie separate Salons: einen für die Herren zum Rauchen und einen für die Damen, vornehmlich zum Frisieren. Neuartig war auf seinen Schiffen auch eine Dampfheizung für die Kabinen und die Aufenthaltsräume. Cunard hatte dagegen »nur« Ofenfeuerung zu bieten.

Aber noch in einer anderen, für die Passagiere äußerst wichtigen Frage war Collins überlegen: in der Verpflegung. Sie war stets frisch und mehr als reichlich. Es mangelte nicht an Delikatessen. Unter neun Gängen eines Essens wurde auch Fisch geboten. Bei einem normalen Dinner waren über 40 Speisen und Getränke im Angebot. »Kein Gemüse, kein Wild oder andere Leckerbissen, die man fünfzehn Tage lang in großen Eismassen halten kann, wird vergessen«, vermerkte lobend ein amerikanischer Passagier. Der Eisraum auf Collins »Atlantic« faßte 40 Tonnen, die erst nach 14 Tagen völlig aufgetaut waren.

Für Collins gab es den größeren Komfort plus erhöhte Geschwindigkeit jedoch nicht zum Selbstkostenpreis. Zwar konnten die Überfahrtzeiten um einen Tag verkürzt werden, doch war der Kohleverbrauch bei einer 2½fachen Steigerung der Maschinenleistung um mehr als das Doppelte angewachsen (bei Cunard: 750 PSi und täglich 38 Tonnen Kohle; bei Collins: 2000 PSi und täglich 87 Tonnen Kohle). Der von Collins entfachte und von beiden Reedereien erbittert geführte Konkurrenzkampf – übrigens der erste internationale bei der Dampfschiffahrt – endete mit einem Sieg von Cunard. Seine »Konter«-Schiffe waren konstruktiv besser und leistungsfähiger. Erwies sich schon die »Persia« als der erste eiserne Rekordbrecher überlegen, so festigte Cunard seine führende Position in puncto Geschwindigkeit mit der legendären »Scotia«. Schafften Collins Spitzenschiffe mehr als 13 Knoten, so steigerte sich die »Scotia« Anfang der 60er Jahre auf über 14 Knoten. Cunard dominierte wieder. Bei einer weiteren Reisezeitverkürzung um einen dreiviertel Tag war jedoch der tägliche Kohleverbrauch auf beträchtliche 160 Tonnen angestiegen.

Salon auf einem Transatlantikdampfer um 1860

In der Kombüse

Damensalon auf der »Elbe«

Typischer 1.-Klasse-Salon (bis 1880)

1.-Klasse-Musikzimmer auf »Fürst Bismarck«

Einen betriebswirtschaftlichen Einschnitt brachten die von der Inman-Reederei ab 1850 in Dienst gestellten Dampfer. Bei ihnen, die mit Propellern ausgerüstet waren, konnte zwar der Brennstoffverbrauch beträchtlich reduziert werden, doch dafür fuhren sie in der Anfangszeit auch erheblich langsamer: »nur« 9 gegenüber den 12 Knoten der damaligen Rekordbrecher. Rentabilität ging vor Rekord! Nachdem Cunard seinen Rivalen Collins aus dem Felde geschlagen hatte, wurde die Inman-Line für Cunard zu einem ernstzunehmenden Konkurrenten. Als »Generalprobe« kann die Wettfahrt der beiden Dampfer «City of Paris»« und »Russia« angesehen werden. Verlief dieses Rennen praktisch noch unentschieden, so legte die »City of Brussels« 1869 den Ostkurs mit 14,74 Knoten erstmals in weniger als 8 Tagen zurück. Die »Rivalität« Cunard – Inman wurde zugleich zum Auftakt eines bis dahin nicht gekannten nationalen Konkurrenzkampfes in der nordatlantischen Passagierschiffahrt. Die Schiffe wurden immer schneller, aber auch immer größer und komfortabler.

Zwei Ereignisse waren letztlich für die weitere Entwicklung ausschlaggebend: zum einen die Anfang der 70er Jahre ausbrechende Weltwirtschaftskrise, die die Auseinandersetzungen beschleunigte und verschärfte; zum anderen das Erscheinen der Pionierschiffe von der White Star Line 1871/72. Die Reederei hatte Dampfer einer neuen Generation bauen lassen und mit ihnen zugleich eine neue Etappe in der Entwicklung der nordatlantischen Passagierschiffahrt eingeleitet. Deren Äußeres war ebenso beeindruckend wie die Inneneinrichtung. Erstmals gab es Decksaufbauten für Gesellschaftsräume und überdachte Promenaden. Bis dahin stand nur ein langgestreckter schmaler Speiseraum als gemeinsamer Salon zur Verfügung, aus dem die Passagiere direkt in ihre Kabinen gelangten. Die Neuheit im Innern: die Anordnung der Kabinen. Sie waren insbesondere für die 1. Klasse nicht mehr im Achterschiff, sondern mittschiffs untergebracht, dort, wo Stampf- und Schlingerbewegungen des Schiffes sich ebenso wie Schraubengeräusche am wenigsten bemerkbar machten (vgl. Seiten 12/13 und 36/37).

White Star setzte neue Maßstäbe. Die Werft hatte – mit eigenen Ideen angereichert – Gutes und Bewährtes fortgeführt und alles noch weit besser gemacht. Sie hatte Passagierdampfer im heutigen Sinne geschaffen. Die Konkurrenz war in der Ausstattung um Längen geschlagen worden, schließlich wurde sie auch noch überrundet. Sowohl auf West- als auch auf Ostkurs holten sich 1872/73 die Schiffe »Adriatic« und »Baltic« die jeweiligen Schnelligkeitsrekorde mit 14,5 bzw. erstmals mit mehr als 15 Knoten. Und das 18 Knoten gesteigert. Auf Guions Überlegenheit reagierte Cunard 1881 mit der »Servia«. Sie blieb aber langsamer. Inmans Antwort auf Guions Erfolg war – ebenfalls 1881 – seine »City of Rome«. Äußerlich und im Innern sehr elegant, wurde sie aber ein technischer Versager. Inman ging in Konkurs! 1884 kreuzte die schnelle »America« der National Line den Atlantik. Mit großzügiger Innenausstattung, vor allem bei den Gesellschaftsräu- Privatsuiten eingerichtet. In Nischen aufgestellte Tische erlaubten zum ersten Male ein intimes Dinieren auf See. Zuvor gab es langgestreckte Eßtische mit Drehstühlen. Bei der Geschwindigkeit wurden 1889 mehr als 20 Knoten erreicht.

White Star konterte sofort mit den Rekordbrechern »Teutonic« und »Majestic«. In der Innenausstattung gab es eine neue Steigerung: Erstmalig prangten die Räume im Luxus verschiedener Stilepochen.

alles mit einem wesentlich geringeren Kohleverbrauch von täglich 60 Tonnen, denn die White-Star-Schiffe besaßen ja Compoundmaschinen.

Die Konkurrenz reagierte sofort. Inman gab die »City of Berlin« in Auftrag. 1875 fuhr sie in beiden Richtungen Rekord mit mehr als 15 Knoten. Wiederum schneller waren zwei neue, von der White Star in Fahrt gebrachte Einheiten: das Dampferpaar »Britannic« und »Germanic«. Nun griff die Guion Line ins Renngeschehen ein. Mit den Schiffen »Arizona«, »Alaska« und »Oregon« wurde die Geschwindigkeit von 16 über 17 auf mehr als men, wurde sie zum Vorbild der folgenden Passagierdampfer.

Cunards Erwiderung war das Schiffpaar »Umbria« und »Etruria«. Mit ihnen kam in der Innengestaltung das viktorianische Zeitalter aufs Meer. Erstmals konnten zusammenhängende Kabinen, die Vorläufer der Luxussuiten, gebucht werden. Die Cunard-Schiffe fuhren in beiden Richtungen erstmals über 19 Knoten. Darauf reagierte die neuformierte Reederei Inman & International mit ihren Doppelschraubern »City of New York« und »City of Paris«. Wiederum eine Steigerung in Größe und Luxus. Man hatte gleich 14 Cunard blieb nichts schuldig. Das Schwesternpaar »Campania« und »Lucania« wurde ins Rennen geschickt. Nochmaliges Überbieten: 1893 wurde zum ersten Male die 21-Knoten-Grenze überschritten. Und auch in der Inneneinrichtung neue Superlative: Kabinen und Salons im Interieur englischer Landsitze. Beim Material überwogen Mahagoni, Sandelholz und bemaltes Glas. White Star nahm die Herausforderung an. Sie bestellte eine, nach ihrem Pionierschiff benannte, neue »Oceanic«, die im Januar 1899 von Stapel lief. Als Geschwindigkeitskonkurrent gedacht, sollte dieses Schiff jedoch einen Wendepunkt in der weiteren Entwicklung markieren.

Zum Erstaunen der Engländer war in der Zwischenzeit mit »Kaiser Wilhelm der Große« 1897 und 1898 erstmals ein deutsches Schiff in beiden Richtungen schneller gefahren als die britische Konkurrenz: über 22 Knoten. Die sich im Flottenbauprogramm der Marine widerspiegelnde Doktrin »Deutschlands Zukunft liegt auf dem Wasser« sollte nun auch in der Handelsschiffahrt demonstriert werden. Mit den Dampfern »Deutschland« von der Hapag sowie »Kronprinz Wilhelm« und »Kaiser Wilhelm II.« vom NDL wurden bis 1904 weitere drei Rekordbrecher in Dienst gestellt. 10 Mio Mark und mehr kostete jedes dieser Schiffe. Dafür wurde auch im Innern das Beste geboten, was in der Kaiser-Zeit modisch war: wilhelminischer Prunk und Protz. In der Geschwindigkeit erreichte man über 23 Knoten. Deutschland beherrschte die Konkurrenz und gehörte zur Weltspitze.

Doch nicht nur für die britischen, sondern auch für die deutschen Rekordbrecher sollten sich zwei Dinge als nachteilig erweisen: der hohe Brennstoffverbrauch und die starken Vibrationen. Ein ständig steigender Luxus an Bord verlangte immer größere Schiffe bzw. ermöglichten immer größere Schiffe eine immer luxuriösere Ausstattung. Doch mit fortschreitender Größe bei gleichzeitig zunehmender Geschwindigkeit stiegen der Kohleverbrauch und damit die Betriebskosten enorm an. Man war an technische und ökonomische Grenzen gestoßen. So mußte z.B. die Maschinenleistung, um eine proportionale Erhöhung der Geschwindigkeit zu erzielen, in der dritten Potenz gesteigert werden. Wen wundert es, wenn bei diesen Abhängigkeiten der tägliche Kohleverbrauch um die Jahrhundertwende bereits auf 500 Tonnen angestiegen war.

»Selbst bei zehnfachem Kohleverbrauch«, meinte Präsident Charles Roux von der französischen Reederei CGT, »wird sich die Geschwindigkeit nicht einmal verdoppeln. Außerdem braucht man eine dreifache Besatzung. Die Kosten für eine Seemeile betragen bei 10 Knoten 16 Francs, bei 18 Knoten 41,50 Francs und bei 23 Knoten 55,3 Francs.« Deshalb resümierte auch der spätere CGT-Präsident Lanier rückblickend über die Rekordfahrten: »Bei einem solchen Tempo kostet Kaviar weniger als Kohle!«

Betrachtet man die Zahlen in obiger Tab. bzw. S. 87, so belegen sie eindeutig: Mit der sprunghaften Vergrößerung der Rekordbrecher um die Jahrhundertwende stieg gleichermaßen deren Brennstoffverbrauch an, ohne daß die Reisezeiten spürbar verkürzt wurden. Der tatsächliche Zeitgewinn durch Rekordfahrten stand in

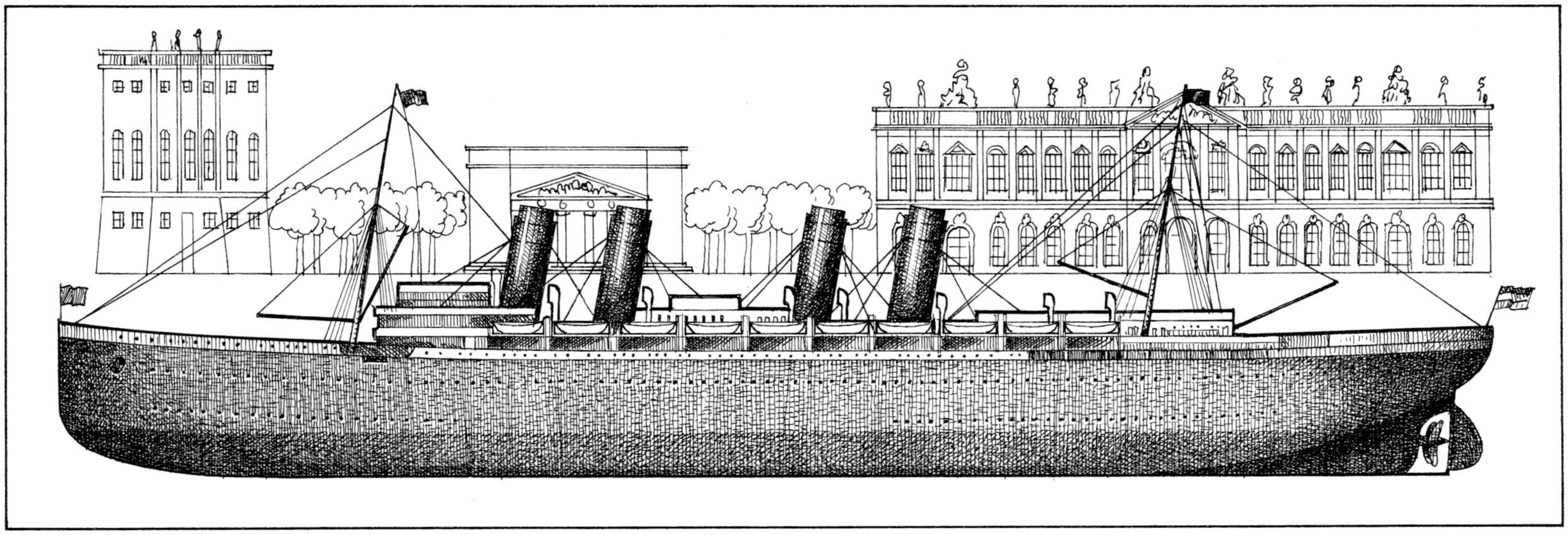

Die zeitgenössische Presse veröffentlichte zum Größenvergleich zunehmend die Darstellung von »Ozean-Riesen« in bekannten Umgebungen, hier die »Deutschland« in Berlin, Unter den Linden, zwischen Universität und Zeughaus

Abhängigkeit von Größe, Geschwindigkeit, Zeit und Verbrauch

Jahre	Größe in BRT	Geschw. in kn	Reisezeit in Tagen	Verbrauch in t
1840	1000	10,0	11,0	800
1870	4000	14,5	8,0	700
1890	10000	20,0	5,5	1000
1907	30000	25,5	4,5	3500

Die Zahlen wurden wegen der besseren Übersichtlichkeit auf- bzw. abgerundet

Proviant für einen Ozeandampfer (1900)

keinem Verhältnis mehr zum Aufwand. Spätestens zu diesem Zeitpunkt dürfte sich die englische Maxime »time is money« ins Gegenteil verkehrt haben!

Die sich mit steigender Geschwindigkeit bei den »Riesendampfern« verstärkenden Vibrationen kamen als zweite unangenehme Begleiterscheinung hinzu. Abschreckendes Beispiel war die »Deutschland«, von den Reisenden deswegen auch »cocktail shaker« genannt. Alle Bemühungen, darunter auch der Einbau eines von dem deutschen Ingenieur Schlick entwickelten Dämpfungssystems, brachten nur Teilerfolge. Aber auch Cunards Rekordbrecher »Campania« und »Lucania« waren ebensowenig vibrationsfrei wie die späteren Rekordschiffe »Lusitania« und »Mauretania«. Nicht anders erging es dem »designierten« Rekordbrecher der White Star, der »Oceanic«. Weder bei Probefahrten, schon gar nicht auf der Jungfernreise im September 1899, konnte die Maschine voll ausgefahren werden, um die projektierten 21 Knoten zu erzielen. Überdies reichte das ohnehin nicht mehr für einen neuen Rekord aus, hatte doch die deutsche Konkurrenz inzwischen mehr als 22 Knoten vorgelegt.

Deshalb entschied der neue White-Star-Chef, Junior Bruce Ismay, die »Oceanic« von einem geplanten Rekordbrecher zu einem Dampfer mit »moderatem speed« als »slow-liner« umzurüsten. Damit leitete die White Star eine neue Reederei-Politik ein: weg von Schnelligkeitsrekorden, hin zu einer mehr der Wirtschaftlichkeit – letztlich auch den Bedürfnissen der Reisenden – entsprechenden Geschwindigkeit. Dieser »Nachteil« sollte durch große und luxuriös ausgestattete Schiffe kompensiert werden, wie sie es noch nie gegeben hatte. Hatte der Passagier der 1. und 2. Klasse bisher kaum noch das Gefühl gehabt, auf einem Schiff den Atlantik zu kreuzen, so sollte er von nun an bei der Überfahrt die Schiffsreise völlig vergessen. Für Unterkunft und Service sowie für Verpflegung und Unterhaltung an Bord galten für die Höchstpreise zahlenden Passagiere nur noch Super-

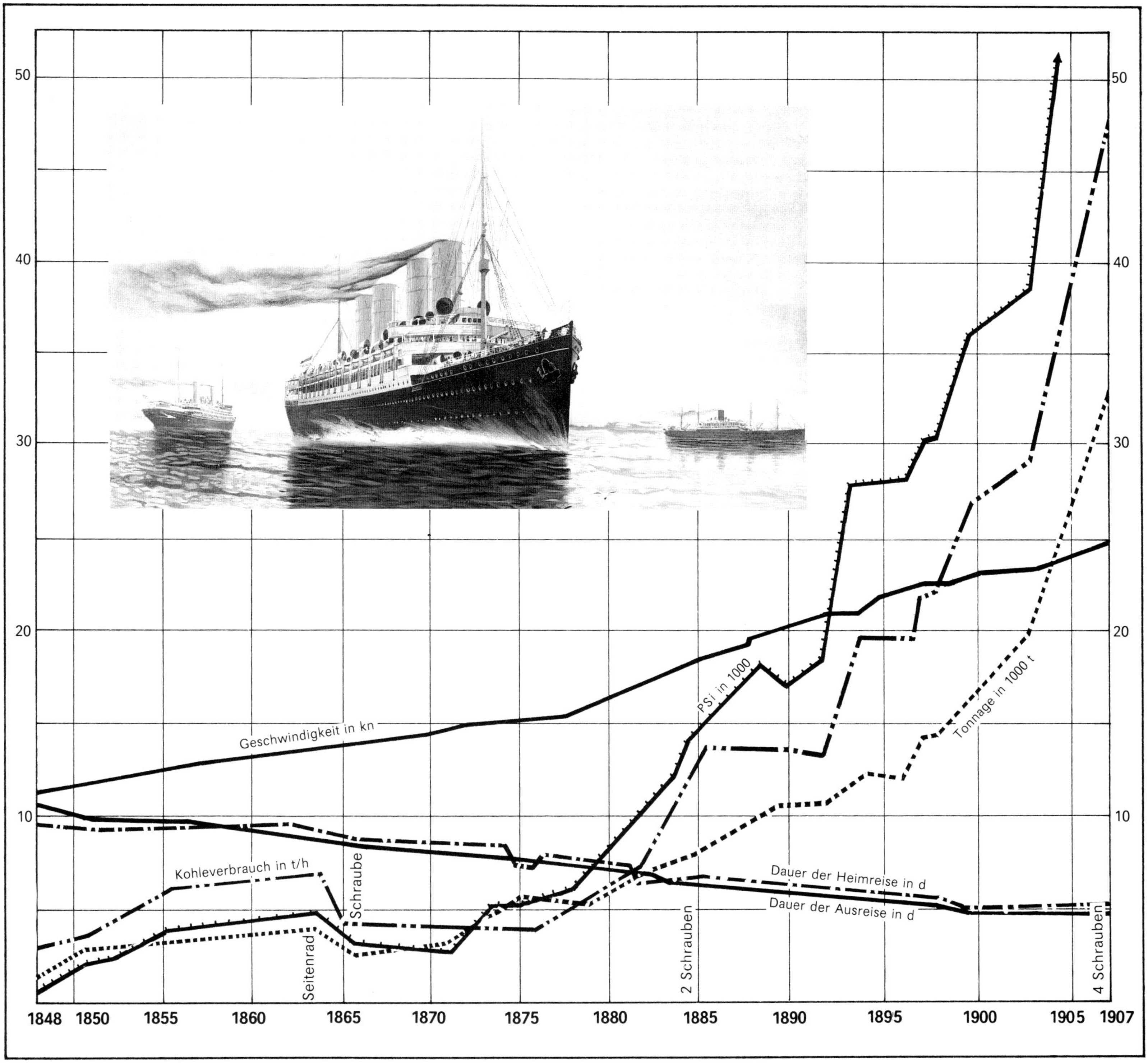

Überfahrt auf Hapag-Dampfer »Frisia«

An Bord der »Frisia« – 2.-Klasse-Kajüte, Salon, Zwischendeck

Entwicklung von Leistung, Größe, Kohleverbrauch, Reisezeit und Geschwindigkeit 1848–1907 (aus Engineering)

lative. Die HAL/Hapag folgte dem White-Star-Beispiel nach den Erfahrungen mit ihrem kohlefressenden Rekordbrecher »Deutschland«.

Letztendlich schlossen sich alle nordatlantischen Passagierreedereien diesem Trend an. Die Ausnahme machte nur die Cunard Line mit ihren, allerdings staatlich subventionierten Riesen-Rekordbrechern. Bei mehr als 30000 BRT wurden Geschwindigkeiten bis zu 26 Knoten erzielt. Die Reisezeit konnte erstmals unter 5 Tage gedrückt werden. Daß aber diese Schiffe hinsichtlich der Schnelligkeit die

Ausnahme blieben, bewies, wie wenig Interesse die Konkurrenz an einer erneuten Geschwindigkeitssteigerung hatte. Bei einem täglichen Kohleverbrauch, der sich in Richtung 1000 Tonnen bewegte, waren derartige Rekordbrecher ohnehin kaum noch »privat« finanzierbar.

Die White Star Line setzte ihre neue Politik des luxuriösen Großschiffs 1901 mit dem ersten von insgesamt vier Dampfern über 20000 BRT, den sogenannten »big four«, fort. Die maximale Geschwindigkeit betrug 17 bzw. 18 Knoten. Albert Ballin brachte 1905 mit seiner »Amerika« (22225 BRT und maximal 18 Knoten) das erste Schiff mit dem kulinarischen Genuß der Zeit, dem Ritz-Carlton-Restaurant, auf den Atlantik. Erstmals konnte man auf See à la carte speisen. Überflüssige Pfunde ließen sich – nach heutigem Sprachgebrauch – in Fitness-Räumen mit Hilfe von Fahrrädern, elektrischen Pferden, Rudertrainern und Vibratoren wieder »abarbeiten« (vgl. S. 90–93).

An staatliche Landsitze der britischen Aristokratie erinnerten die Rekordbrecher »Mauretania« und »Lusitania«. In den Luxussuiten und Salons waren alle Stilarten vertreten. Nicht anders in der Olympic-Klasse, der Antwort von White Star auf die Cunard-Liner. Die mehr als 40000 BRT Schiffe »Olympic«, »Titanic« und »Britannic« boten neben den nun schon obligaten Stilrichtungen aus der Zeit Louis XIV., XV. und XVI. auch das britische Empire und die italienische Renaissance. Den Höhepunkt vor dem ersten Weltkrieg bildeten Albert Ballins »Kaiserpaläste« auf den Schiffen der Imperator-Klasse, deren Größe 50000 BRT überstieg. Daraus resultierend, lassen sich bei den Rekordbrechern von 1840 bis zum ersten Weltkrieg fünf Entwicklungsetappen unterscheiden.

1840 bis 1850:
Pionier Cunards Alleinherrschaft,
1850 bis 1860:
Konkurrenz zwischen Cunard und Collins, endend mit Sieg von Cunard.
1860 bis 1897:
Ein sich von Jahrzehnt zu Jahrzehnt verschärfender, jedoch vorrangig national geführter Konkurrenzkampf zwischen britischen bzw. in Großbritannien registrierten Reedereien.
1897 bis 1907:
Dominanz deutscher Rekordbrecher.
1907 bis 1914:
Cunards unangefochtene Stellung mit staatlich subventionierten Riesen-Rekordbrechern.

Hieraus ergibt sich eine weitere bemerkenswerte Tatsache: Bis zum ersten Weltkrieg setzten durchaus nicht alle am nordatlantischen Passagierverkehr beteiligten Reedereien auf Rekordfahrten. Die Unternehmen einiger Länder, das gilt insbesondere für solche Schiffahrtsnationen wie Frankreich und Holland, nahmen überhaupt nicht an einem solchen Wettbewerb teil.

Riesendampfer »Imperator« (52 117 BRT) der HAL/ Hapag

Der englische Hafen Southampton um die Jahrhundertwende

HAL-Rekordbrecher »Deutschland« im Hafen von Dover

21. November 1906: Zusammenstoß zwischen »Kaiser Wilhelm der Große« und dem britischen Dampfer »Orinoco«. Dabei gab es fünf Tote und mehrere Verletzte (zeitgenössische Darstellung)

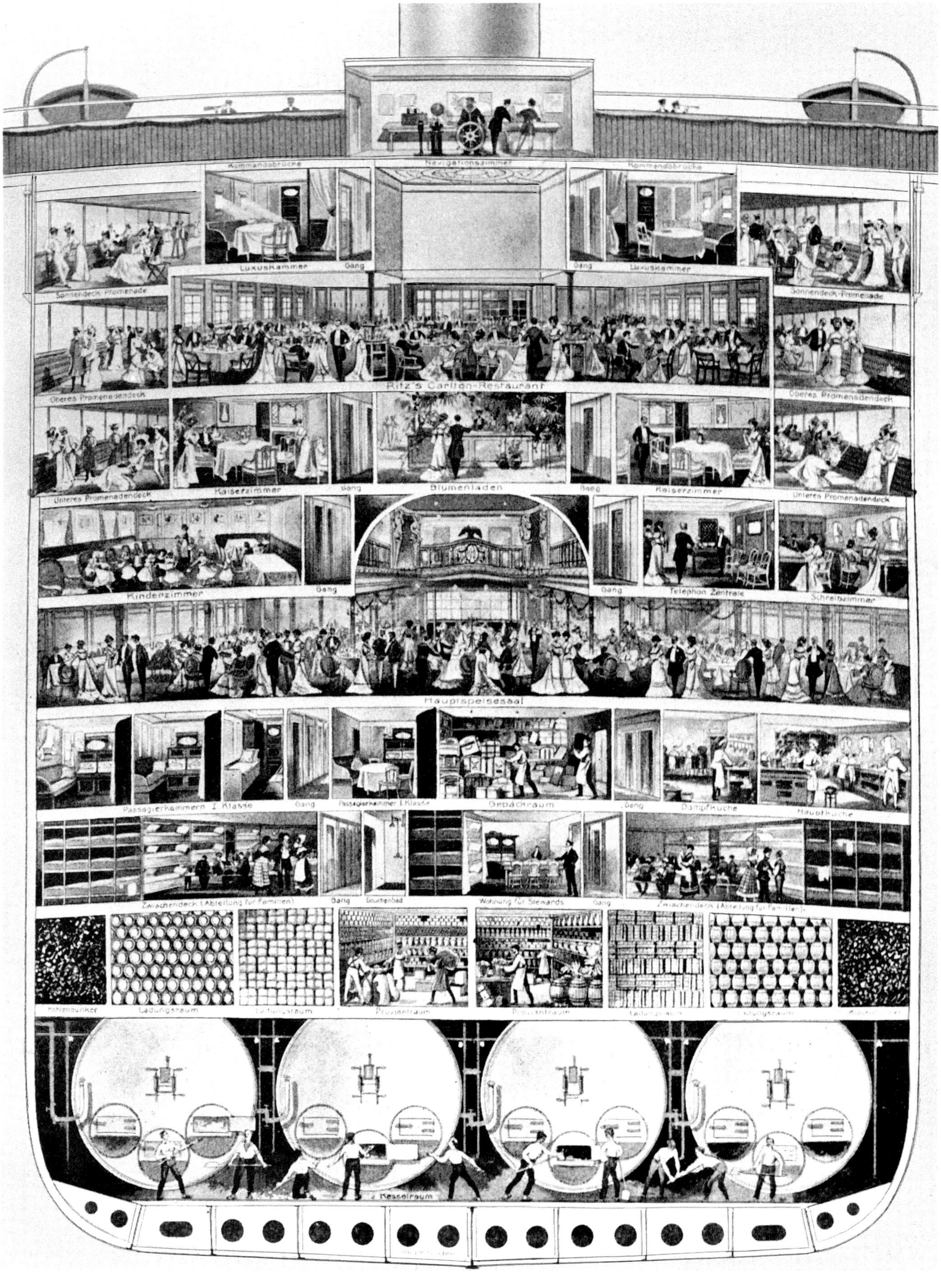

Querschnitt durch einen »Ozean-Riesen«

Inneneinrichtungen auf Luxuslinern um 1910:

Speisesaal auf »Mauretania«,

Rauchsalon auf »Lusitania«,

Wintergarten auf »Kaiserin Augusta Victoria«,

Ritz-Carlton-Restaurant auf »America«,

Turnsaal (zeitgenössischer Begriff für das heutige Fitneß-Center!)

Pomp der Kaiserzeit: Inneneinrichtungen von den NDL-Schnelldampfern »Kaiser Wilhelm II« und »Kronprinz Wilhelm«: Speisesaal 1. Klasse, Rauchsalon, Lese- und Schreibzimmer, Wiener Café, Bibliothek (Kronprinz Wilhelm), Kinderspielzimmer

Die Reedereien und ihre Rekordschiffe

In den folgenden Abschnitten wird die Entwicklung der Geschwindigkeitsrekorde auf den Nordatlantik aus der Sicht der Reedereien nachgezeichnet. Ordnungsprinzipien sind die zeitliche Reihenfolge der Unternehmensgründungen sowie bedeutende Einschnitte in der Passagierschiffahrt auf den Nordatlantik.

Vorläufer eröffnen das Rennen

»Der gestrige Tag war von ungewöhnlicher Aufregung für unsere Stadt«, schrieb am 24. April 1838 der New-York-Express. »Es wird allgemein anerkannt, daß mit dem heutigen Tage eine neue Ära in der Geschichte der atlantischen Schiffahrt beginnt. Das Dampfschiff ›Sirus‹, welches Sonntagnacht hier eintraf, war der Anziehungspunkt aller.« Stürmisch war der Empfang für das aus London kommende Dampfschiff. Doch kaum hatten sich Jubel und Begeisterung gelegt, da erschien – keine vier Stunden später – ein zweites Dampfschiff auf dem Hudson, die »Great Western«, ebenfalls von Großbritannien kommend.

First come first served! Frei nach dem Motto: »Wer zuerst kommt, der mahlt zuerst« hatten sich gleich drei englische Gesellschaften entschieden, jeweils einen Dampfer über den Atlantik nach Nordamerika zu schicken. Das waren

- Die British and American Steam Navigation Company in London mit der »British Queen«.
- die Great Western Steam Ship Company in Bristol mit der »Great Western« und
- die Transatlantic Steam Ship Company in Liverpool mit der »Liverpool«.

Die Londoner Reederei war jedoch unversehens in Schwierigkeiten geraten, als sich die Fertigstellung ihrer »British Queen« infolge des Bankrotts der Maschinenbaufirma erheblich verzögerte. Um jedoch nicht auf die Werbewirkung der ersten Atlantikfahrt vor den Konkurrenten verzichten zu müssen, hatte sie kurzerhand von einer anderen Gesellschaft einen nur im Verkehr London – Irische Küste eingesetzten Dampfer gechartert. Dies war die »Sirius«, ein 703 BRT großer, hölzerner Raddampfer, den der »Hundsstern« als Galionsfigur zierte. Das Schiff wurde von einer zweizylindrigen Seitenhebelmaschine mit 320 PSi angetrieben. Seine Geschwindigkeit lag bei 9 Knoten. Täglich wurden 24 Tonnen Kohle verbraucht. Als technische Neuheit besaß es den von Samuel Hall entwickelten Oberflächenkondensator.

Am 28. März 1838 verließ die »Sirius« London. Bei einem Zwischenaufenthalt im irischen Cork nahm man weitere Passagiere an Bord. Insgesamt waren es

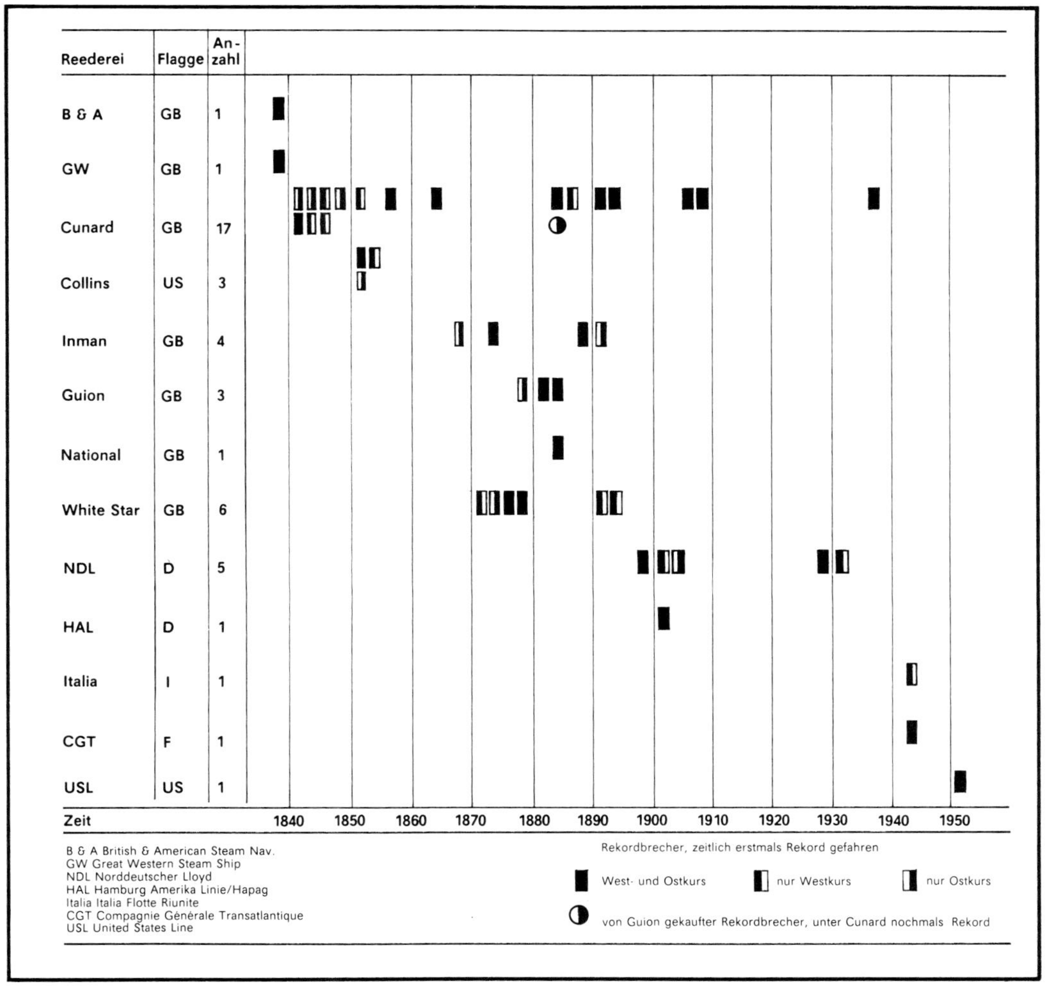

»Sirius« bei der Ankunft in New York am 23. April 1838

Reedereien und ihre Rekordbrecher

94, davon 30 in den hinteren Kabinen (states cabins für je 35 guineas), 29 in den vorderen Kabinen (four cabins für je 20 guineas) und 35 im Zwischendeck (jeweils 8 guineas). Außerdem wurde der Proviant ergänzt, darunter 20 Tonnen Frischwasser. 450 Tonnen Kohle hatte man insgesamt gebunkert. Die Besatzung zählte 37 Personen, darunter befand sich eine Stewardeß.

Von Cork aus ging es am 4. April Richtung New York. Aber der Atlantik zeigte sich mit Stürmen sowie Hagel- und Schneeschauern von seiner schlechtesten Seite. Kapitän Roberts hatte große Mühe, eine Meuterei der entnervten Besatzung zu unterbinden und die notwendige Disziplin wiederherzustellen. Gut 100 Meilen vor dem Reiseziel waren die Kohlevorräte infolge des tagelangen Kampfes mit der schweren See soweit geschrumpft, daß das Mobiliar, Teile der Takelage und andere entbehrliche hölzerne Gegenstände verfeuert werden mußten. Nach 18 Tagen, 14 Stunden und 22 Minuten erschien die »Sirius« am Abend des 22. April vor New York. Hier lief das Schiff auf Grund, kam aber bei Hochwasser unbeschadet wieder frei. Am Morgen des 23. April dampfte es dann, begrüßt von einer großen Menschenmenge, in den New Yorker Hafen ein.

Die »Sirius« war somit das erste Schiff, das den Atlantik ausschließlich mit Dampfkraft überquert hatte. Dabei wurden 3583 Seemeilen zurückgelegt. Die beste Tagesleistung (Etmal) betrug 266, die schlechteste 85 Seemeilen. Die durchschnittliche Geschwindigkeit lag bei 8 Knoten.

Noch »schneller« war jedoch die wenige Stunden später eingetroffene »Great Western« gefahren. Sie hatte unter Kapitän James Hosken am 8. April Avonmouth bei Bristol verlassen – 5 Tage später als die »Sirius« – und war nach 15 Tagen und 12 Stunden in New York eingetroffen. Die durchschnittliche Geschwindigkeit für die 3220 Seemeilen betrug 8,66 Knoten.

Die am 1. Mai beginnende Rückreise der »Sirius« wurde erneut zu einer Sturmfahrt. Nach 18 Tagen hatte man glücklich den britischen Kanalhafen Falmouth erreicht. Die »Sirius« unternahm von Ende Mai bis Mitte Juli noch eine zweite Rundreise über den Atlantik, um dann wieder in dem weniger gefahrvollen Küstendienst London – Irische See eingesetzt zu werden. Am 16. Januar 1847 lief das Schiff in der Ballycotton Bay auf ein Riff und ging verloren.

Die »Great Western« trat ihre Heimreise am 7. Mai an. Sie hatte 68 Passagiere sowie Briefe, Zeitungen, Bier, Seide und Indigo an Bord. Nach 14 Tagen und 16 Stunden erreichte sie ihren Heimathafen Avonmouth. Die durchschnittliche Geschwindigkeit betrug 9,14 Knoten. Die »Great Western« blieb insgesamt acht Jahre im Bristol – New York-Dienst und vollbrachte auf dieser Route 64 Rundreisen. Dabei konnte die Geschwindigkeit westwärts auf mehr als 10 und ostwärts auf annähernd 11 Knoten gesteigert werden. In der Tat war sie unter den Pionieren der Dampfschiffahrt eines der hervorragendsten Schiffe.

Von dem genialen Ingenieur Isambard Kingdom Brunel konstruiert, war die »Great Western« der erste, speziell für den transatlantischen Passagierdienst gebaute Dampfer und kann deshalb auch als der erste echte Rekordbrecher angesehen werden. 1836 war ihr Kiel auf der Werft von William Patterson in Bristol gestreckt worden. Den Rumpf aus solidem, abgelagertem Eichenholz hatte man mit großer Sorgfalt gefertigt. Besonderen Wert legte Brunel auf die Längsbiegefestigkeit. Insgesamt konnten 148 Personen, darunter 128 in einer sogenannten 1. Klasse, an Bord genommen werden. Die Crew zählte 57 Mann. Prunkstück der Einrichtung war der Hauptsalon mit 23 Metern Länge, 6,5 Metern Breite und fast 3 Metern Höhe.

Am 19. Juli 1837 lief die 1340 BRT große »Great Western« vom Stapel. In

H. A. P. A. G.
Hamburg-Amerika
Linie
DEUTSCHLAND
B. 98
Länge 663 Fuſs.
Raumgehalt 16000 Tons.
35000 Pferdekräfte.
Geschwindigkeit
23½ Seemeilen in der Stunde.
Hamburg-Amerika
Schnelldampfer „DEUTSCHLAND"
das schnellste Schiff der Welt,
in Dienst tretend Frühjahr 1900.
Nähere Auskunft ertheilt die Hamburg-Amerika Linie, Abtheilung Personenverkehr.
Hamburg, Dovenfleth 18-21.

London wurde die von Maudslay Sons & Field gelieferte zweizylindrige Seitenbalanciermaschine installiert. Mit rund 750 PSi sollten 9 Knoten erreicht werden. Vier Rauchrohr-Kessel mit je drei Feuerungen lieferten einen Dampfdruck von 0,13 MPa. Der tägliche Kohleverbrauch lag bei 33 Tonnen. Insgesamt faßten die Bunker 800 Tonnen. Sie konnten geflutet werden, wenn die Kohlen aufgebraucht waren, um so ein gleichmäßigeres Eintauchen der Schaufelräder zu gewährleisten. Auf den Schaufelrädern waren viergeteilte Gelenkschaufeln montiert, die mit Hilfe einer speziellen Steuerung senkrecht in das Wasser eintauchten und deshalb weniger klatschten als die Radialschaufeln.

Mit dem Konkurs der Great Western Steam Ship Company geriet die »Great Western« Ende 1846 für 40000 Pfund Sterling unter den Hammer des Auktionators und wurde 1847 von der Royal Mail Steam Packet Co. aufgekauft. Noch 10 Jahre auf der Route Southampton – Westindien im Einsatz, ist das Schiff dann 1857 in Vauxhall (London) abgewrackt worden.

Nach London mit der »Sirius« und Bristol mit der »Great Western« schickte im Sommer 1838 die in Liverpool beheimatete Transatlantic Steam Ship Company zunächst auch erst ein Charter-Schiff auf die Reise nach New York: die »Royal Williams«. Dieser einer Dubliner Reederei gehörende Dampfer war mit 617 BRT der kleinste unter den »Pionieren« und verkehrte ansonsten in der Irischen See zwischen Liverpool und Kingstown. Unter reger Anteilnahme der Bevölkerung und einem Kanonensalut verließ das Schiff am 5. Juli mit 32 Passagieren an Bord den Mersey. Die fast 19tägige Reise nach New York wurde ebenfalls zu einer wahren Sturmfahrt. Von den 410 Tonnen gebunkerter Kohle wurden 351 verbraucht. Die am 4. August angetretene Rückreise dauerte bei besserem Wetter nur 14 Tage und 19 Stunden.

Im Herbst 1838 konnte die gecharterte »Royal Williams« durch den reedereieigenen Dampfer »Liverpool« ersetzt werden. Im Oktober 1837 vom Stapel gelaufen, ging das 1150 BRT große Schiff ein Jahr später, am 20. Oktober 1838, auf seine Jungfernreise. An Bord waren 50 Passagiere, 150 Tonnen Fracht sowie 563 Tonnen Kohle. Angetrieben wurde die »Liverpool« von einer zweizylindrigen Seitenhebelmaschine mit 468 PSn. Nach einem Zwischenaufenthalt im irischen Cork – aus Angst vor zu geringem Vorrat wurde Kohle nachgebunkert – ging es erst am 6. November weiter in Richtung New York. 16 Tage und 17 Stunden dauerte die Überfahrt bei einer durchschnittlichen Geschwindigkeit von 7,9 Knoten. Im Gegensatz zu der gelungenen Kabinenausstattung wies die »Liverpool« schlechte See-

Bemerkenswertes Plakat der HAL aus dem Jahre 1899: Bereits ein Jahr vorher teilte die Reederei mit, daß im Frühjahr 1900 das schnellste Schiff der Welt in See stechen würde

»Great Western« verläßt Liverpool

Eigenschaften auf. Außerdem war sie erheblich langsamer als die »Great Western«. Das äußerlich Besondere: Die »Liverpool« war der erste Dampfer mit zwei Schornsteinen auf dem Atlantik.

Schließlich schickte auch die British and American Steam Navigation Company ihren reedereieigenen Dampfer auf die New York-Reise: die »British Queen«. Mit ihren 1862 BRT war sie während der Indienststellung 1838/39 das größte Schiff der Welt. In zeitgenössischen Berichten wurden die starke Bauart, die eleganten Linien und die gelungenen Proportionen hervorgehoben. Die zweizylindrige Seitenhebelmaschine von Robert Napier leistete 500 PSn, vorgesehen war eine Geschwindigkeit von mehr als 9 Knoten. Am 11. Juli 1839 verließ die »British Queen« unter Kapitän Roberts London, um in Portsmouth 220 Passagiere sowie 80 Tonnen Fracht und 600 Tonnen Kohle an Bord zu nehmen. Am 12. Juli ging es dann auf die eigentliche Jungfernfahrt. 15 Tage später traf das Schiff in New York ein.

Die Rückreise der »British Queen« wurde auf den 1. August festgelegt. Am gleichen Tag wollte auch die »Great Western« zu ihrer Heimreise auslaufen. War es Absicht oder Zufall? Glaubten die New Yorker tatsächlich an ein Wettrennen oder wurde ihnen dies von der Geschichtsschreibung im Nachhinein nur unterstellt? Fakt bleibt: Von den Seglern waren, wie bereits festgestellt, derartige Wettfahrten bestens bekannt. Sollten Dampfschiffe, wenngleich ihre Entwicklung noch in den Kinderschuhen steckte, da eine Ausnahme machen?

Am Ende hatte die »Great Western« bei der Ankunft in England mit ihrer mehr als einjährigen »Atlantikerfahrung« einen Vorsprung von rund einem halben Tag herausgefahren; eingedenk der Tatsache, daß die Route zum Heimathafen Bristol etwas kürzer war als die nach Portsmouth. Die »British Queen« traf erst 12 Stunden später in Portsmouth ein.

Wie ein Schiff noch keine Flotte verkörpert, so wenig demonstrierten die ersten Schornsteine auf dem Atlantik eine Dampfschiffahrt. Dennoch: Mit der »Great Western«, der »Liverpool« und der »British Queen« hatte der Dampfer seine Bewährungsprobe auch auf dem Ozean bestanden. Im November 1838 schrieb die britische Admiralität einen Wettbewerb

zum Transport der Post mit Dampfschiffen aus. Nun mußte sich die Zuverlässigkeit der Dampfer beweisen.

Cunards Pionierschiffe

Samuel Cunard war ein Fremder in Großbritannien, zugereist aus der Kolonie Kanada. Und er besaß nicht einmal ein Schiff. Trotzdem bekam er den Vertrag zur Postbeförderung und konnte frohlocken. Seine Argumente wirkten überzeugender als der Nachweis eines leistungsfähigen Atlantikdampfers. Darüber waren die Eigentümer der Great Western Steamship Company mit ihrer vorzüglichen »Great Western« verärgert. Sie gingen leer aus.

Im November 1838 hatte die britische Admiralität – verantwortlich für den Posttransport nach Übersee – Bedingungen für eine Postbeförderung mit Dampfschiffen ausschreiben lassen. Die Segler der Royal Navy waren schwerfällig und langsam, die Offiziere korrupt, die Organisation höchst mangelhaft. Ordnung, Pünktlichkeit und Schnelligkeit erhoffte man sich durch den Transport mit einer privaten Dampfschiffreederei. Ein Wettbewerb wurde ausgeschrieben. Den Zuschlag erhielt der aus Halifax stammende Cunard. Im väterlichen Hause mit Handel und Schiffahrt vertraut geworden, sah er sich mit dem Postvertrag in der Tasche am Ziel seiner Wünsche.

Gemeinsam mit den kapitalkräftigen Reedern und Kaufleuten, wie George Burns aus Glasgow und David McIver aus Liverpool, wurde die British and North American Royal Mail Steam Packet Company mit Sitz in Liverpool gegründet. Am 4. Mai 1839 wurde mit der britischen Regierung ein Siebenjahresvertrag zur Postbeförderung zwischen Liverpool und Halifax, Boston sowie Quebec abgeschlossen. Für vierwöchige Fahrten in den Wintermonaten und 14tägige Reisen während der restlichen Zeit erhielt die Reederei ab 1841 einen auf 81000 Pfund Sterling aufgestockten Jahreszuschuß. Im Bedarfsfall konnten die Schiffe von der Marine als Truppentransporter genutzt werden. Die

Nordatlantik-Pioniere:
»Great Western«, »Liverpool«, »British Queen«

Inneneinrichtungen früher Dampfer:
Speisesaal, Zu den Kajüten, Damensalon

Cunard Line, so der populäre Name, konnte ihre Tätigkeit aufnehmen.

Bei den Werften von R. Duncan, J. und A. Wood sowie R. Steele am Clyde wurden vier hölzerne Schaufelraddampfer, die »Britannia«, »Acadia«, »Caledonia« und »Columbia«, bestellt. Die Dampfmaschinen lieferte der berühmte schottische Ingenieur Robert Napier, zugleich der wichtigste Berater des gesamten Projektes. Die Größe der vier Schwesterschiffe lag zwischen 1135 und 1175 BRT. Sie besaßen Klipperbug, Spiegelheck, drei Masten und zwei Decks. Für die 115 Passagiere lagen die Kabinen und der Speisesaal auf dem Hauptdeck. Die gesamte Ausstattung war ansprechend, aber nicht luxuriös. Die Besatzung bestand aus 89 Mann. Die Offizierskammern lagen auf dem Oberdeck. Außerdem konnten 225 Tonnen transportiert werden. Eine Besonderheit: An Bord befanden sich »seefeste« Kühe, um Kinder und Frauen mit frischer Milch versorgen zu können.

Die zweizylindrige Seitenhebelmaschine leistete 750 PSi und trieb zwei Schaufelräder mit einem Durchmesser von mehr als 8,5 Metern an. Die Dienstgeschwindigkeit betrug 9 Knoten. Täglich wurden 38 Tonnen Kohle verbraucht. Die Schiffe besaßen einen Schornstein, welcher rot gestrichen war mit einer schwarzen Kappe als Abschluß, den Hausfarben von Cunard. 1850 kamen noch drei dünne schwarze Ringe hinzu.

1840 liefen alle vier Schiffe vom Stapel und wurden – bis auf die »Columbia« – im gleichen Jahr in Dienst gestellt. Als erster Dampfer ging am 4. Juli die »Britannia« auf Jungfernfahrt. Um 14.00 verließ sie Liverpool via Halifax nach Boston. An Bord befanden sich 63 Passagiere. Unter ihnen auch Reederei-Gründer Samuel Cunard. Am 17. Juni – drei Tage früher als geplant – war man in Halifax. Nach kurzem Aufenthalt ging es dann weiter Richtung Boston, wo man tags darauf gegen 22.00 Ortszeit eintraf.

Wie die Verabschiedung, so war auch der Empfang enthusiastisch. Böllerschüsse dröhnten der »Britannia« in Boston entgegen. Der Linienverkehr mit Dampfschiffen zwischen Großbritannien und Nordamerika war eröffnet worden. Die Fahrt der »Britannia« bis Halifax dauerte 12 Tage und 10 Stunden bei einer Durchschnittsgeschwindigkeit von 8,5 Knoten. Damit hatte man westwärts nicht die schnellste Nordatlantikreise absolviert. Dennoch kann die »Britannia« den Ruhm des ersten im regelmäßigen Liniendienst verkehrenden Rekordbrechers für sich beanspruchen. Insgesamt dauerte die Überfahrt bis Boston 14 Tage und 8 Stunden. Zur echten Rekordfahrt sollte die Anfang August angetretene Heimreise werden. Für die 2610 Seemeilen von Halifax bis Liverpool benötigte man mit 9 Tagen, 21 Stunden und 44 Minuten weniger als 10

Sir Samuel Cunard

Riß der »Britannia«

Robert Napier

»Britannia«

Tage. Das ergab eine durchschnittliche Geschwindigkeit von 10,98, also rund 11 Knoten.

Am 4. August ging die »Acadia« auf ihre Jungfernfahrt. Die »Caledonia« folgte am 9. September. Das letzte der Pionierschiffe, die »Columbia«, wurde am 5. Januar 1841 in Dienst gestellt. Diese vier Schiffe machten dann auch auf der Route Liverpool–Halifax–-Liverpool unter sich die schnellsten Reisen aus. So schaffte die »Acadia« noch 1840 eine Fahrt auf Westkurs in 11 Tagen und 4 Stunden bei einem Mittel von 9,28 Knoten. Die Columbia steigerte sich im Juni 1841 auf 9,78 Knoten. Damit war sie westwärts das schnellste Schiff auf dem Nordatlantik überhaupt, hatte doch die »Great Western« auf der New York-Route bis dahin nur 9,52 Knoten erreicht.

Auf Ostkurs war es ebenfalls die »Columbia«, die im Juni 1842 den Halifax–Liverpool-Rekord auf 9 Tage und 17 Stunden drückte. Die Durchschnittsgeschwindigkeit stieg auf 10,87 Knoten. Wiederum schneller war im September 1842 die »Acadia« mit 9 Tagen und 15 Stunden bei einem Mittel von 10,97 Knoten. Die »Columbia« erreichte dann im April 1843 9 Tage und 12 Stunden bei einer durchschnittlichen Geschwindigkeit von 11,11 Knoten. Damit hatte sie zugleich den Rekord der »Great Western« verbessert und war auf Ostkurs der absolut schnellste Dampfer.

Cunard triumphierte und beherrschte die Szene. Seine Dampfschiffe liefen wie ein Uhrwerk. Die schottischen Werftarbeiter am Clyde hatten hervorragende Arbeit geleistet. Napiers Dampfmaschinen funktionierten zuverlässig. Trotzdem wurden, so oft es nur möglich war, alle Segel gesetzt. Die Kapitäne hatten strikte Weisung, mit dem Brennstoff Kohle sparsam umzugehen. Kostete die Tonne in Liverpool 8 Schilling, so mußte man in Boston das Zweieinhalbfache bezahlen. Die vier Schiffe verbrauchten im Jahr 7000 Tonnen Kohle. So trugen denn auch die nicht unerheblichen Betriebskosten mit dazu bei, daß die Gewinne in der Anfangszeit teilweise recht mager ausfielen. Am 2. Juli 1843 wurde die noch junge Reederei von einem Unglück betroffen. Bei dichtem Nebel lief der Rekordbrecher »Columbia« unweit von New Cape Sable (Neuschottland) auf Grund. Die 85 Passagiere sowie die Ladung konnten jedoch gerettet werden. Das Schiff ging aber verloren. Dennoch geriet Cunards Fahrplan nicht durcheinander. Bereits am 19. April 1843 war ein fünftes Schiff, die »Hibernia«, in Dienst gestellt worden, hatte doch die Erfahrung gezeigt, daß mit vier Schiffen ein 14tägiger Service nur mit Mühe aufrechterhalten werden konnte. Zugleich wurde für den

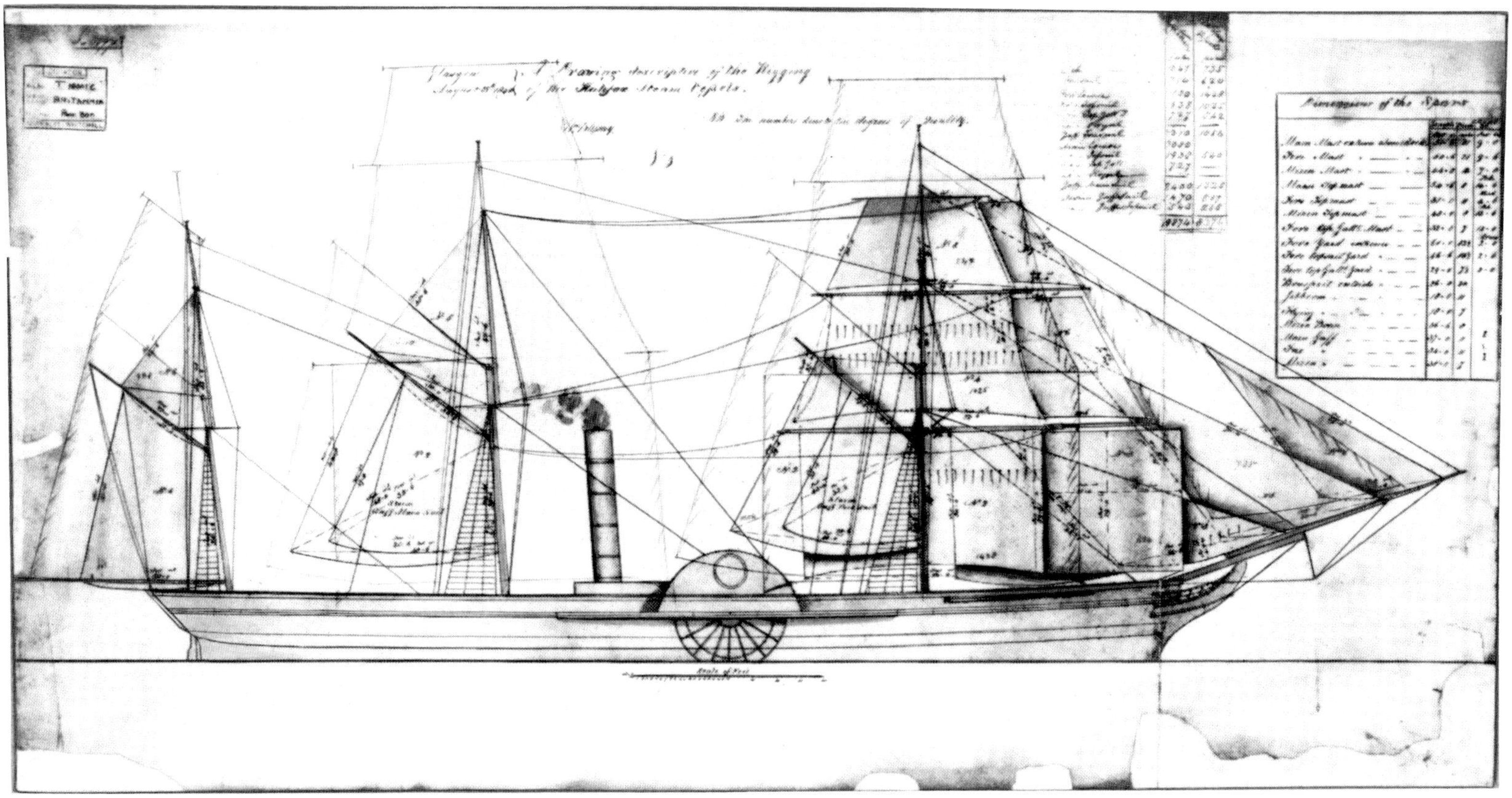
Dimensions of the Spars

»Columbia«-Verlust die »Cambria« geordert.

Die beiden neuen Seitenraddampfer, gebaut bei R. Steele in Glasgow, waren mit 1422 bzw. 1423 BRT etwa gleichgroß. Die Seitenbalanciermaschinen von Napier leisteten 1040 PSi. Die »Hibernia« fuhr bereits einen Monat nach ihrer Indienststellung einen neuen Atlantikrekord auf Ostkurs. Bei einer Fahrzeit von 9 Tagen und fast 11 Stunden betrug die Durchschnittsgeschwindigkeit 11,18 Knoten. Zwei Monate später steigerte sich der Cunard-Dampfer auf 8 Tage, 22 Stunden und 44 Minuten bei einem Mittel von 11,80 Knoten. Die »Cambria« ging am 4. Januar 1845 auf Jungfernreise. Ein halbes Jahr später erzielte sie mit 10,71 Knoten einen neuen Rekord auf Westkurs. Mit seiner fliegenden »Cambria« brach Cunard endgültig den Geschwindigkeitsrekord der »Great Western«. »Hibernia« und »Cambria« waren gegenüber ihren Vorgängern nicht nur schneller, sondern auch größer und komfortabler. Sie erfreuten sich bei den Passagieren großer Beliebtheit.

Von den vier Pionierschiffen lieferte der Erstling, die »Britannia«, noch einmal Schlagzeilen, als sie im Februar 1844 in Boston im Eis eingefroren war. Zwei Tage dauerte es, bis die Einwohner den Dampfer wieder freigehackt hatten.

Die Erfolge der Cunard-Reederei bewogen die britische Regierung, den Postvertrag noch vor Ablauf der Frist um weitere 7 Jahre zu verlängern. Die jährlichen Subventionen wurden auf 145000 Pfund Sterling erhöht. Dafür gab es zwei neue Auflagen. Cunard mußte erstens einen wöchentlichen Dienst nach Nordamerika einrichten. Und diesen auf zwei Linien, einmal wie bislang zwischen Liverpool und Boston, wofür er 60000 Pfund Sterling erhielt, aber zum anderen auch zwischen Liverpool und New York (für 85000 Pfund) aufrechterhalten. Damit wurde ein Linienverkehr auf der Route eingerichtet, die in den nächsten Jahrzehnten den nordatlantischen Dampfschiffsverkehr entscheidend prägen sollte. Cunard bestellte umgehend vier neue größere und schnellere Schiffe. Zugleich trennte man sich schrittweise von den älteren Einheiten.

Die Pionierschiffe »Britannia« und »Acadia« wurden 1849 von der neugeschaffenen deutschen Bundesflotte über-

»Acadia«

»Hibernia«

Die gestrandete »Columbia«

Die »Britannia« verläßt Boston, nachdem sie zwei Tage im Eis festgesessen hat

Die »Europa« in Boston

nommen und in »Barbarossa« bzw. »Erzherzog Johann« umgetauft. Nach der Auflösung der Bundesflotte 1852 wurde die »Barbarossa« von Preußen übernommen und bei der Marine zu verschiedenen Zwecken genutzt. 1880 wurde sie als Zielschiff bei einem Übungsschießen getroffen und sank. Eine Bremer Reederei kaufte 1852 die ehemalige Acadia für die New York-Route. Das Schiff wurde 1858 in London abgewrackt. Der Rekordbrecher »Hibernia« wurde – ebenso wie die »Caledonia« – im Jahre 1850 an die spanische Marine verkauft.

Die vier neuen Cunard-Dampfer »America«. »Niagara«, »Europa« und »Canada« wurden allesamt 1848 in Dienst gestellt. Ihre Größe lag zwischen 1824 und 1834 BRT. Gebaut von R. Steele und J. Wood, lieferte Napier wiederum die Maschinen. Sie waren mit 2000 PSi fast doppelt so stark wie ihre Vorläufer, um eine geplante Dienstgeschwindigkeit von 10 Knoten erreichen zu können. Verbessert wurden auch die Einrichtungen für die Passagiere, von denen 140 an Bord genommen werden konnten.

Als erste stellte die »America« im Juni 1848 in westlicher Richtung einen neuen Rekord mit 11,71 Knoten auf. Vier Monate später wurde sie vom Schwesterschiff »Europa« um 8 Hundertstel Knoten geschlagen. Auf Ostkurs fuhr die »Canada« im Juli 1849 bei einem Mittel von 12,38 Knoten als neuer Rekordbrecher über den Atlantik. Jedoch waren die »Europa« und die »Canada« nicht nur die schnellsten, sondern auch die beliebtesten beim reisenden Publikum.

Die Rekorde wurden noch auf der traditionellen Strecke Liverpool – Halifax – Liverpool gefahren. Inzwischen hatte Cunard am 1. Januar 1848 mit seiner »Cambria« die Linie Liverpool – New York – Liverpool eröffnet. Und auf dieser Route gehörte die »Europa« bei einer durchschnittlichen Geschwindigkeit von 11,52 Knoten ebenfalls zu den schnellsten Dampfern. Man war im Durchschnitt um vier Tage schneller als der erste Rekordhalter »Great Western«.

Ergänzt wurden diese vier »Schwestern« durch die größeren und leistungsstärkeren Dampfer »Asia« und »Africa«. Die beiden 2226-BRT-Schiffe waren für eine Geschwindigkeit von 12 Knoten konzipiert, wofür eine 2400 PSi starke Maschine garantierte. Die »Asia« fuhr dann auch gleich während der Jungfernfahrt im Mai 1850 neuen atlantischen Rekord mit 12,25 Knoten, erzielt auf der traditionellen Route Liverpool – Halifax.

Cunard besaß eine beeindruckende Flotte. Auf dem Nordatlantik gab es keinen vergleichbaren Dienst. Das Dampfschiff hatte seine Bewährungsprobe bestanden. Nun ließen ernstzunehmende Mitbewerber nicht mehr auf sich warten. Sie kamen mit der Inman Line aus dem Heimathafen Liverpool und auch von Übersee. Ein erster Versuch der Amerika-

ner – durch die 1846 gegründete Ocean Steam Navigation Company – einen Liniendienst zwischen New York und Le Havre bzw. Bremerhaven einzurichten, war vor allem an der mangelnden Leistungsfähigkeit der Dampfer gescheitert. Jetzt aber drohte Cunard ernsthafte Konkurrenz. 1850 begann die Collins Line, ihre Schiffe in Fahrt zu bringen, die von vornherein mit einer höheren Geschwindigkeit projektiert waren als diejenigen von Cunard. Sie brachen auf der Route New York–Liverpool in kurzer Zeit die Rekorde in beiden Richtungen.

Cunard versuchte zu kontern und schickte seine schnelle »Asia« auf den New-York-Törn. Mit 10 Tagen, 7 Stunden und 9 Minuten war sie zwar im Oktober 1850 eine Stunde schneller als Collins Pionierschiff »Atlantic«. Dennoch: In den darauffolgenden Jahren blieb Collins nicht nur in beiden Richtungen, sondern auf dem Nordatlantik überhaupt der Schnellste. Cunards Gewinne schwanden ebenso wie sein Prestige. Die Zeitschrift »Punch« spottete: »Ein Dampfschiff der Collins Line – ein Yankee notabene – hat die schnellste Überfahrt über den Atlantik gemacht, und als britische Agenten von dieser Leistung hörten, haben sie das Schiff gekauft, um die Cunard-Dampfer hinüberzuschleppen.«

Bei R. Steele gab Cunard die 2402 BRT große »Arabia« als Rekordbrecher für den New-York-Dienst in Auftrag. Die 3250-PSi-Maschine von Napier sollte mindestens 12 Knoten gewährleisten. Doch das am 1. Januar 1853 in Dienst gestellte Schiff blieb hinter den Erwartungen zurück. Die Maschine konnte wegen des

Cunards Dampfer beeindruckten auf dem Nordatlantik durch ihre Zuverlässigkeit und Schnelligkeit

Die schnelle »Asia«

hölzernen Rumpfes nie voll ausgefahren werden. Ein Jahr später wurde die »Arabia« auf die Boston-Route umgesetzt. Sie blieb Cunards letzter hölzerner Raddampfer. Weitere wirtschaftliche Rückschläge erlitt Cunard durch den Krimkrieg 1853–1856, weil ein Großteil seiner Flotte der Marine als Truppentransporter zur Verfügung gestellt werden mußte, und Collins nun praktisch den Transatlantikverkehr beherrschte.

Mit Beendigung des Krimkrieges nahm Cunard ab Januar 1857 seine wöchentlichen Liniendienste wieder auf. Zur gleichen Zeit konnte er seinen ersten eisernen Seitenraddampfer in Fahrt bringen, nachdem die Admiralität – durch den Krimkrieg eines Besseren belehrt – ihre Vorbehalte gegenüber dem Eisenschiff aufgegeben hatte. Nach eingehenden Konsultationen mit Robert Napier wurde auf dessen Werft in Glasgow der Kiel für die 3300 BRT große »Persia« gestreckt. Anfang Juli 1855 vom Stapel gelaufen, erschien das Schiff ein halbes Jahr später auf dem Mersey. Wie die »Arabia«, so beeindruckte auch die »Persia« mit ihren zwei Schornsteinen. Die Unterkünfte für die 250 Passagiere wurden als luxuriös charakterisiert. Der eiserne Rumpf war durch sechs Querschotte unterteilt und hatte einen Doppelboden. Die Maschinenleistung wurde mit 4000 PSi angegeben. Die projektierte Geschwindigkeit lag bei 13,5 Knoten. Bei Probefahrten wurden sogar 16 Knoten erreicht. Der tägliche Kohlebedarf betrug 153 Tonnen.

Am 25. Januar 1856 ging die »Persia« unter Kapitän Judkins auf ihre Jungfernreise nach New York. Nach 14 Tagen hatte man glücklich das Ziel erreicht, wenngleich leicht ramponiert mit eingedrücktem Bug. Die »Persia« war unterwegs mit einem Eisberg zusammengestoßen. Der eiserne Rumpf hatte aber den Zusammenstoß gut überstanden. Der drei Tage früher ausgelaufene hölzerne Collins-Dampfer »Pacific« blieb für immer verschollen!

Nur drei Monate später erfüllte die »Persia« die in sie gesetzten Hoffnungen. Im April 1856 fuhr sie Rekord auf der Strecke Liverpool – New York in beiden Richtungen. Westwärts betrug das Mittel 13,11, ostwärts sogar 13,46 Knoten. Während des darauffolgenden Monats war man in östlicher Richtung noch schneller, um dann im August 1856 als neue Rekordmarke 8 Tage, 23 Stunden und 19 Minuten festzuschreiben. Die durchschnittliche Geschwindigkeit konnte auf 14,15 Knoten gesteigert werden. Dem hatte Collins nichts mehr entgegenzusetzen. Angetreten, um Cunard vom Atlantik zu fegen, war Collins nach 10 Jahren pleite.

Die Cunard-Passagierflotte bestand um 1860 aus etwa 20 größeren Dampfern, von denen die meisten auf dem Atlantik fuhren. Während Cunard im Mittelmeerdienst bereits seit einigen Jahren die Schiffsschraube erproben ließ, wurden die Schiffe im Nordamerikaverkehr noch immer von Seitenrädern vorwärts getrieben, weil der Postdienst schnelle Schiffe erforderte, die auf Wunsch der Admiralität Raddampfer zu sein hatten. Um jedoch der erstarkenden nationalen Konkurrenz erfolgreich entgegentreten zu können – die Inman Line hatte ihren gewinnträchtigen Auswandererverkehr nach New York verlegt und fuhr überdies von Anfang an mit Schraubendampfern sehr wirtschaftlich – gab Cunard bei Napier & Sons zwei neue Fahrzeuge in Auftrag, jedoch unterschiedlich in Ausstattung und Antrieb.

Am 8. Januar 1861 lief die 2638 BRT große »China« vom Stapel, Cunards erster eiserner Einschraubendampfer für den Atlantikdienst. Sie konnte 268 Passagiere der 1. Klasse befördern. Aus den Plätzen für 771 Passagiere der 2. Klasse sollen – zeitgenössischen Berichten zufolge – erst Jahre später Zwischendeckerplätze geworden sein, so daß die »China« nicht als Cunards erstes Auswandererschiff gilt. Den Zwischendeckertransport nahm die Cunard Line im Jahre 1863 mit eigens dafür gebauten Dampfern der »B-Typen«-Serie auf. Die »China« war mit ihren 12 Knoten dennoch kein Rekordbrecher. Sie wurde aber für die Reederei ein äußerst gewinnbringendes Schiff.

Zwei Monate nach der »China« ging im Mai 1862 die 3871 BRT große »Scotia« auf ihre Jungfernreise, ein ausschließlich für den Postdienst vorgesehener Seitenraddampfer. An Bord konnten nur 572 Passagiere der 1. Klasse und 1050 Tonnen Fracht untergebracht werden. Der Eisenrumpf besaß einen Doppelboden und sechs wasserdichte Querschotte. Seiner Zweimast-Rahtakelung nach war das Schiff eine Brigg, allerdings mit zwei Schornsteinen. Der Dampf von 0,17 MPa wurde in acht Rauchrohrkesseln mit insgesamt 40 Feuerungen erzeugt. Die Bunker faßten 1800 Tonnen Kohle. Der tägliche Verbrauch betrug 160 Tonnen gegenüber nur 80 Tonnen bei der »China«! Die beiden Seitenhebelmaschinen von Napier erbrachten eine Leistung von 4700 PSi. Damit sollte eine Dienstgeschwindigkeit von 14,4 Knoten erreicht werden.

Als die »Scotia« unter Kapitän Judkins am 10. Mai 1862 Liverpool verließ, ging der schönste und zugleich letzte

Raddampfer des Atlantiks auf New-York-Kurs. Napier & Sons hatten all ihre Erfahrungen in den Bau gelegt. Cunard seinerseits mit 170 000 Pfund Sterling keine Kosten gescheut. Doch aus einer möglichen Rekord-Jungfernfahrt wurde nichts. Man mußte sich noch eineinhalb Jahre gedulden; erst im Juli 1863 wurde der »Persia«-Rekord gebrochen. Die »Scotia« schaufelte sich – im wahrsten Sinne des Wortes – in 8 Tagen und 3 Stunden von Queenstown nach New York. Die durchschnittliche Geschwindigkeit betrug 14,46 Knoten. Auf Ostkurs mußte man weitere Monate warten. Hier erreichte sie im Dezember 1863 ihre Rekordfahrt mit 8 Tagen und 5 Stunden von New York nach Queenstown. Das Mittel lag bei 14,16 Knoten. Damit besaß Cunard wieder in beiden Richtungen das schnellste Schiff auf dem Nordatlantik.

An der Seite der »Scotia« sollte der Schraubendampfer »Russia« fahren, nachdem die Admiralität ihre Beschränkung auf Seitenradschiffe bei Cunard aufgehoben hatte. Am 15. Juni 1867 in Dienst gestellt, galt die 2960 BRT große »Russia« als der eleganteste Dampfer seiner Zeit. Beherrscht von den schönen Proportionen in der äußeren Erscheinung, von der Eleganz der Inneneinrichtungen und dem praktischen Komfort, wurde dieses Schiff der erklärte Liebling der Ozeanreisenden. Insgesamt konnten 235 Kabinenpassagiere an Bord genommen werden. Für die Maschine mit 3100 PSi benötigte man täglich »nur« 90 Tonnen Kohle. die Dienstgeschwindigkeit war mit 13 Knoten projektiert worden.

Die »Russia« erwies sich nicht nur als ein elegantes, sondern bald auch als ein sehr schnelles Schiff. Sie soll aber nach Bonsor im November 1867 auf der Strekke New York – Queenstown keinen neuen Rekord gefahren sein. Andere Quellen werten die vom Schiff erreichten 14,22 Knoten als Rekordfahrt. Wie auch immer: Die »Russia« war zumindest das erste durch Schrauben getriebene – rekordverdächtige – Schiff auf dem Nordatlantik. Nun ließ auch Inman mehr Dampf aufmachen. Voran mit seiner »City of Paris«. Sie wurde zur Rivalin der »Russia«. Zunächst fuhr man allein gegen die Uhr. Jeder reklamierte für sich, der Schnellste gewesen zu sein.

Dann kam es sogar zu einer Wettfahrt, als beide Schiffe zeitgleich New York verließen. Während der Inman-Dampfer früher in Queenstown eintraf, kam das Cunard-Schiff eher am Endziel in Liverpool an. Wer war nun schneller? Querelen gab es zwischen Inman und Cunard hinsichtlich des »Scotia«-Rekords. Alle Zweifel räumte schließlich die »City of Brus-

Cunards eiserne »Persia«

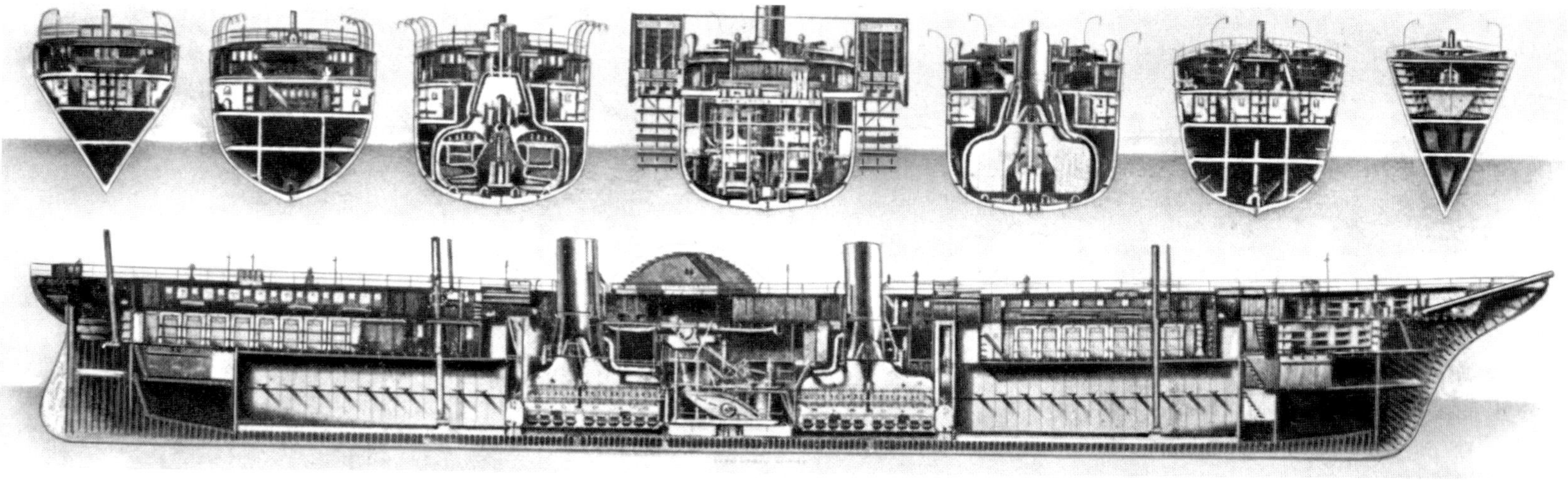

Längs- und Querschnitte

Ankündigung zur Aufnahme des Auswandererverkehrs

sels« aus. Sie blieb im Dezember 1869 auf Ostkurs unter der 8-Tage-Grenze. Damit begann Inman den Pionier Cunard von der führenden Position zu verdrängen. Auf Westkurs verlor Cunards »Scotia« den Rekord 1872 an den White-Star-Dampfer »Adriatic«. Damit blieb die »Scotia« über Jahre hinweg der letzte Cunard-Rekordbrecher.

Bis 1876 war die »Scotia« im Atlantikdienst eingesetzt. 1878 begann dann ihre zweite Karriere. Umgerüstet zu einem Kabelleger mit zwei Schrauben und nur noch einem Schornstein, verlegte sie für zwei Unternehmen Seekabel, bis sie im März 1904 vor Guam (im Pazifik) auf ein Riff lief und im Sturm zerbrach. Die »Russia«, 1880 als »Waesland« an die belgische Red-Star-Line verkauft, wurde auf 4752 BRT vergrößert. Nach Verkauf an die American Line 1895 sank das Schiff Anfang März 1902 nach einer Kollision in der Irischen See.

Von den älteren »Blau-Band-Rennern« hatte sich die Cunard Line schon Mitte der 60er Jahre getrennt. Die »Europa«, 1866 aus dem Verkehr gezogen, ist ein Jahr später verkauft worden. Die »Canada«, 1867 in ein Segelschiff mit Namen »Mississippi« umgerüstet, wrackte man 1883 ab. Die »Asia«, ebenfalls 1867 in ein Segelschiff umgebaut, wurde 1876 in Bombay durch ein Feuer zerstört. Aus Cunards erstem Eisendampfer »Persia« baute man 1868 (nach dem Verkauf) die Maschine aus. Vier Jahre später wurde der Rest in London abgewrackt.

Zu Beginn der 70er Jahre geriet die Cunard-Reederei in eine immer prekärer werdende Situation. Dem Gründer Samuel Cunard, für seine Verdienste in den Adelsstand erhoben, blieb der Niedergang erspart, da er bereits am 28. April 1865 im Alter von 78 Jahren in London verstorben war. Die Ursachen der Misere waren – neben den Auswirkungen der Weltwirtschaftskrise – nationale Veränderungen im Schiffstransport. So reduzierte die Regierung die Postsubventionen auf 70 000 Pfund Sterling und übertrug zugleich der Inman Line den kanadischen Posttransport. Im Auswandererverkehr, auf den nun auch die Cunard Line verstärkt ausweichen mußte, hatten sich aber bei den guten Gewinnen während der zurückliegenden Jahre ständig neue Reedereien etabliert, die sich mit wachsender ökonomischer Stärke einander die Spitzenpositionen streitig machten. Und mit jeder neuen, leistungsstärkeren »Auswanderer«-Reederei geriet die alte »Postdienst«-Reederei Cunard zusehends ins Hintertreffen.

Der finanzielle Zusammenbruch kam 1877, als man die Postbeförderung unter Cunard, Inman und dem Neuling White Star aufteilte, und der Transport nach Masse und nicht mehr nach einem festen Betrag gezahlt wurde. Die Aussicht auf den Transport der größten »Mengen« – und damit auf die höchsten Einnahmen – hatte aber die Reederei, die über die schnellsten Schiffe verfügte. Dazu gehörte nicht mehr die British und North American Royal Mail Steam Company. Der Ausweg: Das bisherige Privatunternehmen wurde mit Wirkung vom 1. Januar 1879 unter dem Namen Cunard Steam Ship in eine Aktiengesellschaft umgewandelt. Waren die Neubauten unter dem »Familienregiment« eine vorsichtige Mischung aus Tradition und Fortschritt, so setzte der neue Vorstand – bei mehr Kapital und gleichzeitig verschärfter Konkurrenz – gänzlich auf technischen Fortschritt. Keine sechs Jahre später, und die Cunard-Reederei hatte ihre führende Position im Passagierverkehr auf dem Atlantik zurückerobert.

Der äußere Anlaß für diese positive Entwicklung war ein im allgemeinen Geschäftsgebaren nicht unüblicher Vorgang. Die Guion Line mußte ihren letzten »Blau-Band-Renner«, die »Oregon« , im Frühjahr 1884 wegen Zahlungsschwierigkeiten an die Bauwerft von John Elder zurückgeben. Zur selben Zeit hatte die Cunard Steam-Ship bei der gleichen Werft – animiert durch den Bau von drei Rekordschiffen für die Guion Line – zwei eigene Rekordbrecher in Auftrag gegeben. Denn die bisherigen Neubauten, sowohl die bei Thomson 1874 und 1875 fertiggestellten »Bothnia« und »Scythia« mit 4535 bzw. 4557 BRT (als Rivalen der White-Star-Renner »Britannic« und »Germanic« ge-

Die »Scotia« –
der letzte Schaufelrad-Rekordbrecher

Schnell und elegant – die »Russia«

Cunards erster Stahldampfer: »Servia«,
S. 109: »Umbria«, »Etruria«

dacht) als auch die 1879, 1881 und 1882 hinzugekommenen »Gallia« (4809 BRT), »Servia« (7392 BRT) und »Aurania« (7629 BRT) (als Antwort auf Guions schnelle Schiffe und Inmans »City of Rome«) erfüllten nicht die Erwartungen hinsichtlich der Geschwindigkeit. Dabei war die von der neuen Reedereileitung in Auftrag gegebene und 1881 in Dienst gestellte »Servia« das erste Stahlschiff für die Cunard-Reederei, welches obendrein mit seiner neuartigen Innenausstattung als der erste »moderne« Liner auf dem Atlantik galt.

Nun bot sich für Cunard mit der »Oregon« und den beiden Neubauten von Elder die Chance, einen 3-Schiffe-Expreßdienst einzurichten. Kurz entschlossen, wurde die »Oregon« von der Werft gekauft. Am 7. Juni 1884 ging sie für die neuen Besitzer auf die erste Reise. Zwei Monate später besaß Cunard endlich wider einen Rekordbrecher. Während man die Strecke Queenstown – New York bei einem Mittel von 18.14 Knoten in rekordverdächtiger Geschwindigkeit zurücklegte, fuhr die »Oregon« auf Gegenkurs mit 18,18 Knoten in 6 Tagen, 12 Stunden und 54 Minuten einen neuen atlantischen Rekord. Seit der »Scotia« vor rund 20 Jahren lag nun die Cunard-Reederei – zumindest auf Ostkurs – wieder an der Spitze. Damit hatte man zugleich noch einen weiteren Konkurrenten überholt: die National Line mit ihrer rekordverdächtigen »America«.

Leider war der weitere Lebensweg der »Oregon« recht kurz. Am 14. März 1886 sank das Schiff nach einer Kollision mit dem Schoner »Charles Morse« in der Nähe von Fire Island/New York. Die 641 Passagiere und 250 Mann Besatzung wurden vom NDL-Dampfer »Fulda« gerettet. Neuerlich blieb Cunards guter Ruf, was die Sicherheit betraf, ungeschmälert.

Mit dem Verlust der »Oregon« war zwar der 3-Schiffe-Fahrplan geplatzt, doch die beiden Neubauten bei Elder sollten Cunards wiedergewonnene Stellung festigen helfen. 1884 bzw. 1885 wurden die »Umbria« und die »Etruria« mit je 7718 BRT in Dienst gestellt. Sie wurden ein hervorragendes Schwesternpaar, dessen Leistung und Komfort die Bewunderung der Zeitgenossen hervorriefen.

Äußerlich bestimmten drei Masten und zwei mächtige Schornsteine das Bild. Die Innenausstattung der 1.-Klasse-Kabinen und der Gesellschaftsräume begannen das zu verkörpern, was in der Folge mit dem Begriff »Schwimmende Hotels« umrissen wurde. Mit »Umbria« und »Etruria« gelangten Prunk und Protz der viktorianischen Ära auf den Atlantik. Dazu gehörten fürstlicher Glanz in Samt und Seide genauso wie massige geschnitzte Tische und Stühle. Insgesamt konnten 1350 Passagiere an Bord genommen werden, u.a. 550 in der 1. Klasse und 800 im Zwischendeck.

»Umbria« und »Etruria« galten längere Zeit nicht nur als die größten und schönsten Schiffe, sondern mit ihren 14500 PSi und 19 Knoten sollten sie auch recht bald ihre Qualitäten als Renner entwickeln. Dafür benötigte aber die Dreizylinder-Verbundmaschine – die größte auf einem Schiff – täglich 315 Tonnen Kohle.

Bevor beide Schiffe nach ihrer Fertigstellung Ende 1884 bzw. 1885 den regulären Passagierdienst aufnehmen konnten, wurden sie für kurze Zeit von der britischen Admiralität wegen möglicher kriegerischer Auseinandersetzungen mit Rußland (im Zusammenhang mit dem Bau einer russischen Eisenbahn an der Grenze zu Afghanistan) beschlagnahmt. Als erste erzielte dann die »Etruria« im August 1885 in beiden Richtungen neue Rekorde. Zunächst fuhr sie auf Ostkurs 18,44 Knoten. Westwärts lag das Mittel sogar bei 18.73 Knoten. Zwei Jahre später durchbrach die »Umbria« in westlicher Richtung mit einer Durchschnittsgeschwindigkeit von 19,22 Knoten erstmals die 19-Knoten-Grenze. Beide Schiffe machten von nun an die Höchstgeschwindigkeiten unter sich aus. Dabei steigerte sich die »Etruria« im Mai/Juni 1888 westwärts auf 19,56 Knoten. In östlicher Richtung war sie mit 19,36 Knoten auch nicht wesentlich langsamer.

Cunard hatte seine Position zurückerobert. Im Posttransport war die Reederei 1886 durchschnittlich um 28 Stunden schneller als die führende White Star Line. Die hohen Geschwindigkeiten zeigten aber auch die Grenzen der Technik auf. Neben außergewöhnlichen Vibrationen bestand die größte Gefahr im Wellenbruch. Betroffen wurde davon die »Umbria« 1892 und 1893. Bei einer Durchsicht der »Etruria« im Jahre 1900 konnte ein derartiger Schaden gerade noch rechtzeitig entdeckt und behoben werden. 1902 verlor die »Umbria« auf hoher See ihren Propeller und mußte abgeschleppt werden. Dennoch zählten beide Renner – als die letzten für den Atlantikdienst gebauten großen Einschraubenpassagierschiffe – mit zu den gewinnträchtigsten Cunard-Dampfern. Nach fast 24jährigem Betrieb wurden sie 1909 bzw. 1910 abgewrackt.

Vier Jahre lang hielt Cunard den Rekord in beiden Richtungen. Dann war wieder die Konkurrenz mit einer technischen Innovation schneller. Inman schickte erstmals Doppelschraubenschiffe ins atlantische Rennen, und zwar die »City of New York« und die »City of Paris«. White Star hielt sofort, ebenfalls mit Zweischrauben-Dampfern wie »Teutonic« und »Majestic« dagegen. Cunard konterte, um nicht wieder ins Hintertreffen zu geraten, mit der »Campania« und der »Lucania«.

Wurden schon die Konkurrenzschiffe wegen ihrer äußeren und inneren Gestaltung sowie ihrer Leistungsfähigkeit überschwenglich gefeiert, so galten die beiden Cunard-Dampfer als die prunkvollsten Passagierschiffe der Welt. Bei einer Größe von 12 950 bzw. 12 952 BRT konnten 600 1.-Klasse- und 400 2.-Klasse-Passagiere neben 1000 Zwischendeckern untergebracht werden. Dafür standen insgesamt 415 Mann Besatzung zur Verfügung. Besonders komfortabel war die 1. Klasse mit ihren Einzelkabinen ausgestattet. Der Speisesaal, die Aufenthaltsräume, die Rauchsalons mit echten Kaminen sowie

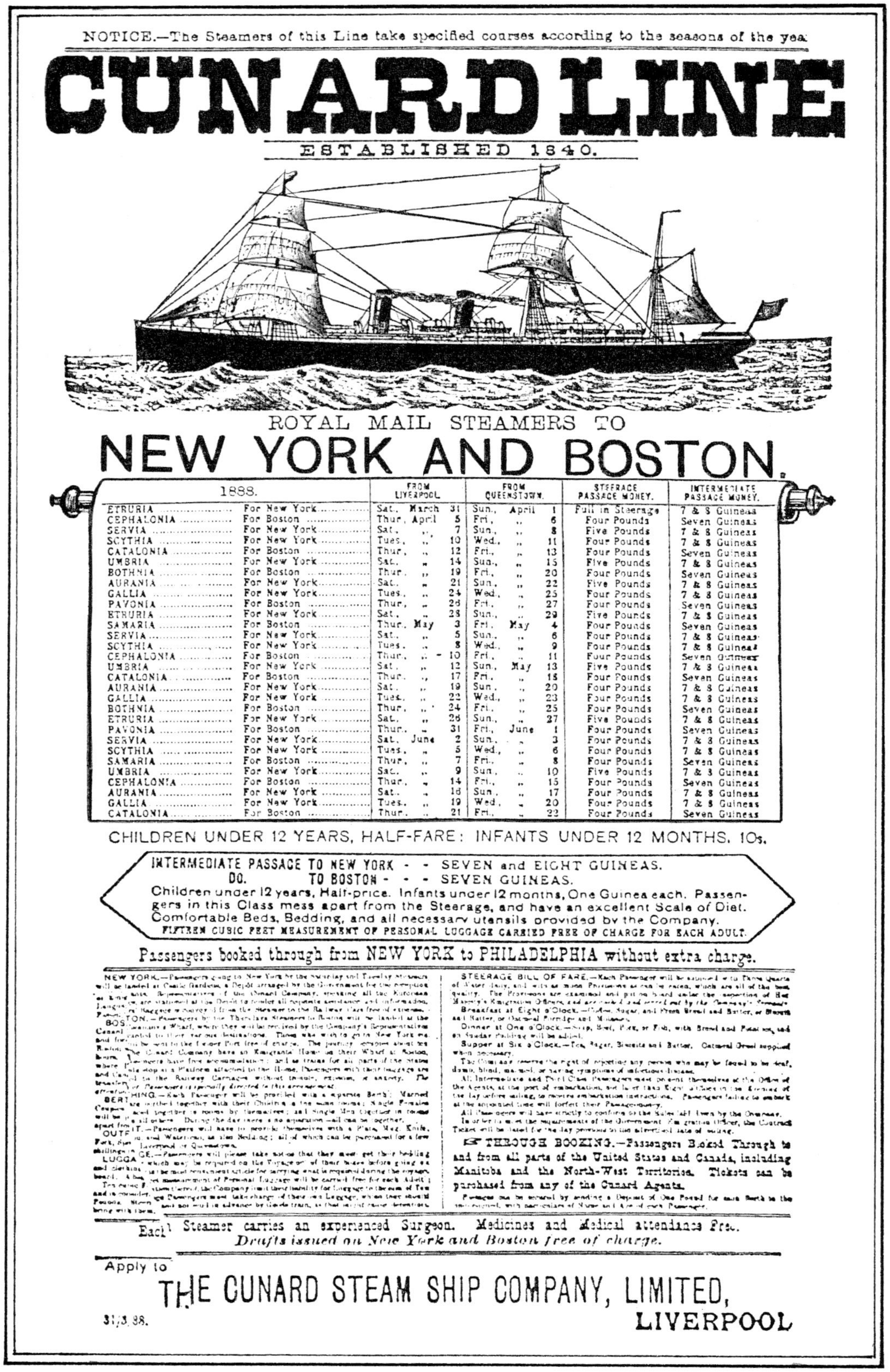

NOTICE.—The Steamers of this Line take specified courses according to the seasons of the year.

CUNARD LINE

ESTABLISHED 1840.

ROYAL MAIL STEAMERS TO

NEW YORK AND BOSTON.

1888.		From Liverpool.	From Queenstown.	Steerage Passage Money.	Intermediate Passage Money.
ETRURIA	For New York	Sat., March 31	Sun., April 1	Full in Steerage	7 & 8 Guineas
CEPHALONIA	For Boston	Thur., April 5	Fri., ,, 6	Four Pounds	Seven Guineas
SERVIA	For New York	Sat., ,, 7	Sun., ,, 8	Five Pounds	7 & 8 Guineas
SCYTHIA	For New York	Tues., ,, 10	Wed., ,, 11	Four Pounds	7 & 8 Guineas
CATALONIA	For Boston	Thur., ,, 12	Fri., ,, 13	Four Pounds	Seven Guineas
UMBRIA	For New York	Sat., ,, 14	Sun., ,, 15	Five Pounds	7 & 8 Guineas
BOTHNIA	For Boston	Thur., ,, 19	Fri., ,, 20	Four Pounds	Seven Guineas
AURANIA	For New York	Sat., ,, 21	Sun., ,, 22	Five Pounds	7 & 8 Guineas
GALLIA	For New York	Tues., ,, 24	Wed., ,, 25	Four Pounds	7 & 8 Guineas
PAVONIA	For Boston	Thur., ,, 26	Fri., ,, 27	Four Pounds	Seven Guineas
ETRURIA	For New York	Sat., ,, 28	Sun., ,, 29	Five Pounds	7 & 8 Guineas
SAMARIA	For Boston	Thur., May 3	Fri., May 4	Four Pounds	Seven Guineas
SERVIA	For New York	Sat., ,, 5	Sun., ,, 6	Four Pounds	7 & 8 Guineas
SCYTHIA	For New York	Tues., ,, 8	Wed., ,, 9	Four Pounds	7 & 8 Guineas
CEPHALONIA	For Boston	Thur., ,, 10	Fri., ,, 11	Four Pounds	Seven Guineas
UMBRIA	For New York	Sat., ,, 12	Sun., May 13	Five Pounds	7 & 8 Guineas
CATALONIA	For Boston	Thur., ,, 17	Fri., ,, 18	Four Pounds	Seven Guineas
AURANIA	For New York	Sat., ,, 19	Sun., ,, 20	Four Pounds	7 & 8 Guineas
GALLIA	For New York	Tues., ,, 22	Wed., ,, 23	Four Pounds	7 & 8 Guineas
BOTHNIA	For Boston	Thur., ,, 24	Fri., ,, 25	Four Pounds	Seven Guineas
ETRURIA	For New York	Sat., ,, 26	Sun., ,, 27	Five Pounds	7 & 8 Guineas
PAVONIA	For Boston	Thur., ,, 31	Fri., June 1	Four Pounds	Seven Guineas
SERVIA	For New York	Sat., June 2	Sun., ,, 3	Four Pounds	7 & 8 Guineas
SCYTHIA	For New York	Tues., ,, 5	Wed., ,, 6	Four Pounds	7 & 8 Guineas
SAMARIA	For Boston	Thur., ,, 7	Fri., ,, 8	Four Pounds	Seven Guineas
UMBRIA	For New York	Sat., ,, 9	Sun., ,, 10	Five Pounds	7 & 8 Guineas
CEPHALONIA	For Boston	Thur., ,, 14	Fri., ,, 15	Four Pounds	Seven Guineas
AURANIA	For New York	Sat., ,, 16	Sun., ,, 17	Four Pounds	7 & 8 Guineas
GALLIA	For New York	Tues., ,, 19	Wed., ,, 20	Four Pounds	7 & 8 Guineas
CATALONIA	For Boston	Thur., ,, 21	Fri., ,, 22	Four Pounds	Seven Guineas

CHILDREN UNDER 12 YEARS, HALF-FARE: INFANTS UNDER 12 MONTHS, 10s.

INTERMEDIATE PASSAGE TO NEW YORK - - SEVEN and EIGHT GUINEAS.
DO. TO BOSTON - - - SEVEN GUINEAS.
Children under 12 years, Half-price. Infants under 12 months, One Guinea each. Passengers in this Class mess apart from the Steerage, and have an excellent Scale of Diet. Comfortable Beds, Bedding, and all necessary utensils provided by the Company.
FIFTEEN CUBIC FEET MEASUREMENT OF PERSONAL LUGGAGE CARRIED FREE OF CHARGE FOR EACH ADULT.

Passengers booked through from NEW YORK to PHILADELPHIA without extra charge.

NEW YORK.—Passengers going to New York by the Saturday and Tuesday Steamers will be landed at Castle Garden, a Depôt arranged by the Government for the reception [illegible]

BOSTON.—Passengers by the Thursday Steamers to Boston will be landed at the [illegible]

BERTHING.—Each Passenger will be provided with a separate Berth; Married [illegible]

OUTFIT.—Passengers will have to provide themselves with a Plate, Mug, Knife, [illegible]

LUGGAGE.—Passengers will please take notice that they must get their bedding [illegible]

STEERAGE BILL OF FARE.—Each Passenger will be supplied with Three Quarts of Water daily, and with as much Provisions as can be eaten, which are all of the best quality. [illegible]

Breakfast at Eight o'Clock.—[illegible]

Dinner at One o'Clock.—Soup, Beef, Pork, or Fish, with Bread and Potatoes, and on Sunday Pudding will be added.

Supper at Six o'Clock.—Tea, Sugar, Biscuits and Butter. Oatmeal Gruel supplied when necessary.

[illegible]

THROUGH BOOKING.—Passengers Booked Through to and from all parts of the United States and Canada, including Manitoba and the North-West Territories. Tickets can be purchased from any of the Cunard Agents.

[illegible]

Each Steamer carries an experienced Surgeon. Medicines and Medical attendance Free.
Drafts issued on New York and Boston free of charge.

Apply to
THE CUNARD STEAM SHIP COMPANY, LIMITED,
LIVERPOOL

31/3.88.

Fahrplan von 1888

Abreise eines Cunard-Dampfers aus Liverpool: Am Landungssteg, An Bord des Tenders, Im Salon, Auf dem Schiff, Inspektion der Mannschaft, Abschied

tiert, um eine Geschwindigkeit von 21, maximal von 23 Knoten, erreichen zu können. Pro Überfahrt wurden 2900 Tonnen Kohle verfeuert.

Als erste wurde im März 1893 die »Campania« fertiggestellt. Bei Probefahrten schaffte sie 23,25 Knoten. Doch es gab erhebliche Vibrationen im Achterschiff, die erst reduziert werden mußten. Deshalb verzögerte sich auch der Ausbau des Schwesterschiffes, der »Lucania«, um diese Erschütterungen von vornherein einzuschränken. Hinzu kam ein Streik unter den Werftarbeitern, insbesondere bei den 20 Nieterkolonnen, da wesentlich größere und schwerere Stahlplatten zusammengenietet werden mußten.

Am 22. April 1893 ging die »Campania« auf ihre Jungfernreise Liverpool –

»Campania« vor dem Stapellauf

Salon der »Campania«

Bibliothek der »Campania«

»Lucania«

»Campania«

die Bibliothek lehnten sich in Möblierung und Dekor an einzelne Stilepochen an.

Äußere Kennzeichen der beiden Schiffe waren ein gerader Steven, ein Dampferheck, zwei Masten sowie zwei gewaltige Schornsteine. Die beiden Schrauben wurden von je einer Dreifach-Expansionsmaschine angetrieben. Dadurch war neben den Querschotten eine zusätzliche Längsabschottung des Maschinenraumes möglich. Insgesamt hatte man eine Leistung von 30 000 PSi projek-

New York. Die »Lucania« folgte am 2. September des gleichen Jahres. Von nun an bestimmten diese Schwesterschiffe der Cunard-Reederei das »Renngeschehen« auf dem Nordatlantik. Im Mai 1893 fuhr die »Campania« Rekord auf Ostkurs von Sandy Hook nach Queenstown. Die 2928 Seemeilen wurden in 5 Tagen, 17 Stunden und 27 Minuten zurückgelegt. Das Mittel lag mit 21,30 Knoten erstmals über der 21-Knoten-Grenze. Einen Monat später fuhr die »Campania« auch in Westrichtung neuen Rekord und blieb mit 21,12 Knoten ebenfalls über dieser Marke. Letztlich erwies sich aber die »Lucania« als das schnellere Schiff. 1894 brach sie in beiden Richtungen den Rekord und schaffte damit gleichfalls das »Doppel«. Im Mai erreichte sie auf Ostkurs 21,81 Knoten, um sich dann ein Jahr später von Sandy Hook – Queenstown auf 22 Knoten zu steigern. Die Überfahrt betrug 5½ Tage. In der Gegenrichtung erhöhte die »Lucania« die durchschnittliche Geschwindigkeit auf 21,81 Knoten.

Cunards Spitzenstellung unter den großen Passagierreedereien schien unangefochten zu sein. Inman, Guion und National waren praktisch aus dem Rennen. Von den anderen hätte nur noch die White Star Paroli bieten können. Doch da traten völlig unerwartet ganz neue Konkurrenten mit dem Norddeutschen Lloyd und der HAL-Hapag in die Arena. Ab 1897 schickten diese ihre, obendrein auf heimischen Werften gebauten Rekordbrecher ins Rennen. Und 10 Jahre lang waren die Deutschen – zum Leidwesen der Briten – die schnellsten. Doch mit einer gemeinsamen Kraftanstrengung von Staat, Admiralität und Cunard konnte Englands Prestige Anfang des 20. Jahrhunderts wiederhergestellt werden. 1906 liefen zwei Schiffe vom Stapel, die an Größe und Geschwindigkeit völlig neue Dimensionen aufwiesen. Sie eroberten die Rekorde zurück und sicherten Großbritanniens Überlegenheit für die nächsten 20 Jahre.

Von den letzten beiden Rekordbrechern kam für die »Lucania« zuerst das Ende. Sie brannte bei einem Feuer am 14. August 1909 in Liverpool völlig aus. Das Wrack wurde zum Abbruch nach Swansea verkauft. Das gleiche Schicksal stand auch der »Campania« beim Ausbruch des ersten Weltkrieges bevor. Die Admiralität kaufte aber das Schiff von den Abwrakkern und ließ es zu einem Flugzeugträger umrüsten. Als HMS »Campania« 1916 in Dienst gestellt, ist es dann Anfang November 1918 nach einer Kollision mit einem Marinefahrzeug im Firth of Forth gesunken.

Collins Konkurrenzdampfer

»Wir brauchen Geschwindigkeit, außerordentliche Geschwindigkeit, mit der die Collins-Schiffe jedes Schiff überholen können, das sie verfolgen, und jedem Schiff weglaufen, von dem sie sich absetzen wollen; sie müssen so armiert sein, daß sie ihren Gegner – gesetzt den Fall, dieser Gegner wäre Großbritannien – an seiner empfindlichsten Stelle, dem Handel nämlich, angreifen und treffen können.« Mit diesen eindringlichen, unzweideutigen Worten versuchte Senator Bayard im amerikanischen Kongreß seine Abgeordnetenkollegen davon zu überzeugen, die an die Collins Line bereits gezahlten Subventionen weiter aufzustocken.

Edward Knight Collins

Mit dem Postvertrag der Regierung in der Tasche, hatte 1848 Edward Knight Collins die »New York & Liverpool United States Mail Steamship Company« in New York gegründet. Er verpflichtete sich, mit fünf Schiffen während acht Monaten einen 14tägigen und für den Rest einen monatlichen Dienst zwischen New York und Liverpool einzurichten. Für diese 20 Fahrten im Jahr zahlte der Staat eine Subvention von 385 000 Dollar. Das waren pro Rundreise (Hin- und Rückfahrt) 19 250 Dollar. Die zunächst geplanten 5 Dampfer wurden auf 4 reduziert, dafür aber größer und leistungsfähiger konstruiert.

Die Collins Line – wie sie allgemein genannt wurde – war keine Reederei-Gründung schlechthin. Es war das erklärte Ziel von Collins, das Prestige Amerikas bei der aufkommenden Dampfschiffahrt zu wahren und den ärgsten Rivalen Cunard mit seinen Schiffen aus dem Atlantik »herauszudampfen«. Deshalb versammelte Collins alles um sich, was im amerikanischen Schiffbau Rang und Namen hatte. Darunter befanden sich auch Ingenieure, die zu »Studienzwecken« heimlich auf Cunard-Dampfern mitgefahren waren. Schon bei der Projektierung wurden weder Mühe noch Kosten gescheut. Bald reichten aber die Mittel nicht mehr aus. Vorerst gab es einen monatlichen Vorschuß von 25 000 Dollar für jedes vom Stapel gelaufene Schiff. 1852 wurde eine Erhöhung der Subvention beantragt. Senator Bayard avancierte zum stimmgewaltigen Fürsprecher. Die staatlichen Zuwendungen stiegen auf 858 000 Dollar im Jahr.

Bei den New Yorker Werften H. Brown sowie Jacob Bell wurden je zwei Dampfer in Auftrag gegeben. Nacheinander liefen die »Atlantic«, die »Pacific«, die »Arctic« und die »Baltic« vom Stapel.

Weitgehende Identität bestand bei der Konstruktion, der technischen Ausstattung und den Inneneinrichtungen. Es waren hölzerne Seitenraddampfer. Die Größe lag zwischen 2123 und 2856 BRT. Ihre zweizylindrigen Seitenhebelmaschinen leisteten annähernd 3000 PSi, wobei die nicht unbeträchtliche Menge von 87 Tonnen Kohle pro Tag verfeuert wurde. Die Dienstgeschwindigkeit lag bei 12 Knoten.

Äußerlich, gleichsam als Konkurrenzmerkmal zu Cunard, präsentierten sich die Schornsteine in schwarzer Farbe mit roter Kappe. Die Schiffe besaßen drei Decks und ein rundes Heck. Sie waren die ersten Dampfer mit einem geraden Steven auf dem Nordatlantik. Den schwarzen Rumpf zierte ein rotes Band. Verglichen mit den Cunard-Rivalen, gab es keine größeren und stärkeren, aber auch keine luxuriöseren Passagierschiffe auf dem Atlantik. Die Inneneinrichtungen erreichten einen bisher nicht gekannten Standard.

Nach einem zeitgenössischen Bericht waren sie »wirklich elegant«. Das Gesellschaftszimmer wurde von kostbaren Spiegeln beherrscht. Auf dem Fußboden lagen kostbare Teppiche. Darauf standen Tische mit marmornen Platten. Überdies gab es für die Raucher einen Extrasalon – mit Spucknäpfen. Für die tägliche Toilette standen ein Friseur und Badekabinen zur Verfügung. In allen Räumen gab es

Die »Atlantic« auf dem Mersey

Salon der »Atlantic«

»Alte« und »Neue Zeit« im New Yorker Hafen

Dampfheizung, die das Reisen während der kalten Jahreszeit wesentlich angenehmer machte. »Leidende« Passagiere konnten »ohne Verlust an persönlicher Würde« per Klingeldruck den Steward rufen.

Am 27. April 1850 ging die »Atlantic« als erstes Schiff auf ihre Jungfernreise von New York nach Liverpool. Alle Welt glaubte fest an eine Rekordfahrt, auch die 100 Passagiere an Bord. Doch kurz nach dem Verlassen des New Yorker Hafens wurden die Schaufelräder durch Treibeis stark beschädigt. Zu deren Reparatur mußte Kapitän West ebenso beidrehen lassen wie einige Tage später, als einer der Kondensatoren ausfiel. Erst am 10. Mai erreichte man mit verminderter Geschwindigkeit Liverpool, wo die »Atlantic« dennoch zu beeindrucken wußte. Mit einer Rückreise von 10 Tagen und 16 Stunden vermochte sie sich dann durch eine respektable Maschinenleistung zu rehabilitieren. Im Mai, Oktober und November des gleichen Jahres wurden die anderen drei Schwesterschiffe in Dienst gestellt.

Im Juli 1850 gelang der »Atlantic« auf ihrer dritten Reise ostwärts mit 10 Tagen, 8 Stunden und 20 Minuten eine überaus schnelle Überfahrt von New York nach Liverpool. Im Gegensatz zu Bonsor wird diese Reise bei anderen Autoren als Rekordfahrt geführt. Zwar blieb von der Geschwindigkeit her Cunards »Canada« schneller. Doch hatte dieser Dampfer seinen Rekord auf der bis dahin nur von Cunard befahrenen Linie Halifax – Liverpool erzielt, die »Atlantic« dagegen auf der von Collins erstmals eingerichteten Passage New York – Liverpool – New York. Und da wenig später diese Route über Jahrzehnte hinweg zu einer der »klassischen Rennstrecken« auf dem Nordatlantik werden sollte, kann der Collins-Dampfer »Atlantic« zumindest als erstes rekordverdächtiges Schiff auf dieser Strecke gelten.

Der nachweisbar erste »echte« Rekordbrecher für die Collins Line war die »Pacific«. Im September 1850 wurde die 3050 Meilen lange Strecke Liverpool – New York auf Westkurs in 10 Tagen, 4 Stunden und 45 Minuten bewältigt. Die Durchschnittsgeschwindigkeit betrug 12,46 Knoten. Ein Jahr später drückte die »Baltic« die Zeit westwärts auf 9 Tage, 19 Stunden und 26 Minuten. Dabei wurden 12,91 Knoten erreicht. Schließlich kam die »Baltic« im Juli 1854 auf Westkurs mit 13,04 erstmals über 13 Knoten.

Aber auch auf Ostkurs sollten die Collins-Dampfer bald die schnellsten sein. Im Mai 1851 legte die »Pacific« die Strecke von New York nach Liverpool in 9 Tagen, 20 Stunden und 14 Minuten zurück. Damit fuhr man auch ostwärts mit 13,03 erstmals schneller als 13 Knoten. Ein dreiviertel Jahr später schaffte die »Arctic« 9 Tage, 17 Stunden und 15 Minuten bei einer durchschnittlichen Geschwindigkeit von 13,06 Knoten, 0,03 Knoten schneller als das Schwesterschiff.

Cunard war ausgekreuzt, und Collins dominierte. 1852 benötigte die Collins Line bei 26 Rundreisen New York – Liverpool – New York fast 20 Stunden weniger als Cunard. Letztlich mußte aber Collins für diese Erfolge einen hohen Einsatz zahlen. Der enorme Kohleverbrauch ließ bei steigenden Brennstoffpreisen die Betriebskosten mächtig anwachsen. Auch die ständig anfallenden Reparaturkosten waren nicht unbeträchtlich, vermochten doch die hölzernen Rümpfe einer ständigen maximalen Belastung bei Höchstfahrten nur bedingt standzuhalten. Die Einnahmen aus Passagierbeförderungen und Gütertransport deckten nie die Ausgaben. Pro Reise wurde ein Verlust von 16 928 Dollar eingefahren. Nach langer, erregter Debatte im amerikanischen Kongreß wurden schließlich die Postsubventionen von 385 000 auf 858 000 Dollar jährlich erhöht. Nationales Prestige ging vor Rentabilität. Die Politiker und die Presse wußten den »Sieg der Vernunft« gebührend zu feiern. Cunard räsonierte, man würde Fenster mit goldenen Schillingstücken einwerfen.

Mit dem Krimkrieg 1853 schien sich Collins Spitzenposition noch weiter zu festigen, da fast alle Cunard-Dampfer als Truppentransporter requiriert wurden. Selbst die britische Post mußte ihre Sendungen von der Collins-Reederei trans-

portieren lassen. Doch dieser Höhepunkt sollte zum Anfang vom Ende werden.

Am 21. September 1854 verließ die »Arctic« Liverpool in Richtung New York. Unter den Passagieren auch Frau Collins mit ihren zwei Kindern. Sechs Tage später stieß die »Arctic« im dichten Nebel bei Cape Race/Neufundland mit dem 200 BRT großen französischen Dampfer »Vesta« zusammen. Da das Kollisionsschott der »Vesta« standgehalten hatte, war der Dampfer – so wie er im Nebel erschienen war – plötzlich auch wieder verschwunden und erreichte mit eigener Kraft den Hafen St. Johns auf Neufundland. Die »Arctic« dagegen wollte dem gerammten Schiff Hilfe leisten, ohne daß ihr Kapitän zunächst die schweren Beschädigungen am eigenen Fahrzeug erkannt hatte. Als die »Arctic« schließlich zu sinken begann, ließ er das Schiff mit voller Kraft voraus in Richtung Cape Race laufen, in der Hoffnung, es hier auf Grund setzen zu können. Doch 20 Meilen vor der Insel sank die »Arctic«. Mit ihr ertranken vermutlich bis zu 350 Menschen, darunter auch Frau Collins mit den beiden Kindern.

Neben dem großen persönlichen Leid für Collins bedeutete die Katastrophe auch einen beträchtlichen Prestigeverlust für seine Reederei. Die Kritik wurde für ihn vernichtend, als Anfang 1856 auch noch die »Pacific« verlorenging. Mit 45 Passagieren an Bord hatte das Schiff am 23. Januar Liverpool verlassen, weil man wußte, daß drei Tage später der geplante Cunard-Rekordbrecher »Persia« zur Jungfernfahrt auslaufen würde. Die eiserne »Persia« erreichte trotz der Kollision mit einem Eisberg New York. Die hölzerne »Pacific« dagegen blieb für immer verschollen.

Die amerikanische Regierung kürzte daraufhin die Subventionen um mehr als die Hälfte. Von diesem finanziellen Schlag vermochte sich Collins nicht mehr zu erholen. Dennoch versuchte er noch einmal, dem Cunard-Rekordbrecher »Persia« mit seiner 4145 BRT großen »Adriatic« Paroli zu bieten. Die Maschine war mit mehr als 4000 PSi ausgelegt bei einer vorgesehenen Geschwindigkeit von 13 Knoten und einem täglichen Kohleverbrauch von 145 Tonnen. Am 23. November 1857 ging das Schiff auf Jungfernfahrt. Jedoch bereits nach der zweiten Reise mußte Collins seinen Reedereibetrieb einstellen. Am 1. April 1858 kamen die »Atlantic«, die »Baltic« und die »Adriatic« unter den Hammer des Auktionators. Für das einzige Gebot von 50 000 Dollar erhielt sie der neue Besitzer: die Brown Brother & Co als Hauptkreditgeber.

Collins, der mit seiner gut florierenden Segelschiffsreederei, der 1836 gegründeten Dramatic Line, genügend Erfahrungen gesammelt hatte, mußte erkennen, daß Geschwindigkeit allein keinen dauernden Erfolg in der Dampfschiffahrt sichern konnte. Neben staatlichen Subventionen waren rentabel arbeitende Dampfer ebenso vonnöten. Diesen Beweis erbrachte Cunard, der auch überlebte.

Alle drei Collins-Dampfer blieben bis zum Ausbruch des amerikanischen Bürgerkrieges 1861 aufgelegt. Danach setzte die Regierung die »Atlantic« und die »Baltic« zum Truppentransport ein. 1866 wurden sie von der North American Lloyd Line gekauft und fuhren ab 1867 für die New York und Bremen Steam Ship Company unter den gleichen Eignern. 1871 ist die »Atlantic« und 1880 dann die »Baltic« zum Verschrotten verkauft worden.

Die »Adriatic« war 1861 an die britische Galway Line gegangen. Mit deren Konkurs 1864 wurde der zunächst aufgelegte Dampfer 1869 verkauft und in einen Segler umgerüstet, der – nach einer Strandung – von 1873 bis 1885 als Vorratsschiff an der westafrikanischen Küste diente.

»Adriatic« – Collins letzter Versuch

Untergang der »Arctic«

Die »Pacific« blieb für immer verschollen

Collins-Dampfer im New Yorker Hafen

Inman setzt auf neue Technik

Die Querelen zwischen den Reedereien Inman und Cunard hielten an. Zunehmend wurde die öffentliche Meinung in die Auseinandersetzungen mit einbezogen. Das Für und Wider ging um die einfache Frage: »Welches Schiff war das schnellste auf dem Nordatlantik? Wer durfte sich ›record-breaker‹ nennen? War es Inmans ›City of Paris‹, die im November 1867 mit einer sehr schnellen Passage (8 Tage, 4 Stunden, 1 Minute) von Queenstown nach New York eine kürzere Reisezeit gegenüber Cunards ›Scotia‹ erreicht haben wollte? Erzielt hatte man jedoch diese Leistung auf einer mehr als 120 sm kürzeren Route! Oder war es die ›Scotia‹ mit ihrer höheren Durchschnittsgeschwindigkeit von 14,46 kn gegenüber 13,77 kn ihrer Rivalin?«

Wieder einmal war das eingetreten, was die Reedereien eigentlich in der Öffentlichkeit immer hatten vermeiden wollen: Den Nordatlantik als Rennstrecke zu präsentieren! Der Streit über das vermeintlich schnellere Schiff wurde schließlich im Dezember 1869 beigelegt, als Inmans »City of Brussels« mit einer Durchschnittsgeschwindigkeit von 14,74 Knoten von New York nach Queenstown dampfte. Mit einer Reisezeit von 7 Tagen, 20 Stunden und 33 Minuten war damit erstmals ein Schiff in weniger als 8 Tagen auf Ostkurs über den Atlantik gefahren.

Die Inman Line hatte die Cunard-Reederei aber nicht nur in der Geschwindigkeit überholt. Mit 44 000 angelandeten Passagieren, darunter über 40 000 im Zwischendeck, lag Inman im Jahre 1870 auch bei den Passagierzahlen in Front, wie die folgende Tabelle beweist.

Voll Stolz konnte Inman deshalb öffentlich erklären: »Ich glaube, daß einige Gesellschaften, die billiges Porto anbieten, der Meinung seien, das gereiche ihnen zum Vorteil; aber, da wir die ersten im amerikanischen Handel waren, die Emigrantenpassagiere beförderten, und unser Name in ganz Amerika gut bekannt und mit dem amerikanischen Handel eng verknüpft ist, sorge ich mich nicht darum.«

Damit hatte William Inman noch einmal auf den Mut angespielt, den er 1850 bei der Gründung der Liverpool & Philadelphia Steam Ship Company, wie seine Reederei offiziell hieß, bewiesen hatte.

Passagierzahlen von 1870

Reederei	Anzahl der Reisen	Kabinenpassagiere	Zwischendeckpassagiere	Summe
Inman	68	3635	40465	44100
National	56	2442	33494	35736
Guion	55	1115	27454	28569
Anchor	74	1637	23404	25041
Cunard	70	7638	16871	24509

Schließlich war er ein doppeltes Risiko eingegangen: sowohl technisch als auch wirtschaftlich. Technisch setzte Inman von Anfang an auf eiserne Schraubendampfer, obwohl dieser Dampfertyp gerade erst dabei war, seine nordatlantische Bewährungsprobe zu bestehen. Wirtschaftlich verfügte er über keine festen Einnahmen in Form von Subventionen, denn er besaß keine Postverträge. Doch gelang es ihm, eine andere, reichlich fließende Quelle anzuzapfen. Inman drang in das »Monopol« des Auswanderertransportes der Paketsegler ein. Er begann als erster, Zwischendeckerpassagiere mit Dampfschiffen nach Nordamerika zu befördern. Dazu baute er in Großbritannien ein weitverzweigtes Agentennetz auf, um die Leute gleich vor Ort anwerben zu können. In Amerika wiederum richtete er Agenturen ein, damit bereits Übergesiedelte für Verwandte und Freunde in Europa Passagegelder im voraus an Inman zahlen konnten, sogenannte »prepaid tickets«.

Die Geschäfte liefen sehr gut. Der Auswandererstrom nahm ständig zu. Seine Schraubendampfer verbrauchten bis zu 50% weniger Kohle als Raddampfer und waren somit sehr wirtschaftlich. Im vierten Betriebsjahr ereilten Inman jedoch innerhalb weniger Monate zwei fürchterliche Katastrophen. Sein Pionierschiff, die 1609 BRT große »City of Glasgow«, blieb im März 1854 mit insgesamt 480 Menschen an Bord für immer verschollen. Anfang September strandete die 2168 BRT große »City of Philadelphia« während ihrer Jungfernfahrt nahe Cape Race. Damit besaß Inman nur noch ein Schiff, die 2109 BRT große »City of Manchester«. Dennoch verlor er nicht den Mut.

William Inman

Werbung der späteren Inman-Reederei 1853

Nach gewinnbringender Vercharterung von vier Schiffen, darunter zwei Neubauten, an Großbritannien und Frankreich während des Krimkrieges änderte die Inman-Reederei im März 1857 ihren bisherigen Dienst nach Philadelphia in einen Linienverkehr Liverpool – New York um. Dabei lockten die höheren Gewinnaussichten. Gleichzeitig drohte ein verschärfter Konkurrenzkampf. Immerhin liefen die Dampfer von 11 transatlantischen Reedereien New York an. 1860 bestand die Inman-Flotte aus sieben Dampfern. Anstelle des 14tägigen Dienstes wurde es nun möglich, eine wöchentliche Abfahrt einzurichten. Die etablierten Reedereien mit Cunard an der Spitze nahmen die Herausforderung an. Neue Reedereien – wie z.B. die National Line – wurden angesichts einträglicher Gewinne gegründet.

STEAM COMMUNICATION
MONTHLY FROM
LIVERPOOL
TO
NEW YORK, BALTIMORE,
PITTSBURGH, CINCINNATI, CHARLESTON, HAVANA, &c.
BY WAY OF
PHILADELPHIA.

THE LIVERPOOL AND PHILADELPHIA STEAM SHIP COMPANY
INTEND SAILING THEIR NEW IRON SCREW STEAM SHIPS AS FOLLOW:—

CITY OF GLASGOW, - - - -	Captain K. MORRISON - - - -	1610	Tons.
CITY OF MANCHESTER, - - -	Captain WILLIAM WYLIE - - -	2125	,,
CITY OF PHILADELPHIA, (building) -	Captain ROBERT LEITCH - - -	2189	,,
CITY OF BALTIMORE, - (building) -	Captain R. LEITCH - - - - - - -	2472	,,

FROM LIVERPOOL.

CITY OF MANCHESTER..	Captain LEITCH....	,, ..	1st February, 1854.
CITY OF GLASGOW......	Captain WYLIE....	,, ..	1st March, ,,

FROM PHILADELPHIA.

CITY OF MANCHESTER..	Captain LEITCH....	Saturday....	7th January, 1854.
CITY OF GLASGOW......	Captain WYLIE....	,, ..	4th February ,,
CITY OF MANCHESTER..	Captain LEITCH....	Thursday ..	2nd March ,,

RATES OF CABIN PASSAGE
FROM LIVERPOOL.

After Saloon State-rooms, (2 berths in each,) - - 21 Guineas each berth.
Ditto, and Midship, (3 berths in each,) - - 17 ,, ,,
Ditto, Ditto, Forward State-rooms - 15 ,, ,,
Including Provisions and Steward's Fee,
ALL HAVING THE SAME PRIVILEGE, AND MESSING TOGETHER.

A limited number of Passengers to Philadelphia will be taken at Eight Guineas; to New York at Eight Pounds Sixteen Shillings, and supplied with Provisions of a superior quality, properly cooked, and as much as is required; and these Passengers are hereby informed, that, in order to satisfy the requirements of the Government Officers, the Date filled into their Contract Tickets will be, in every case, the date of the day preceding the fixed day of sailing, and those Passengers booked for New York, will, on their arrival in Philadelphia, be provided by the Agents of the Steamers with a Ticket entitling them to a Free Passage by Steam-boat or Railway to New York.

THESE STEAMERS CARRY PHILLIPS' PATENT FIRE ANNIHILATORS.
AN EXPERIENCED SURGEON IS ATTACHED TO EACH STEAMER.

Passengers will find PHILADELPHIA the most central Port, BEING ON THE DIRECT MAIL ROUTE from New York to the Western and Southern States.

RATES OF FREIGHT.

Freight £4 per ton, with 5 per cent. Primage, with the exception of Unmanufactured Produce, &c. which will be taken, subject to agreement, payable here or in Philadelphia, at 4 dols. 80 cents per pound sterling. Private arrangements have been made by the Agents to transport fine goods to New York, by Steam-boat (including insurance) and Canal, at four cents per foot, or about 6s 8d per ton measurement, and by steamer to Charleston eight cents, and to Norfolk and Richmond Va., at six cents per foot.

Goods intended for the interior of the United States, if consigned to the Agents at Philadelphia will be forwarded without charge for commission.
Dogs at Three Pounds each.

Apply in Philadelphia, to SAMUEL SMITH, 12, Walnut-street; in Belfast, to RICHARDSON BROTHERS and CO.; in Dublin, to CORNELIUS CARLETON; in London, to EDWARDS, SANFORD and CO. for Passengers, and PICKFORD and CO. for Goods; in Paris, to FRED. REDFERN, 8, Rue de la Paix; in Havre, to W. DAVIDSON; in Manchester, to GEO. STONIER; and to

RICHARDSON BROTHERS & CO.
Liverpool, 12 *Mo.* 10*th*, 1853. 12 13, Tower-buildings, LIVERPOOL.

J. MAWDSLEY & SON, PRINTERS, LIVERPOOL.

Nachdem Cunard Anfang der 60er Jahre ebenfalls eiserne Schraubendampfer in Dienst gestellt hatte, wird dies Inman sicher mit großer Genugtuung registriert haben. Weniger erfreut dürfte er jedoch darüber gewesen sein, daß Cunards »Russia« den Atlantik als erstes Schraubenschiff mit einer rekordverdächtigen Geschwindigkeit überquert hatte. Inman schickte daraufhin seine »City of Paris« von 2556 BRT ins Rennen, die ihre Leistungsfähigkeit nicht zuletzt durch die Wettfahrt mit der »Russia« unter Beweis stellen konnte.

Der erste unbestrittene Rekordbrecher der Inman Line war die »City of Brussels«. Sie hatte im Dezember 1869 mit weniger als 8 Tagen die schnellste Ost-West-Passage geschafft. Wie alle von Inman bisher in Auftrag gegebenen Schiffe, so war die 3081 BRT große »City of Brussels« ebenfalls auf der Hauswerft von Tod & McGregor in Glasgow gebaut worden. Auch sie trug – wie alle vorhergehenden und nachfolgenden Schiffe der Inman Line – als äußeres Markenzeichen den Namen »City of...« und besaß einen Klippersteven.

Die »City of Brussels« wirkte sehr schlank, war es doch das erste Schiff auf dem Nordatlantik, bei dem das Verhältnis Länge zu Breite 10:1 betrug. Bis dahin lag der Wert bei 8,5:1. Überdies war es das erste Fahrzeug mit einer dampfgetriebenen Ruderanlage. Das Schiff selbst wurde von einer horizontalen Trunkmaschine angetrieben. Der Dampfdruck überstieg 0,2 MPa. 110 Tonnen Kohle wurden täglich verbraucht. Insgesamt konnten 800 Passagiere an Bord genommen werden, darunter 600 im Zwischendeck.

Als Anfang der 70er Jahre die White-Star-Pionierschiffe auf dem Mersey erschienen, reagierte Inman prompt und entschlossen. Bei Tod & McGregor bestellte er nacheinander drei Neubauten, die erheblich größer und komfortabler waren als ihre Konkurrentinnen. Zugleich schickte er die »City of Brussels« zur Umrüstung – entsprechend dem neuen Profil – in die Werft. Diese Maßnahme fand bei Experten wenig Verständnis, da doch dieser Rekordbrecher nicht einmal vier Jahre alt war. Offensichtlich hielt dies Inman jedoch für notwendig, um seine führende Position zu behaupten.

Doch die Weltwirtschaftskrise hinterließ ihre Spuren. Die Hauswerft meldete Konkurs an. In die Bresche sprang Caird & Co. in Greenock. Inman selbst geriet in finanzielle Schwierigkeiten. Der Service mußte reduziert werden. Immer mehr Schiffe wurden aufgelegt. Fast die Hälfte der Beschäftigten war arbeitslos. Die Reserven waren aufgebraucht. Deshalb wurde die Inman Line 1875 in eine Aktien-Gesellschaft umgewandelt, um so dringend benötigtes Kapital auf dem Markt beschaffen zu können.

In der Zwischenzeit nämlich war die White Star Line der Konkurrenz nicht nur auf und davon gefahren, sondern sie hatte weitere Rekordschiffe in Auftrag gegeben. Inman mußte handeln. Er ließ bei Caird & Co ebenfalls einen Rekordbrecher projektieren. Ende April 1875 ging die »City of Berlin« auf ihre Jungfernreise Liverpool – New York. Knapp ein halbes Jahr später fuhr sie in beiden Richtungen Rekord und entthronte damit die Rekordhalter der White Star Line. Die Strecke Queenstown – New York schaffte sie in 7 Tagen, 18 Stunden und zwei Minuten mit einer Durchschnittsgeschwindigkeit von 15,21 Knoten. Zurück fuhr sie in 7 Tagen, 15 Stunden und 28 Minuten bei einem Mittel von 15,37 Knoten. Während ihrer Indienststellung war die 5491 BRT große »City of Berlin« das größte Schiff auf dem Nordatlantik. Zugleich war es bei einem Längen-Breiten-Verhältnis von 11:1 das schlankeste Schiff, das je am Clyde gebaut worden war. Es besaß vier Decks. Der Rumpf war bis zum Hauptdeck durch acht Querschotte unterteilt.

Die Zweizylinder-Compoundmaschinen mit 5200 PSi sollten eine Geschwindigkeit von 15 Knoten ermöglichen. Einen Mangel gab es jedoch: Der tägliche Kohleverbrauch betrug 120 Tonnen. Die Innenausstattungen waren, wie es in einem zeitgenössischen Bericht heißt, denen eines erstklassigen Passagierdampfers im Liverpooler Hafen angemessen. Im Gesellschaftsraum dominierten Paneele und Säulen aus Walnußholz mit Goldverzierungen. Nach oben war das Ganze mit einer gläsernen Kuppel abgeschlossen. Für die Damen und die Raucher gab es jeweils separate Aufenthaltsräume. Die 1.-Klasse-Kabinen waren mit einer elektrischen Klingelanlage ausgestattet, um den Steward rufen zu können. Von den insge-

»City of Glasgow« – Inmans Pionierdampfer

Inmans erste »City of New York«

Inmans erste »City of Paris«

»City of Berlin«

Werbung 1863

»City of Brussels« – Inmans erster Rekordbrecher

samt 1770 Passagieren waren allein für das Zwischendeck 1500 vorgesehen. Die Besatzung zählte 150 Mann.

Die Rekorde der »City of Berlin« hatten aber nur kurze Zeit Bestand. Wiederum waren die neuen Renner der White Star Line schneller. Dafür aber hatte Inman die Nase bei der Innenausstattung vorn. Als die »City of Berlin« am 4. Dezember 1879 Liverpool in Richtung New York verließ, war sie das erste Schiff auf dem Atlantik mit elektrischer Beleuchtung. Zwischen dem Speisesaal und den Maschinenräumen waren mehrere Lichtbogen-Lampen verteilt. Auch im Zwischendeck hatte man Lampen angebracht. Voller Euphorie hieß es in einem zeitgenössischen Bericht: »Ihr Gesellschaftsraum war ›erleuchtet‹, wann immer künstliches Licht gebraucht wurde, durch vier große elektrische Brenner. Der immense Gesellschaftsraum, 196 m², erloderte im Licht, so daß das Lesen, Schreiben und selbst Nähen in jedem Teil des Raume möglich wurde. Das elektrische Licht erwies sich als ein großer Erfolg, und es war auch von unendlich großer Wohltat im Zwischendeck des Dampfers, wo zwei dieser elektrischen Lichter ständig einen Glanz verbreiteten, der bisher unbekannt war im Zwischendeck irgendeines Schiffes.«

Friedrich Engels, der im August 1888 mit der »City of Berlin« von Liverpool nach New York gefahren war, schwärmte in einem Brief an seinen Bruder Hermann: »Unser Schiff ist viel schöner als das Berlin zu Lande... Wir haben hübsche Kajüten, die Beköstigung ist vortrefflich, dazu amerikanisches Lagerbier, das gar nicht übel ist, ein langes Verdeck, um sich darauf herumzutreiben, nicht zu viele Passagiere...«

Die Konkurrenz unter den Reedereien spitzte sich zu, als 1879 die Guion Line ihren ersten »Windhund« ins nordatlantische Rennen schickte. Inman konterte mit seiner 8415 BRT großen »City of Rome«, gebaut von der Barrow-Shipbuilding & Co. Dieser Dampfer ließ Experten und Laien gleichermaßen ins Schwärmen geraten. Einhellig hielt man ihn für den schönsten, der je gebaut worden war. Mit seinen drei Schornsteinen und vier Masten, dazu der traditionelle Klipperbug, war er in der Tat eine imposante Erscheinung. Insgesamt konnten 1331 Passagiere, darunter 810 im Zwischendeck, an Bord genommen werden. Alle Räumlichkeiten – auch der Maschinenraum – waren mit elektrischem Licht ausgestattet.

Mitte Oktober 1881 ging es auf Jungfernfahrt. Doch sowohl die Hin- als auch die Rückreise wurden zu einer einzigen Enttäuschung. Nach New York fuhr der Dampfer fast zwei Tage länger als der damalige Rekordinhaber, heimwärts war er »nur« rund einen Tag langsamer. Trotz diverser Veränderungen blieb die »City of Rome«, so herrlich sie auch aussehen mochte, einer der größten technischen Versager auf dem Nordatlantik. Nach fünf Reisen für Inman ging das Schiff an die Werft zurück. Diese wiederum vercharterte es über die mit ihr geschäftlich liierte Anchor Line an die National Line.

Hauptursachen des Mißerfolges waren krasse Unterschiede zwischen dem Projekt und der Ausführung. So wurde für den Schiffskörper aus Kostengründen nicht Stahl, sondern Eisen verwendet. Dadurch vergrößerte sich der Tiefgang enorm, wie sich andererseits die Frachtkapazität von 3800 auf 2200 Tonnen verringerte. Überdies brachte der 12 000 PSi starke Antrieb, als Dreisatz-Verbundmaschine nicht ganz unkompliziert in der Handhabung, das Schiff nie auf die geforderte Geschwindigkeit: Anstelle von 18 lief es nur 16 Knoten. Dem Reedereigründer Inman blieben diese Enttäuschungen allerdings erspart. Er war wenige Tage nach dem Stapellauf der »City of Rome« gestorben.

Der Abstieg der Reederei war trotz befriedigender Beförderungszahlen nicht aufzuhalten. Anfang Januar 1883 sank die »City of Brussels« nach einer Kollision mit dem Dampfer »Kirby Hall« im Mersey. Die »City of Paris« war aus Altersgründen 1884 nach Frankreich unter dem Namen »Tonquin« verkauft worden. Sie sank ein Jahr später vor Malaga. Von den noch vorhandenen sieben Schiffen erreichten fünf ein Alter von 11 Jahren. In der durchschnittlichen Reisezeit war man gegenüber Cunard in beiden Richtungen um zwei Tage langsamer. Die Betriebsmittel mußten unbedingt erneuert werden, doch dafür reichte das Geld nicht. Bei einem Buchwert der Flotte von 168 500 Pfund Sterling hatte man 265 500 Pfund Schulden.

Der Kollaps der Inman Line löste, wie es in zeitgenössischen Berichten hieß, bei der Liverpooler Geschäftswelt Bestürzung aus. Intensiv wurde nach den Ursachen geforscht. Werften und Banken trugen jedoch nach Expertenmeinungen mit ihrer großzügigen Kreditierung ebenso die Schuld daran wie Inman selber. Letztlich zeigte die Inman Line, daß unter den Bedingungen unerbittlicher Konkurrenz ein versagender »Blau-Band-Renner« tödlich wirken konnte. Am 18. Oktober 1886 erfolgte die Selbstauflösung, um eine Neugründung zu ermöglichen. Die Inman & International Steamship Company LTD entstand. Eigentümer war nun eine amerikanische Reederei mit Sitz in Philadelphia. Die Schiffe fuhren aber weiterhin unter britischer Flagge.

Die Flotte wurde modernisiert. So erhielt die »City of Berlin« eine Dreifach-Expansionsmaschine. Mit größerer Geschwindigkeit bei geringerem Kohleverbrauch war sie leistungsfähiger geworden. Darüber hinaus wurden bei Thomson in Glasgow zwei neue Schiffe in Auftrag gegeben. Angesichts der Cunard- und der White-Star-Konkurrenz sollten sie alles, was da schwamm, in den Schatten stellen. Und in der Tat! Sie deklassierten alle Schiffe, die auf dem Nordatlantik verkehrten.

Im Frühjahr bzw. im Herbst 1888 liefen die beiden Schwesternschiffe »City of New York« und »City of Paris« vom Stapel. Mit ihren 10 499 BRT waren sie in der

»City of Rome« – ein technischer Versager

Maschinenanlage der »City of Rome«

kontinuierlichen Entwicklung, dabei die »Great Eastern« ausgenommen, die ersten 10 000-Tonnen-Riesen. Überdies waren sie die ersten Doppelschrauben-Schnelldampfer der Welt. Beide Schrauben wurden von je einer Dreifach-Expansionsmaschine mit insgesamt 20 000 PSi angetrieben. Die projektierte Geschwindigkeit lag bei 20 Knoten.

Beide Schiffe besaßen vier Decks und waren 14mal durch Querschotte unterteilt. Wegen der beiden, voneinander getrennten Antriebe konnte der Maschinenraum zum ersten Mal mit einem Längsschott versehen werden. Erstmals wurde auch eine Art von Schlingertanks eingesetzt, um die durch den Seegang hervorgerufenen Bewegungen dämpfen zu helfen.

Äußerlich waren die Schiffe echte Inman-Liner geblieben mit Klippersteven, kurzen Bugspriets, Gallionsfiguren, schwarzen Rümpfen, je drei schrägen Schornsteinen, Masten sowie verzierten Dampferhecks. Die schottischen Schiffbauer konnten auf ihre Produkte stolz sein. Überall, wo die Fahrzeuge auftauchten, riefen sie Entzücken und Begeisterung hervor. Das galt auch für die Inneneinrichtungen. Neben 1000 Zwischendeckpassagieren konnten 450 in der 1. Klasse und 200 in der 2. Klasse an Bord genommen werden. Die Unterbringungsmöglichkeiten wurden in einem zeitgenössischen Bericht als »superb und geräumig« bezeichnet. Für die »high society« gab es auf dem Salondeck 14 Suiten, jeweils mit Aufenthalts- und Schlafraum sowie Garderobe, Bad und Toilette. Der Speisesaal war mit Najaden, Delphinen, Tritonen und Meermaiden geschmückt.

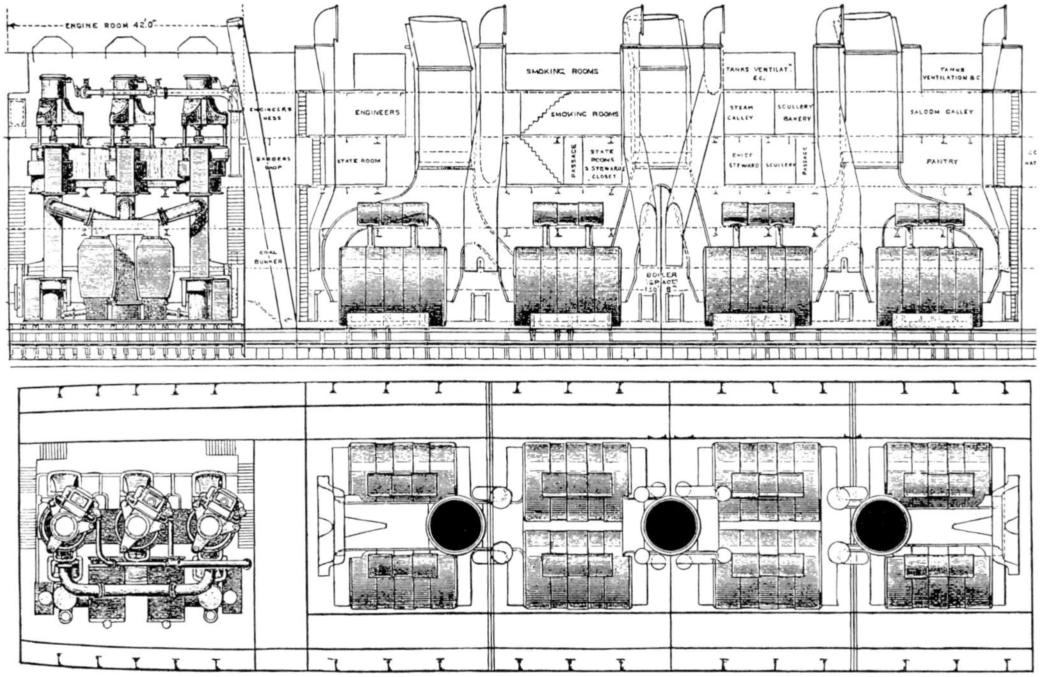

Darüber wölbte sich – einem Dom gleich – ein gläsernes Dach. Der Rauchsalon war mit schwarzem Walnußholz getäfelt, die Couches und Stühle in ihm waren mit scharlachrotem Leder überzogen. Die Bibliothek umfaßte 900 Bände.

Zuerst ging die »City of New York« am 1. August 1888 auf Jungfernreise. Am 3. April 1889 folgte die Schwester »City of Paris«. Zum Leidwesen der Besitzer gelang es beiden Schiffen nicht auf Anhieb, den Geschwindigkeitsrekord zu brechen. Recht kritisch äußerte sich Friedrich Engels über die »City of New York«, welcher mit ihr im September 1888 aus den USA nach Europa zurückkehrte. Er schrieb an den Journalisten Friedrich Adolph Sorge: »Die ›City of New York‹ ist ein Humbug, bei ruhigem Wasser natürlich ruhig, wenn sie aber einmal ins Rollen geraten, bringt sie so bald niemand wieder heraus. Dabei die Maschinerie in miserablem Stand, eine Maschine arbeitete mit kaum halber Kraft, und die andere war infolge Überanstrengung auch alle Augenblicke wacklig. Wir haben keinen Tag über 370 Meilen gemacht und einmal nur 313.«

Dennoch zogen, sozusagen als Ausgleich, beide Schiffe viele amerikanische Touristen an, die in großer Zahl zur Pariser Weltausstellung an die Seine fuhren. Während sich die »City of New York« als Renner etwas schwerer tat, dampfte ihre Schwester bald allen Schiffen auf und davon.

Anfang Mai 1889 absolvierte sie die 2855 Meilen von Queenstown bis Sandy Hook in 5 Tagen, 23 Stunden und 7 Minuten bei einer Durchschnittsgeschwindigkeit von 19,95 Knoten. Auf ihrer Rückreise erreichte sie in 6 Tagen und 29 Minuten ein Mittel von 20,03 Knoten. Damit hatte die Inman Line nicht nur den Doppelrekord errungen, sondern die Reisezeit war auf Ostkurs erstmals unter 6 Tage gesunken.

Cunards Rekordbrecherpaar »Umbria« und »Etruria« waren geschlagen. White Star nahm die Herausforderung mit der »Teutonic« und der »Majestic« an, die 1889 bzw. 1890 in Dienst gestellt wurden. Das Wettrennen auf dem Nordatlantik war wieder einmal in vollem Gange.

Am 7. August 1889 verließen die »City of New York« unter Kapitän Watkins und die »Teutonic« unter Kapitän Irving den Liverpooler Hafen mit einer Stunde Zeitdifferenz. Nach einem Zwischenaufenthalt in Queenstown zur Übernahme von Passagieren und Post verließ das Inman-Schiff den irischen Hafen 35 Minuten vor der »Teutonic«. Am Morgen des nächsten Tages hatten sich beide Schiffe noch in Sichtweite. Doch dann schob sich der White-Star-Renner unaufhaltsam an die Spitze und erreichte New York vier Stunden früher als sein Rivale. 1892 schraubten die Inman-Liner die Geschwindigkeitsrekorde in westlicher Richtung auf 20,70 und in östlicher auf 20,11 Knoten hoch.

Die Wettfahrten zwischen Inman und White Star wurden beendet, als Cunard

Mitte 1893 seine neuen Rekordbrecher »Campania« und »Lucania« in Dienst stellte. Wenige Monate zuvor hatte der Name Inman ohnehin aufgehört zu existieren. Die Reederei war aufgelöst worden, als feststand, daß die Schiffe aufgrund eines 1892 vom Kongreß verabschiedeten Sondergesetzes in den USA angekauft werden konnten. Sie fuhren nun für die American Line unter amerikanischer Flagge. Am 22. Februar 1893 wurden auf ihnen die Sternenbanner gehißt. Gleichzeitig wurde das »City of...« aus den Namen gestrichen. Wenige Monate später schickte man die Dampfer, mit Billigung des amerikanischen Posttransportes nach Southampton, auf die neue Route New York – Southampton. Das geschah auch mit der »Berlin«, der Ex-»City of Berlin«.

Während des amerikanisch-spanischen Krieges 1898 fuhren die drei ehemaligen Renner als Truppentransporter unter den Namen »Meade«, »Harvard« und »Yale«. Die anschließend in den Pazifik verlegte »Berlin« wurde 1906 bei San Franzisco durch ein Feuer fast vollständig zerstört und schließlich 1921 abgebrochen.

Die »Paris« und die »New York« kehrten Ende 1898 bzw. 1899 in den Atlantikdienst zurück. Im Mai 1899 strandete die »Paris« auf den Manacles an Cornwalls Küste. Nach ihrer Bergung, Reparatur und technischer Überholung wurde sie unter dem neuen Namen »Philadelphia« wieder auf dem Nordatlantik eingesetzt. Gegen Ende des ersten Weltkrieges benutzte sie die Marine als Truppentransporter »Harrisburg«. Anschließend wieder im Atlantikdienst, wurde die »Philadelphia« 1922 zwar von der New York-Naples Co. aufgekauft, jedoch wegen Verschuldung

Die zweite »City of New York«

Die zweite »City of Paris«

Dinner auf See

Speisesaal der »City of New York«

Schema des »tonnengewölbten« Speisesaals

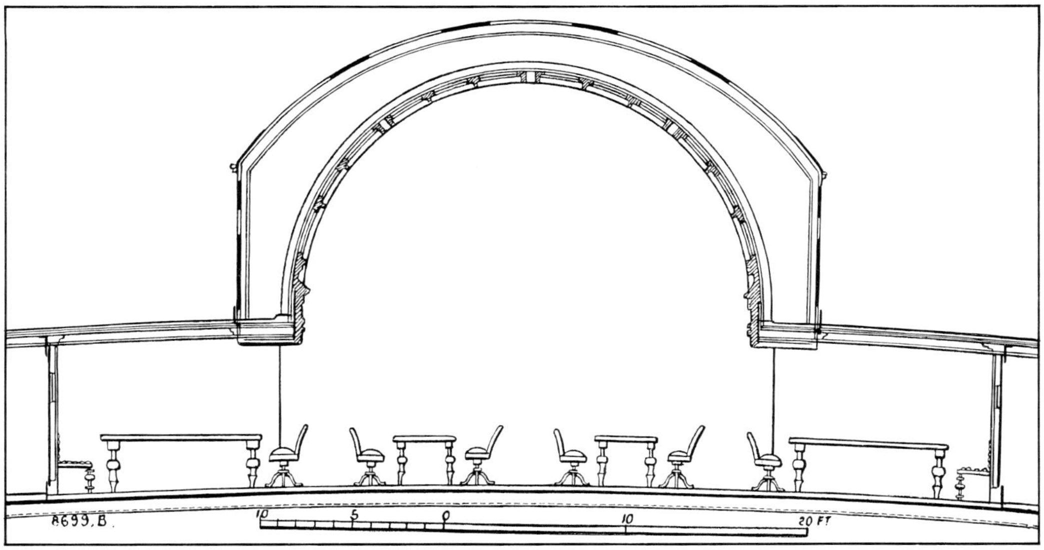

der Gesellschaft beschlagnahmt. 1923 kam sie in Genua unter die Schneidbrenner.

Die »New York « wurde von 1901 bis 1903 technisch überholt. Sie erhielt eine neue Dreifach-Expansionsmaschine. Die drei Schornsteine wurden auf zwei reduziert. Im ersten Weltkrieg zum Truppentransporter herangezogen, erhielt sie den Namen »Plattsburg«. Als »New York« dann in den Atlantikdienst zurückgekehrt, wechselte sie nach 1921 in rascher Folge mehrmals ihren Besitzer, darunter auch die Polish Navigation Co., die Irish-American-Line und die United Transatlantik Line. Schließlich wurde auch sie 1923 in Genua verschrottet.

Inman bewies Mut zum Risiko und hatte Vertrauen in den technischen Fortschritt. Seit der Gründung seiner Reederei setzte er auf eiserne Schraubendampfer. Mit ihren letzten »Blau-Band-Rennern« führte die Inman Line erstmalig den Doppelschraubenvortrieb bei Schnelldampfern ein.

Zwischenspiel mit Guions »Windhunden«

Den 7. November 1879, einen Freitag, werden wohl die Passagiere der »Arizona« nicht so schnell wieder vergessen haben. Unter ihnen befand sich auch der Eigner des Dampfers und Chef der Guion Line: Stephen Barker Guion. Die »Arizona« befand sich auf der Fahrt nach Liverpool, 300 Meilen östlich von St. Johns (Neufundland). Der 2. Offizier hatte seine Wache bezogen. Die See war ruhig, das Wetter diesig. Einige Passagiere waren schon zu Bett gegangen, andere verbrachten die letzten Stunden des Tages in gemütlicher Runde.

Plötzlich – ohne jedwede Vorankündigung – ein fürchterliches Krachen. Das ganze Schiff erzitterte. Es bebte vom Bug bis zum Heck. Polternd fielen Eisbrocken auf das Vorschiff. Die Passagiere stürzten schreiend an Deck in der Angst, ihr Schiff würde sofort sinken. Die »Arizona« hatte bei einer Geschwindigkeit von 15 Knoten frontal einen Eisberg gerammt, der mit seinen 200 Metern Höhe ein unüberwindbares Hindernis darstellte. Zum Glück gab es nicht einen Verletzten an Bord. Auch das Schiff blieb schwimmfähig. Der Bug war zwar mehrere Meter weit eingedrückt worden, doch hatte das Kollisionsschott den wuchtigen Aufprall unbeschadet überstanden. Kapitän Jones beruhigte die Passagiere, ließ das Schiff langsam zurücksetzen, und mit eigener Kraft erreichte die »Arizona« am Sonntagmorgen den Hafen von St. Johns.

Während die Passagiere wenige Tage später mit dem Allan-Dampfer »Caspian« ihre Reise nach England fortsetzen konnten, folgte die »Arizona« ihnen etwas später mit einem provisorischen Holzbug. Das Schiff wurde dann im Heimathafen Liverpool repariert. Kapitän Jones durfte es jedoch nicht mehr führen. Er wurde vom Seeamt für schuldig befunden, die Kollision nicht vermieden zu haben.

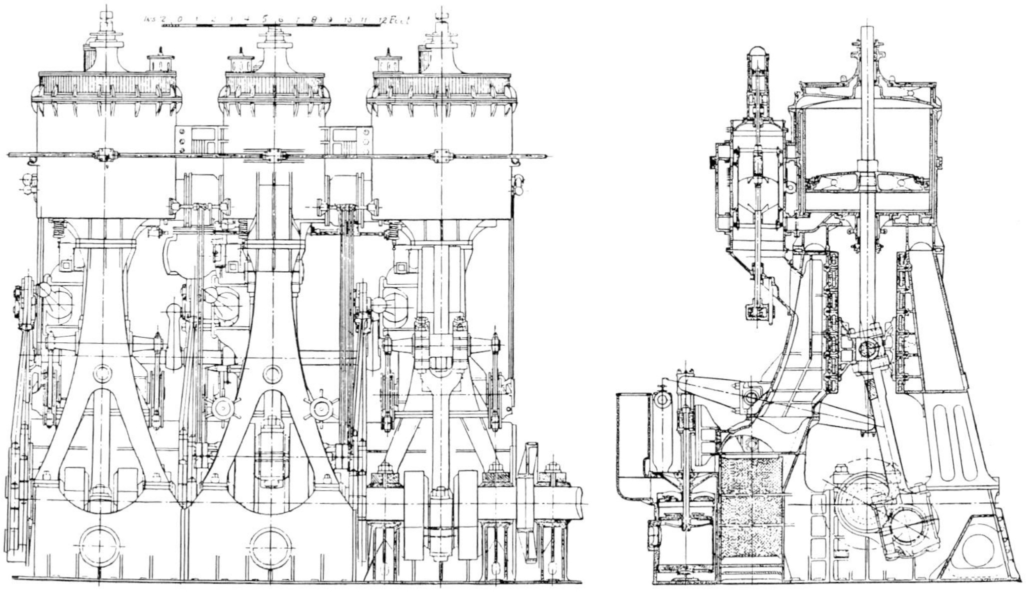

Wer nun meinte, die Guion Line hätte dadurch an Image eingebüßt, der hatte sich getäuscht. Die Passagiere blieben der »Arizona« treu, hatte diese doch ihre Standfestigkeit und Sicherheit eindrucksvoll unter Beweis gestellt. Überdies fuhren die Reisenden gern mit schnellen Schiffen. Und die »Arizona« war nicht nur schnell, sie war das schnellste Schiff auf dem Nordatlantik überhaupt. Vier Monate vor der Eisbergkollision – im Juli 1879 – hatte sie den Geschwindigkeitsrekord auf Ostkurs mit annähernd 16 Knoten errungen.

Schon einmal hatte die Guion Line mit Neubauten ausdrücklich auf Rekordbrecher gesetzt. Als Antwort auf die Dampfer »Spain« und »Egypt« der National Line wurden die »Montana« und die »Dakota« mit 4321 bzw. 4332 BRT in Auftrag gegeben. Nach den Stapelläufen 1872 und 1873 konnten sie aber wegen erheblicher technischer Schwierigkeiten an Maschinen und Kesseln erst 1875 auf Jungfernfahrt gehen. Dennoch erreichten sie nie die geforderten Leistungen. Beide Dampfer wurden zum größten Desaster für Guion. Die Enttäuschung war um so größer, als die Hauswerft Palmers & Co. in Jarrow-on-Tyne, bei der auch diese beiden Dampfer bestellt worden waren, bis dahin zur vollsten Zufriedenheit gearbeitet hatte.

Die seit 1866 unter dem offiziellen Namen Liverpool & Great Western Steamship Company Ltd. existierende Guion Line war in Großbritannien registriert und fuhr auch unter britischer Flagge. Die Mehrzahl der Aktionäre aber waren – wie Guion selber – Amerikaner. Guion hatte sich Anfang der 60er Jahre in Liverpool niedergelassen, um als Mitinhaber einer in New York beheimateten Segelschiffsreederei das europäische Auswanderergeschäft »vor Ort« besser in den Griff zu bekommen. Zugleich betätigte er

sich auch für die Cunard und die National Line als Auswandereragent. Bei einem – nach dem amerikanischen Bürgerkrieg – expandierenden Markt entschloß sich Guion, mit eigenen Dampfern in das Auswanderergeschäft einzusteigen. 1866/67 wurden gleich vier Schiffe von je 3000 bis 4000 BRT in Dienst gestellt. Sie waren mit einer Kapazität von je 800 Auswanderern bei nur 72 1.-Klasse-Passagieren ausschließlich für die Beförderung im Zwischendeck bestimmt. Nicht anders war es bei den folgenden vier Schiffen mit dem gleichen Fassungsvermögen.

»Arizona«

Dreizylinder-Compoundmaschine der »Arizona«

Zusammenstoß mit einem Eisberg

»Alaska«

Als dann die beiden als Rekordbrecher geplanten »Montana« und »Dakota« zu den »größten atlantischen Versagern« wurden, geriet die Guion Line in eine prekäre Situation. Trotzdem hielt sie an ihrem ehrgeizigen Programm fest und setzte weiter auf Geschwindigkeit. Guion wechselte die Werft und bestellte bei John Elder in Glasgow ein ausdrücklich als Rekordbrecher deklariertes Schiff. Am 31. Mai 1879 verließ die 5147 BRT große »Arizona« Liverpool. Sie absolvierte die bis dahin schnellste Jungfernreise nach New York, fuhr aber noch keinen Rekord. Den schaffte die »Arizona« dann im Monat Juli. Zunächst blieb sie auf der Fahrt nach New York mit einer Durchschnittsgeschwindigkeit von 15,73 Knoten rekordverdächtig und war nur um drei Hundertstel langsamer als die Mitbewerber. Ein neuer Rekord wurde dann auf der Rückreise in 7 Tagen, 8 Stunden und 11 Minuten bei einem Mittel von 15,96 Knoten erreicht. Damit war Guion mit seiner »Arizona« den White-Star-Rivalen »Britannic« und »Germanic« zur echten Konkurrenz geworden.

Der dafür zu zahlende Preis war aber nicht gering. Benötigte jedes der White-Star-Schiffe täglich 85 Tonnen Kohle, so fraßen die sieben Flammrohrkessel der »Arizona« 135 Tonnen am Tag. Konnte White Star auf seinen Rekordbrechern jeweils 1500 Zwischendeckpassagiere unterbringen, so waren es bei der »Arizona« nur etwa 1000.

Ursache war der enorme Raumbedarf der Drei-Zylinder-Verbundmaschine mit 6400 PSi. Bei Probefahrten wurden sogar 17,3 Knoten erreicht. Das konstruktive Vorbild für diesen neuen Blau-Band-Renner waren die White-Star-Schiffe. Die »Arizona« hatte als eiserner Einschraubendampfer einen geraden Steven, vier Masten (Vor- und Hauptmast rahgetakelt), zwei schwarze Schornsteine mit weißem Ring und vier Decks. Ihr Rumpf war achtfach geschottet. Ihre Stabilität sollte durch die spätere Eisbergkollision anschaulich unter Beweis gestellt werden.

Durch den Erfolg der »Arizona« ermutigt – überdies machte sich ein »Renner« allein nie bezahlt – , wurde ein zweiter, größerer Rekordbrecher von 6932 BRT bei John Elder in Auftrag gegeben. Projektiert waren mehr als 16 Knoten. Demzufolge mußte die Dreizylinder-Compoundmaschine auf die enorme Leistung von 11 000 PSi bemessen werden.

Ende Oktober 1881 nahm der auf den Namen »Alaska« getaufte Dampfer seinen Dienst von Liverpool nach New York auf. Aber erst im April 1882 konnte er sich in die Rekordlisten eintragen. In 7 Tagen, 6 Stunden und 20 Minuten dampfte die »Alaska« nach New York. Die dabei erreichte Durchschnittsgeschwindigkeit betrug 16,07 Knoten. In der Gegenrichtung schaffte das Schiff zwei Monate später sogar 16,81 Knoten. Die Reisedauer betrug 6 Tage und 22 Stunden. Erstmals war der Atlantik in beiden Richtungen mit mehr als 16 Knoten überquert worden. Im September steigerte man in östlicher Richtung die Geschwindigkeit auf 17,10 Knoten bei einer Fahrzeit von 6 Tagen, 18 Stunden und 37 Minuten. Schließlich gelang dies im April/Mai 1883 auch auf Westkurs mit 6 Tagen, 23 Stunden und 48 Minuten bei einem Mittel von 17,05 Knoten. Die Aktionäre und mit ihnen die Kapitäne, die ebenfalls amerikanische Bürger waren, feierten den Erfolg als amerikanischen Triumph. Guions »Windhunde«, wie fortan diese Rekordbrecher genannt wurden, beherrschten das »Renngeschehen« auf dem Nordatlantik.

Doch dafür mußte die Reederei weiterhin einen hohen Preis zahlen. Die Zahl an Zwischendeckpassagieren blieb auch bei der »Alaska« mit 1000 im üblichen Rahmen. Rapide war jedoch der Kohleverbrauch hochgeschnellt: über 250 Tonnen pro Tag. Mehr als doppelt soviel wie bei der »Arizona«. In der äußeren Erscheinung glich die »Alaska« weitestgehend ihrer Vorgängerin.

Der von Guion insgeheim gehegte Wunsch, einen wöchentlichen Service einzurichten, ließ sich mit zwei Schnelldampfern allein nicht realisieren, wirkten doch seine restlichen Dampfer im Vergleich zu den »Windhunden« eher wie »lahme Enten«. So entschloß sich die Direktion, einen dritten Rekordbrecher bauen zu lassen. Und das alles vor dem Hintergrund erheblicher Finanzierungsschwierigkeiten. Wiederum erhielt John Elder den Bauauftrag für ein größeres und leistungsfähigeres Schiff. Es wurde auf den Namen »Oregon« getauft. Bei seiner Indienststellung Anfang Oktober 1883 war es mit 7375 BRT das größte Schiff der Welt. Eine dreizylindrige Compoundmaschine, die bei allen Experten erneut Bewunderung auslöste, war mit 12 500 PSi ausgelegt. Dadurch sollten 18 Knoten erreicht werden. Der Preis: 310 Tonnen Kohle je Tag. Und das bei nur 340 1.-Klasse- und lediglich 1000 Zwischendeckpassagieren.

Im April 1884 erfüllte die »Oregon« die in sie gesetzten Erwartungen. Man fuhr ostwärts neuen Rekord mit 17,12 Knoten. Anschließend wurde auch auf Westkurs mit enormen 18,56 Knoten neuer Rekord gefahren. Und auf der folgenden Rückreise Ende April/Anfang Mai 1884 wurde mit 18,09 auf Ostkurs ebenfalls die 18-Knoten Marke übertroffen. Dies war aber zugleich die letzte Rekordfahrt der »Oregon« unter der Guion-Flagge. Die finanzielle Situation hatte sich so dramatisch verschlechtert, daß sich die Reederei außerstande sah, die fälligen Raten für das Schiff an die Werft zu zahlen. Die »Oregon« mußte an den Bauherren zurückgegeben werden.

Just zur gleichen Zeit ließ die Cunard Line bei John Elder in Glasgow zwei neue Rekordbrecher bauen. Kurz entschlossen wurde die »Oregon« gekauft, und Cunard hatte, nach rund 20 Jahren, wieder einen Blau-Band-Renner.

Als 1885 der Reederei-Gründer Guion gestorben war, sah die Direktion ein Jahr später nur noch einen Ausweg aus der Finanzmisere: Umwandlung des Privatunternehmens in eine Aktiengesellschaft. Der allgemeine Niedergang war trotzdem nicht mehr aufzuhalten. Anfang 1894 hörte die Guion Line auf zu existieren.

Die beiden kohlefressenden Ex-Rekordhalter »Arizona« und »Alaska« waren mit ihren Compoundmaschinen und je-

»Oregon«

Die »America«, der »Adler« des Atlantiks

weils nur einer Schraube inzwischen technisch veraltet. Sie wurden in Garloch am Clyde bis 1897 aufgelegt. Anschließend fuhr die umgebaute »Arizona« – ohne Segel, nur noch mit einem überdimensionalen Schornstein und einer Dreifach-Expansionsmaschine – unter britischer Flagge im San Franzisco-China-Dienst. Nach einigen Pazifik-Rundreisen wurde das Schiff schließlich von der US-Regierung als Truppentransporter im spanisch-amerikanischen Krieg 1898 gekauft und erhielt den Namen »Hancock«. Anschließend lag sie bis 1914 vor der Marinewerft in Brooklyn. Mit Eintritt der USA in den ersten Weltkrieg beförderte sie Truppen über den Atlantik; ihre Geschwindigkeit: 13 Knoten! 1918 in Philadelphia aufgelegt, wurde die »Ex-Arizona« 1926 abgewrackt.

Die »Alaska« erfuhr ein noch schnelleres Ende. 1898 von den Spaniern zum Truppentransport nach Kuba gechartert, erhielt sie zeitweise den Namen »Magallanes«. Anschließend wieder am Clyde aufgelegt, fungierte die »Alaska« noch kurze Zeit als Wohnschiff, um dann bereits 1902 abgewrackt zu werden.

Mit den Rekordbrechern von Guion, die in die Schiffahrtsgeschichte als die »greyhounds« eingegangen sind, begann eine neue Ära, und zwar die der Schnelldampfer. Dies waren überwiegend für die Passagierbeförderung bestimmte Schiffe mit relativ hoher Geschwindigkeit.

»America«, Einzelgängerin der National Line

Wie bereits einleitend darauf hingewiesen, gibt es bei den Rekordfahrten der »America« erhebliche Unterschiede in den Quellenangaben. Während ihr Bonsor nur einen Zeitrekord auf Ostkurs zubilligt, gilt für andere Autoren das Schiff als Geschwindigkeitsrekordbrecher, und obendrein in beiden Richtungen. Der Verfasser vermag bei der Quellenlage keine Klärung herbeizuführen. Deshalb soll der Lebensweg der »America«, einschließlich ihrer Reederei, zumindest unter dem Begriff »rekordverdächtig« auf der Basis von Bonsors Daten kurz nachvollzogen werden.

Im Sommer 1890 war die National Line unversehens in die Schußlinie öffentlicher Kritik geraten. Es hagelte Beschwerden von Passagieren. Unverständ-

nis breitete sich aus. Nun kann jedwedes Unternehmen alles andere gebrauchen als mangelnde Reputation. Am allerwenigsten die National Line, die nach fast 30jähriger erfolgreicher Tätigkeit immer mehr in die roten Zahlen geraten war. Nun drohte sogar ein beschleunigtes Ende. Was war geschehen?

Die »Egypt« – ein 4670-BRT-Schiff der National Line – befand sich auf der Heimreise von den USA nach Großbritannien. Am 19. Juli 1890 brach plötzlich an

Bord ein Feuer aus. Ursache war eine Selbstentzündung in dem mit Baumwolle beladenen Frachtraum. Der Brand breitete sich in Windeseile über das ganze Schiff aus. Eine Bekämpfung wurde unmöglich. Passagiere und Mannschaften mußten in die Rettungsboote gehen. Zur gleichen Zeit hatten sich die meisten der 500 verfrachteten Rinder von ihren Ketten losgerissen und waren ins Wasser gesprungen. Sie drohten nun die Rettungsboote mit ihren Hörnern buchstäblich aufzuspießen. Glücklicherweise erschien der deutsche Segler »Gustav Oscar« an der Unglücksstelle und rettete die Passagiere sowie die Crew.

In den Anweisungen an die Kapitäne der 1863 gegründeten Reederei stand ausdrücklich, daß die Gewährleistung der Schiffssicherheit sowie des Schutzes von Leben und Eigentum an Bord vorherrschendes, das Handeln bestimmendes Gebot sein müsse. Bei allem Bemühen, eine zügige Überfahrt zu realisieren, sollte dennoch jedes Risiko vermieden werden. Die auf Sicherheit bedachte Schiffsführung trug anfänglich nicht unwesentlich zur Popularität der National Line bei. Nach Reorganisation der als erster mit beschränkter Haftung gegründeten Reederei wurde ab 1867 ein wöchentlicher Dienst zwischen Liverpool und New York eingerichtet. Bei 33 500 angelandeten Auswanderern im Jahre 1870 lag die National Line mit an der Spitze.

Dem wachsenden Konkurrenzdruck gegenüber Inman, Guion, Cunard und White Star wollte man mit der 1871 in Dienst gestellten »Egypt« und dem Schwesterschiff, der 4512 BRT großen »Spain«, begegnen. Insbesondere sollte möglichen neuen Rekordbrechern Paroli geboten werden, ohne dabei das eigene Reedereikonzept prinzipiell aufzugeben. Seit der Gründung – und da hatte man eine Marktlücke erspäht – basierte das Geschäft auf dem kombinierten Transport von Fracht und Passagieren, einschließlich solchen im Zwischendeck. So hieß es in der Werbeschrift, das Dampfer von beträchtlichem Umfang und erheblichem Fassungsvermögen in Fahrt gebracht werden, ausgestattet zum Transport von Getreide, Mehl und Nahrungsgütern sowie anderen Arten von Fracht einschließlich zur Beförderung von Passagieren. »Spain« und »Egypt« blieben bemerkenswerte Unikate. Sie übertrafen viele der damaligen Dampfer an Größe bei einer beachtlichen Geschwindigkeit von mehr als 13 Knoten.

Als nun die Guion Line begann, ihre »Windhunde« ins atlantische Wettrennen zu schicken, versuchte die National Line erstmalig mit einem ausgesprochenen Rekordbrecher gegenzuhalten. Es war die Flucht der Reederei nach vorn, gingen doch die Passagierzahlen seit Beginn der 80er Jahre merklich zurück. Am 28. Mai 1884 lief die 5528 BRT große »America« unter Kapitän Grace zu ihrer Jungfernfahrt von Liverpool über Queenstown nach New York aus. Zwar fuhr man mit 17,6 Knoten keinen neuen Geschwindigkeitsrekord, blieb aber mit 6 Tagen, 15 Stunden und 22 Minuten knapp über der Zeitmarke der »Oregon« (6:10:10). Und auch auf der Rückreise war man mit 17,78 Knoten langsamer als die »Oregon«, hatte aber mit 6 Tagen, 14 Stunden und 18 Minuten einen neuen Rekord in der Zeit für die Überfahrt aufgestellt.

Die »America« gehörte zu den eindrucksvollsten Dampfschiffen, die je die Meere kreuzten. Der »Adler des Atlantiks« wurde sie genannt. Bei Thomson am Clyde ganz aus Stahl gebaut, besaß das Schiff einen Klippersteven, zwei nach achtern geneigte Masten sowie zwei extrem hohe weiße Schornsteine mit schwarzer Kappe. Von den Passagieren wurde die Innenausstattung als außerordentlich komfortabel empfunden. Eine Besonderheit war das gleich einem Dom gewölbte gläserne Dach über dem Speisesaal. Das ergab zusätzlich Höhe und Licht. Diese Neuerung wurde von anderen Reedereien übernommen. Insgesamt konnten 300 1.-Klasse-Passagiere sowie 700 Zwischendecker befördert werden.

Speisesaal mit Dom auf der »America«

So verheißungsvoll der Auftakt war, so kurz blieb die Karriere der »America« auf dem Nordatlantik. Gegenüber den Guion-Konkurrenten mit einem täglichen Kohleverbrauch von mehr als 250 Tonnen, fuhr die »America« mit »nur« etwa 190 Tonnen wesentlich ökonomischer. Deshalb wäre der Einsatz dieses rekordverdächtigen Schiffes in einer von der Geschwindigkeit her ausgeglichenen Reedereiflotte durchaus gewinnbringend gewesen. Anders bei der National Line. Hier fehlte ein geeigneter Partner. Zunächst versuchte man, die »America« mit der »Egypt« im Wechsel fahren zu lassen. Aber ohne Erfolg! Daraufhin kam sie 1885 als Truppentransporter nach Indien. Zurückgekehrt, wurde die »America« dann mit der von der Anchor Line gecharterten »City of Rome« – das Schiff war von der Inman Line wegen unzureichender Leistung an die Werft zurückgegeben worden – zusammengebracht. Mit beiden Schiffen richtete man 1886 einen 14tägigen Expreßdienst ein, der letztlich aber auch unbefriedigend blieb.

Nachdem sich die Konkurrenzschiffe der »America« als schneller erwiesen hatten und obendrein der Konkurs der auf Geschwindigkeit setzenden Guion Line immer sichtbarer wurde, entschieden die Direktoren der National Line kurzerhand, die Einzelgängerin »America« zu verkaufen. 1887 wurde sie von der italienischen Marine übernommen. Das Schiff erhielt den Namen »Trinacria«. Es wurde als Transport-, Torpedo-, Schul- und Ausstellungsschiff genutzt und 1925 schließlich abgewrackt. In die Schiffahrtsgeschichte ist die schnelle »America« als das erste, ganz aus Stahl gebaute – rekordverdächtige – Schiff des Nordatlantiks eingegangen.

Beispiele für unterschiedliche Angaben über die Rekordzeiten und -geschwindigkeiten der »America« auf der Route Queenstown–New York bzw. in Gegenrichtung

Quelle	Mai 1884, Westwärts	Juni 1884, Ostwärts
Bonsor	kein Rekord	06 d 14 h 18 min 17,78 kn*
Hughes	06 d 15 h 22 min 17,60 kn	06 d 14 h 08 min 17,80 kn
Lee	kein Rekord	06 d 14 h 08 min 17,71 kn
Gibbs	06 d 15 h 22 min 17,60 kn	06 d 14 h 18 min 17,75 kn
Corn./Bre.	kein Rekord	06 d 14 h 08 min 17,80 kn
Cornwell	kein Rekord	– – – 17,82 kn

Corn./Bre. = Cornwell/Brennecke; – = nicht ausgewiesen;
* = Rekord nur hinsichtlich der Zeit, nicht in der Geschwindigkeit

Kapazität der National Line-Dampfer

Jahr	Schiff	BRT	1. Klasse	ZwD
1864	»Virginia«	2876	100	750
1864	»Louisiana«	2266	70	750
1864	»Pennsylvania«	2872	100	750
1864	»Erin«	3325	–	–
1865	»Helvetia«	3318	–	–
1865	»Scotland«	3308	80	800
1865	»The Queen«	3412	–	–
1866	»Denmark«	2870	70	850
1867	»France«	3572	80	1000
1870	»Italy«	4169	–	–
1871	»Spain«	4512	120	1400
1871	»Egypt«	4670	120	1400
1876*	»Erin«	4577	72	1200
1877*	»Helvetia«	4588	72	1200
1884	»America«	5528	300	700

– = nicht ausgewiesen; * = umgebaut
Zusammengestellt nach [3]

Die National Line vermochte sich trotz des Verkaufs der »America« wirtschaftlich nicht mehr zu erholen. Die Passagierzahlen waren rückläufig. 1890 blieb nach dem Totalverlust der »Egypt« auch der 3300 BRT große Dampfer »Erin« verschollen. Anfang 1892 wurde der Passagierverkehr, zwei Jahre später der Frachtdienst auf dem Atlantik eingestellt. 1907 hörte die Reederei auf zu existieren.

White Star: Riesenschiffe statt Renner

Begonnen hatte alles mit einem Billard-Spiel, dessen Sieger uns vom Geschichtsschreiber verschwiegen wird. Wir kennen aber beide Kontrahenten.

Ort der Handlung: Liverpool, im Sommer 1869. Thomas Henry Ismay, einer der Direktoren der National Line, dinierte mit Großkaufmann Gustavus Schwabe. Beim anschließenden Billard-Karambol überredete letzterer schließlich seinen Kontrahenten, eine eigene Reederei zu gründen und offerierte für den Bau der Schiffe sofort auch eine Werft. Ganz uneigennützig geschah das natürlich von Schwabe nicht, war er doch einer der Hauptaktionäre des erst seit wenigen Jahren bestehenden Unternehmens von Harland & Wolff in Belfast und der Onkel von Mitinhaber Wolff. Als Schwabe bevorzugte Lieferbedingungen garantierte, wurde das Geschäft perfekt gemacht.

Am 6. September 1869 erfolgte die Gründung der »Ocean Steam Navigation Company«. Allgemein bekannt wurde sie als White Star Line. Diesen weißen Stern als äußeres Symbol hatte Ismay 1867 von einer in Konkurs gegangenen Segelschiffsreederei gekauft, die im australischen Auswandererverkehr tätig war. Ismay ließ dann einen eigenen eisernen Segler als White-Star-Schiff nach Australien laufen. Deshalb dachten alle Geschäftsleute in Liverpool, daß die neue Dampfschiffreederei ebenfalls die Australienroute bedienen würde.

Doch zum allgemeinen Erstaunen stieg Ismay voll in das gewinnträchtige Liverpool-New York-Geschäft ein. Es wurden gleich vier Schiffe bestellt, die man wenig später durch zwei weitere ergänzte. Sie hießen »Oceanic«, »Atlantic«, »Baltic«, »Republic«, »Adriatic« und »Celtic«. Die Namensgebung mit dieser Endung blieb – in Anlehnung an Collins – für die White Star Line typisch. Beim Bau dieser und aller späteren Schiffe – und das ist höchst bemerkenswert – wurde zwischen Reederei und Werft nie ein Vertrag ausgehandelt. Die einzigen Bedingungen, die die White Star stellte, waren stets noch schönere und komfortablere – und bei ausdrücklichem Wunsch – auch schnellere Schiffe.

Harland & Wolff verpflichteten sich, keinen der unmittelbaren White-Star-Konkurrenten zu beliefern, während White Star zusicherte, nur auf der Belfaster Werft bauen zu lassen. Alle Schiffe wurden von Harland & Wolff nach eigenen Vorstellungen projektiert. Die Bezahlung erfolgte auf einer »cost plus«-Basis. Das bedeutete: Kosten für Aufwand plus Zuschlag für Gewinn! Beide Partner sind im Prinzip nie enttäuscht worden. Die Werft baute für die White Star bis zu deren Fusionierung mit

Cunard 1932 fast 60 Schiffe mit nahezu 700 000 BRT.

Im Februar 1871 erschien das Pionierschiff, die 3707 BRT große »Oceanic« auf dem Mersey. Ihr Eintreffen erregte beträchtliches Aufsehen. Dabei war das Erstaunen um so größer, kam doch der Dampfer nicht vom Clyde, der Geburtsstätte und dem Zentrum des britischen Schiffbaus, sondern aus dem nordirischen Belfast. Mit ihrem langgestreckten Rumpf, der schwarz gestrichen war, ähnelte die »Oceanic« eher einer Hochseeyacht als einem Atlantikdampfer. Völlig neu war das Äußere: Kein hohes Schanzkleid, sondern eine eiserne Reeling mit freiem Blick zum Meer. Vergeblich suchte man das bisher charakteristische Deckshaus. An seine Stelle waren die ganze Breite des Schiffes einnehmende Decks getreten.Hier ließen sich großzügige Gesellschaftsräume und überdachte Promenaden einrichten. Vier schlanke Masten flankierten den Schornstein in beige mit schwarzem Topp, der Hausfarbe von White Star. Dies alles wirkte in der Tat »revolutionär«!

Wie die äußere, so war auch die innere Gestaltung grundlegend geändert worden. Nie zuvor hatte es für die Kabinenpassagiere so viel Eleganz, Komfort und Annehmlichkeit gegeben. Das Beste von Cunard und Inman hatte man noch besser gelöst. Bahnbrechend im Innern war die Verlegung der 1.-Klasse-Kabinen von achtern nach mittschiffs, wo sich die Maschinengeräusche und die Schraubenvibrationen am wenigsten bemerkbar machten. Der Speisesaal mit einer Länge von 25 Metern reichte über die gesamte Schiffsbreite. Drehbare Einzelstühle ersetzten die bankähnlichen Sitze an den Tischen. Vor und hinter dem Speisesaal lagen die Passagierkabinen. Sie waren doppelt so groß wie bisher. Vergrößerte Bullaugen erhöhten die Helligkeit in ihnen und verbreiteten eine wohnliche Atmosphäre. Sämtliche Außenkabinen besaßen fließendes Wasser. Zu den Aufenthaltsräumen gehörten auch ein Damensalon sowie für die Herren ein Rauchsalon mit offenem Kamin. Ismay hatte für die »first class« neue Maßstäbe gesetzt. Die Konkurrenz war schockiert und herausgefordert.

Wesentlich bescheidener nahmen sich dagegen die Unterkünfte im Zwischendeck aus. Die Männer befanden sich im Vorschiff, von der 1. Klasse durch schwere eiserne Türen abgetrennt. Verheiratete Personen und Familien wurden im Achterschiff untergebracht. Neu daran

Thomas Henry Ismay

Pionierschiff »Oceanic«

»Adriatic« – erster Rekordbrecher von White Star

»Baltic«

war, daß Verheiratete und Familien eigene Kojen bekamen. Darüber hinaus brauchten die Auswanderer nicht mehr eigene Betten, Decken und Eßbestecks mitzubringen. All das stellte die White Star – natürlich nicht ohne Aufpreis! Ismays Pionierschiffe konnten 166 1.-Klasse- und 1000 Zwischendeck-Passagiere an Bord nehmen. Die von Maudslay aus London und Forrester aus Liverpool gelieferten Zweisatz-Compoundmaschinen mit 3000 PSi sollten den eisernen Einschraubenschiffen eine Durchschnittsgeschwindigkeit von 14 Knoten verleihen. Notfalls konnte jeder Maschinensatz allein gefahren werden. 12 Kessel mit 24 Feuerungen erzeugten einen Dampfdruck von 0,46 MPa. Der tägliche Kohleverbrauch lag nur bei etwa 60 Tonnen.

Die White Star Line hatte mit ihren Pionierschiffen nicht von vornherein auf Geschwindigkeit gesetzt. Sicherheit und Komfort waren vorerst die entscheidenden Werbeträger. Um so erfreuter nahm man zur Kenntnis, daß die »Adriatic« während ihrer zweiten Reise im Mai 1872 in weniger als 8 Tagen den Nordatlantik in Westrichtung überquert hatte. Das Schiff benötigte von Queenstown bis Sandy Hook 7 Tage, 23 Stunden und 17 Minuten bei 14,53 Knoten. Damit hatte man den seit 10 Jahren bestehenden Rekord von Cunards »Scotia« um gut 3 Stunden bzw. um 0,07 Knoten unterboten. Im Januar 1873 fuhr dann mit der »Baltic« ein White-Star-Pionierdampfer auch auf Ostkurs Rekord. Er war nach 7 Tagen, 20 Stunden und 9 Minuten bei einem Mittel von 15,09 Knoten in Queenstown. Damit kam man in östlicher Richtung erstmals über 15 Knoten. White Star war damals dem Konkurrenten Cunard um durchschnittlich einen halben Tag und Inman um fast einen Tag voraus.

Diese Erfolge wurden durch den Verlust der »Atlantic« am 1. April 1873 erheblich überschattet. Das Schiff geriet auf dem Weg nach New York in schwere Stürme und verbrauchte wesentlich mehr Kohle als gewöhnlich. Deshalb entschied der Kapitän, Halifax anzulaufen. Doch kurz vor dem rettenden Hafen lief die »Atlantic« auf Grund. Durch die Tapferkeit eines Offiziers, der durch die Brandung schwamm und eine Verbindung zwischen Schiff und Land herstellte, konnten von den 1038 Menschen an Bord 453 gerettet werden.

Der nach dieser Katastrophe unvermeidbare Popularitätsverlust der White Star Line mußte unbedingt wieder ausgeglichen werden, wollte man weiter an der Spitze mitfahren. Zwei neue, größere und sichere, aber auch schnellere Schiffe wurden bei Harland & Wolff bestellt. Das Ergebnis waren zwei der erfolgreichsten Nordatlantik-Dampfer: Die »Britannic« und die »Germanic« mit 5004 bzw. 5008 BRT.

In einem zeitgenössischen Prospekt der White Star Line ist man des Lobes voll sowohl über die Inneneinrichtungen als auch über die installierte Technik. Darin heißt es: »Gesellschaftsraum und 1.-Klasse-Kabinen sind luxuriös ausgestattet. Das Vestibül ist so breit und so hell erleuchtet bei Tag und Nacht, als würde man in ein 1.-Klasse-Hotel schauen. Im Speisesaal für 200 Personen hat jeder zu jeglicher Mahlzeit seinen festen Platz auf einem drehbaren Stuhl und braucht den anderen beim Essen nicht mehr zu stören, wenn er zu spät kommt. Der Rauchsalon auf dem Hauptdeck kann ganz nach den Wünschen der Herren, sowohl zur See als auch zum Himmel geöffnet oder geschlossen werden. Nicht herkömmliche Öfen, sondern Kamine aus Marmor sind in den Aufenthaltsräumen.«

Ein erfahrener Nordatlantikreisender, so heißt es in dem Prospekt, habe nichts

Kritikwürdiges gefunden, außer einen unzureichenden Bestand an klassischer Literatur in der Bibliothek. Besonders eingehend wurde die 5fache Querschottung des Schiffes mit wasserdichten und selbsttätig schließenden Türen beschrieben. Insgesamt konnte jedes Schiff 1720 Passagiere, davon 1500 Zwischendecker, an Bord nehmen. Die Compoundmaschinen – ebenfalls von Maudslay aus London – leisteten 5400 PSi. Damit sollten bei einer Durchschnittsgeschwindigkeit von 15

»Britannic«, »Germanic«

Promenadendeck der »Britannic«

Speisesaal der »Britannic«

Compoundmaschine der »Britannic«

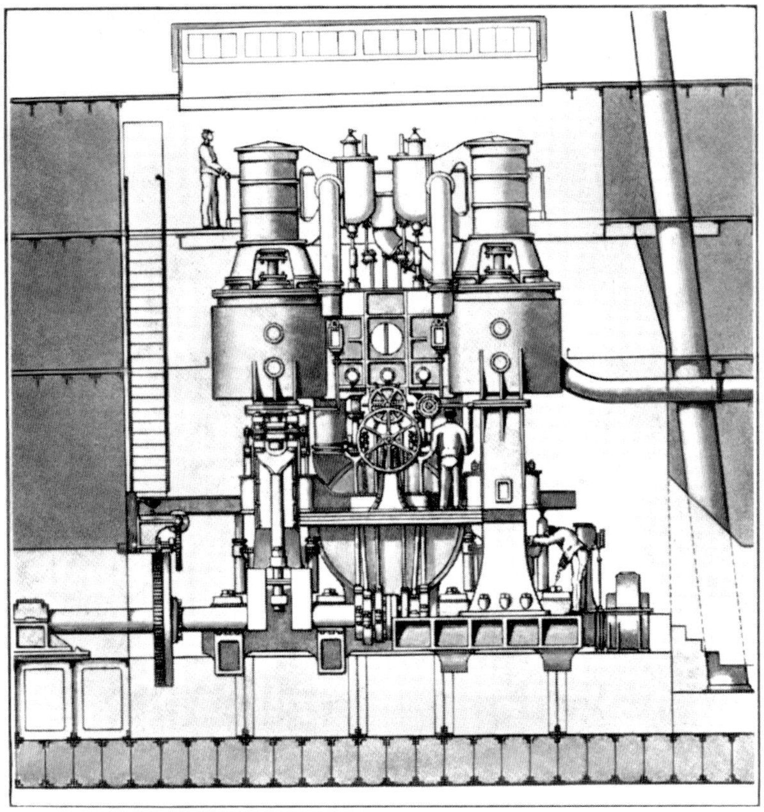
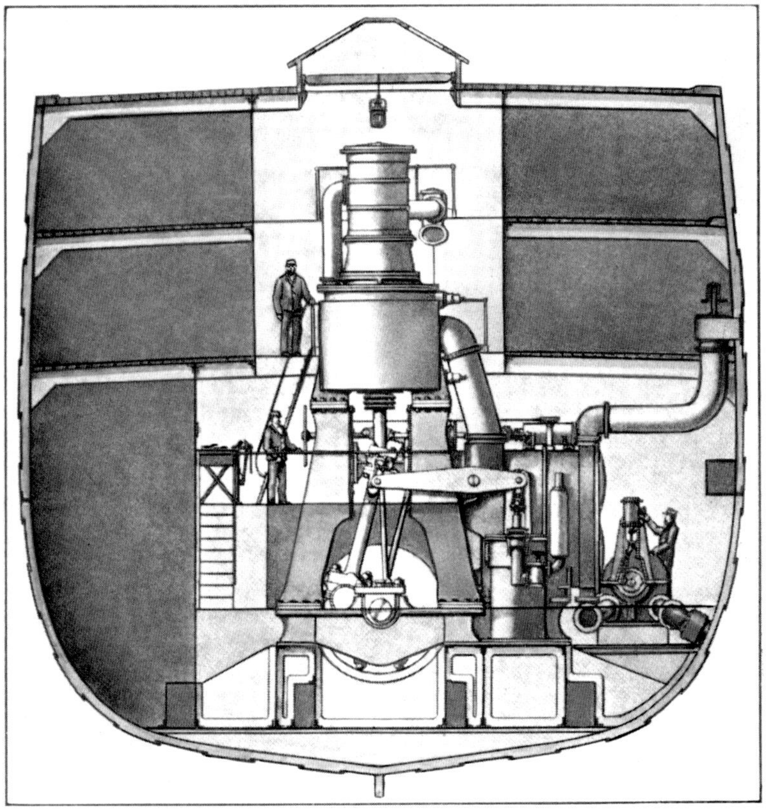

maximal bis zu 16 Knoten erreicht werden. Beide Schiffe waren die ersten Zwei-Schornsteiner der White Star Line.

Am 25. Juni 1874 ging die »Britannic« auf ihre Jungfernreise nach New York. Ihre Schwester »Germanic« folgte knapp ein Jahr später am 20. Mai 1875. Und sie war dann auch die erste, die Anfang August des gleichen Jahres einen neuen Rekord auf Westkurs mit 14,65 Knoten erzielte. Die Freude währte aber nur einen Monat, weil der neue Inman-Dampfer »City of Berlin« den Rekord auf mehr als 15 Knoten steigerte. Im November 1876 war aber die White Star mit der »Britannic« wieder schneller, diesmal mit 15,43 Knoten. Schließlich schaffte im April 1877 das Schwesterschiff »Germanic« auf Westkurs eine durchschnittliche Geschwindigkeit von 15,76 Knoten.

Beim Rekord in östlicher Richtung hatte man über ein Jahr nach Indienststellung der Schiffe warten müssen, bis endlich die »Germanic« im Februar 1876 der Inman-Konkurrenz »City of Berlin« mit 15,79 Knoten das Nachsehen gab. Im Dezember näherte sich dann die Schwester »Britannic« auf der Strecke Sandy Hook – Queenstown mit 15,94 der 16-Knoten-Marke. Die White-Star-Schiffe waren in beiden Richtungen die schnellsten Nordatlantikdampfer. Vieles deutete darauf hin, daß sie längere Zeit diese Position behaupten würden. Inzwischen gehörte auch die White Star Line mit zu den größten Reedereien im Nordatlantikverkehr. Das Unternehmen hatte einen sehr guten Ruf wegen des hohen Standards seiner Schiffe.

Doch 1879 begann die Guion Line ihre »Windhunde« ins Rennen zu schikken. Die National Line versuchte mitzufahren. Cunard ließ neue Rekordbrecher auflegen. Die Inman Line folgte! White Star war tatsächlich überholt worden. Die Gegenmaßnahme: Man ließ 1887 bei Harland & Wolff zwei neue Rekordbrecher auf Kiel legen.

Noch war die Überfahrt des Inman-Liners »City of Paris« in weniger als 6 Tagen in aller Munde, da erschien während der letzten Julitage 1889 die »Teutonic« auf dem Mersey. Ein dreiviertel Jahr später war auch die Schwester »Majestic« fertiggestellt. Rein äußerlich sahen die beiden nicht so elegant wie die Inman-Schiffe aus. Die vier geriggten Masten waren durch drei hohe Pfahlmasten ersetzt worden. In einem weiten Abstand zueinander standen die beiden Schornsteine. Beibehalten wurden aber der gerade Steven und das Dampferheck. Was jedoch die Innengestaltung betraf, war man der Konkurrenz wieder eine Nasenlänge voraus. Die Hauptaufenthaltsräume entsprachen bestimmten Stilepochen. So beherrschte den Speisesaal der 1. Klasse die Renaissance mit Flachreliefs von Tritonen und Nymphen aus Gold und Elfenbein. Die Decke war – dazu passend – in weißem Dekor gehalten. An Passagieren konnten insgesamt befördert werden: 300 in der 1. Klasse, 190 in der 2. Klasse und 1000 im Zwischendeck.

Die »Teutonic« in Liverpool

»Majestic«

Speisesaal der »Majestic«

Bibliothek der »Majestic«

Mit einer Größe von 9984 bzw. 9965 BRT waren die »Teutonic« und die »Majestic« Doppelschraubenschiffe. Die beiden Dreifach-Expansionsmaschinen leisteten 17500 PSi. Damit sollten 19, maximal 20 Knoten erreicht werden. Das entscheidend Neue an der Konstruktion war jedoch, daß es sich bei beiden Fahrzeugen erstmals um zugleich als Hilfskreuzer vorgesehene Schiffe handelte. Dazu waren die Decks speziell verstärkt worden, um

bei Bedarf mittschiffs 12-cm-Schnellfeuergeschütze aufstellen zu können.

Bevor die »Teutonic« auf ihre Jungfernreise geschickt wurde, nahm sie am 4. August vor Spithead als Hilfskreuzer an einer Flottenparade für Kaiser Wilhelm II. teil, der lebhaftes Interesse für diese zusätzliche Nutzung zeigte. Wieder umgerüstet, ging die »Teutonic« am 7. August auf ihre erste Reise von Liverpool nach New York. Unmittelbar zuvor war Inmans »City of Paris« mit gleichem Kurs ausgelaufen. Letztlich konnte die »Teutonic« nach einem Rennen von rund 3000 Seemeilen das Ziel um 4 Stunden früher erreichen, ohne jedoch einen neuen Rekord gefahren zu sein. Den schaffte auf Westkurs erst die Schwester »Majestic« Anfang August 1891 – mehr als ein Jahr nach der Indienststellung Anfang April 1890. Die Zeit betrug 5 Tage, 18 Stunden und 8 Minuten, das Mittel 20,10 Knoten. Damit war man 1 Stunde und 10 Minuten sowie 0,09 Knoten schneller als die Konkurrenz. Wenige Tage später schaffte die »Teutonic« 5 Tage, 16 Stunden und 31 Minuten bei einer Durchschnittsgeschwindigkeit von 20,35 Knoten.

Das »Wettrennen« auf dem Nordatlantik war wieder einmal voll entbrannt. Auf Ostkurs fuhr die »Teutonic« im Oktober 1891 neuen zeitlichen Rekord in 5 Tagen, 21 Stunden und 3 Minuten. Bei der Durchschnittsgeschwindigkeit blieb sie jedoch knapp unter 20 Knoten. 1892 dominierten dann wieder die ständigen Rivalen der White-Star-Schiffe: die Inman-Liner »City of New York« und »City of Paris« mit neuen Rekorden in beiden Richtungen. Doch kaum ein Jahr später erschienen die neuen Rekordbrecher der Cunard Line auf dem Plan. Aber dann – und das war eine echte Sensation – begannen deutsche Schiffe die Rekorde auf dem Nordatlantik zu brechen und damit die Schiffahrtsnation England auf die zweite Stelle zu verdrängen.

White Star nahm den nationalen und internationalen Konkurrenzkampf auf. Bei Harland & Wolff wurde ein weiteres, als Rekordbrecher konzipiertes Schiff in Auftrag gegeben: eine neue »Oceanic«. Als sie Ende August 1899 abgeliefert wurde, war sie mit 17 274 BRT das größte Schiff der Welt. Die Dreifach-Expansionsmaschinen mit 28 000 PSi sollten eine maximale

»Oceanic« (II) – Komfort statt Geschwindigkeit

»Celtic« (20 000 BRT) – »big was beautiful«

»Olympic« und »Titanic« auf der Helling

Geschwindigkeit von 21 Knoten garantieren, doch die im September 1899 an die Jungfernfahrt geknüpften Hoffnungen erfüllten sich nicht. Man war von Queenstown bis Sandy Hook 6 Tage, 2 Stunden und 37 Minuten unterwegs. Die Durchschnittsgeschwindigkeit betrug ganze 19,57 Knoten, fast 3/4 Knoten langsamer als die Konkurrenz. Die Hauptursache für das Versagen waren ungewöhnlich starke Vibrationen bei zunehmender Geschwindigkeit. Überdies waren die Brennstoffkosten mit 400 Tonnen Kohle je Tag enorm angestiegen. Das geplante »Rennpferd«

wurde in einen bedächtigeren »Ackergaul« umfunktioniert. Man reduzierte die Geschwindigkeit um 3 Knoten und sparte damit 140 Tonnen Kohle ein.

Unter dem Nachfolger Bruce Ismay, dessen Vater Thomas Ende November 1899 verstorben war, begann bei der White Star Line mit der »Oceanic« eine ganz neue Reedereipolitik: Zwar sollten weiterhin Größe und Komfort zunehmen, jedoch alles bei einer wirtschaftlich vertretbaren Geschwindigkeit! Nicht mehr »full speed«, sondern »moderater speed«! Deshalb blieben die »Teutonic« und die »Majestic« die beiden letzten »Blau-Band-Renner« der White Star.

Sichtbares Zeichen der sich von einem Geschwindigkeits- zu einem Tonnagedenken verändernden Einstellung waren die ab 1901 folgenden »big four«: »Celtic« (20 904 BRT), »Cedric« (21 035 BRT), »Baltic« (23 884 BRT) und »Adriatic« (24 541 BRT). Dabei war die »Celtic« zugleich der erste 20 000-Tonner der Welt. Die Passagierzahlen stiegen von 1600 auf nahezu 2200. Bei gleichzeitig hoher Frachtzuladung erwiesen sich die »big four« für die White Star Line als brave »Arbeitspferde«.

Nachdem die Cunard Line 1907 ihre beiden über 30 000 BRT großen Rekordbrecher »Mauretania« und »Lusitania« ins Rennen geschickt hatte, konterte White Star mit noch mehr Größe und viel mehr Luxus! Bei Harland & Wolff wurden die ersten 40 000-Tonner der Welt bestellt. Es waren die zur Olympic-Klasse gehörenden Liner »Olympic«, »Titanic« und »Britannic«. Keines dieser Schiffe – und das sei hier ausdrücklich betont – ist jemals als ein »Blau-Band-Renner« projektiert worden. Jedes dieser Schiffe war außerstande, die Geschwindigkeitsrekorde der Cunard-Schiffe zu brechen. Das galt auch für die »Titanic«.

Es ist eine Legende in der Legende, daß sich die »Titanic« während ihrer Jungfernfahrt auf der Jagd nach dem »Blauen Band« befunden habe und sie wegen dieser »Raserei« mit einem Eisberg kollidierte und gesunken sei. Einmal konnte die »Titanic« gar nicht nach dem »Blauen Band« greifen, weil es ja gar keines gab. Zum anderen war bei der Größe des Schiffes einerseits (46 329 BRT) und der Maschinenleistung andererseits (51 000 PSi) nur eine maximale Geschwindigkeit von 22 Knoten möglich. Der »Mauretania«-Rekord lag aber bei 26 Knoten.

Warum Kapitän Smith, der höchstbezahlte Seemann seiner Zeit, trotz mehrerer telegraphisch empfangener Eiswarnungen weder die Geschwindigkeit der »Titanic« drosseln noch deren Kurs ändern ließ, werden wir nie erfahren. Er ertrank in den eisigen Fluten des Atlantiks ebenso wie weitere 1502 Personen, weil nicht genug Rettungsboote an Bord waren. Aber selbst dieser Tatbestand verstieß nicht gegen geltendes englisches Recht. Gut geschottete Schiffe brauchten nur eine begrenzte Anzahl von Rettungsbooten mit sich zu führen. Erst Jahre spä-

»Titanic«

Speisesaal 1. Klasse

Suite 1. Klasse

Cunards »Carpathia« rettet die Überlebenden (Darstellung nach Augenzeugenberichten)

»Germanic« nach Umbau

ter wurde unter dem Eindruck der Titanic-Katastrophe international festgelegt, daß für jeden Passagier an Bord ein Platz in einem Rettungsboot zur Verfügung stehen müsse.

Das dritte Schiff der Olympic-Klasse, die 48 158 BRT große »Britannic«, ging 1916 als Lazarettschiff in der Ägäis – nach der Torpedierung durch ein deutsches U-Boot – verloren. Die White Star Line vermochte sich von diesen Verlusten nie wieder richtig zu erholen. 1932 kam es zur Fusion mit der Cunard-Reederei.

Von den einstigen »Blau-Band-Rennern« blieb die »Adriatic« bis zu ihrer letzten Fahrt 1897 in White-Star-Diensten. Zwei Jahre später wurde sie abgewrackt. Die »Baltic« ist nach wiederholten Charter-Reisen in den 80er Jahren für die Inman Line 1888 an die Holland-Amerika Lijn verkauft und in »Veendam« umgetauft worden. 1898 sank das Schiff im Atlantik nach der Kollision mit einem unbekannten umhertreibenden Wrack.

Ein wechselvolles und wohl auch das längste Leben eines ehemaligen »Blau-Band-Renners« führte die »Germanic«. 1895 erhielt der Dampfer Dreifach-Expansionsmaschinen. Außerdem wurden die Schornsteine verlängert. Bei Lade- und Bekohlungsarbeiten im New Yorker Hafen sank die »Germanic« im Februar 1899 während eines Schneesturms durch die in die Luken eingedrungenen Eis- und Schneemassen. Sie wurde gehoben und wieder in den Nordatlantikdienst geschickt. 1904 verkaufte White Star das Schiff an die America Line, die es ihrerseits ein Jahr später an die Dominion Line veräußerte, von der es in »Ottawa« umbenannt wurde. 1909 kaufte die türkische Regierung das Schiff und verwendete es im ersten Weltkrieg unter dem neuen Namen »Gul Djemal« als Truppentransporter. Von einem britischen U-Boot im Marmara-Meer versenkt, wurde das Schiff später wieder gehoben und ab 1920 von der Ottoman-American Line in Dienst gestellt. 1929 noch einmal in »Gulcemal« umbenannt, diente es nach dem zweiten Weltkrieg als schwimmendes Hotel- und Lagerschiff in der Türkei. 1950 – nach 75 Jahren – wurde die Ex-»Germanic« in Messina (Italien) abgewrackt.

Wesentlich kürzer und »eintöniger« verlief der weitere Lebensweg der Schwester »Britannic«. Bis 1899 blieb das Schiff im Nordatlantikdienst. Nach Ausbruch des Burenkrieges fuhr es im gleichen Jahr als Truppentransporter nach Südafrika. 1903 wurde die »Britannic« zum Abbruch nach Hamburg geschleppt.

Die beiden Schwestern »Teutonic« und »Majestic« versahen ihren Dienst bis zum ersten Weltkrieg auf dem Nordatlantik, bei der »Majestic« durch ihren zwei Jahre währenden Truppentransport im Burenkrieg unterbrochen. Ab 1907 fuhren die Dampfer – nach Aufgabe des Heimathafens Liverpool – weitgehend nur noch auf der Route Southampton–Cherbourg–New York. Als erste kam 1914 die »Majestic« unter die Schneidbrenner. Die »Teutonic«, als Hilfskreuzer »eingezogen«, wurde 1915 von der britischen Admiralität gekauft und als Truppentransporter eingesetzt. 1921 ist das Schiff aufgelegt und noch im gleichen Jahr nach Emden zum Abwracken verkauft worden.

Mit der White Star Line bleibt nicht nur untrennbar das Unglück der »Titanic«, sondern auch eine sich ändernde Haltung gegenüber den Wettfahrten verbunden, nämlich weg vom Geschwindigkeits- und hin zum Tonnagerausch!

Die deutschen Schnelldampfer von NDL und Hapag

Auf der 41. ordentlichen Generalversammlung am 25. April 1898 konnte die Geschäftsleitung des Norddeutschen Lloyd, Bremen, nicht ohne Stolz mitteilen: »In unserem nordatlantischen Verkehr ist die Einstellung unseres Doppelschraubendampfers ›Kaiser Wilhelm der Große‹ hervorzuheben, welcher sich mit einer im Betriebe der Seeschiffahrt bis dahin unerreichten Durchschnittsgeschwindigkeit von über 22 Meilen als Durchschnittsfahrt der Reise schon in den ersten Fahrten an die Spitze der Schnelldampfer aller konkurrierenden Gesellschaften stellte; seine Einrichtungen, welche in mehrfachen Beziehungen wesentliche Fortschritte in der Entwicklung der Schiffsbaukunst zeigen, haben in Verbindung mit dieser Schnelligkeit dem Dampfer sofort die volle Gunst des reisenden Publikums zugewandt. Uns ist es eine Ehrensache, dem ›Vulcan‹ in Stettin an dieser Stelle für den überaus gelungenen Bau unsere vollste Anerkennung auszusprechen. Wir dürfen gleichzeitig hoffen, daß der in wenigen Wochen von der Schichauschen Werft in Danzig zur Ablieferung gelangende Dampfer ›Kaiser Friedrich‹ in jeder Beziehung ein würdiges Schwesterschiff werden wird. Die Einstellung des Dampfers ›Kaiser Wilhelm der Große‹ in Verbindung mit der Einstellung der Doppelschrauben-Dampfer der ›Barbarossa-Klasse‹ haben unser nordatlantisches Kajütgeschäft neu belebt, so daß wir im verflossenen Jahre in der Ziffer der Kajütpassagiere im New Yorker Verkehr neben der Cunard Line wiederum an die erste Stelle getreten sind.«

Und ein Jahr später dann diese Erfolgsmeldung: »Unser nordatlantischer Passagierverkehr hat sich ausgehend und einkommend gehoben. Fast 24% aller im verflossenen Jahr in New York gelandeten Passagiere sind mit Schiffen unserer Linie befördert worden.«

Das wird die Aktionäre des NDL ganz besonders erfreut haben, waren doch die Dividenden seit Anfang der 90er Jahre nicht selten auf Null geschrumpft. Allein 1891 war ein Loch von 3 Mill. Mark in der Kasse. 1894 und 95 gab es keine Dividende. Überdies ging 1895 der Schnelldampfer »Elbe« durch eine unverschuldete Kollision verloren.

Der Lloyd mit seinen Einschraubenschiffen geriet immer mehr ins Hintertreffen. Die Konkurrenz hatte sich mit Doppelschrauben-Dampfern »aus dem Staube gemacht«. Ein neuer Mann trat an die Spitze der Reederei: Heinrich Wiegand. Er sollte dem seit 40 Jahren erfolgreichen Lloyd aus den roten Zahlen helfen.

Der 1857 in Bremen gegründete Norddeutsche Lloyd hatte ein Jahr später mit vier Dampfschiffen von mittlerer Größe und Geschwindigkeit seinen Atlantikdienst begonnen. Haupteinnahmequelle blieben der Passagier- und Auswandererverkehr einschließlich des Frachttransports. Den sich steigernden Geschwindigkeiten auf dem Nordatlantik während des letzten Viertels des 19. Jahrhunderts setzte der Lloyd seine Schnelldampferflotte entgegen. Mitte 1881 ging als erstes Schiff der sogenannten Flüsse-Klasse die bei John Elder gebaute »Elbe« (4510 BRT) auf Jungfernfahrt.

Auch die nachfolgenden Schiffe, wie die »Werra«, »Fulda«, »Saale« und »Lahn« sowie die später bereits auf deutschen Werften gebauten »Spree« und

Heinrich Wiegand

Pionierdampfer »Bremen«

Verwaltungsgebäude vom Norddeutschen Lloyd

Schnelldampfer »Elbe«

»Havel« (6963 BRT), waren keine ausgesprochenen Rekordbrecher. Aber bei einer hohen Dienstgeschwindigkeit, verbunden mit komfortabler Ausstattung und zuverlässigem Service festigten sie den Ruf und die wirtschaftliche Position des Lloyds. Mit insgesamt 738 668 Passagieren von 1881 bis 1891 lag der NDL eindeutig an der Spitze vor der Hapag mit 525 900. Die führenden englischen Reedereien schafften teilweise nicht einmal die Hälfte: White Star 371 193, Cunard 323 900, Inman 322 930 und Guion 237 836.

Zu dieser Zeit besaß der Lloyd 12 Schnelldampfer. Doch das waren alles Einschraubenschiffe. Sie vermochten der Konkurrenz mit ihren Doppelschraubendampfern nicht mehr erfolgreich Paroli zu bieten. Die Einnahmen gingen zurück. Prestige und Gewinne konnten nur durch eine Erneuerung der Flotte zurückgewonnen werden. So wurden gleich mehrere Einheiten bestellt, darunter mit »Friedrich der Große« der erste deutsche 10 000-Tonner. Nach reiflicher Überlegung und Abwägung aller Faktoren entschied sich der NDL, die bis dahin größten und zugleich auch schnellsten Doppelschraubendampfer bauen zu lassen. Und das obendrein auf deutschen Werften.

Ungewöhnlich waren die vom Lloyd gestellten Forderungen, um das Risiko nicht allein tragen zu müssen: Nicht bei einer ansonsten üblichen Probefahrt, sondern während einer atlantischen Hin- und Rückreise sollten die Schiffe ihre Leistungsfähigkeit unter Beweis stellen. Einen finanziellen Fehlschlag konnte sich der Lloyd nicht leisten. Immerhin mußten pro Schiff bis zu 10 Mill. Reichsmark gezahlt werden. Die Vulcan-Werft in Stettin-Bredow und die Schichau-Werft in Danzig nahmen die Bedingungen an. Schließlich war auch für sie der Bau eines Rekordbrechers eine nicht zu unterschätzende Reklamewirkung.

Der 4. Mai 1897 gestaltete sich zu einem nationalen Ereignis. In Anwesenheit von Kaiser Wilhelm II. und mehr als 30 000 Menschen lief auf der Vulcan-Werft »Kaiser Wilhelm der Große« vom Stapel. Mit 14 349 BRT der größte Dampfer der Welt. Er blieb es bis 1899. Anfang Oktober folgte in Danzig »Kaiser Friedrich« mit nur 12 481 BRT. Dieses Schiff – das sei vorweggenommen – erbrachte nie die geforderte Leistung. Es blieb trotz mehrerer Umbauten in der Geschwindigkeit ein Versager. 1899 an die Werft zurückgegeben, wurde der Dampfer 1912 an eine südfranzösische Reederei verkauft.

Ganz anders »Kaiser Wilhelm der Große«! Am 19. September 1897 ging er auf Jungfernfahrt von Bremerhaven nach New York. Mit durchschnittlich 21,39 Knoten auf der Hinfahrt und 21,87 Knoten auf der Heimreise erbrachte der Dampfer die Kontraktgeschwindigkeit von 21 Knoten und deutete damit zugleich seine »Rennqualitäten« an. Während der dritten Heimreise war es dann geschafft: Die Strecke Sandy Hook – Needles wurde mit durchschnittlich 22,33 Knoten (Bonsor) zurückgelegt (22,35 kn ≙ offiziellen NDL-Daten!). Im April 1898 fuhr man dann auch auf Westkurs mit 22,29 Knoten neuen Rekord. Damit war der Doppeltriumph perfekt: Ein deutscher Dampfer war nicht nur der Größte, sondern auch der Schnellste in der Welt. Cunards Rekordhalter waren entthront. England mußte sich nach 40 Jahren erneut geschlagen geben. Nach einer »Durststrecke« gehörte der NDL wieder mit zu den beliebtesten Reedereien. Von 1897 bis 1898 nahmen zur Freude der Aktionäre die Passagierzahlen um das Doppelte zu! Bei den 1.-Klasse und 2.-Klasse-Passagieren wurden die Zahlen von Cunard übertroffen.

»Kaiser Wilhelm der Große« war der erste deutsche »Blau-Band-Renner«. Bei seinem Erscheinen erregte er überall allgemeine Bewunderung und Anerkennung ob der Leistungen der deutschen Schiffbauer. Das äußerlich Auffallendste waren die vier paarweise angeordneten Schornsteine, die allein schon den Eindruck von Größe, Kraft und Geschwindigkeit hinter-

Die Anwesenheit von Kaiser Wilhelm II. beim Stapellauf großer Passagierdampfer unterstrich die nationale Bedeutung des Dampferbaus

Als Atlantikrenner zu langsam: »Kaiser Friedrich«

»Kaiser Wilhelm der Große« im Dock

Columbuskaje in Bremerhaven: Sonderzüge bringen Passagiere (um 1910).

ließen. Diese »Vierschornsteiner« blieben als Deutsche Rekordbrecher vor dem ersten Weltkrieg genauso charakteristisch wie gerader Steven, langer, schlanker Rumpf oder Dampferheck. Zwei vierzylindrige Dreifach-Expansionsmaschinen – ebenfalls von der Vulcan – leisteten 31 000 PSi. Die Geschwindigkeit lag bei maximal 23 Knoten. Der tägliche Kohleverbrauch betrug 250 Tonnen.

Auch bei der Innenausstattung wurden hinsichtlich der Bequemlichkeit und des Luxus neue Maßstäbe gesetzt. Es gab private Suiten, Salons, Schreib- und Lesezimmer sowie ein Kinderspielzimmer. Insgesamt konnten an Bord genommen werden (ohne Sofa- und Kinderbetten): 206 Passagiere in der 1. Klasse, 226 in der 2. Klasse und 1074 im Zwischendeck. Die Besatzung betrug 488 Mann.

Das Versagen von »Kaiser Friedrich« auf der einen und die Erfolge von »Kaiser Wilhelm der Große« auf der anderen Seite ermutigten den NDL, drei weitere »Vierschornsteiner« in Auftrag zu geben. Mit insgesamt vier Expreß-Linern der Kaiserklasse sollte ein wöchentlicher Dienst Bremerhaven – New York eingerichtet werden. Inzwischen hatte aber der ärgste nationale Rivale, die HAL/Hapag, bei der Vulcan ebenfalls einen »Vierschornsteiner« bestellt. Dieser sollte den Lloyd-Renner übertreffen und das »feinste Passagierschiff der Welt« werden. Zur Finanzierung der 12,5 Mill. Mark Baukosten hatte die HAL u.a. ihre Schnelldampfer »Columbia« und »Normannia« günstig an Spanien verkauft, das wegen des Krieges mit den USA dringend Truppentransporter benötigte.

Die 1847 gegründete Hapag hatte ihren Dienst noch mit Seglern eröffnet. Knapp 10 Jahre später schickte sie bereits ihre ersten Dampfer nach New York. Damit war die erste deutsche transatlantische Dampferlinie eröffnet. Der Passagier- und Frachtverkehr sowie ein ebenfalls zunehmender Auswandererstrom waren das Hauptbetätigungsgebiet. Mit dem Einstieg Albert Ballins Mitte der 80er Jahre in die Hapag und dessen Aufstieg zum Generaldirektor galt die Devise: »Mein Feld ist die Welt!« Kritiker nannten das Geschäftsgebaren dieses Nicht-Hanseaten »Ballinismus«. Die anderen rühmten ihn ob seiner Entschlossenheit, Konsequenz und Energie. Die HAL – so hieß die Hapag ab 1893 – entwickelte sich zur größten Reederei der Welt. Ballin wurde »hoffähig«. Doch Kaiser-Intimus Ballin mußte miterleben, wie durch die Niederlage Deutschlands im ersten Weltkrieg auch seine Flotte unterging. Am Tage, als der Kaiser außer Landes floh, schied Albert Ballin aus dem Leben.

Mit dem Ausbau der Hapag unter Ballin ging eine technische Erneuerung der Schiffe einher. Bereits 1891 konnte ein wöchentlicher New York-Dienst mit vier Schnelldampfern eingerichtet werden. Dazu gehörte auch die auf der Vulcan gebaute »Fürst Bismarck«. Dieses Schiff war nicht der erste deutsche »Blau-Band-Renner«. Ihren eigentlichen Rekordbrecher stellte die HAL im Sommer 1900 in Dienst. Der von der Vulcan gebaute und auf den Namen »Deutschland« (16502 BRT) getaufte Vierschornsteiner ging am 4. Juli auf Jungfernreise. Und man schaffte – zur Freude der Erbauer und Besitzer – auf Anhieb das Doppel: Man fuhr in beiden Geschwindigkeit analog der sich bei der White Star Line abzeichnenden Tendenz. So blieb denn der potentielle Rekordbrecher »Deutschland« ein reines Prestigeprojekt des Aufsichtsrates. Für die Aktionäre leider wenig gewinnbringend, wie sich bald herausstellen sollte. Die »Deutschland« beförderte – ohne Sofabetten – 429 Passagiere der 1. und 226 der 2. Klasse sowie 284 im Zwischendeck.

In der Innenausstattung war der neue Liner der HAL ein »feiner« Dampfer. Kajüten, Salons und Zimmer waren auf »die wertvollste und kostbarste Weise« eingerichtet. Über den Speisesaal 1. Klasse wölbte sich ein 10 Meter hoher gläserner

Directe Dampfschifffahrt
zwischen Hamburg und Newyork
unter deutscher Flagge.

Mit dem 1. Juni d. J. wird die directe Dampfschifffahrt nach Newyork durch die beiden prachtvollen, neuen, eisernen Schrauben-Dampfschiffe der Hamburg-Amerikanischen Packetfahrt-Actien-Gesellschaft — **Borussia** und **Hammonia** — in's Leben treten. Beide Schiffe sind seit mehr als 6 Monaten in Fahrten nach der Krim auf das Gründlichste erprobt und in jeder Beziehung ausgezeichnet befunden worden; sie stehen A. 1 bei Lloyds und allen anderen Assecuranz-Compagnieen, und versichern daher zur billigsten Prämie. Nach den gemachten Erfahrungen steht zu erwarten, daß sie die Ausreise in 16 à 17 Tagen und die Rückreise in 14 à 15 Tagen zurücklegen werden.

Am **1. eines jeden Monats** wird eins der genannten Schiffe expedirt werden, zunächst:

BORUSSIA, Capt. **Ehlers**, am 1. Juni.
HAMMONIA, Capt. **Heydtmann**, am 1. Juli.

Die Fracht für diese beiden ersten Expeditionen ist auf 15 Doll. und 15 % Primage per ton von 40 Hamb. Cubikfuß, und der Passagepreis für Erwachsene auf
Pr. Ct.-$ 120 in der ersten Cajüte,
" 75 " " zweiten "
" 50 im Zwischendeck
festgestellt worden. Näheres ist bei dem Schiffsmakler der Gesellschaft, Hrn. Aug. Bolten, Wm. Miller's Nachfolger, zu erfahren.

Die Direction.

Adolph Godeffroy, Vorsitzender. **P. A. Milberg** General-Agent.

»Kaiser Wilhelm der Große« vor dem Leuchtturm »Roter Sand« (nach Gemälde von Bohrdt)

Rauchsalon auf »Kaiser Wilhelm der Große«

Damenschreibzimmer

Albert Ballin

HAL/Hapag – Verwaltungsgebäude am Alsterdamm

Hapag-Ankündigung für den Dampfschiffsverkehr

Richtungen Rekord mit 22,42 Knoten auf West- und 22,84 Knoten auf Ostkurs. Ein Jahr später wurde die eigene Leistung auf 23,06 bzw. 23,36 Knoten verbessert.

Die HAL besaß als größte Reederei der Welt nun auch den schnellsten Dampfer. Unmittelbarer ökonomischer Zwang hatte nicht dahinter gestanden. Überdies war dieser »Schnelläufer« von Ballin gar nicht erwünscht, sondern er bevorzugte große Luxusdampfer mit wirtschaftlicher Kuppelbau. Die Möbel waren aus Mahagoni. An den Wänden befanden sich rote, japanische Seidentapeten. Neben Kinderspielzimmer und Turnsaal präsentierte sich erstmals auch ein Grillroom auf dem Weltmeer. Hier deutete sich Ballins neues Rezept an: noch mehr Komfort und Luxus. Mit seiner »America« wurde diese Konzeption weitergeführt. Erstmals kreuzte ein damaliges Sinnbild kulinarischen Genusses den Ozean: das Ritz-Carlton-Re-

staurant. Höhepunkt dieser Entwicklung stellten schließlich die 50000-Tonner der Imperator-Klasse dar. Auf ihnen gab es sogar Schwimmbäder im römischen Stil.

Die »Deutschland« blieb in technischer Hinsicht ein unbefriedigendes Schiff. Die Vierfach-Expansionsmaschinen mit ihren 37800 PSi erzeugten bei konstanter Dienstgeschwindigkeit höchst unangenehme Vibrationen. Sie dürften auch mit Ursache dafür gewesen sein, daß man am 22. April 1902 bei schwerem Wetter im Atlantik Ruder und Hintersteven verlor.

Durch Steuerung mit den beiden Schrauben konnte nach Tagen dennoch der Hamburger Hafen sicher erreicht werden. Teure Verbesserungen an der Maschinenanlage brachten keine grundsätzlichen Veränderungen. Überdies war das Schiff bei einem täglichen Kohlebedarf von 500 Tonnen und mehr recht kostspielig in der Unterhaltung. Auf den letzten 1,5 Seemeilen wurde genau so viel Brennstoff verbraucht wie auf den ersten 15.

1910 wurde die »Deutschland« aus dem Verkehr gezogen und zu einem Luxus-Kreuzfahrtschiff umgebaut. Derartige

»Deutschland«

Bibliothek auf der »Deutschland« und Speisesaal 1. Klasse

Landungsplatz der Hapag in Hoboken

Reisen – insbesondere ins Mittelmeer – hatte Ballin ab 1891 eingeführt. Andere Reedereien folgten, um die teuren Schnelldampfer auch während verkehrsschwacher Monate im Herbst und Winter gewinnträchtig einsetzen zu können. Ende September 1911 ging das Schiff

(16703 BRT, 15000 PSi, 17,5 kn) unter dem neuen Namen »Victoria Luise« auf seine erste Touristenfahrt. Bei Kriegsausbruch 1914 wurde zwar eine Umrüstung zum Hilfskreuzer vorgenommen, wegen unzureichender Kesselleistung erfolgte jedoch kein Einsatz. 1919 mußte der Dampfer wegen seines schlechten Zustandes nicht an die Siegermächte abgeliefert werden. Er wurde generalüberholt und fuhr als »Hansa« von 1921 bis 1924 im Hamburg – New York- bzw. Hamburg – Kanada-Dienst. 1925 ist dann dieser einzige HAL-Blau-Band-Renner abgewrackt worden.

Die Geschwindigkeitsrekorde der »Deutschland« schienen mit der Indienststellung des neuen Vierschornsteiners des NDL, der »Kronprinz Wilhelm«, im Wilhelm« im Juni 1902 auf Ostkurs vermeintlichen Rekord mit 23,53 Knoten gefahren sein. Kaiser Wilhelm II. gratulierte dem Lloyd »zu diesem großartigen Ge- men; auch kein Glückwunschtelegramm vom Kaiser! Selbst im Jahresbericht des Lloyd ist darüber kein Wort verloren worden. Vielleicht war man allein schon des-

Herbst 1901 ernsthaft in Gefahr zu geraten. Mit 36 000 PSi war für den nur 14908 BRT großen Dampfer eine maximale Geschwindigkeit von 23,3 Knoten geplant. Die Passagierzahlen betrugen (ohne Sofa- und Kinderbetten): 301 Passagiere in der 1. Klasse, 300 in der 2. Klasse und 717 im Zwischendeck. Am 17. September ging es auf Jungfernreise. Doch Kapitän Stormer wurde bis New York mehr beansprucht, die Sturmseen des Atlantiks zu meistern, als einen neuen Rekord zu fahren. Auf der Rückreise schaffte das Schiff aber beachtenswerte 23,10 Knoten.

Da sich die Geschwindigkeit kaum noch erheblich steigern ließ und die Unterschiede bald nur noch Hundertstel von Knoten betrugen, blieben auch zwischen der HAL und dem NDL Querelen nicht aus, wer denn tatsächlich das schnellste Schiff besitze. Die Widersprüche finden sich auch in den Quellen, die Tageszeitungen eingeschlossen: So soll »Kronprinz

Der Kaiserhafen in Bremerhaven

Rhetorischer Konkurrenzkampf HAL – NDL (Zeitschrift der HAL, 1902)

NDL – nach Amerika, Asien, Australien

schwindigkeitsrekord«. Doch die HAL meldete Bedenken an. Schließlich bestätigten Nachrechnungen die berechtigten Zweifel der Hamburger, so daß ihre »Deutschland« mit 23,51 Knoten Rekordhalter blieb. Im September 1902 fuhr dann »Kronprinz Wilhelm« auf Westkurs mit 23,09 Knoten tatsächlich einen neuen Rekord. Doch davon wurde weder offiziell noch in der Tagespresse Notiz genom-

Kleine Notizen.

Zur Bezeichnung der Schnelldampfer. Die „Frankfurter Zeitung" und mit ihr eine Reihe von anderen Zeitungen berichteten unlängst über einige Äußerungen, die Herr Generaldirektor Dr. Wiegand in Bremen über die Bezeichnung der Schnelldampfer getan haben soll. Auf eine Bemerkung hin, daß die Konkurrenz sich offenbar immer mehr zuspitze, erwiderte er: „Ja mit der Konkurrenz ist es eine eigene Sache. Als der Norddeutsche Lloyd in den achtziger Jahren Schnelldampfer in seinen Dienst einstellte, erschien ihm die Bezeichnung „Dampfer" nicht mehr genügend und er führte die Bezeichnung „Schnelldampfer" ein. Nach einigen Jahren übertrumpfte uns die Hamburg-Amerika Linie mit der etwas längeren und schnelleren Bezeichnung „Doppelschrauben-Schnelldampfer", doch wir schlugen sie, indem wir mit der Bezeichnung „Doppelschrauben-Schnell-Postdampfer" einen neuen Triumph feierten. Nun müssen wir aber täglich mit der Einführung einer weiteren Verlängerung bei unserer Konkurrenz rechnen, vor der wir die Segel wieder zu streichen haben. Vielleicht wird es gar ein „Über-Doppelschrauben-Schnell-Postdampfer" werden." — „Würde da „Überschiff" nicht geschmackvoller sein?" — „Geschmackvoller wohl, aber ich fürchte, daß ein so kurzer Ausdruck in seinen Dimensionen den Anforderungen unserer Hamburger Freunde kaum genügen dürfte." — „Aber doch den Ihrigen?" — Der Generaldirektor besann sich einen Augenblick und meinte dann lächelnd: „Wahrscheinlich würde er auch für unsere Ansprüche zu kurz sein." —

Zu den anschließenden bissigen Bemerkungen der Blätter über eine übertreibende Konkurrenz hat jedenfalls die H. A. L. keinen Anlaß gegeben. Die von ihr gewählte Bezeichnung bringt lediglich die tatsächliche Beschaffenheit ihrer wesentliche technische Fortschritte darstellenden Schnelldampfer zum Ausdruck.

wegen mißtrauisch geblieben, hatte man doch die Konkurrentin »Deutschland« wieder nur um ganze drei Hundertstel Knoten geschlagen.

Wie auch immer: Zwei Tatsachen blieben unbestritten. Zum einen war die »Kronprinz Wilhelm« beliebter als die »Deutschland«, dazu komfortabel ausgestattet und von Vibrationen freier. Zum anderen fuhr im Juni 1904 der dritte Vierschornsteiner des NDL, »Kaiser Wilhelm II.«, einen offiziell anerkannten Rekord auf Ostkurs. Die 3112 Seemeilen lange Strekke Sandy Hook–Eddystone wurde in 5 Tagen, 11 Stunden und 58 Minuten bewältigt. Die Durchschnittsgeschwindigkeit betrug 23,58 Knoten.

Vier mächtige Vierfach-Expansionsmaschinen mit insgesamt 44000 PSi waren in den Dampfer installiert. Sie sollten dem Schiff, das mit 19361 BRT fast um ein Drittel größer war als seine Schwestern, eine maximale Fahrt von 23,5 Knoten verleihen. Dafür wurde täglich die gewaltige Menge von 700 Tonnen Kohle verfeuert. Für die 1535 Passagiere (ohne Sofa- und Kinderbetten), darunter 799 im Zwischendeck, stand eine 650köpfige Besatzung zur Verfügung.

In der Innenausstattung war das Schiff ein echtes Produkt seiner Zeit. Schließlich deutete schon sein Name darauf hin. Hausarchitekt Johann Poppe hatte noch einmal alle Register seines Könnens gezogen und »verkleidete« das Schiff in wilhelminischen Pomp und Protz. In den Kabinen und Tagesräumen dominierten Barock, Rokoko und Empire. Mit weiten Fluchten und Speisesälen, die sich über mehrere Decks hin zu Oberlichtern öffneten, erinnerte alles eher an einen schwimmenden Palast denn an einen Ozeandampfer. Die Auswanderer wurden in sieben großen Schlafsälen im Zwischendeck untergebracht.

Am 6. August 1907 schickte der NDL seinen vierten und zugleich letzten »Vierschornsteiner« auf die Jungfernreise, die 19360 BRT große »Kronprinzessin Cecilie«. Obwohl sich im Innern mit 45000 PSi die größte, jemals in ein Schiff eingebaute Dampfmaschinenanlage mit Vierfach-Expansion befand, hatte der Dampfer letztlich keine Chance mehr, den Geschwindigkeitsrekord zu brechen. Cunards projektierte 30000-Tonner mit ihrem neuen Antrieb sollten sich als uneinholbar erwei-

sen. Damit blieb »Kaiser Wilhelm II.« der letzte deutsche Rekordbrecher vor dem ersten Weltkrieg.

Bei Kriegsausbruch wurde »Kaiser Wilhelm der Große« als Hilfskreuzer zum Handelskrieg in den Nordatlantik geschickt. Insgesamt versenkte er Schiffe mit einer Tonnage von insgesamt 10500 BRT. Beim Kohlenachbunkern Ende August 1914 in Rio del Oro (Spanisch-Westafrika) tauchte plötzlich der britische Kreuzer »Highflyer« auf. Eineinhalb Stunden dauerte das Gefecht zwischen den beiden Kriegsschiffen. Dann wurde »Kaiser Wilhelm der Große« wegen Munitionsmangels von der eigenen Besatzung versenkt.

»Kronprinz Wilhelm« verließ am 3. August 1914 New York und wurde auf hoher See – durch Unterstützung des Kreuzers »Karlsruhe« – ebenfalls zum Kaperkrieg umgerüstet. Man versenkte 15 Schiffe mit insgesamt 60500 BRT. Anfang April 1915 mußte das Schiff wegen des Mangels an Vorräten und angesichts dringender Reparaturen den Hafen Newport News anlaufen. Hier wurde es von den Amerikanern interniert und beim Kriegseintritt der USA Anfang April 1917 von der US-Marine beschlagnahmt, die es unter

»Kronprinz Wilhelm«, »Kaiser Wilhelm II«,

NDL-Piers in Hoboken

Speisekarte vom Dampfer »Kaiser Wilhelm der Große«

NORDDEUTSCHER LLOYD, BREMEN

Dixie

Schnelldampfer
„KAISER WILHELM DER GROSSE"
Montag, den 5. September 1910

MITTAGESSEN

Schwedische Gabelbissen
Hering-Salat Spanische Oliven
Salzmandeln Tomaten Chambery
Blini mit Kaviar

Suppe Crème Duchesse
Schildkröten-Suppe Clair
Kraftbrühe Royale Printanière

Englische Seezunge Meunière
Gekochter Lachs, Hummersauce

Hochrippe, Yorkshire Pudding
Maccaroni mit Schinken, Deutsche Art
Kalbsmidder St. Germain
Wiener Backhuhn, Sauce Ravigote Vert
Kalt: Rehkeule Cumberland

Lammcarrée, Minzsauce
Gebratene französische Poularde
Pommersche Gans, Bratäpfel
Kopf-Salat Kresse-Salat

Stangenspargel, Malteser Sauce Prinzesse- Kartoffeln
Junge Erbsen Purée- »
Steinpilze Sauté Gekochte »
Limabohnen, Kreolisch Französ. Brat- »

Baumkuchen Zimmtschnitte
Neapolitanische Charlotte Haselnuss-Auflauf
Erdbeer-Rahmeis
Französisches Vanille-Rahmeis Waffeln
Birnen Zwetschen

Verschiedene Käse Kaffee

Früchte der Saison

Vom Grill (ca. 15 Minuten)
Chateaubriand nach Bercy

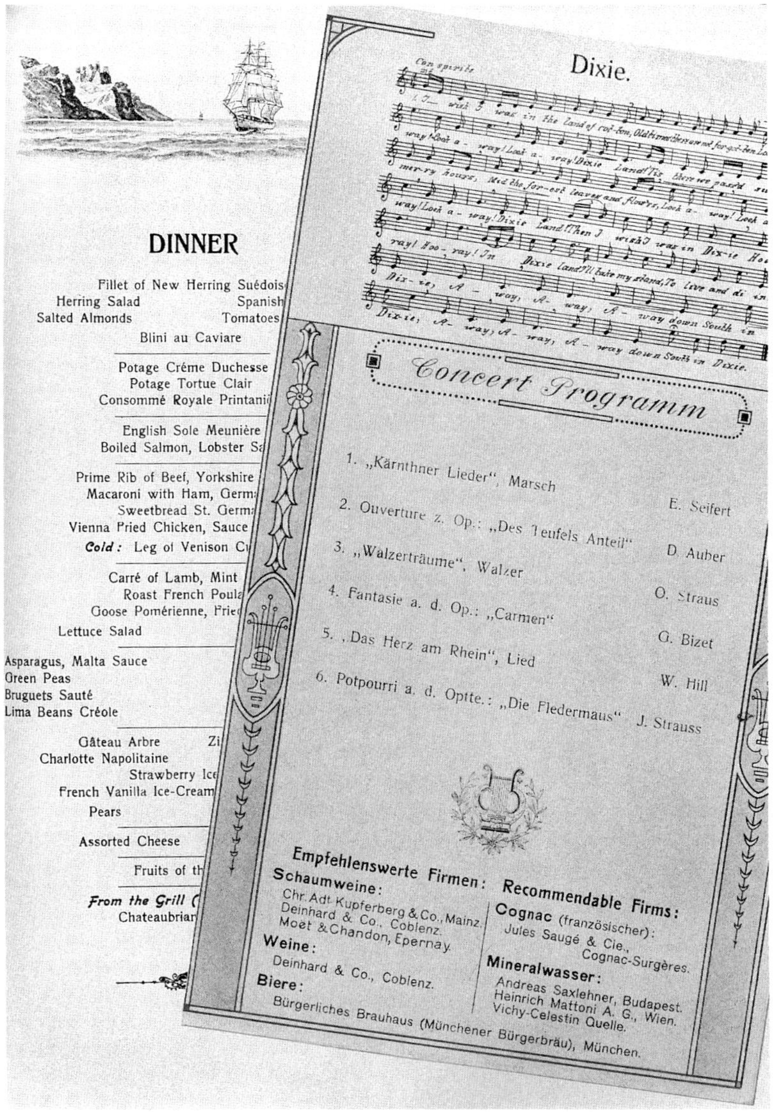
DINNER

Fillet of New Herring Suédois
Herring Salad Spanish
Salted Almonds Tomatoes
Blini au Caviare

Potage Crême Duchesse
Potage Tortue Clair
Consommé Royale Printani

English Sole Meunière
Boiled Salmon, Lobster S

Prime Rib of Beef, Yorkshire
Macaroni with Ham, Germ
Sweetbread St. Germa
Vienna Fried Chicken, Sauce
Cold: Leg of Venison C

Carré of Lamb, Mint
Roast French Poula
Goose Pomérienne, Frie
Lettuce Salad

Asparagus, Malta Sauce
Green Peas
Bruguets Sauté
Lima Beans Créole

Gâteau Arbre Zi
Charlotte Napolitaine
Strawberry Ic
French Vanilla Ice-Cream
Pears

Assorted Cheese

Fruits of th

From the Grill (
Chateaubrian

Dixie.

Con spirito

Concert Programm

1. „Kärnthner Lieder", Marsch E. Seifert
2. Ouverture z. Op.: „Des Teufels Anteil" D. Auber
3. „Walzerträume", Walzer O. Straus
4. Fantasie a. d. Op.: „Carmen" G. Bizet
5. „Das Herz am Rhein", Lied W. Hill
6. Potpourri a. d. Optte.: „Die Fledermaus" J. Strauss

Empfehlenswerte Firmen: Recommendable Firms:

Schaumweine:
Chr. Adt. Kupferberg & Co., Mainz.
Deinhard & Co., Coblenz.
Moet & Chandon, Epernay.
Weine:
Deinhard & Co., Coblenz.
Biere:
Bürgerliches Brauhaus (Münchener Bürgerbräu), München.

Cognac (französischer):
Jules Saugé & Cie.,
Cognac-Surgères.
Mineralwasser:
Andreas Saxlehner, Budapest.
Heinrich Mattoni A. G., Wien.
Vichy-Celestin Quelle.

Hamburg-Amerika Linie,
Hamburg
IMPERATOR
Der Hamburger Dampfer
=Imperator=
grösstes Schiff der Welt
Hamburg-
Southampton-
Cherbourg-
NewYork

Hamburg-
Amerika
Linie.
Deutschland
H. A. P. A. G.
Berühmte Hamburger Schiffe.

dem Namen »Steuben« als Truppentransporter nutzte. Pläne, das Schiff nach dem Kriegsdienst als eine Art schwimmende Messehalle für amerikanische Produkte zu nutzen, zerschlugen sich. 1923 wurde es abgewrackt.

»Kaiser Wilhelm II.« befand sich bei Kriegsausbruch in New York. Das Schiff wurde ebenfalls interniert und mit der Kriegserklärung durch die USA als Truppentransporter »Agamemnon« eingesetzt. Seit 1919 blieb das Schiff dann aufgelegt, da sich keine Reederei zur Übernahme bereitfand. 1940 wurde es schließlich in Baltimore abgewrackt, wo zur gleichen Zeit die »Kronprinzessin Cecilie« ihr Schicksal ereilte, nachdem sie – als amerikanischer Truppentransporter »Mount Vernon« ab 1919 an die Pfähle gebunden – ebenfalls 20 Jahre vor sich hingerostet hatte.

Mit dem deutschen Rekordhalter »Kaiser Wilhelm der Große« wurde auf dem Nordatlantik das »Jahrzehnt der Deutschen« eröffnet. Wie bei der Flottenaufrüstung, so sollte dem schärfsten Rivalen England auch in der Handelsschiffahrt nachdrücklich die Leistungsfähigkeit, ja Überlegenheit, der deutschen Ozeandampfer vor Augen geführt werden. Letztlich blieben aber die Engländer vor dem ersten Weltkrieg doch die Schnellsten.

Berühmte Schwestern der Cunard Line

Das 20. Jahrhundert begann für die britische Passagierschiffahrt mit wenig Anlaß zur Freude. Die Rekordbrecher kamen aus Deutschland, die Dollarvorherrschaft drohte aus den USA. Pierpont Morgan versuchte mit seinem IMMC-Trust eine führende europäische Reederei nach der anderen unter seinen Einfluß zu bringen und dabei die britische Schiffahrt ganz und gar zu »morganisieren«. Rule the waves – diese jahrhundertealte englische Doktrin war ernsthaft gefährdet. Cunard widersetzte sich zwar dem Dollardruck, war allein aber finanziell zu schwach, die Herrschaft der Meere für Großbritannien sichern zu helfen. So retteten sie dann gemeinsam den Stolz und die Ehre der Nation: Regierung, Admiralität und Cunard. Am 13. August 1903 wurde der Vertrag vom Parlament besiegelt. Man kam überein, zwei Passagierschiffe mit einer Dienstgeschwindigkeit von 25, maximal 26 Knoten, bauen zu lassen. Vater Staat engagierte sich mit einem 20-Jahre-Kredit von 2,5 Mill. Pfund Sterling zu 2¾% Zinsen, zuzüglich einer jährlichen Subvention von 150000 Pfund. Dafür mußte Cunard britisch bleiben! Außerdem wurden beide Schiffe von vornherein als Hilfskreuzer konstruiert. Überdies hatte Cunard alle Schiffe mit mehr als 17 Knoten Geschwindigkeit der Admiralität zur Begutachtung vorzustellen.

Bei der geforderten Geschwindigkeit von 26 Knoten und mehr war eine große Maschinenanlage notwendig. Diese wiederum verlangte ein großes Schiff. Jedoch ließ sich ein solches wiederum nur bei stets ausgebuchten Fahrten schnell amortisieren. Demzufolge mußten Einrichtungen für die Passagiere so attraktiv wie niemals zuvor sein.

Und was nun die Cunard Line mit staatlicher Hilfe und in Absprache mit der Admiralität in Auftrag gab, erregte Staunen und Bewunderung. Erneut wurde alles übertroffen, was da auf den Ozeanen schwamm. Bei John Brown & Co, Clydebank, wurde der Kiel für die 31550 BRT große »Lusitania« gestreckt. Auf der Werft von Swan, Hunter & Wigham Richardson in Newcastle begann der Bau der 31938 BRT großen »Mauretania«, die bis 1911 das größte Schiff der Welt blieb.

Der Riß beider Neubauten war gleich. Freie Hand hatten aber die Werften bei den Inneneinrichtungen. Auch der Antrieb

HAL-Werbeplakat mit der »Imperator« und Speisekartenmotiv mit der »Deutschland«

Internierte deutsche Schiffe

Deutsche Vierschornsteiner, aufgelegt in der Chesapeake Bay (1930). (Aquarell)

»Lusitania« und »Mauretania« (Bild) waren die ersten 30000-Tonner

»Lusitania«: Speisesaal 1. Klasse, Speiseraum 3. Klasse, Schlafsalon 1. Klasse

Am Ausrüstungskai: Das Schiff mit Niederdruckturbinen und Kesselanlage

wurde variiert. Bei der sprunghaften Vergrößerung aller Dimensionen waren gründliche Untersuchungen vorausgegangen. In den Gurtungszonen verwendete man besonders feste Stähle. Der Doppelboden reichte über die gesamte Länge und wurde durch Doppelwände bis zur Wasserlinie fortgesetzt. Der Rumpf besaß 15 wasserdichte Querschotte. Die Türen konnten von der Brücke hydraulisch bewegt werden. Über dem Unterdeck befanden sich in klarer Symmetrie vier weitere Decks: Hauptdeck, Salondeck,, oberes Promenadendeck und Bootsdeck. Insgesamt konnte die »Lusitania« 2165 Passagiere, davon 563 in der 1., 464 in der 2. und 1138 in der 3. Klasse, aufnehmen. Die Besatzungsstärke betrug 802. Bei der »Mauretania« waren es 560 Passagiere in der 1., 475 in der 2. und 1300 in der 3. Klasse. Hinzu kamen 812 Besatzungsmitglieder.

Äußerst komfortabel waren die Luxuswohnungen auf dem Promenadendeck. Sie bestanden aus Empfangszimmer, Eßzimmer, zwei Schlafzimmern, Bad und Toilette sowie aus einem sich anschließenden Raum für die Dienerschaft. In den Speisesälen und Gesellschaftsräumen herrschten Stilepochen verschiedener Länder vor. Überall hatten Künstler mitgewirkt. Wertvolle Möbel, seidene Tapeten, kostbare Teppiche, goldverzierte Pfeiler, mit Spiegeln versehene Wände und Kamine aus echtem Marmor – all das ließ den Reisenden vergessen, an Bord eines Schiffes zu sein.

Veränderungen hatte es für die in der 3. Klasse untergebrachten Zwischendeckpassagiere gegeben. Ihnen waren Räume zu 2, 4 und 6 Personen mit Belüftung,

Heizung und Beleuchtung vorbehalten. Neben Toiletten standen Bade- und Duschräume mit fließend kaltem und warmen Wasser zur Verfügung. Das Glanzstück der beiden Cunard-Schiffe war jedoch die Antriebsanlage, in der Dampfturbinen die Dampfmaschinen abgelöst hatten. Die Entscheidung war revolutionär und risikovoll zugleich gewesen, fehlten doch trotz spezieller Studien Erfahrungen beim Einsatz großer Turbinen auf »Riesen«-Dampfern. Andererseits hätte man die für eine projektierte Dienstgeschwindigkeit von 25 Knoten errechneten 68000 PS schwerlich mit einer Kolbendampfmaschine erreichen können. So entschied man sich für die von Parsons entwickelte Turbine.

Zwischen beiden Neubauten gab es Unterschiede in der Beschaufelung und der Kondensation sowie bei der Kesselkonstruktion. Letztlich erwies sich die Antriebsanlage der »Mauretania« als stärker. Sie leistete 78000 PSw gegenüber 76000 PSw bei der »Lusitania«. Diese Kraft wurde auf insgesamt vier Schrauben übertragen. Davon wurden die Außenwellen von den Hochdruck- und die Innenwellen von den Niederdruckturbinen in Bewegung gesetzt. Den Dampf erzeugten 25 Schottenkessel mit einem Druck von 1,37 MPa. Die Bunker faßten 7000 Tonnen Kohle bei einem vorausberechneten täglichen Verbrauch von maximal 1000 Tonnen. Dafür benötigte man 324 Heizer und Trimmer.

Im Kriegsfall konnten die Schiffe als Hilfskreuzer mit 12 15-cm-Geschützen und 12 leichten Schnellfeuergeschützen ausgerüstet werden. Als erste lief am 7. Juni 1906 die »Lusitania« von Stapel: für die Briten ein Ereignis von nationaler Bedeutung, das sich in markigen Tauf-Reden widerspiegelte. »Er sei sicher«, so erklärte Sir Charles McLaren, Vorstandsvorsitzender der Brown-Werft, vor 600 geladenen Gästen, »daß keiner der Anwesenden sich damit zufrieden geben würde, daß in bezug auf Leistungsfähigkeit und Schnelligkeit von Atlantikdampfern Deutschland den Rekord halten solle. Britannien sei die Herrin der Meere; zu allen Zeiten habe Britannien im Schiffbau die führende Stellung eingenommen, und es gäbe keinen Briten, der nicht stolz sein dürfe, daß dieser Stapellauf Großbritannien wieder einmal in die vorderste Reihe des Schiffbaus der Welt stelle!« Zu der in internationalen

Schiffahrtskreisen heftig kritisierten staatlichen Subventionierung sagte William Watson vom Vorstand der Cunard Line: »Es sei in Wahrheit die Bezahlung für geleistete Dienste und nichts anderes.«

Gut drei Monate später lief die Schwester »Mauretania« vom Stapel. Auch an diesem Tag, dem 20. September 1906, herrschte herrliches Wetter. Erneut hatten sich Tausende auf den Weg gemacht, um diesmal am Tyne die Taufe eines »Riesen« mitzuerleben. Als erste wurde im Sommer 1907 die »Lusitania« fertiggestellt. Sie trat am 7. September ihre Jungfernreise an. Unter dem Kommodore der Cunard-Flotte J. B. Watt ging es von Liverpool über Queenstown nach New York. Alles hoffte auf eine Rekordfahrt, hatte doch das Schiff bei der Probe-Meilenfahrt, dem »run«, 25,6 Knoten erreicht. Am Ziel angekommen, war die »Lusitania« mit einer Durchschnittsgeschwindigkeit von 23,01 Knoten hinter den Leistungen der deutschen Konkurrenz zurückgeblieben. Die Enttäuschung versuchte auch Kapitän Watt auf die Frage: »Kann sie Besseres leisten?« mit der Antwort zu überspielen: »Für mich war es diesmal gut genug; aber es steckt mehr in ihr, und wir werden es unter besseren Wetterbedingungen beweisen können!«

Das gelang dann schon bei der zweiten Ausreise. Die 2780 Seemeilen zwischen Queenstown und Ambrose Leuchtfeuer wurden in der neuen Rekordzeit von 4 Tagen, 19 Stunden und 52 Minuten bei einem Mittel von 23,99 Knoten zurückgelegt. Und während der Rückreise wurde gleich noch eins draufgelegt. Mit 23,61 Knoten fuhr man auch auf Ostkurs neuen Rekord. Die Überfahrt dauerte 4 Tage, 22 Stunden und 53 Minuten. Damit hatte Cunard wieder das schnellste Schiff der Welt. In beiden Richtungen war man unter der 5-Tage-Grenze geblieben. Cunard hatte Großbritanniens Ehre gerettet! Deutschland war geschlagen!

Nun erwartete man mit Ungeduld die »Mauretania«. Alles hoffte auf noch mehr Geschwindigkeit, denn sie besaß mehr Schaufeln auf den Turbinen, hatte größere Propellerdurchmesser und mehr Heizfläche unter den Kesseln.

Am 16. November 1907 war für die »Mauretania« der Tag der Bewährung gekommen. Als sie Liverpool verließ, herrschte ein kaltes und nasses Wetter. Noch unfreundlicher sollte die Überfahrt werden. Das Schiff hatte gegen schwere Stürme anzukämpfen. Kapitän Pritchard mußte sogar beidrehen lassen, damit Decksleute einen losgerissenen Reserveanker wieder einfangen und festzurren konnten. Aus einer Rekordfahrt wurde nichts. Mit einem Mittel von *nur* 22,21 Knoten hatte man New York erreicht. Aber auf der Rückfahrt demonstrierte dann die »Mauretania« ihr tatsächliches Leistungsvermögen. Mit 23,69 Knoten dampfte sie über den Atlantik und brach den Rekord ihrer Schwester um 0,08 Knoten. 24 Minuten früher war sie in Queenstown.

»Lusitania« vor dem Stapellauf

»Mauretania« fertig zum Stapellauf

»Lusitania«

»Mauretania«

»Lucy« und »Maury«, wie alsbald ihre Kosenamen lauteten, trugen von nun an die Wettrennen unter sich aus. Im Mai 1908 schaffte auch die »Lusitania« auf Westkurs ein Mittel von 24,83 Knoten. Zwei Monate später steigerte sie sich auf 25,01 Knoten. Doch im September 1909 durchfuhr die »Mauretania« die Strecke Queenstown–Ambrose Feuerschiff erstmals mit 26,6 Knoten bei einer Reisezeit von 4 Tagen, 10 Stunden und 51 Minuten. Auf Ostkurs hatte das Schwesterschiff bereits vorher nichts mehr entgegenzusetzen gehabt. Hier erreichte die »Mauretania« im Juni 1909 ein Mittel von 25,88 Knoten bei einer Fahrzeit von 4 Tagen, 17 Stunden und 21 Minuten. Letztmalig brach die »Mauretania« einen Rekord, als sie im August 1924 mit 26,25 Knoten auch in Ostrichtung ein Mittel von über 26 Knoten erreichte. Die »Mauretania« blieb damit 20 Jahre lang unangefochten im Besitz des imaginären »Blauen Bandes«!

So sehr beide Schiffe in aller Welt ob ihrer Leistungsfähigkeit bewundert wurden, so hatten auch sie ihre technischen Probleme bei hohen Geschwindigkeiten. Von Probefahrten der »Mauretania«, über die keine offiziellen Berichte existieren, ist die Geschichte überliefert, daß der »Alte« – als eines Tages die Maschinen voll ausgefahren wurden – den Befehl gab, die Geschwindigkeit sofort zu drosseln. »Er sei«, so erklärte der Kapitän gegenüber den erstaunten Ingenieuren, »beinahe von der Brücke heruntergeschüttelt worden!« Diese lästigen Vibrationen konnten auf beiden Schiffen nie restlos beseitigt werden, so daß sich z.B. die »Mauretania« bei Höchstgeschwindigkeiten den Ruf einer »Klapperkiste« einhandelte.

Beide Cunard-Dampfer fuhren bis zum ersten Weltkrieg im Liverpool-New York-Dienst. Bei Ausbruch des Krieges wurden sie nicht sofort als Hilfskreuzer eingesetzt. Der hohe Brennstoffbedarf machte die Unterhaltung nicht nur teuer, sondern auch kompliziert, wenn man z.B. auf hoher See hätte nachbunkern müssen. Erst Ende Oktober wurde die »Mauretania« von der Marine übernommen. Man entfernte den Luxus aus Kabinen und Gesellschaftsräumen und legte das Schiff auf. Die »Lusitania« blieb vorerst im Passagiereinsatz, jedoch mit verminderter Leistung. Von den 25 Kesseln wurden 6 stillgelegt. Mit weniger Dampf, aber auch mit weniger Kohlebedarf, legte sie immer noch 21 Knoten vor.

Am 3. Mai 1915 verließ die »Lusitania« New York mit Kurs Liverpool. An Bord befanden sich 1959 Menschen, darunter 440 Frauen und 129 Kinder. Zur gleichen Zweit verwies die deutsche Botschaft in den USA noch einmal öffentlich auf die Anfang Februar 1915 abgegebene Regierungserklärung, in der die Gewässer um Großbritannien und Irland von Deutschland zum Kriegsgebiet erklärt

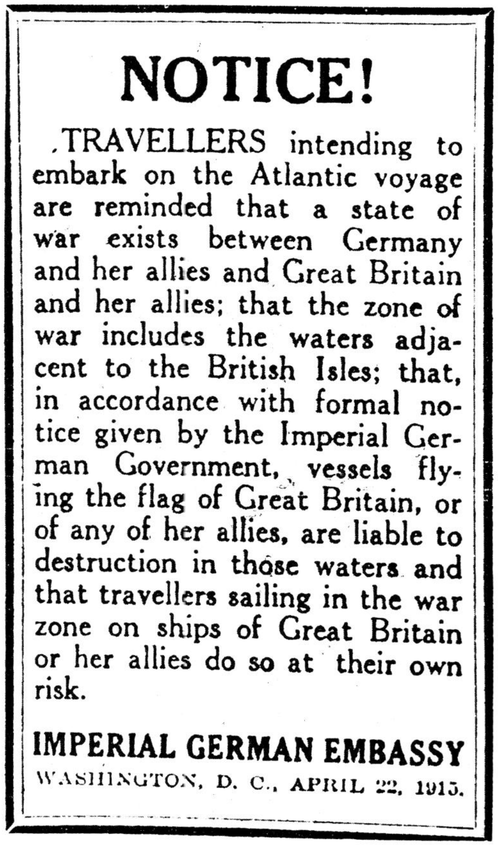

NOTICE!

TRAVELLERS intending to embark on the Atlantic voyage are reminded that a state of war exists between Germany and her allies and Great Britain and her allies; that the zone of war includes the waters adjacent to the British Isles; that, in accordance with formal notice given by the Imperial German Government, vessels flying the flag of Great Britain, or of any of her allies, are liable to destruction in those waters and that travellers sailing in the war zone on ships of Great Britain or her allies do so at their own risk.

IMPERIAL GERMAN EMBASSY
WASHINGTON, D. C., APRIL 22, 1915.

»Mauretania« im Kriegseinsatz

Warnung Deutschlands, daß fremde Schiffe in britischen Gewässern versenkt werden

Cunards Vierschornsteiner in Southampton

Abbruch der »Mauretania«

Die vorbeiziehende »Mauretania« wird von Passagieren der »Bremen« bestaunt

worden seien und alle dort angetroffenen feindlichen Handelsschiffe versenkt würden. Am 7. Mai erreichte die »Lusitania« die Irische See und stand mittags 8 Meilen südlich von Old Head of Kinsale, als sie vom deutschen U-Boot U20 mit nur einem Torpedo beschossen wurde. Nach einer heftigen – zweiten – Detonation bekam das Schiff sofort Steuerbordschlagseite. Wenig später hob sich das Heck aus dem Wasser und der 30000-Tonner ging steil in die Tiefe, dabei 1198 Menschen mit sich reißend. Die Überlebenden konnten von Küstenbooten gerettet werden.

Mit der »Lusitania« war erstmals in der Seekriegsgeschichte ein Passagierdampfer von einem U-Boot im Unterwasserangriff versenkt worden. Die Emotionen auf beiden Seiten schlugen hoch. Die internationale Öffentlichkeit war empört. Deutschland feierte die Versenkung als Heldentat. Fakt blieb, daß die »Lusitania« fast 11 Tonnen Munition (außerdem rund 12 Tonnen Öl) in den noch neutralen USA an Bord genommen hatte, die nach dem Torpedotreffer offensichtlich die zweite, verheerende Explosion auslösten. Der mit geschlossenen Schotten fahrende Riesendampfer sank innerhalb von 20 Minuten. Zur gleichen Zeit lief das Schwesterschiff, die »Mauretania«, durchs Mittelmeer Richtung Lemnos. An Bord befanden sich 3182 Soldaten für die Dardanellenfront. Bis Kriegsende blieb sie als Truppentransporter bzw. Lazarettschiff im Einsatz.

Ihre erste Nachkriegsreise konnte die »Mauretania« am 27. Juni 1919 antreten. Sie fuhr aber nicht mehr von Liverpool, sondern von Southampton ab, wohin auch Cunard seinen Sitz verlegt hatte. Ende Juli 1921 wurde das Schiff in Southampton durch ein Feuer schwer beschädigt. An die notwendigen Reparaturen, ausgeführt von der Bauwerft in Newcastle, schlossen sich Modernisierungen der Passagiereinrichtungen an, und das Schiff wurde auf Ölfeuerung umgestellt. (Passagiere: 589 in der 1., 400 in der 2. Klasse und 767 in der 3. Klasse; Tanks: 5350 Tonnen Öl). Bis 1930 blieb das Schiff im Southampton–New York-Dienst. Danach wurde es hauptsächlich für Kreuzfahrten eingesetzt. Der Rumpf erhielt einen weißen Anstrich.

Höhepunkt für die »Mauretania« dürfte noch einmal der Sommer 1929 gewesen sein. Im Juli hatte der NDL-Turbinendampfer »Bremen« in beiden Richtungen den Geschwindigkeitsrekord gebrochen. Die »Mauretania« nahm die Herausforderung an und stellte sich einen Monat später noch einmal zum Wettrennen. Zwar konnte die 22 Jahre alte »Dame« die »jungfräuliche« Bremen nicht schlagen, dennoch überbot »Maury« in beiden Richtungen mit 26,90 (Bremen: 27,83) auf West- und 27,22 (Bremen: 27,92) Knoten auf Ostkurs noch einmal die eigenen Bestleistungen.

Als die »Mauretania« 1931 viermal in einem Monat den Atlantik überquerte, stellte sie eine neue Art von Rekord auf. Die »Mauretania« war schon ein erstaunliches Schiff. »The grand old lady of the atlantic« wird wohl einer der berühmtesten Schnelldampfer bleiben. Im Oktober 1934 aus dem Dienst gezogen, wurde der Renner ein Jahr später zum Abwracken verkauft.

Wettfahrten und Rekordhalter bis 1952

Ökonomie zwischen Bescheidenheit und Luxus

Die amerikanische Wirtschaft war aus dem unbeschadet überstandenen ersten Weltkrieg wesentlich gestärkt hervorgegangen. Die USA bauten ihre ökonomischen Einflußsphären aus und nisteten sich insbesondere in Europa ein. Ebenfalls zu den Siegern, wenn auch angeschlagen, zählte Großbritannien, der ehemalige maritime Hauptkonkurrent Deutschlands. Die großen Verlierer waren die Deutschen. Sie, denen einst Kaiser Wilhelm II. eine Zukunft auf dem Wasser prophezeit hatte, waren fürchterlich baden gegangen. Was der Krieg nicht ruiniert und vernichtet hatte, mußte schließlich mit dem Versailler Friedensdiktat an die Siegermächte abgeliefert werden. Das galt auch für die Passagier- und die Frachtschiffe. Die Forderung »ton for ton and class for class« wurde bei den Siegern nicht nur zum geflügelten Wort, sondern auch konsequent realisiert.

Von der Kriegsbeute erhielten u.a. Großbritannien 1,9 Mill. BRT, die USA 0,8 Mill. BRT, Frankreich 0,5 Mill. BRT und Italien 0,2 Mill. BRT. Von den 5,5 Mill. BRT, die Deutschland 1914 besessen hatte, waren infolge von Kriegsverlusten und Reparation ganze 673000 BRT übriggeblieben. Der Anteil an der Welthandelsflotte sank von 11,1% (1914 der 2. Platz) auf 0,7% (1920 den 13. Platz). Die beiden einst zur Weltspitze gehörenden deutschen Reedereien HAL/Hapag und NDL hatten keinen hochseetüchtigen Dampfer mehr. Sie ließen Schiffe unter fremder Flagge fahren. Angetreten zum Kampf um einen Platz an der Sonne, führte die frühere wirtschaftliche Weltmacht Deutschland zunächst nur ein Schattendasein.

Mit diesen Veränderungen war zugleich auch eine ökonomische Machtverschiebung eingetreten, die sich in den Anteilen am Welttonnagebestand wie folgt zeigte: An der Spitze rangierte weiterhin Großbritannien mit 32% (1913 40%). An die zweite Stelle hatten sich die USA mit

Die Kriegsbeute »Bismarck« fuhr als White-Star-Liner »Majestic«

24% vorgeschoben (1913 6,4%). An der dritten Stelle – jedoch mit deutlichem Abstand – stand Frankreich mit 5,7% (1913 4,7%), gefolgt von Japan mit 5,2% (1913 3,2%). Die Anteile anderer Länder, wie Norwegen, Niederlande und Italien, lagen unter 4%.

Was die weitere Schiffahrtsentwicklung betrifft, so übten die Versailler Bedingungen nur kurzzeitig eine negative Wirkung aus. Billigschiffsangebote infolge Überkapazität in der Welt bei gleichzeitiger staatlicher Subventionspolitik ermöglichten es den deutschen Reedern, preiswerte Einheiten zu erwerben und rasch wieder internationalen Anschluß zu finden. Dennoch: Es gab – zumindest vorerst – keine deutsche Reederei als potentiellen Auftraggeber für ein Rekordschiff, ebenso wie es in den anderen Ländern an Motivation mangelte, neue »Blau-Band-Renner« über den Atlantik zu schicken.

In der Tat hatten die Reeder andere Sorgen, als ehemalige Schnelldampferrekorde zu brechen. Vorerst blieben alle großen Passagierschiffe im Nachkriegseinsatz. Tausende von Soldaten mußten von den Kriegsschauplätzen in ihre Heimatländer zurückgebracht werden ebenso wie die vielen Kriegsgefangenen. Erst als diese Aktionen abgeschlossen und die Schiffe für den zivilen Dienst umgerüstet worden waren, konnten sie wieder in den normalen Passagierdienst entlassen werden. Doch wer nun von den früheren Reedereien gehofft hatte, auf dem Nordatlantik – der Hochstraße des Weltverkehrs – an die großen geschäftlichen Erfolge der Vorkriegszeit anknüpfen zu können, mußte einige herbe Enttäuschungen hinnehmen.

Die Veränderungen waren teilweise gravierend, da sich die Passagierstruktur grundsätzlich verändert hatte. Schließlich beeinflußten die neuen Bedingungen auch die nach dem ersten Weltkrieg wiedergegründete Atlantic Conference, deren Mitgliederzahl mit der bereits 1921 erfolgten Aufnahme von HAL und NDL auf 19 angestiegen war. Darunter befanden sich Cunard, White Star, CGT, Holland–Amerika Lijn, Red Star und American Line. Gegenüber der Vorkriegszeit war diese Konferenz aber kein Pool mehr, sondern lediglich ein Fahrpreis- und Gebietsabkommen.

Denn das einstige, stets hart um-

Werbung der beiden deutschen Weltreedereien nach dem ersten Weltkrieg

»Albert Ballin« (Hapag) – erster deutscher 20000-Tonnen-Nachkriegsneubau

»Resolute« der Hapag – 1926 vom Harrimankonzern übernommen

kämpfte und »gepoolte« Hauptgeschäft, der Auswandererverkehr nach den USA, ging plötzlich und rapide zurück. Von zyklischen Krisen gezeichnet, die sich u.a. in 3 Mill. Arbeitslosen widerspiegelten, erließen die US-Behörden ständig neue Gesetze, um den Einwandererstrom direkt oder indirekt zu stoppen.

Dem »United States 3% Immigration Restriction Act« vom 1. Juli 1921 (Dellingham Bill) folgte das »Immigration Act of 1924« (Johnson Bill). Die drastische Einschränkung der Einwandererquote auf 3% – gemessen an den im Ausland geborenen Amerikanern – wurde nochmals um ein Drittel reduziert und auf 2% begrenzt. Außerdem verschärfte man die Quarantänebestimmungen. Damit wurden die Schranken der Einwanderung immer höher, ja fast überwindlich. Die Folge: Die Reedereien hatten immer weniger Zulauf. Die Vorkriegsozeanriesen waren nicht mehr ausgebucht. Es herrschte ein Überangebot an Schiffsraum. Ältere Paradepferde des Nordatlantiks wurden erst gar nicht mehr in Fahrt gebracht. Die Gewinne schrumpften sichtlich.

Waren es 1913 noch offiziell 1,3 Millionen, die in die USA und Kanada einwanderten, so halbierte sich diese Zahl in den ersten Nachkriegsjahren, um dann Anfang der 30er Jahre unter 20000 abzusinken. Fuhren vor dem ersten Weltkrieg noch mehr als 2,5 Millionen Menschen jährlich mit einem Passagierschiff über den Nordatlantik, so lag das Maximum in der Zeit zwischen den beiden Weltkriegen bei rund einer Million.

Die Reedereien brauchten aber Passagiere, denn nur sie brachten das Geld. So mußten bei sich verschärfender Konkurrenz zugleich neue Marktlücken erspäht und erschlossen werden. Und man fand sie! Dabei mußte man sich aber auf ein etwas anderes Publikum einstellen. Man fuhr nicht mehr vorrangig im sozialen Kontrastprogramm: high society und first class einerseits – Auswanderer im Zwischendeck andererseits. Eine andere Gruppe begann von nun an die Passagier-

»New York« – Hapag-Flaggschiff zu Beginn der 30er Jahre

struktur zu bestimmen. Touristen begannen die Schiffe zu bevölkern.

Hatten die großen Reedereien bereits Ende des 19. Jahrhunderts damit begonnen, ihre Schnelldampfer vereinzelt in den Wintermonaten zu »Studienreisen« ins Mittelmeer für die einkommensstarken Oberschichten zu nutzen, so versuchten sie jetzt ganz gezielt und in enger Zusammenarbeit mit den sich verstärkt etablierten Reisebüros, auch immer mehr Menschen aus den »wenig begüterten Kreisen« aufs Schiff zu locken. Die Sehnsucht nach Reisen wurde geweckt. Man bot Ruhe und Entspannung ebenso wie Bildung und Vergnügen an. Cunards Wahlspruch »Getting there ist half the fun« (dort hinzugehen ist das halbe Vergnügen) wurde zu einem symbolträchtigen Slogan dieser Zeit.

Die Schiffsreisen als Flair des Besonderen wurde auf immer breitere Bevölkerungsschichten ausgedehnt. Das Kennenlernen fremder Länder zog ständig mehr Menschen in die Ferne. Generaldirektor Heineken vom NDL konstatierte: »Der

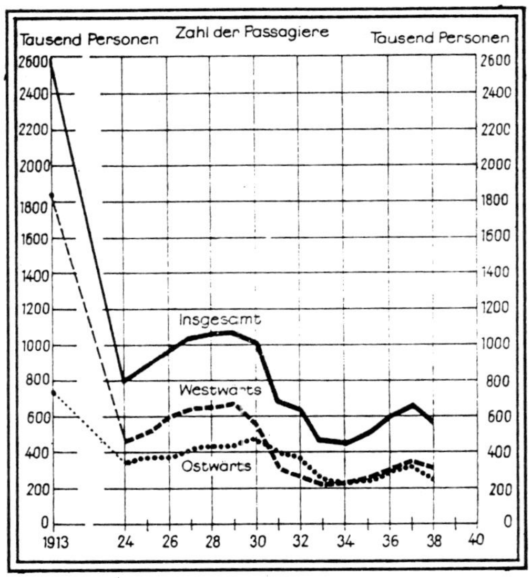

Passagierverkehr auf dem Nordatlantik

Werbung der Amerikanischen Handelskammer

Briefpost nach Amerika

im Oktober 1924

Veröffentlicht von der

American Chamber of Commerce in Germany, Berlin (Amerikanische Handelskammer) Friedrichstr. 59-60

im Interesse eines beschleunigten Briefverkehrs zwischen Deutschland und Amerika. — Die angeführten Dampfer werden von der deutschen Reichspost zur Briefbeförderung nach New York benutzt.

Die Post wird nur mit **diesen** Dampfern befördert und **nicht** mit jedem Dampfer, der auf den Fahrplänen der verschiedenen Schiffahrtsgesellschaften verzeichnet ist.

Von Berlin Tag	Bahnhof	Stunde	Name des Dampfers	Abfahrt von	Tag der Abfahrt	Ankunft in New York
1. Okt.	Friedrichstraße	12^{10}	**Columbus**	Bremerhaven	2. Okt.	**10.** Okt.
1.	Lehrter	3^{00}	**Deutschland**	Hamburg	2. Okt.	**11.** Okt.
2.	Friedrichstraße / Potsdamer	11^{43} / 1^{00}	**Berengaria**	Southampton & Cherbourg	4. Okt.	**10.** Okt.
3.	Lehrter	3^{00}	**Mongolia**	Hamburg	4. Okt.	**14.** Okt.
5.	Friedrichstraße / Potsdamer	11^{43} / 1^{00}	**Leviathan**	Southampton & Cherbourg	7. Okt.	**13.** Okt. (Seepost*)
6.	Friedrichstraße	12^{10}	**Pres. Harding**	Bremerhaven	7. Okt.	**16.** Okt. (Seepost*)
6.	Friedrichstraße / Potsdamer	11^{43} / 1^{00}	**Majestic**	Southampton & Cherbourg	8. Okt.	**14.** Okt.
9.	Friedrichstraße / Potsdamer	11^{43} / 1^{00}	**Mauretania**	Southampton & Cherbourg	11. Okt.	**17.** Okt.
10.	Friedrichstraße	12^{10}	**München**	Bremerhaven	11. Okt.	**21.** Okt.
13.	Friedrichstraße / Potsdamer	11^{43} / 1^{00}	**Olympic**	Southampton & Cherbourg	15. Okt.	**21.** Okt.
13.	Lehrter	3^{00}	**Resolute**	Hamburg	14. Okt.	**23.** Okt.
16.	Friedrichstraße	12^{10}	**George Washington**	Bremerhaven	17. Okt.	**26.** Okt. (Seepost*)
16.	Friedrichstraße / Potsdamer	11^{43} / 1^{00}	**Aquitania**	Southampton & Cherbourg	18. Okt.	**24.** Okt.
19.	Friedrichstraße	12^{10}	**Bremen**	Bremerhaven	20. Okt.	**30.** Okt.
20.	Friedrichstraße / Potsdamer	11^{43} / 1^{00}	**Homeric**	Southampton & Cherbourg	22. Okt.	**29.** Okt.
22.	Lehrter	3^{00}	**Albert Ballin**	Hamburg	23. Okt.	**1.** Nov.
23.	Friedrichstraße / Potsdamer	11^{43} / 1^{00}	**Berengaria**	Southampton & Cherbourg	25. Okt.	**31.** Okt.
26.	Friedrichstraße / Potsdamer	11^{43} / 1^{00}	**Leviathan**	Southampton & Cherbourg	28. Okt.	**3.** Nov. (Seepost*)
27.	Friedrichstraße / Potsdamer	11^{43} / 1^{00}	**Majestic**	Southampton & Cherbourg	29. Okt.	**4.** Nov.
31.	Friedrichstraße	12^{10}	**Columbus**	Bremerhaven / Cherbourg	1. Nov. / 2. Nov.	**9.** Nov.
31.	Lehrter	3^{00}	**Reliance**	Hamburg	1. Nov.	**10.** Nov.
3. Nov.	Friedrichstraße / Potsdamer	11^{43} / 1^{00}	**Olympic**	Southampton & Cherbourg	5. Nov.	**11.** Nov.

Einen Leitvermerk brauchen die Briefe nur dann zu tragen, wenn für die Weitersendung ein bestimmter Weg oder Dampfer benutzt werden soll. Beispiel: Via Southampton S. S. Majestic. Ueber Cherbourg werden zurnächst nur Briefe und Postkarten aus Süddeutschland gesandt.

Luftpost in Amerika, New York nach San Francisco, in 34 Stunden 45 Minuten.

Gewöhnliche und eingeschriebene Briefsendungen nach den folgenden Staaten: Zone 1: Indiana, Michigan, Ohio, Iowa, Kansas, Minnesota, Missouri, Wisconsin; Zone 2: Nebraska, Süd Dakota, Colorado, Wyoming; Zone 3: Idaho, Montana, Nevada, Oregon, Utah, Californien, werden mit der Luftpost von New York weitergesandt, wenn sie die Aufschrift **„Mit Luftpost New York–San Francisco"** tragen und genügend freigemacht sind. Es beträgt der **Flugzuschlag** (neben der gewöhnlichen Gebühr) für je 20 g einer Sendung nach der Zone 1 (New York—Chicago) = 40 Pf.; nach der Zone 2 (Chicago—Cheyenne) = 80 Pf.; nach der Zone 3 (Cheyenne—San Francisco) = M. 1.20.
Fahrplan: Werktäglich ab New York 10^{00}, an Chicago 6^{15}, an Cheyenne 5^{10}, an San Francisco 5^{45}

Anschluß an obige Dampfer erhalten Briefe, die von nachstehenden Städten spätestens mit den hierunter angegebenen Zugverbindungen abgesandt werden.

Von	Für Dampferfahrten ab Hamburg (vor Schiffsabgang)		Bremerhaven (vor Schiffsabgang)		Southampton (vor Schiffsabgang)		Cherbourg (vor Schiffsabgang)	
Augsburg	am 2. Tage	10^{15}	am 2. Tage	5^{15}	—	—	am Tage	9^{10}
Bremen	am Tage	6^{21}	am Tage	1^{00} 2)	am Tage	9^{00} 2)	—	—
Breslau	am Tage	12^{22}	am 2. Tage	3^{07}	am 2. Tage	12^{22}	—	—
Chemnitz	am Tage	5^{15}	am 2. Tage	7^{28}	am 2. Tage	5^{15}	—	—
Dresden	am Tage	7^{10}	am 2. Tage	7^{04}	am 2. Tage	7^{10}	—	—
Düsseldorf	am Tage	9^{38}	am 2. Tage	10^{31}	am 2. Tage	11^{38}	—	—
Elberfeld	am Tage	10^{43}	am Tage	12^{21}	am 2. Tage	10^{57}	—	—
Frankfurt, Main	am Tage	6^{54}	am 2. Tage	10^{03}	—	—	am Tage	12^{12}
Hamburg	am Tage	10^{00} 1)	am Tage	11^{08}	am 2. Tage	7^{00} 1)	—	—
Karlsruhe, Baden	am Tage	3^{30}	am 2. Tage	6^{40}	—	—	am Tage	3^{08}
Köln	am Tage	9^{40}	am 2. Tage	10^{52}	am Tage	7^{12}	—	—
Leipzig	am Tage	10^{28}	am 2. Tage	9^{50}	am 2. Tage	10^{28}	—	—
München	am 2. Tage	11^{05}	am 2. Tage	4^{15}	—	—	am Tage	8^{10}
Nürnberg	am Tage	12^{42}	am 2. Tage	1^{42}	—	—	am Tage	8^{27}
Pforzheim	am 2. Tage	8^{53}	am 2. Tage	2^{30}	—	—	am Tage	1^{27}
Stuttgart	am 2. Tage	9^{46}	am 2. Tage	4^{49}	—	—	am Tage	12^{56}

Alle angegebenen Züge führen Bahnpost. *Auf den Schiffen mit **Seepost** wird die Post für Amerika während der Ueberfahrt sortiert, wodurch die Briefe für New York (Stadt) einen Vorsprung bis zu 24 Stunden erhalten. Drucksachen, Warenproben und Geschäftspapiere werden nur mit den von Hamburg oder Bremen abgehenden Schiffen befördert. Aus Amerika ist jede Woche 2 bis 3 mal Post zu erwarten.

1) Postschluß in Hamburg I. 2) Postschluß in Bremen I.

Postgebühren im Amerikaverkehr.

Briefe: Bis 20 g 30 Pf., jede weiteren 20 g (Meistgewicht 2 kg) 15 Pf. — **Postkarten:** 20 Pf. — **Drucksachen:** Für je 50 g 5 Pf. (Meistgewicht 2 kg, für einzeln versandte unteilbare Druckbände 3 kg). — **Geschäftspapiere:** Für je 50 g 5 Pf. (Mindestens 30 Pf., Meistgewicht 2 kg). — **Warenproben:** Für je 50 g 5 Pf., (Mindestens 10 Pf., Meistgewicht 500 g). — **Einschreibegebühr** 30 Pf. — **Rückscheingebühr:** 30 Pf.

Telegramme nach den Vereinigten Staaten.

Farmer Smith möchte seine Brüder besuchen, die in der Heimat geblieben sind, und der Geographieprofessor Meier will in die Vereinigten Staaten fahren, um seinen Studenten später von eigenen Erlebnissen berichten zu können.« Hinzu gesellten sich Neureiche – durch Inflation und Nachkriegskonjunktur hochgespült – und machten einander die Luxuskabinen streitig. Prominente Künstler, Stars von der Bühne und vom Film, reisten in den Salons der 1. Klasse. Mit Dollars gesegnete Amerikaner wollten in Frankreich und anderswo die Landschaften wiedersehen, in denen sie einst gekämpft hatten. Und sie reisten nicht allein. Die ganze Familie fuhr mit. So besuchten 1926 während der Saison von April bis September über 240000 USA-Touristen europäische Länder. Sie lasteten damit fast 500 Dampfer aus.

Daneben verstärkte sich seit den 20er Jahren der Geschäftsreiseverkehr. Das galt nicht nur für die wechselseitigen Beziehungen zwischen Deutschland und den USA, sondern auch für andere Länder Europas und Nordamerikas. Diese Entwicklung war Ausdruck einer zunehmenden internationalen Wirtschaftsverflechtung zwischen den führenden Industriestaaten auf beiden Seiten des Atlantiks.

Mit dem sich ausweitenden internationalen Fremdenverkehr – einschließlich Geschäftsreiseverkehr – mußten sich zwangsläufig auch die Anforderungen an die Schiffe hinsichtlich Größe, Komfort und Geschwindigkeit ändern. Auf keinen Fall waren Rekordbrecher gefragt. Vorerst nicht! Auch die Größe der Neubauten hielt sich mit rund 20000 BRT in bescheidenerem Rahmen, solange die »Riesen« nicht ausgelastet waren. Zwar wurden die Luxuskabinen bzw. diejenigen der 1. Klasse auf den ausgesprochenen Renommierschiffen beibehalten. Neu war für die sozial besser gestellten Reisenden die sogenannte Kajütklasse, die im Angebot zwischen der ehemaligen 1. und 2. Klasse lag. Ebenfalls neu war die für die Mehrzahl der Reisenden geschaffene Touristenklasse. Sie lag im Leistungsangebot zwischen der früheren 2. und 3. Klasse. Hinzu kam eine noch etwas anspruchslosere 3. Klasse für ärmere Gruppen. Meist waren es die verbliebenen Auswanderer. Die grundsätzliche Veränderung: Das einst berüchtigte Zwischendeck gab es nicht mehr! Keiner wurde mehr in Massenquartieren untergebracht. Auch die Ärmsten sollten von nun an am Vergnügen einer Seereise teilhaben. Denn selbst die 3. Klasse bot fließend kaltes und warmes Süßwasser.

1934 wurde von der Atlantic Conference eine Vereinheitlichung der Passagierklassen durchgesetzt: 1. Klasse, Touristenklasse, 3. Klasse. Ab 1936 bezeichnete man international die 1. Klasse als Kabinenklasse. Wesentliche Veränderungen vollzogen sich auch in der Innenarchitektur. Beherrschten vor dem ersten Weltkrieg Pomp und Protz in allen Variationen ebenso wie Prachthallen und goldstrotzende Luxuskabinen die Innengestaltung der Schiffe, so dominierte von nun an sachliche Eleganz und wohltuende Bequemlichkeit. »Kurze Röcke und kurzgeschnittene Haare bei den Damen passen nicht mehr in eine Zeit der Lehnstühle vom

Stil Louis des XVI.«, meinte Präsident Diaz von der Reederei CGT. Entsprechend seiner Maxime: »Leben heißt nicht nachahmen, sondern schöpfen« machte dann auch seine 1927 in den Dienst gestellte »Ile de France« weltweit Furore. Hier hatte Diaz alles Traditionelle und Altmodische verbannen lassen. Das Schiff war der Prototyp einer »neuen« Generation von Luxuslinern.

Auf den weiteren Fortgang der nordatlantischen Passagierschiffahrt blieben zwei Entwicklungstendenzen nicht ohne Einfluß: Zum einen nahmen nach Überwindung der Kriegsfolgen und der Inflation in Europa durch einen allgemeinen wirtschaftlichen Aufschwung auch die Passagierzahlen wieder stetig zu. Die sogenannten goldenen 20er Jahre waren angebrochen. Zum anderen hatte sich

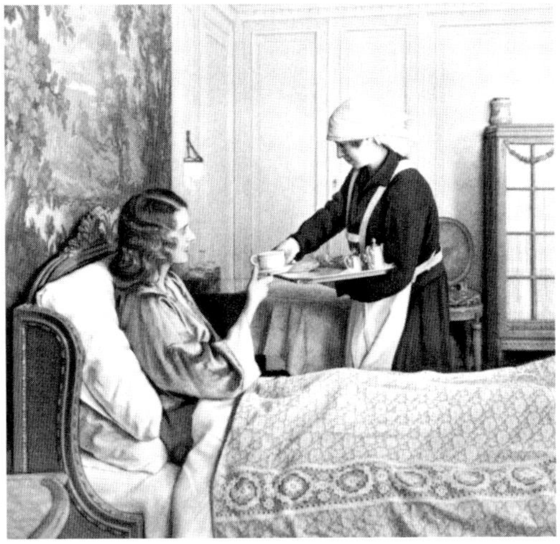

Freizeit an Bord

Ankunft in New York

Sportliche Betätigung

Prominenz an Bord der »Bremen«:
Max Schmeling (links), Henry Ford (rechts)

1.-Klasse-Kabine und Touristenklasse

Deutschland – nicht zuletzt mit amerikanischer Hilfe – wirtschaftlich allmählich wieder erholt und strebte in der Industrieproduktion neuerlich eine Weltspitzenposition an. Innerhalb der Schiffahrt rangierten die einstigen führenden Reedereien Hapag und NDL mit mehr als 1,1 bzw. 0,9 Mill. BRT wieder auf den vorderen Plätzen in der Welt. Mehr noch: Neuerliche ökonomische Stärke und scheinbar anhaltende wirtschaftliche Konjunktur bei gleichzeitigem Drang nach internationaler Aufwertung müssen als die entscheidenden Triebkräfte dafür angesehen werden, daß ausgerechnet Deutschland nur sieben Jahre nach dem verlorenen Krieg eine neue, die letzte Runde im internationalen Wettkampf ums »Blaue Band« einläuten sollte.

Wie Ende des 19. Jahrhunderts war es wiederum der Norddeutsche Lloyd, der zwei Schnelldampfer als potentielle Rekordbrecher in Auftrag gab. Sie sollten nicht nur die gewachsene Wirtschaftskraft und den hohen technischen Standard unter Beweis stellen, sondern zugleich das verlorengegangene maritime Selbstwertgefühl aufrichten und stärken helfen. Durch Versailles gedemütigt, wurden die Deutschen von der »Bremen« und der »Europa« rehabilitiert. Beide Schiffe fuhren sowohl auf West- als auch auf Ostkurs neue Geschwindigkeitsrekorde. Die Konkurrenz war herausgefordert.

Doch die Konkurrenz wurde – wie das gesamte Wirtschaftsleben überhaupt – zunächst einmal fürchterlich geschockt! Der »Schwarze Freitag« an der New Yorker Börse, der 25. Oktober 1929, löste die bis dahin längste und in ihren Auswirkungen tiefste Weltwirtschaftskrise aus. Wirtschaft, Handel und Verkehr stockten und schrumpften. Die Konferenzen reduzierten die Raten. Die Passagierpreise verfielen. Auch die Frachtraten sanken unauf-

Speisesaal der »Ile de France«

»Ile de France«, Andachtskapelle und Verandacafé

haltsam immer tiefer. Immer weniger gab es zu befördern und zu transportieren. »Ich habe mir das Frühstück abgewöhnt, den Lunch werde ich mir auch noch verkneifen müssen«, meinte einer der Offiziere von Cunards »Berengaria«, der nach 15 Dienstjahren täglich nur 1 Pfund Sterling verdiente. Ein Dampfer nach dem anderen wurde aufgelegt und in den »Schiffsfriedhöfen« an die Pfähle gebunden. 1932 lagen mehr als 20% der Welttonnage still. Zahlreiche Länder, so auch Deutschland, zahlten Abwrackprämien. So hatten zumindest die Schneidbrenner Konjunktur! Von 1929 bis 1934 wurden weltweit 8,3 Mill. BRT verschrottet.

Ungeachtet der trostlosen Wirtschaftslage vermochten die beiden deutschen »Blau-Band-Renner« dank ihrer wachsenden Beliebtheit den deutschen Anteil am nordatlantischen Passagierverkehr nicht nur zu halten, sondern auch noch zu steigern. So erhöhte sich der Anteil des NDL am gesamten Passagieraufkommen von Europa nach den USA in der Zeit von 1928 bis 1932 von 8,7% auf 18,2%. 1932 fuhr dann mit der »Rex« zum ersten und einzigen Mal – obendrein nur in einer Richtung – ein italienisches Schiff auf dem Nordatlantik Rekord. Es war ein ausgesprochenes Prestigeobjekt des faschistischen Diktators Mussolini. Die echte Konkurrenz für die deutschen Schiffe trat wenige Jahre später mit der französischen »Normandie« und der britischen »Queen Mary« auf den Plan. Erneut schien der »Gigantismus« über die »Vernunft des Machbaren« zu siegen.

Zur Demonstration und Bekräftigung des nationalen Renommees wurden mit Hilfe staatlicher Subventionen Schiffe in Fahrt gebracht, die an Größe, Ausstattung, Technik und Geschwindigkeit alle bisherigen Rekordbrecher weit in den Schatten stellten. Als Schiffe der Superlative gebaut, waren und blieben sie die Superlative ihrer Zeit. Aus schwimmenden Palästen waren schwimmende Städte geworden. »Sagen Sie, wann geht denn dieser Ort nach New York ab?« äußerte die Schauspielerin Beatrice Lillie beim Betreten der »Queen Mary«. Die »Normandie« und die »Queen Mary« bildeten den Höhepunkt und den Abschluß der Rekordfahrten über den Nordatlantik vor dem zweiten Weltkrieg. Die leistungsfähigere »Queen Mary« trug dabei den Sieg davon.

Inneneinrichtung der 30er Jahre, z. B. auf dem NDL-Schnelldampfer »Bremen«: Große Halle, Speisesaal, Luxuskabine

Mit Ausbruch des zweiten Weltkrieges am 1. September 1939 wurde der nordatlantische Passagierverkehr eingestellt.

Wie die gesamte Wirtschaft, so hatte auch die Schiffahrt empfindlich unter den Folgen des zweiten Weltkrieges zu leiden. Auf dem Nordatlantik blieben 1945 von den schwimmfähigen Hochseeschiffen weitgehend alle im Nachkriegseinsatz. Wiederum waren Hunderttausende Soldaten, Flüchtlinge, Emigranten und Gefangene hinüber und herüberzutransportieren. Vom Kriegsdienst entbunden, hatten die nordatlantischen Reedereien nach dem zweiten Weltkrieg gar keine Ambitionen auf Rekordfahrten. Zwar hatte die letzte Rekordträgerin, die »Queen Mary«, den Krieg unbeschadet überstanden, doch wurden rekordverdächtige Neubauten überhaupt nicht auf Kiel gelegt. Vorrangig ging es darum, die vorhandenen Betriebsmittel für den zivilen Einsatz umzurüsten und umfassend zu überholen.

Überdies wurden erste Kassandrarufe laut. Der nordatlantischen Linien-Passagierschiffahrt drohte Konkurrenz. Und zwar aus der Luft! War bisher die Fahrt mit dem Dampfer die einzige Möglichkeit, den Atlantik zu überqueren, so bot sich nun das Flugzeug als Alternative an.

Die Entwicklung der sich seit den 20er Jahren herausbildenden Zivilluftfahrt war zwar durch den zweiten Weltkrieg unterbrochen worden, doch wurde das Flugzeug nun hinsichtlich Schnelligkeit, Tragfähigkeit und Reichweite so verbessert, daß es auch im internationalen Linienverkehr eingesetzt werden konnte. Jetzt fürchteten die Reedereien, der Luftverkehr könnte angesichts seiner wesentlich kürzeren Reisezeiten zunehmend die Passagiere von der Haupteinnahmeroute, dem Nordatlantik, an sich ziehen. Vorerst bestand jedoch keine Gefahr. Für beide Verkehrsträger – auf dem Wasser und in der Luft – gab es nicht nur ein ausreichendes, sondern ein sogar stetig steigendes Passagieraufkommen. Ausschlaggebend dafür war ein sich enorm ausweitender internationaler Tourismus. Die Nach-

kriegsjahre waren für die traditionsreiche Cunard Line zugleich die profitabelsten.

Bei dieser wirtschaftlichen Entwicklung nimmt es nicht wunder, daß im Juli 1952 erneut ein Rekordbrecher über den Atlantik jagte. Trotzdem war dies eine kleine Sensation, da es sich um das Schiff einer amerikanischen Reederei handelte. Es gehörte der United States Lines und hieß »United States« . 100 Jahre, nachdem erstmals ein amerikanischer Dampfer den Atlantik in Rekordzeit überquert hatte, war wieder ein Schiff unter dem Sternenbanner das Schnellste zwischen Nordamerika und Europa. Das mit erheblichen staatlichen Subventionen erbaute neue Flaggschiff der amerikanischen Flotte brach die Rekorde auf ihrer Jungfernfahrt in beiden Richtungen. Mit Geschwindigkeiten von mehr als 35 Knoten (schneller als 60 km/h), wobei der Meilentest noch höher lag, hatte die Konkurrenz kaum noch etwas dagegenzusetzen.

Darüber hinaus schien es sich auch immer weniger zu rentieren, die Reisenden mit Rekordfahrten für eine Schiffspassage zu animieren. Die Geschwindigkeit als eines der Konkurrenzkriterien bei der Passagierschiffahrt sollte in dem Maße ihre Wirkung verlieren, wie das neue Verkehrsmittel Flugzeug immer schneller – und zugleich auch immer preiswerter – wurde. War Charles Lindbergh bei dem ersten Nonstopflug von New York nach Paris im Mai 1927 noch länger als einen Tag unterwegs gewesen, so brauchte man nach dem zweiten Weltkrieg bereits weniger als 20 Stunden für diese Strecke. Und 1957 – fünf Jahre nach der Rekordfahrt der »United States« – flogen erstmals mehr Menschen über den Atlantik, als daß sie ihn mit einem Schiff kreuzten. Mit Ablösung der von Kolbenmotoren angetriebenen Propellermaschinen durch strahlgetriebene Flugzeuge wurde nach 1960 der

Große Halle auf der »Europa«

»Bremen«, Speisesaal der Touristenklasse →→

Die Sorge um das leibliche Wohl auf NDL-Schnelldampfern: Bäckerei, Kaffeeküche, Räucherwaren, Geflügel (unten)

Rückgang des Passagieraufkommens bei der Schiffahrt noch beschleunigt.

Und je schneller der Düsenjet wurde, desto weniger Schiffspassagiere kamen. Damit schwanden aber auch die Einnahmen der Reedereien merklich. Die von Samuel Cunard 1840 bei der Eröffnung der Linienschiffahrt zwischen Europa und Nordamerika übernommenen Aufgaben hatte das Flugzeug an sich gerissen. Die Strukturkrise war nach 120 Jahren unabwendbar. Immer mehr Liner fuhren mit Verlust und mußten schließlich wegen Unrentabilität aufgelegt werden.

Von den beiden letzten Rekordbrechern wurde zunächst die »Queen Mary« 1967

aus dem Verkehr gezogen. Zwei Jahre später kam auch für das letzte Rekordschiff, die »United States«, das Kommando: Alle Maschinen stopp! So ging dann 1969 mit ihrer Außerdienststellung unwiederbringlich eine Ära zu Ende. Kein großes Passagierschiff wird wohl jemals wieder den Nordatlantik in neuer Rekordzeit überqueren. Die Zukunft auf dem Wasser liegt bei der Passagierschiffahrt im Kreuzfahrtgeschäft. Dazu braucht man keine Rekordbrecher, sondern komfortabel ausgestattete Schiffe mit einer Geschwindigkeit, die für den erholungssuchenden Reisenden angemessen und für die betreibende Reederei ökonomisch vertretbar ist.

Gesellschaftsraum auf einem Kreuzfahrtschiff

»Gratulation Schwester« – prophetische Darstellung aus der Zeitschrift Punch nach der Jungfernfahrt der »United States«

Liniendienste des NDL – rund um die Welt

Entwicklung der Passagierzahlen (in Mill.) im Nordatlantikverkehr

Jahr	Schiff	Flugzeug
1950	0,7	0,3
1953	0,9	0,5
1956	1,0	0,8
1959	0,9	1,5
1962	0,8	2,6
1965	0,6	4,1

(nach Einbaum – Dampflock – Düsenklipper, S. 438)

NORDDEUTSCHER LLOYD, BREMEN.
LONDON
BREMEN
Southampton
Plymouth
Antwerpen
PARIS
Cherbourg
Madeira
Las Palmas
AFRIKA
NEW YORK
NORD AMERIKA
SÜD AMERIKA
BRASILIEN

Die Technik feiert Triumphe

So wie Kleider Leute machen, so gehört zu einem schönen Schiff auch eine entsprechende Silhouette. Deshalb fuhr man in der Dampfmaschinenzeit lieber mit einem Schornstein zuviel, auch wenn dieser gar nicht benötigt wurde, um so Kraft und Schönheit zugleich zu demonstrieren, als daß man nur einen, im Prinzip völlig ausreichenden Rauchzug aufsetzte, dabei aber Gefahr laufen mußte, vor den Passagieren und der Konkurrenz schwach und vor allem häßlich zu wirken. Nun kam aber ein »Dampfer« dahergefahren, der besaß überhaupt keinen Schornstein. Die Konstrukteure hatten ihn absichtlich weggelassen, um so vor aller Welt auf den im Fahrzeuginnern verborgenen neuen Antrieb aufmerksam zu machen. Hierbei handelte es sich um die 1912 von einer dänischen Reederei in Dienst gestellte 7400 BRT große »Selandia«, das erste seegehende Schiff, angetrieben von zwei Dieselmotoren mit insgesamt 2500 PS. Dieser Ende des 19. Jahrhunderts von Rudolf Diesel entwickelte Verbrennungsmotor begann sich dann nach dem ersten Weltkrieg in der Handelsschiffahrt durchzusetzen, nachdem er für den Schiffsbetrieb konstruktiv verbessert worden war.

Schließlich trug das Öl gegenüber der Kohle den Sieg davon, weil seine Vorteile überzeugten: weniger Treibstoff bei gleicher Leistung, Bunkern des flüssigen Energieträgers in den Doppelbodenzellen möglich, beträchtliche Raumersparnis durch den Wegfall von Kohlebunkern und Kesselanlagen, Reduzierung der Mannschaft um etwa 30%. Die demgegenüber höheren Baukosten hatten sich bei größerer Wirtschaftlichkeit bald amortisiert. 1925 ging mit der 18000 BRT großen »Gripsholm« der Svenska–Amerika-Linie das erste mit Dieselmotoren angetriebene Passagierschiff (13000 PS, 17 kn) auf seine Jungfernreise.

Wie unaufhaltsam sich auch der Dieselmotor als neuer Antrieb in der Schiffahrt durchzusetzen begann, so wenig war er zwischen den beiden Weltkriegen als direkter Antrieb für Rekordschiffe geeignet. Als entscheidendes Hindernis erwies sich die nur begrenzt steigerungsfähige Umlaufgeschwindigkeit der Maschinen. So blieb denn für alle nach dem ersten Weltkrieg gebauten und in Dienst gestellten Rekordbrecher der Dampfturbinenantrieb charakteristisch.

Mit einer Ausnahme! Und diese verkörperte – wie bereits hinsichtlich Größe und Komfort – die französische »Normandie«. Sie wurde mit dem in den 20er Jahren von Amerikanern entwickelten dieselelektrischen Antrieb ausgerüstet. Dabei trieb der Dieselmotor nicht die Schiffswelle, sondern Generatoren direkt an, die den

Die »Selandia«, das erste Dieselmotorschiff

Maschinenraum der »Selandia«

Staub und Dreck durch die Kohlefeuerung
auf Dampfschiffen

»Sauberkeit« durch Dieselantrieb auf Motorschiffen

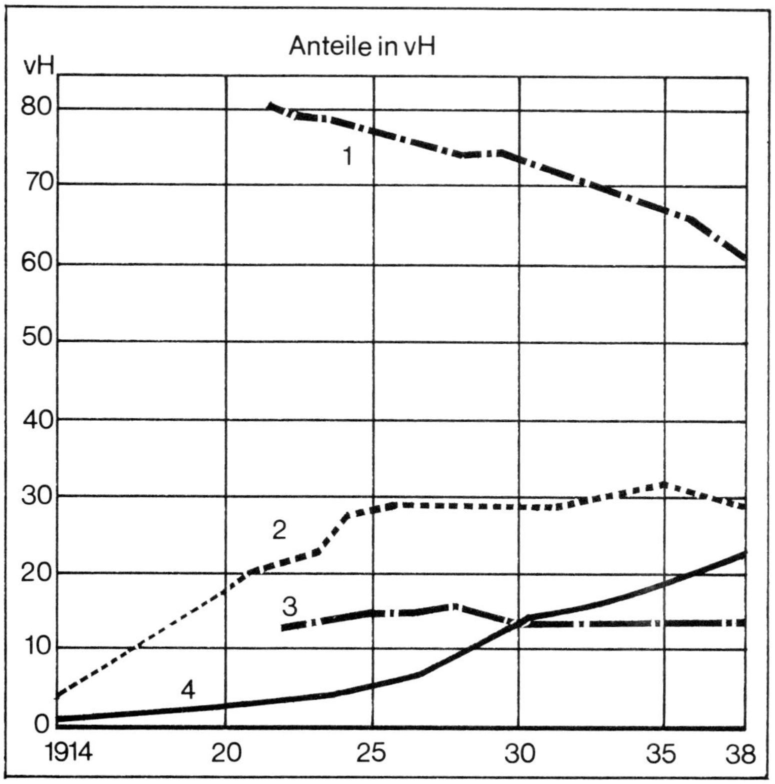

Struktur der Welthandelsflotte [31, S. 288], 1 Schiffe mit Kolbenmaschinen, 2 Dampfer mit Ölfeuerung, 3 Schiffe mit Dampfturbinen, 4 Motorschiffe

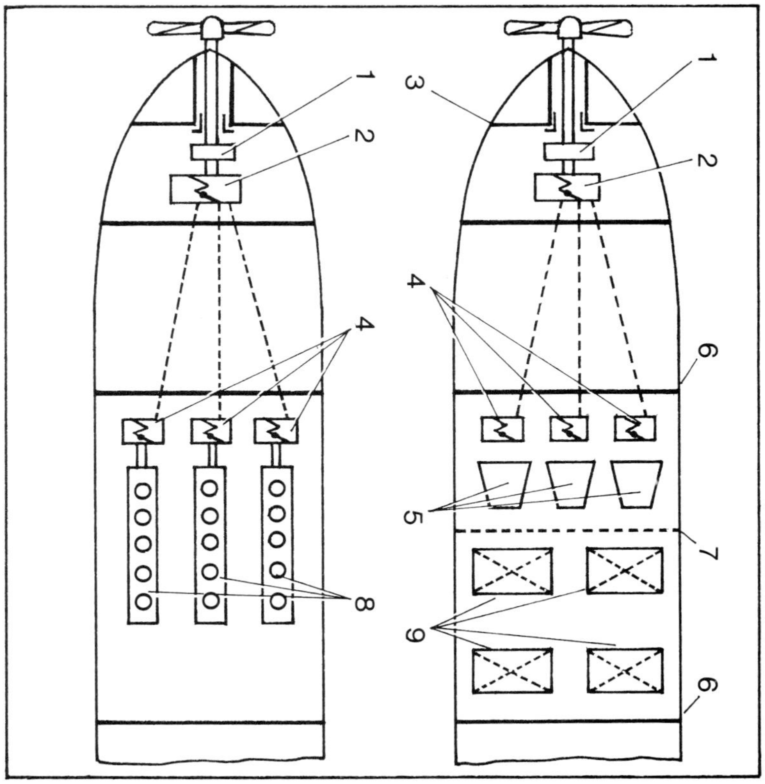

Schemata von turbo- und dieselelektrischen Schiffsantrieben [31, S. 289], 1 Getriebe, 2 Elektromotor, 3 Stopfbuchsenschott, 4 Generatoren, 5 Turbinen, 6 hinteres und vorderes Maschinenraumschott, 7 Zwischenschott, 8 Motor, 9 Kessel

Werbung mit Vierschornsteinen: Cunard Line und White Star Line

Cunard-Werbung nach dem 1. Weltkrieg

Strom zum Antrieb von Elektromotoren erzeugten. Und diese Motoren wiederum setzten über ein Getriebe die Propeller in Bewegung. Die gleiche indirekte Wirkung hatte die Turbine als Hauptmaschine beim turbo-elektrischen Antrieb.

Der entscheidende Vorteil bei dieser Entwicklung war, daß der Pojektant für den Einbau der Hauptmaschine, die traditionell im Hinterschiff stand, den günstigsten Platz im Schiff wählen konnte. Da die langen Wellentunnel nun nicht mehr gebraucht wurden, stand mehr Laderaum zur Verfügung. Überdies waren Elektroantriebe leichter regelbar. Bei Rückwärtsfahrt mußte der Motor nur umgepolt werden. Die für reinen Turbinenbetrieb notwendige Rückwärtsturbine entfiel. Trotzdem blieb dem neuen Antrieb eine schnelle Ausbreitung versagt, weil es auch nicht zu übersehende Nachteile gab. Dazu gehörten einmal wesentlich höhere Anschaffungskosten für die teuere Maschinenanlage. Und für das komplizierte System benötigte man wiederum geschultes Personal, woran es besonders während der Anfangszeit haperte. Hinzu kamen unvermeidbare Verluste durch die zweimalige Energieumwandlung. Vorerst wurden z. B. Fähren, Eisbrecher, Schlepper und mittelgroße Fahrgastschiffe damit ausgerüstet.

Für Rekordbrecher mit dem Dampfturbinenantrieb brachte das Öl bereits eine wesentliche Veränderung bei den Arbeitsbedingungen. Nun mußten nicht mehr Tausende Tonnen Steinkohle von Hand und in Kiepen bzw. in handgeschobenen Loren bewegt werden. Der flüssige Brennstoff konnte – ohne jegliches Trimmpersonal – über ein Röhrensystem wesentlich schneller gebunkert werden. Und dafür wurden die Zellen des Doppelbodens genutzt. Das Öl gelangte von dort zu den Brennern unter die Kessel. Hier hinterließ es im Gegensatz zur Kohle keine Rückstände. Es gab also keinen Staub sowie Asche und keine Schlacke mehr. Die Schiffe wurden sauberer. Die »Schwarze Bande« der Heizer und Kohlentrimmer verschwand von den Luxuslinern. An ihre Stelle traten wesentlich weniger Maschinisten, u. a. zur Überwachung der Pumpen, die die Kessel mit Brennstoff versorgten.

Um weitere Rekordfahrten auf dem Nordatlantik zu ermöglichen, mußten die Schiffbauer in technisches Neuland vor-

höhte Sicherheit des Schiffes. So wurde die Wissenschaft bei der Projektierung, der Konstruktion und dem Bau von neuen Rekordschiffen in verstärktem Maße herangezogen.

Der endgültigen äußeren Gestaltung gingen unzählige Modellversuche voraus. Das Ergebnis: neue Bugformen, u.a. der Wulstbug, sowie die stromlinienförmige Gestaltung des Rumpfes und der Aufbauten. Neue Materialien wurden getestet und verbesserte Konstruktionen angeboten, um zunächst eine Antriebsleistung von mehr als 100000 PS zu erreichen. Bei den Dampfkesseln konnten die Drücke auf mehr als 2 MPa gesteigert werden. Durch Verwendung von Qualitätsstahl wurde in den Gurtungszonen mit ihrer enormen Beanspruchung eine ausreichende Festigkeit erzielt. Zwar machten die Konstrukteure diese Schiffe damit stabil, aber durch den Einsatz von Leichtmetallen – im wahrsten Sinne des Wortes – auch leichter.

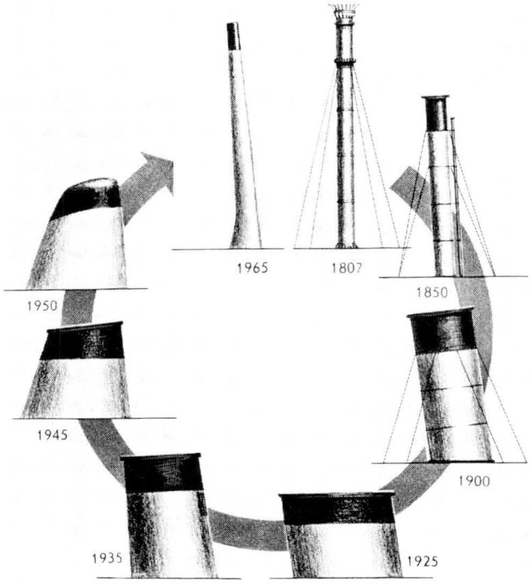

Der neuartige Bugwulst, hier bei der »Europa«

Ruderhaus und Teil der Brücke

Kommandostand im Turbinenraum

Stromlinienförmige Gestaltung von Aufbauten – Entwicklung der Schornsteine

stoßen. Denn mit der Geschwindigkeit sollte auch die Schiffsgröße zunehmen. Vorerst waren 26 Knoten zu überbieten, gehalten von der 30000 BRT großen »Mauretania«. Lösungen mußten angeboten werden, und zwar für eine noch bessere Stabilität, für leistungsfähigere Maschinen, für druckfestere Kessel, für eine optimale Formgestaltung sowie für eine er-

Ein ebenso hoher Standard wurde für die Sicherheit angestrebt. Alle Schiffe wurden mehrfach quer- und längsgeschottet. Die Türen ließen sich automatisch schließen. Für jeden Passagier war ein Platz in einem Rettungsboot vorgesehen. Feuermelder signalisierten automatisch Brandgefahren. Feuerfeste Materialien fanden zunehmend bei der Innenaus-

Werbung des Norddeutschen Lloyd in den 30er Jahren

stattung Verwendung. Zur sicheren Führung des Schiffes wurden stets die modernsten Instrumente und Geräte der Optik, der Telegraphie und der Funkmeßtechnik eingebaut. Denn alle diese Rekordbrecher blieben – zumindest als Truppentransporter – potentielle Kriegsfahrzeuge.

Höhepunkt und Abschluß der technischen Entwicklung bei den Rekordbrechern stellte zweifellos die »United States« dar. Jahrzehntelange Erfahrungen im Schiff- und im Maschinenbau flossen in dieses »schnellste Passagierschiff aller Zeiten« ein. Mit 53000 BRT vermessen, lag seine Turbinenleistung bei 240000 PS, der Kesseldruck bei 7 MPa, die maximale Geschwindigkeit bei 40 Knoten (fast 75 km/h)! Wie bescheiden hatte doch alles mit Cunards »Britannia« 1840 angefangen: mit einer Größe von 1100 BRT, einer Maschinenleistung von 750 PS, einem Kesseldruck von etwas mehr als 0,1 MPa und einer Geschwindigkeit von 8,5 Knoten (etwa 15 km/h). Dazwischen lagen allerdings mehr als 100 Jahre unablässigen technischen Fortschritts.

Die Reedereien und ihre Rekordschiffe

Wurde die Entwicklung der Geschwindigkeitsrekorde vor dem ersten Weltkrieg über gewisse Zeitabstände vorwiegend von mehreren Schiffen ein- und derselben Reederei bestimmt, so traten in der nun folgenden Etappe nur noch einige wenige Schiffe, in der Regel immer von einer anderen Reederei in Dienst gestellt, in Erscheinung.

NDL mit »Europa« und »Bremen« vorn

»Feuer im Schiff!« »Feuer im Schiff!« Der 2. Offizier der »Bremen«, Ammermann, hatte den Alarm ausgelöst. Es war kurz nach 17.00 Uhr am Sonntag, dem 16. März 1941. Als Wachhabender an Bord befand sich Ammermann auf einem seiner routinemäßigen Kontrollgänge, als er in Nähe eines separaten Speiseraumes, des sogenannten Jagdzimmers, Brandgeruch bemerkte. Er riß die Tür auf. Flammen schlugen ihm entgegen. Im Nu war Ammermann in Qualm gehüllt. Er rannte zum nächsten Feuermelder und gab Alarm. Doch die bordeigenen Kräfte für die

NDL-Werbung für den Schnelldampferdienst

Das Wrack der »Bremen«

Brandbekämpfung waren stark reduziert. Die meisten Besatzungsmitglieder – ebenso wie Kapitän Lorenz – befanden sich im Sonntagsurlaub an Land. Als schließlich Verstärkung eintraf, zogen bereits dicke Rauchschwaden über die Columbuskaje von Bremerhaven, damaliger Ortsteil von Wesermünde. Der Stolz der deutschen Passagierschiffahrt stand in Flammen.

Fast 15 Jahre zuvor hatte der Norddeutsche Lloyd mit einer mehr sachlich-lapidaren denn euphorisch-sensationellen Meldung die Öffentlichkeit überrascht, zwei neue Passagierdampfer von mindestens 46000 BRT bauen zu lassen. Sie sollten – wie es im Geschäftsbericht 1927 hieß – »den gesteigerten Anforderungen im internationalen Passagierverkehr in jeder Weise entsprechen«. Der NDL beabsichtigte damit, seine »Stellung im New York-Dienst wieder dem früheren Stand anzunähern«. Zusammen mit dem seit 1924 in Betrieb befindlichen Großschiff »Columbus« (32354 BRT) war erneut ein wöchentlicher Schnelldampferdienst geplant. Deshalb mußten beide Neubauten auch mit starken Maschinen ausgestattet werden, um die Strecke Bremerhaven – New York bzw. umgekehrt in 6 Tagen zurücklegen zu können.

Die Aufträge zu je 48 Mill. Reichsmark erhielten die Hamburger Werft Blohm & Voss bzw. die Dechimag, AG »Weser«, in Bremen. Die Kosten für jedes der Schiffe betrugen schließlich rund 65 Mio RM. Die Bauarbeiten vollzogen sich unter strenger Geheimhaltung, einmal, um die Neugier des Publikums zu wecken, und zum anderen, um technische Details nicht auszuposaunen. Der 15. und 16. August 1928 gestalteten sich nach zeitgenössischer Lesart zu »Festtagen der deutschen Schiffahrt«, als die beiden Schiffe endlich vom Stapel liefen: in Hamburg die 49746 BRT große »Europa«, in Bremen die 51656 BRT große »Bremen«. Als Taufpate fungierte u.a. der Reichspräsident von Hindenburg.

Was die deutschen Schiffbauer – nach Jahren der Abstinenz beim Fertigen von Riesendampfern – präsentierten, wirkte schon rein äußerlich revolutionär. Mit den Traditionen hatte man konsequent gebrochen. Der übliche gerade Steven wurde durch einen nach vorn fallenden Plattenbug ersetzt. Anstelle des Gillungshecks war ein Kreuzerheck zu sehen. Die äußerst langgestreckt wirkenden Aufbauten unterstrichen das schnittige Aussehen. Überdies wurden – erstmals im Schiffbau – alle Bauten oberhalb der Wasserlinie stromlinienförmig gestaltet. Dazu gehörten die Brückenfront ebenso wie die niedrigen Rauchzüge, die sich jedoch später als unangenehme Achterdeckberu-

»Bremen« und »Europa«

Luxuskabine auf der »Bremen«

ßer herausstellen sollten. Deshalb wurden die Schornsteine dann mit Erfolg um 5 Meter verlängert. Unter der Wasserlinie befand sich eine mächtige Bugknolle, auch Wulst genannt, um den durch die Wellen hervorgerufenen Widerstand zu reduzieren. Diese schiffbautechnische Neuerung war zuvor bereits bei amerikanischen Kriegsschiffen erfolgreich angewendet worden. Die endgültige Rumpfform basierte auf umfangreichen Modellversuchen.

Beide Schiffe besaßen einen Doppelboden und vier durchgehende Decks. Hinzu kamen drei Halbdecks im Rumpf. Weitere vier Decks befanden sich in den Aufbauten und nochmals drei in den Mittschiffshäusern. Somit gab es mittschiffs insgesamt 11 Decks. 14 wasserdichte Querschotte unterteilten den Rumpf. Eine weitere bemerkenswerte Sicherheitsmaßnahme: Die Rettungsboote waren mit Motoren ausgestattet.

Wie die Außengestaltung, so setzte auch das Innere beider Lloyd-Schnelldampfer neue Maßstäbe. Die Devise lautete: weg vom Prunk und Protz vergangener Jahrzehnte, hin zu einem modernen und sachlichen Stil. An der Ausstattung waren Künstler aus allen Teilen des Landes beteiligt. Keine Ecke, auch nicht den letzten Winkel, hatten sie vergessen. So entsprachen schließlich die »Europa« und die »Bremen« in ihrer Innenarchitektur dem Kunstempfinden der 20er Jahre, das sehr stark vom Bauhausstil beeinflußt war. Dieser, von einer »zweckmäßigen Schönheit« geprägte Stilwillen fand zwar nicht immer den ungeteilten Beifall der Passagiere. Dennoch erfreuten sich beide Schiffe eines regen Zuspruchs beim reisenden Publikum.

Aber die Auswirkungen der Weltwirtschaftskrise sowie nationale und internationale Finanzeinflüsse (u. a. Nichtzahlung amerikanischer Entschädigungen, Devisenzwangsbewirtschaftung, Geldentwertungen) zwangen den Staat, dem verschuldeten Lloyd, aber auch der Hapag, durch Bürgschaften und Kredite stützend unter die Arme zu greifen. Die nationalsozialistischen Machthaber hatten ein großes Interesse daran, in der nordatlantischen Passagierschiffahrt weiterhin präsent zu sein. Die Schiffe fuhren – trotz dieser staatlichen Eingriffe – nach wie vor unter der Flagge des NDL.

Die Luxuskabinen als sogenannte Staatszimmer mit ihrer strengen individuellen Ausstattung bestanden aus Vorraum, Wohn- und Schlafzimmer sowie Bad und WC. Die Kabinen der 1. Klasse waren weniger luxuriös eingerichtet. Es dominierte eine mehr behagliche und wohnliche Atmosphäre. Die Kabinen der 3. Klasse glichen denen der 2. Klasse auf älteren Schiffen. Ein Zwischendeck gab es nicht mehr. Zahlreich im Angebot und individuell in der Gestaltung waren die Gesellschaftszimmer, so ein großer Speisesaal, Seiten- und Sonderspeisesäle, Musik- und Rauchsalons, Schreib- und Lesezimmer sowie ein Bad – einschließlich Bar –

BREMEN

Passagierzahlen von »Europa« und »Bremen«

Passagiere	Europa	Bremen
1. Klasse	860	811
2. Klasse	500	500
Touristenklasse	305	300
3. Klasse	600	617
Besatzung	990	1000
Insgesamt	**3255**	**3228**

Auf dem Bootsdeck der »Bremen«

Kinderspielzimmer

Halle der Touristenklasse

Brennende »Europa«

von 11 mal 6 Metern, unterteilt für Schwimmer und Nichtschwimmer. Für die Jüngsten an Bord gab es Kinderspielzimmer mit Rutschbahn, Kasperle-Theater, Eisenbahn und bewegliche Vögel. Mittelpunkt des gesellschaftlichen Lebens an Bord war die Große Halle. Die Gesamtlänge der in den Wintergarten übergehenden Promenadendecks mit ihrer charakteristischen Verglasung betrug mehr als 350 Meter.

Hohe Anforderungen wurden an die Maschinenanlagen gestellt, um die verlangten Geschwindigkeiten zu erreichen. Beide Schiffe besaßen Getriebeturbinen zu je vier Sätzen mit einer maximalen Leistung von 136400 PSw bei der »Europa« und 130000 PSw bei der »Bremen«. Diese Kraft wurde auf vier Schrauben übertragen. Während die Dienstgeschwindigkeit 27 Knoten betrug, konnten maximal 28,5 erreicht werden. Täglich verbrauchte man zwischen 800 und 1000 Tonnen Öl. Der notwendige Dampf wurde in 20 ölgeheizten Wasserrohrkesseln mit einem Druck von 2,3 MPa erzeugt. In vier Kondensatoren schlug sich der Dampf zu Wasser nieder, sobald er durch die Turbinen geströmt war. Die stündlich aus dem Meer entnommene Kühlwassermenge betrug 32000 Tonnen. Für eine ausreichende Belüftung im gesamten Schiff, einschließlich der Kessel- und Maschinenräume, wurden je Stunde 3,2 Mill. Kubikmeter Luft bewegt.

Dem neuesten technischen Stand entsprachen die zahlreichen navigatorischen Einrichtungen sowie die Signalapparate und die Funkausrüstung. Dazu gehörten Lang- und Kurzwellensender, drahtlose Telephonie, Anschütz-Kreiselkompaß mit Selbststeuer, Funkpeiler, Echolotanlage, Fahrtmeß- und Meilenzählanlage. Befehle wurden optisch oder akustisch per Lautsprecher bzw. Sprachrohre übermittelt. Eine Uhrenzentrale betätigte rund 500 Uhren! Für die Postbeförderung gab es eine Besonderheit an Bord: eine von den Heinkel-Flugzeugwerken in Warnemünde erbaute Preßluft-Katapultanlage. Damit konnten einen Tag vor dem Erreichen des Zielhafens kleine, die Schreibpost befördernde Wasserflugzeuge von den Schiffen »gestartet« werden. Diese Einrichtung war vom französischen Schiff »Ile de France« übernommen worden.

Nach den erfolgreichen Stapelläufen ging der weitere Ausbau der »Europa« und der »Bremen« zügig voran. Für den Sommer 1929 war das Doppeldebüt geplant. Doch am 26. März wurde die fast fertiggestellte »Europa« am Ausrüstungskai durch einen Großbrand schwer beschädigt. Die Ablieferung an den NDL verzögerte sich um 10 Monate. Somit ging die »Bremen« als erste auf Jungfernreise. Vollbesetzt verließ sie am 16. Juli 1929 Bremerhaven. Tausende Schaulustige verabschiedeten Schiff, Besatzung und Passagiere. Kapitän Leopold Ziegenbein mit seiner »Bremen« wurde zum »Hoffnungsträger« der Nation.

Nach Zwischenstops in Southampton und Cherbourg wurde einen Tag später der offene Atlantik erreicht. Die Maschinen begannen volle Kraft voraus zu laufen. Mit einer Geschwindigkeit von rund 50 km/h durchpflügte der Riese den Nordatlantik und dampfte seinem Ziel New York entgegen. Nach 4 Tagen, 17 Stunden und 42 Minuten fuhr die »Bremen« am Ambrose Leuchtfeuer vorüber. Die Durchschnittsgeschwindigkeit betrug 27,83 Knoten: Neuer Rekord! Jubelnder Empfang in New York. Kapitän McNeil, der gerade mit seiner »Mauretania« zur Heimfahrt auslaufen wollte, gehörte mit zu den Gratulanten.

Auf der Rückreise legte die erneut vollbesetzte »Bremen« noch ein paar Hundertstel Knoten zu. Mit »Wind und Golfstrom im Rücken« schaffte sie von Ambrose Leuchtfeuer bis Eddystone ein Mittel von 27,91 Knoten. Die Fahrzeit betrug 4 Tage, 14 Stunden und 30 Minuten. Damit war die »Mauretania« auch auf Ost-

kurs entthront worden. »Königin der Meere« wurde die »Bremen« von nun an genannt. Nach 22 Jahren verfügte der Norddeutsche Lloyd wieder über das schnellste Schiff der Welt. Deutschland besaß erneut das »Blaue Band des Ozeans« und feierte sein maritimes Comeback.

Die Veteranin »Mauretania« nahm die Herausforderung an. Sie fuhr mit durchschnittlich 26,90 Knoten auf Westkurs und 27,22 auf Ostkurs zwar noch einmal bemerkenswerte persönliche Bestleistung, vermochte aber die ohnehin technisch überlegenere »Bremen« nicht zu übertrumpfen.

Das Schwesternschiff, die »Europa«, konnte im Winter 1930 fertiggestellt werden. Am 19. März lief sie unter Kapitän Nicolaus Johnson zu ihrer Jungfernfahrt aus. Die Witterungsbedingungen waren denkbar schlecht. Frühjahrsstürme machten Schiff, Besatzung und vor allem den Passagieren ganz schön zu schaffen. Dennoch fuhr auch die »Europa« auf Anhieb Rekord und bewies schon auf ihrer Jungfernreise eindrucksvoll ihre Qualitäten als Schlechtwetterschiff. Man brauchte von Cherbourg bis Ambrose Leuchtfeuer 4 Tage, 17 Stunden und 4 Minuten. Das Mittel betrug 27,91 Knoten, 8/100 schneller als die »Bremen«.

In der Gegenrichtung gelang der »Europa« keine Rekordfahrt, so daß beide Schiffe nun Rekordhalter waren: das eine auf West- und das andere auf Ostkurs. Der NDL hatte nachdrücklich seine Position als führende Reederei auf dem Nordatlantik unterstrichen, wenngleich nicht vordergründig die Geschwindigkeit, sondern weiterhin der Service der entscheidende Werbeträger blieb. Denn zu einer neuen Rekordfahrt kam es erst drei Jahre später, nicht unbeeinflußt durch die von

Vor der Abreise

Ausfahrt der »Bremen«

In voller Fahrt

Bremer Nachrichten vom 23. und 24. Juli 1929

Italien in Dienst gestellten potentiellen Rekordbrecher.

Nach technischen Verbesserungen an der Maschinenanlage und der Beseitigung unangenehmer Vibrationen im Achterschiff schaffte die »Bremen« im Juni 1933 aus Ostkurs 28,51 Knoten. Der »Europa« gelang im Juli eine Verbesserung ihres eigenen Westrekordes um 1/100 s.

Die Freude des NDL dauerte nicht lange. Bereits zwei Monate später lief die »Rex« 28,92 Knoten und war damit der erste italienische »Blau-Band-Träger« überhaupt. Dieser Rekord wurde nicht widerspruchslos hingenommen, hatte doch die Konkurrentin die Leistung nicht auf einer »klassischen«, sondern auf der »Outsider«-Route Gibraltar–Ambrose Leuchtfeuer erzielt. Letztlich wurden alle Zweifel durch die Rekordfahrten der »Normandie« beseitigt.

Bremer Nachrichten

Dienstag, 23. Juli 1929 — 187. Jahrg. Nr. 202

„Bremen" in Newyork eingetroffen

Der „Bremen" Ehrentag

Das „Blaue Band" errungen

Eine neue Rekordzeit für die Reise nach Newyork

Sonderdienst der Bremer Nachrichten durch United Preß

up. Newyork, 22. Juli

Die „Bremen" passierte das Ambrose-Feuerschiff um 15 Uhr 2 Min. Ortszeit, das ist um 20 Uhr 2 Min. mitteleuropäischer Zeit. Damit hat das Schiff den Newyorker Hafen erreicht und stellte somit einen neuen Rekord auf. Die „Bremen" legte die Reise zurück in 4 Tagen, 18 Stunden und 17 Minuten. Der bisherige Rekord der „Mauretania" betrug 5 Tage, 2 Stunden 34 Minuten. Die „Bremen" hat also auf ihrer Fahrt das Blaue Band erobert und den bisherigen Rekord der „Mauretania" um über 8 Stunden unterboten.

Jubelnde Begrüssung durch die Newyorker

Die Einfahrt in den Hafen

Landung des Postflugzeuges der „Bremen" in Newyork

Kapitän Ziegenbein

Heinkel-Pilot von Studnitz

Bisherige Inhaber des Blauen Bandes

Bremer Nachrichten

und Handelszeitung

Bremer Neueste Nachrichten für Nordwestdeutschland

Erscheinen seit 1743 / Druck und Verlag von Carl Schünemann, Bremen

Mittwoch, 24. Juli 1929

„Königin der Meere"

Amerika über die „Bremen"

Die ruhige Fahrt der „Bremen"

(Weitere Berichte siehe im 4. Blatt.)

Bauaufträge und Arbeitslosigkeit

EUROPA

Um mit der internationalen Konkurrenz mithalten zu können, entschlossen sich gegen Ende der 30er Jahre sowohl der NDL als auch die Hapag, leistungsfähigere Schiffe auf Kiel legen zu lassen. Auf der AG »Weser« in Bremen projektierte man für den Lloyd ein Schiff von 80000 BRT mit fast 250000 PSw, 5 Propellern und einer Geschwindigkeit von 34 Knoten. Damit sollte der französischen »Normandie« und der britischen »Queen Mary« Paroli geboten und die Trophäe des »Blauen Bandes« nach Deutschland zurückgeholt werden. Der neue Superliner mit voraussichtlichem Namen »Amerika«, später »Victoria«, kam aber über die Zeichenbretter und den Modellbau nicht hinaus. Etwas weiter war man da schon bei Blohm & Voss, wenngleich mit 41000 BRT wesentlich bescheidener. Am 24. August 1940 lief für die Hapag eine neue »Vaterland« vom Stapel. Mit maximal 25,5 Knoten allerdings auch kein ausgesprochener Renner, sollte der Neubau als Ersatz für die »Hansa«-Klasse dienen. Beim schweren Luftangriff auf Hamburg am 25. Juni 1943 wurde die im Kuhwerder Hafen aufgelegte »Vaterland« so stark zerstört, daß sie 1948 nur noch verschrottet werden konnte.

Die beiden Luxusliner des NDL, »Bremen« und »Europa«, blieben – neben devisenbringenden Kreuzfahrten mit amerikanischen Touristen außerhalb der Saison – bis zum Sommer 1939 vorrangig im Nordatlantikdienst. Zum letzten Mal verließ die »Bremen« am 22. August ihren Heimathafen mit Kurs New York, wo sie am 28. August eintraf. Dabei hatte Kapitän Adolf Ahrens vor dem Einlaufen einen angesichts der zugespitzten Situation in Europa erhaltenen Befehl ignoriert, sofort in Richtung Heimat umzukehren oder einen neutralen Hafen anzulaufen. Durch »Dienst nach Vorschrift« bei den amerikanischen Behörden konnte die »Bremen« erst 36 Stunden später New York wieder

Die »Europa« fertig zur Probefahrt (zeitgenössische Zeichnung)

Ausfahrt der »Europa«

In schwerer See

»Europa« mit verlängerten Schornsteinen

verlassen: ohne Passagiere und mit unbekanntem Kurs!

Beim Ausbruch des zweiten Weltkrieges am 1. September 1939 befand sich die »Bremen« auf hoher See in Richtung Europa. Umfangreiche Maßnahmen für eine mögliche Selbstversenkung sowie gegen Fliegerangriffe wurden getroffen. Außerdem erhielt das Schiff einen grauen »Tarn«-Anstrich. Nach der Kriegserklärung Englands am 3. September wurde die »Bremen«, die Kapitän Ahrens – an Island vorbei – in die Heimat führen wollte, zu dem noch neutralen sowjetischen Hafen Murmansk umdirigiert. Hier lief das Schiff am 6. September nach einer Fahrt von 4045 Seemeilen ein. Am 13. Dezember kehrte die »Bremen« in ihren Heimathafen zurück, nachdem sie drei Tage zuvor Murmansk verlassen hatte. Im »Schutz« von miserablem Wetter blieb

Vorbereitungen zum Start des Flugzeugs durch Katapult

Die heimkehrende »Bremen« im grauen Tarnanstrich

Gestartetes Katapult-Flugzeug

Die französische »Liberté« – ex »Europa«

das 52000 BRT große Schiff praktisch unbehelligt von der britischen Luftwaffe und der Marine. Die von der »Bremen« und deren Besatzung vollbrachten Leistungen wurden von der Nazipropaganda weidlich ausgeschlachtet. Die »Bremen« war fast zu einer Legende geworden.

Wie ihre Schwester »Europa« – sie befand sich bei Kriegsausbruch im Heimathafen – so wurde auch die »Bremen« in ein Wohnschiff für die Kriegsmarine umfunktioniert. Mit der geplanten England-Invasion »Seelöwe« sollten beide Schiffe 1940 in Hamburg zu Truppentransportern mit entsprechendem schweren Gerät umgerüstet werden. Aus Stabilitätsgründen ließ man aber diese Pläne fallen und verlegte sie als Wohnschiffe wieder von Hamburg zurück nach Wesermünde. Hier ereilte dann die »Bremen« am 16. März 1941 ihr Schicksal. Ein Schiffsjunge nahm für eine Ohrfeige Rache und legte Feuer. Übrig blieb ein ausgebranntes, nicht mehr verwendbares Wrack. Die Verschrottung zog sich über Jahre hin. Die letzten Doppelbodenteile der legendären »Bremen« wurden 1956 gesprengt.

Die »Europa« überstand unbeschadet den zweiten Weltkrieg. Pläne für den Umbau zu einem Flugzeugträger waren nicht ausgeführt worden. Der im Mai 1945 von den USA beschlagnahmte Dampfer fuhr ein Jahr lang als Truppentransporter für die US Navy, um dann an Frankreich übergeben zu werden. Er wurde der Reederei C. G. T. zugesprochen, in »Liberté« umbenannt und zunächst in Le Havre aufgelegt. Bei schwerem Sturm am 8. Dezember 1946 riß sich das Schiff von seiner Liegestelle los und trieb gegen das Wrack des französischen Dampfers »Paris«. Mit aufgerissener Außenhaut sank die »Liberté« zwar, sie kam jedoch auf dem Hafengrund zu stehen und ragte mit den Aufbauten – einem vollbeladenen Schiff gleich – aus dem Wasser.

Im April 1947 gehoben, wurde die »Liberté« nach St. Nazaire geschleppt. Hier verzögerte ein Großfeuer in den Passagierdecks die weiteren Überholungs- und Umbauarbeiten. Die erste Ausreise erfolgte am 17. August 1950 von Le Havre nach New York. Nach mehr als 10 Dienstjahren unter französischer Flagge wurde der ehemalige »Blau-Band-Renner« im Dezember 1961 zum Abwracken verkauft.

Von den beiden Schnelldampfern des NDL, der »Europa« und der »Bremen« hatte zwar die »Europa« ein wesentlich längeres Leben, dennoch ist bis heute mit dem Namen ihrer Schwester, der »Bremen«, der legendäre Ruf eines glorreichen Schiffes verbunden.

»Rex«, die italienische Ausnahme

Gleich in zweifacher Hinsicht ein Outsider, fuhr sie einen einzigen Rekord in nur einer Richtung – und das nicht einmal auf einer der »klassischen« Routen: die »Rex« der Reederei »Italia«. Dennoch hatte der Duce seinen »Blau-Band-Renner«. Er wußte um diesen Ruhm und hoffte, das Image seines Regimes damit ein bißchen aufpolieren zu können.

Im Herbst 1932 wurden mit der Jungfernfahrt der 51062 BRT großen »Rex« und der 48502 BRT großen »Conte di Savoia« die beiden größten Schiffe in Dienst gestellt, die bis dahin auf italienischen Werften gebaut worden waren. Die »Rex« war zunächst unter dem Namen »Guglielmo Marconi« von der Reederei Navigazone Generale Italiana bei einer Werft in Sestri Ponente bestellt worden. Sie lief am 1. August 1931 vom Stapel. Am 28. Oktober des gleichen Jahres folgte die von der Reederei Lloyd Sabaudo bei einer Triester Werft in Auftrag gegebene »Conti di Savoia«. Bei ihr hatte man zunächst an die Namen »Dux« oder »Conte Azzuro« gedacht.

Die beiden in Genua beheimateten Reedereien erhielten für diese ausgesprochenen Prestigebauten erhebliche Finanzspritzen von der faschistischen Mussolini-Regierung, die es dann auch unter dem Druck der Weltwirtschaftskrise durchsetzte, daß sich die Reedereien mit der Consulich Linie im Januar 1932 zu der neuen Gesellschaft »Italia«, Flotte Riunite, zusammenschlossen (ab 1937 »Italia« S. A. N.). Unter dieser Reedereiflagge traten dann die Luxusliner »Rex« und »Conte di Savoia« ihre Fahrten an.

Von den beiden war die »Conte«, wie sie kurzweg genannt wurde, das weitaus schönere Schiff. Ja, die Experten sahen in ihm den schönsten Liner zwischen den beiden Weltkriegen überhaupt. Als Prunkstück im Innern kann die Colonna-Halle angesehen werden, die ihren Namen nach dem im 17. Jahrhundert in Rom erbauten Colonna-Palast trug. Marmorsäulen, klassische Skulpturen und Friese wirkten in dem Raum von 2000 m² fast schon zu bombastisch. Die technische Besonderheit der »Conte« bestand in den erstmals in einem großen Passagierschiff eingebauten Kreiselstabilisatoren, um Rollbewegungen auf See zu dämpfen und so die Passagiere vor der lästig-leidigen Seekrankheit zu bewahren. Als Rekordbrecher ist der Vierschrauben-Turbinendampfer aber nie in Erscheinung getreten, wenngleich die Maschinen 130000 PSw leisteten. Die bei Probefahrten erreichten Meilengeschwindigkeiten von 29 Knoten und mehr konnten unter den Bedingungen des Atlantiks nie wiederholt werden.

Anders dagegen die »Rex«. Sie wirkte weniger elegant, war dafür aber schneller. In ihrer äußeren Gestaltung war eine Anlehnung an die »Bremen« unverkennbar. Dafür bot die »Rex« im Innern mehr Luxus als die Lloyd-Dampfer. Die Innenarchitekten hatten im Stile des italienischen Barocks »ganze Arbeit« geleistet. Die Kabinen und Gesellschaftsräume, die

Die »Rex« in Genua

Auf hoher See

Die Große Halle auf der »Conte di Savoia«, Ballsaal und Gesellschaftsraum

sich über sieben Decks verteilten, waren üppig und prunkvoll gestaltet. Der Ballsaal vor der Haupthalle galt als der prachtvollste Raum. Mit seinen 2400 m^2 und über zwei Decks reichend, war er überdies der größte, bis dahin in ein Schiff eingebaute Raum. Auch sonst fehlte es an nichts. Es gab einen Wintergarten, ein Theater, ein Kino, Kunstgalerien, Läden, Rauch-, Lese- und Schreibsalons. Außerdem hatte die »Rex«, da man ja auf der südlichen Route fuhr, ein offenes Schwimmbad. An

Passagieren konnten 604 in der 1., 378 in der 2., 410 in der Touristen- und 866 in der 3. Klasse befördert werden. Hinzu kamen 756 Besatzungsmitglieder. Die Maschine bestand aus vier Sätzen von Parsons-Getriebeturbinen. Sie leisteten insgesamt 142000 PSw. Diese Kraft wurde auf vier Schrauben übertragen. Damit sollten 28 bzw. maximal 29 Knoten erreicht werden.

Am 27. September 1932 ging die »Rex« auf ihre Jungfernfahrt Genua–New York. Die Hoffnungen in Italien waren groß, doch der »König« enttäuschte. Die »Rex« hatte sich gerade einen Tag vom Heimathafen entfernt, als sie mit Maschinenschaden liegenblieb. Die in Gibraltar vorgenommenen Reparaturen dauerten drei Tage. Ein Dreivierteljahr mußten sich die Italiener allerdings noch gedulden, bis die »Rex« die 3181 Meilen von Gibraltar nach Ambrose Feuerschiff mit einer Durchschnittsgeschwindigkeit von 28,92 Knoten durchlief. Damit war sie um 1 Knoten schneller als die »Europa«. Die Fahrzeit betrug 4 Tage, 13 Stunden und 58 Minuten. Der neue Rekordhalter auf Westkurs hieß also »Rex«. Italien hatte seinen ersten »Blau-Band-Renner«. Und es sollte auch der einzige bleiben. Auf Ostkurs schaffte die »Rex« nie einen Rekord. Als Rekordhalter wurde der italienische Liner im Juni 1935 von der »Normandie« abgelöst.

Die »Rex«, ebenso wie die »Conte di Savoia«, absolvierte – nach Überwindung anfänglicher technischer Schwierigkeiten – ihre Reisen regelmäßig und zuverlässig. Sie erfreuten sich zunehmender Beliebtheit bei den Passagieren. Beide Schiffe fuhren bis zum Ausbruch des zweiten Weltkrieges im Nordatlantikdienst. Im Oktober 1939 wurde die »Rex« im süditalienischen Bari aufgelegt. Mit dem Vordringen der alliierten Truppen in Südeuropa 1943 überführte man das Schiff nach Triest. Hier wurde die »Rex« am 8. September 1944 von britischen Flugzeugen angegriffen und geriet in Brand. Nach einem zweiten Angriff der Royal Air Force am Tag darauf, sank die brennende »Rex« im flachen Wasser. 1947/48 wurde das Wrack in Jugoslawien verschrottet.

Ähnlich gestaltete sich das Schicksal der »Conte di Savoia«. Sie wurde am 11. September 1943 bei Venedig von der alliierten Luftwaffe in Brand geschossen. Das im flachen Wasser gesunkene Wrack wurde im Herbst 1945 gehoben. Nachdem man eine Wiederherstellung aus Kostengründen endgültig verworfen hatte, kam sie 1950 ebenfalls unter die Schneidbrenner.

Rekordbrecher »Rex« erhielt am 20. August 1935 während einer feierlichen Zeremonie in Genua die Hales-Trophäe überreicht, jedoch ausdrücklich nur für drei Monate! Eigentlich stand der Pokal der inzwischen schnelleren »Normandie« zu. Da aber Hales erst 1935 seine Geschwindigkeitsrekord-Trophäe gestiftet hatte, sollte die »Rex« wenigstens im Nachhinein und für kurze Zeit an diesem »offiziellen« Ruhm teilhaben.

1.-Klasse-Suite der »Rex«

»Conte di Savoia«

Die »Normandie«, der Stolz Frankreichs

Wenngleich keiner der Rekordbrecher jemals ein »Blaues Band« verliehen bekam und demzufolge auch keines tragen konnte, so kreuzte dennoch die »Normandie« mit einem 30 Meter langen Blauen Band den Atlantik. Jeder Meter entsprach einem Knoten ihrer Geschwindigkeit. Kapitän René Pugnet hatte sich diese »Flagge« vor Fahrtantritt heimlich nähen lassen. Er war – ebenso wie seine Landsleute – von einer Rekordfahrt überzeugt.

Eigentlich entsprach der Bau von »Blau-Band-Rennern« nicht der Tradition der französischen Reederei Compagnie Générale Transatlantique (C.G.T.), auch French Line genannt, die das Schiff in Auftrag gegeben hatte. Seit ihrer Gründung 1861 war natürlich auch die C.G.T. darauf bedacht – letztlich wegen des staatlich subventionierten Posttransportes – schnelle, leistungsfähige Schiffe in Dienst zu stellen. Es wurden aber von vornherein nie ausdrückliche Rekordbrecher projektiert.

Angesichts der mit den steigenden Geschwindigkeiten zugleich enorm anwachsenden Betriebskosten erklärte einer der C.G.T.-Präsidenten: »Da kostet der Kaviar weniger als die Kohle!« Und die C.G.T. setzte auf Kaviar! Französische Eleganz in der äußeren und inneren Gestaltung sowie französische Küche für den verwöhnten Gaumen sorgten für ein ausreichendes Passagieraufkommen und boten ein gewisses Gegengewicht zur Geschwindigkeitssteigerung. Dennoch mußte die Reederei allein schon aus militärischen Gründen mit den unmittelbaren Rivalen mithalten. So wurde die C.G.T. – angesichts der drückenden britischen und deutschen Überlegenheit – 1898 per Gesetz zum Bau von drei Passagierdampfern verpflichtet, die 18 bis 20 Knoten laufen sollten. Für eine vierte Einheit war eine Geschwindigkeit vorgesehen, »wie sie von ausländischen Reedereien bereits verwirklicht worden ist«.

1899 bzw. 1900 liefen die »La Lorraine« und »La Savoia« mit je 11170 BRT sowie 1905 die »La Provence« mit 14744 BRT vom Stapel. Wenngleich mit ihren Geschwindigkeiten zwischen 21 und 22 Knoten nicht unmittelbar rekordverdächtig, so nahm dennoch die »Provence« den direkten Wettkampf mit der »Deutschland« auf und blieb zumindest einmal auf der Fahrt von Ambrose Feuerschiff bis Bishop Rock siegreich. Mit der 27885 BRT großen »France« schickte die C.G.T. 1912, wie die amerikanische Presse lobend schrieb, ein »Schloß auf den Atlantik«.

Neue Maßstäbe für die Passagierschiffahrt nach dem ersten Weltkrieg setzte die C. G. T. mit der im Juni 1927 in Fahrt gebrachten 43153 BRT großen »Ile de France«. Dieses Schiff stellte mit seiner elegant-luxuriösen Ausstattung eine neuerliche Steigerung dar und fand sehr schnell ein begeistertes Reisepublikum.

Als technische Besonderheit wurde erstmals eine Katapultanlage auf dem Achterdeck für ein kleines Postflugzeug in Betrieb genommen. In ganz neue Dimensionen stieß die C. G. T. dann mit ihrer »Normandie« vor: 313,75 Meter über alles für das bis dahin längste Schiff der Welt und 79280 BRT für das größte Schiff der Welt. Mit der »Normandie« begann der Wettkampf der Giganten auf dem Nordatlantik, denn zur gleichen Zeit hatte die John-Brown-Werft am Clyde mit ihrem

Die »Normandie« – einzige nachweisbare Trägerin eines »Blauen Bandes«

»Riesen«-Neubau unter der Nr. 534 begonnen. Der Name des für Cunard bestimmten Schiffes blieb streng geheim.

Der Kiel für die »Normandie« wurde Ende Januar 1931 auf der traditionsreichen Penhoët-Werft in St. Nazaire gestreckt. Bei der Länge von mehr als 300 Metern mußte eine neue Helling geschaffen werden. Zur selben Zeit ließen die Hafenbehörden – auch im Zusammenhang mit Bau-Nr. 534 – in Cherbourg, Southampton und New York neue Piers errichten. Die Auswirkungen der Weltwirtschaftskrise hielten sich beim Bau der »Normandie« (im Gegensatz zu Nr. 534) in Grenzen, zahlte doch der Staat von vornherein die notwendigen Subventionen. Das war auch angesichts der Baukosten von 812 Millionen Francs dringend erforderlich. Gerade diese astronomisch anmutende Summe löste unter den Franzosen nicht nur eitel Freude aus.

Am 29. Oktober 1932 lief die »Normandie« mit ihren 79280 BRT vom Stapel (ursprünglich geplanter Name Président Paul Doumer). Tausende Schaulustige hatten sich eingefunden. Den Taufakt vollzog die Gattin des Präsidenten, Frau Lebrun. Erst zwei Jahre später konnte das Schiff fertiggestellt werden. Streiks auf der Werft und Finanzierungsprobleme der Regierung verzögerten die Ausbauarbeiten. Im Frühjahr 1935 begannen die Probefahrten. Schon hier wußte die »Normandie« ob ihrer Geschwindigkeit zu beeindrucken: sie erreichte bis zu 32 Knoten. Am 29. Mai ging es auf Jungfernfahrt Le Havre–New York. Für die insgesamt 1972 Passagiere, die an Bord genommen werden konnten, standen 1345 Besatzungsmitglieder zur Verfügung.

Was die »Normandie« dem reisenden Publikum zu bieten hatte, war überwältigend. Von Experten und Laien gab es weltweit verdienten Beifall für so viel Eleganz und Pracht, was sowohl das Äußere wie das Innere des Schiffes betraf. Ungewöhnlich waren die Bug- und die Heckgestaltung. Die »Normandie« bekam einen gekurvt ausfallenden Steven, einen Yourkevitch-Bug, benannt nach dem Projektanten. Das Heck war eine Modifizierung des alten, ovalen Gillungshecks. Die Passagierdecks auf dem Achterschiff hatte man terrassenförmig gestuft, damit alle Fahrgäste, egal welche Klasse, einen freien Blick aufs Meer genießen konnten.

Stromlinienförmig präsentierten sich die drei mächtigen Rauchzüge, die von vorn nach achtern immer niedriger wurden. Der dritte Schornstein – eine Attrappe – diente zur Unterbringung der gesamten Klimaanlagen sowie als Hundezwinger und -auslauf.

Das Schiff besaß einen Doppelboden, fünf durchgehende Decks im Rumpf und zwei Halbdecks. Darüber lagen ein Promenaden- und ein Bootsdeck sowie ein langes Haus. Der Rumpf war elfmal quergeschottet mit insgesamt 61 wasserdichten Türen, davon konnten etwas mehr

Einer der letzten transatlantischen Schaufelraddampfer: »Napoleon III.« von der CGT

»Ile de France«

Erste Ausfahrt der »Normandie«

1.-Klasse-Restaurant, Gesellschaftsraum, Grillbar

So lag die »Normandie« im Baudock

als die Hälfte hydraulisch von der Brücke bewegt werden. Das Schiff hatte man in einer Kombination von Längs- und Querspanten gebaut. Besondere Vorkehrungen waren gegen Feuer getroffen worden. So gab es eine 46köpfige Wachmannschaft, die im Schichtdienst jederzeit präsent war. Über das ganze Schiff hatte man 1075 automatische Brandmelder verteilt.

Die Innengestaltung übertraf alles bisher Dagewesene. Alle, die sich eine derartige Seereise leisten konnten, meinten übereinstimmend: Die »Normandie« biete das Äußerste an Luxus. Sie stelle das Nonplusultra dar. Das galt für die privaten Suiten der »grand luxe«- und der »de luxe«-Kategorie genauso wie für die Kabinen der 1. Klasse bis hin zu denen der 3. Klasse. Prunkstück der Gesellschaftsräume war ein 1000 Personen fassender Speisesaal, der sich über drei Decks erstreckte.

Die »Normandie« hatte aber noch mehr zu bieten. Es gab Restaurants, Bars und Grillroom ebenso wie ein Theater mit

380 Plätzen und einer richtigen Bühne, ein Kino, eine Sauna und zwei Schwimmbäder, davon eines mit Bar unter Deck, und das andere oben auf dem Schiff unter freiem Himmel. Außerdem standen Promenaden- und Sonnendecks sowie Plätze für Tennis und andere Spiele zur Verfügung. Hinzu kamen eine Klinik, eine Zahnstation, ein Postamt mit Telefonzentrale, eine Ladenstraße von 80 Metern Länge sowie Hobbyräume. Selbst eine Kapelle für die stille Andacht hatten die Ausstatter nicht vergessen. Es war schon mehr als ein Grandhotel, welches über den Atlantik fuhr.

Ein nicht geringes Interesse erregte auch die neue Maschine mit turbo-elektrischem Antrieb. Auf Kriegsschiffen bereits erprobt, war jedoch die »Normandie« das erste Passagierschiff mit einer so leistungsstarken Anlage. Insgesamt wurden 165 000 PSw erbracht und auf vier Schrauben übertragen. Damit sollten 29 und maximal 32,2 Knoten erreicht werden. Alle Turbinen erhielten den Dampf mit 2,8 MPa aus 29 ölgefeuerten Steilrohrkesseln. Die Tanks faßten insgesamt 8930 Tonnen Heizöl.

Groß war die Erwartung, als die »Normandie« den Heimathafen Le Havre am

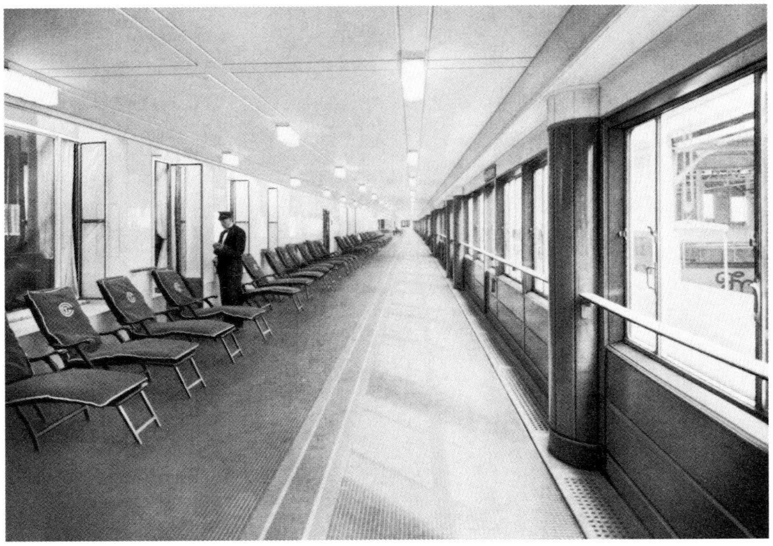

Promenade

Übergabe der Hales-Trophäe: rechts neben der Trophäe deren Stifter Harold K. Hales

»Normandie« – gallischer Esprit auf dem Nordatlantik

Beschlagnahme in New York

Die nach dem Großbrand gekenterte »Normandie«

29. Mai 1935 zu ihrer ersten Ausfahrt verließ. Bei den Probefahrten hatte man bereits rekordverdächtige Geschwindigkeiten erzielt. Die Jungfernreise der »Normandie« sollte zugleich zu einer Triumphfahrt für das neue Flaggschiff der C. G. T. werden. Nach 4 Tagen, 3 Stunden und 2 Minuten wurde Ambrose Feuerschiff passiert. Das erreichte Mittel betrug 29,98 Knoten. Zeitweise lief das Schiff schneller als 31 Knoten. Zehntausende New Yorker feierten mit der nun schon traditionell gewordenen Zeremonie den neuen »Blau-Band-Renner« des Nordatlantiks. »Und in den Hauptstraßen von New York«, berichtete Zahlmeister Jean Henry, »sah man nichts als ›Normandie‹, in Nougat, auf Krawatten, auf Damenkostümen, auf Bauchbinden von Zigarren und auf Feuerzeugen.«

Auch die Rückreise wurde zu einer Rekordfahrt. Nach 4 Tagen, 3 Stunden und 25 Minuten hatte man bei einem Mittel von 30,31 Knoten Cherbourgh erreicht. Damit besaß die C. G. T. das schnellste Passagierschiff der Welt. Und das gleich in beiden Richtungen. Die italienische »Rex« und die deutsche »Bremen« waren geschlagen worden. Frankreich gehörte nun das Blaue Band, das am Topp des Großmastes der »Normandie« flatterte.

Doch schon ein Jahr später wurde die »Normandie« entthront. Bei John Brown hatte man inzwischen die Bau-Nr. 534 fertiggestellt und für Cunard als »Queen Mary« vom Stapel gelassen. Sie fuhr im August 1936 in beiden Richtungen neue Rekorde. Dabei blieb sie auf Ostkurs erstmals unter der 4-Tage-Grenze. Die »Normandie« nahm die Herausforderung an. Vibrationserscheinungen, wie sie auch bei anderen Schiffen aufgetreten waren, konnten durch Auswechseln der Schrauben (dreiblättrige anstelle der vierblättrigen) behoben werden. Im März 1937 jagte Kapitän Thoreux mit einer Geschwindigkeit von 30,99 Knoten der »Queen Mary« den Rekord in Ostrichtung wieder ab.

Fünf Monate später, Anfang August, schaffte die »Normandie« nach New York ein Mittel von 30,58 Knoten und blieb mit 3 Tagen, 23 Stunden und 2 Minuten erstmals unter der 4-Tage-Grenze. In der Gegenrichtung steigerte sich die »Normandie« auf 31,20 Knoten und lag damit bei einer Fahrzeit von 3 Tagen, 22 Stunden und 7 Minuten ebenfalls unter der 4-Tage-Grenze. Diese Rekordfahrten sollten die Höhepunkte im Leben der »Normandie« bleiben. Ein Jahr später wurde sie wiederum von der »Queen Mary« geschlagen. Die inzwischen umgebaute »Normandie« ergab nach Neuvermessungen zunächst 82799 BRT, später 83423 BRT. Damit blieb sie bis 1940 das größte Schiff der Welt.

Angesichts der drohenden Kriegsgefahr in Europa ließ die C. G. T. die »Normandie« am 28. August 1939 in New York auflegen. Mit der Kriegserklärung Italiens und Deutschlands an die USA wurde das Schiff am 12. Dezember 1941 von der US-Marine-Commission beschlagnahmt und am 24. Dezember von der US-Navy übernommen, die es in »Lafayette« umbenannte. Bereits drei Tage später begann der Umbau zum Truppentransporter. Von den die Arbeiten beaufsichtigenden amerikanischen Beamten sollen zahlreiche Sicherheitsvorkehrungen sehr lax gehandhabt worden sein.

Am 9. Februar 1942 ereignete sich dann die Katastrophe! Bei Schweißarbeiten in der großen Speisehalle entzündeten sich die dort lagernden Korkschwimmwesten. Die fehlende Bordfeuerwehr einerseits und ein starker Wind andererseits begünstigten die Ausbreitung des Feuers. In wenigen Minuten stand das Promenadendeck in Flammen. Tonnenweise pumpte die New Yorker Feuerwehr das Löschwasser in die »Lafayette«, bis das Schiff schließlich topplastig wurde und kenterte. Das Wrack wurde zwar gehoben, aber nicht mehr repariert. Im Herbst 1945 von der Liste der US-Navy-Schiffe gestrichen, wurde die ehemalige »Normandie« ein Jahr später zum Abwracken nach Newark verkauft.

Die »Normandie« blieb der eleganteste »Blau-Band-Renner«, der je den Nordatlantik gekreuzt hat. Die C. G. T. nahm als erste Reederei die 1935 gestiftete Hales-Trophäe offiziell entgegen und präsentierte sie im Schaufenster ihres Pariser Büros.

Englands Comeback mit »Queen Mary«

»Ich erbitte die Zustimmung Eurer Majestät, dem neuen Passagierschiff den Namen der erlauchtesten, bemerkenswerten Frau zu geben, die jemals Königin von England gewesen ist!« Und bevor Lord Royden »den der Königin Victoria« hinzufügen konnte, unterbrach ihn König Georg V. lächelnd: »Das ist das hübscheste Kompliment, Royden, das man uns, meiner Frau und mir, jemals gemacht hat. Nach meiner Rückkehr werde ich die Erlaubnis der Königin erbitten.«

Selbst wenn dieses von der Geschichtsschreibung überlieferte Gespräch zwischen einem führenden Vertreter der Cunard-Reederei und König Georg V. in Malmoral nicht stattgefunden haben sollte, so bleibt dennoch unumstritten: Auf der John-Brown-Werft in Clydebank stand der Stapellauf von Bau-Nr. 534 unmittelbar bevor. Für das neue Schiff wurde ein Name benötigt. Bisher hatten sich die Verantwortlichen in Stillschweigen gehüllt. Durchgesickert war jedoch, daß die Reederei an »Victoria«, die legendäre Königin-Mutter, gedacht hatte. Damit wäre die Cunard Line auch ihrer fast einhundertjährigen Tradition treu geblieben, alle Schiffsnamen auf -ia enden zu lassen. Doch damit wurde nun gebrochen. Am 26. September 1934 lief der 80774 BRT große Neubau vom Stapel. Nr. 534 wurde von Königin Mary höchstpersönlich auf ihren Namen, auf »Queen Mary«, getauft.

Den Kiel für den »Riesen«-Dampfer hatte man am 27. Dezember 1930 gestreckt. Aber schon ein Jahr später erfolgte wegen finanzieller Schwierigkeiten ein Baustopp. Die Auswirkungen der Weltwirtschaftskrise brachten 1931 einen Verlust von 533204 Pfund Sterling. Spätestens jetzt wurden die Debatten über das Für und Wider eines solchen Projektes verstärkt fortgesetzt. Einerseits zeigte die Weltwirtschaftskrise ihre Auswirkungen in einem drastischen Rückgang der Passagierzahlen. Andererseits hatte der NDL seine »Bremen« und »Europa« in Fahrt

Stapellauf der »Queen Mary«

»Queen Mary« – Englands Meisterstück

Gesellschaftsraum und Einkaufscenter

gebracht, und Frankreich plante neben der »Ile de France« einen weiteren, noch größeren Dampfer in Dienst zu stellen. Die Briten drohten neuerlich ins Hintertreffen zu geraten.

Die von Cunard über den Weltkrieg geretteten Paradeschiffe »Mauretania«

und »Aquitania« kamen langsam ins »Rentenalter«. Mit der Kriegsbeute »Berengaria« (Ex-»Imperator«) war auch kein Staat mehr zu machen. Nicht besser sah es bei der White Star aus. Sie besaß nur zwei große Schiffe: die nun auch nicht mehr junge »Olympic« (Schwester der »Titanic«) sowie die »Majestic« als Ex-»Bismarck«. Großbritannien bedurfte dringend der Erneuerung seiner Renommierflotte. So standen zur Diskussion: zwei 30000-Tonner oder nur ein »Riesen«-Dampfer von mindestens doppelter Größe. Schließlich entschied man sich für die Ein-Schiff-Variante, nicht zuletzt, um später einen wöchentlichen Europa–Nordamerika-–Dienst mit einem zweiten, gleichgroßen Fahrzeug einrichten zu können. Dieses zweite Schiff war dann die »Queen Elizabeth«.

Das britische Schatzamt unterstützte die Ein-Schiff-Variante mit einem Vorschuß von insgesamt 4,5 Mill. Pfund Sterling. Falls die Entscheidung für ein Schwesterschiff fallen sollte, wollte man weitere 5 Mill. Pfund bereitstellen. Dafür mußten sich aber Cunard und White Star zusammenschließen. Unter dem neuen Namen Cunard White Star Limited begann die Tätigkeit der Reederei Anfang 1934. Nun

HAMBURG AMERICAN LINE

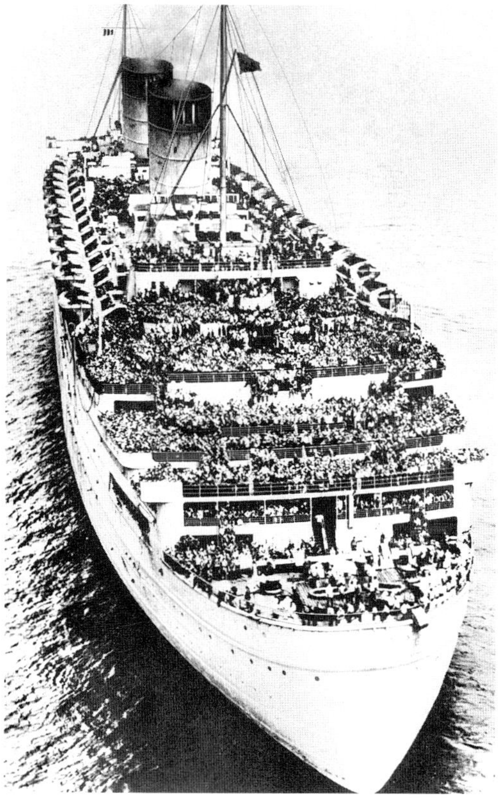

konnte auch – mit dieser Finanzspritze im Rücken – der Neubau bei John Brown fortgesetzt werden. Am 3. April 1934 strömten 4000 Arbeiter durch die Werfttore in Clydebank, um den Bau von Nr. 534 wieder aufzunehmen. Es dauerte zwei Jahre, bis die »Queen Mary« fertiggestellt war. Am 12. Mai 1936 wurde sie an die Reederei abgeliefert. Die Ergebnisse der zuvor beendeten Probefahrten sind nie bekanntgegeben worden.

Die »Queen Mary« glich in ihren Abmessungen annähernd der »Normandie«: Länge über alles 310,73/313,75 m, Breite 36,14/35,93 m, Vermessung 80774/79280 BRT. Im Äußeren wie im Innern unterschieden sich jedoch beide Schiffe grundlegend voneinander. Die »Normandie« wirkte modern und elegant. die »Queen Mary« blieb durch und durch britisch – konservativ und solide. Sie wurde häufig als »Britanniens Meisterwerk« bezeichnet. Man spürte das handwerkliche Können und die Erfahrung bis in den letzten Winkel und bis ins kleinste Detail. Der gallischen Konkurrenz mit Esprit setzte die »Queen Mary« ihre rustikale Vornehmheit entgegen. Das zeigte sich u.a. in der Verwendung von allen möglichen Holzarten aus den Ländern des britischen Empires. Holz war in Kabinen und Speisesälen ebenso verarbeitet worden wie in Gesellschaftsräumen und Gängen.

Anlegemanöver der »Queen Mary« in New York

Die »Queens« als Truppentransporter

Nur einmal lagen die drei größten Schiffe ihrer Zeit zusammen im New Yorker Hafen: »Normandie«, »Queen Mary«, »Queen Elizabeth«.

Die »Queen Mary« besaß normale Rumpflinien mit einem geraden Steven und einem Kreuzerheck. Der endgültigen Formgebung waren umfangreiche Modellversuche, auch im Windkanal, vorausgegangen. Sie erhielt den üblichen Doppelboden, fünf durchgehende sowie drei Orlop-Decks vorn und zwei hinten. Über dem vom Bug bis fast zum Heck reichenden Hauptdeck lagen Promenaden- und Sonnendecks sowie ein Haus. In jedem der drei Schornsteine mit ellipsenförmigem Querschnitt (größter Durchmesser 11 m) hätten drei große Lokomotiven Platz gehabt. Der Rumpf war 15mal quergeschottet. Die wasserdichten Türen ließen sich hydraulisch bewegen. Das Schiff war ganz auf Querspanten gebaut, in der Hoffnung, den mächtigen Scherkräften im Atlantik so besser widerstehen zu können. Außerdem war man der Meinung, daß Längsspanten die von Schrauben ausgehenden Vibrationen durch das Schiff lenken würden.

Die 2139 Passagiere wurden in drei Kategorien untergebracht: 776 in der Kabinen-, 784 in der Touristen- und 579 in der 3. Klasse. Mit preisgünstigen Angeboten versuchte die Cunard-Reederei dem französischen Schlemmerschiff »Normandie« Konkurrenz zu machen. Die mittschiffs gelegenen Luxusappartements bestanden aus Salon, Schlafzimmer, Bad und Gepäckraum sowie einem Zimmer für die Aufwartung. Um die 35 Meter lange Halle mit Springbrunnen gruppierten sich die Läden. Der große Festsaal erhielt sein Tageslicht durch 32 Fenster von 4,50 Metern Höhe. Den Gästen standen auch auf der »Queen Mary« alle Gesellschaftsräume zur Verfügung. Für den sprichwörtlichen Cunard-Service sorgten insgesamt 1101 Besatzungsmitglieder.

Gewaltig war die Maschinenanlage. Bei einem möglichen wöchentlichen Dienst mit zwei Schiffen mußte von einer auf 4½ Tagen begrenzten Reisezeit ausgegangen werden. Das bedeutete eine

Geschwindigkeit bis zu 30 Knoten. Die jedoch setzte bei der »Riesen«-Größe von 80000 BRT wiederum mächtige Maschinenkräfte voraus. Deshalb war die Leistung auf enorme 200000 PSw gesteigert worden, welche auf vier Schrauben übertragen wurden. Die Maschinenanlage bestand aus vier Sätzen von Parsons-Getriebeturbinen. Zu jedem Satz gehörten ein Hochdruck-, zwei Mitteldruck- und ein Niederdruckgehäuse. In den vier Hauptkesselräumen standen sechs ölgefeuerte Wasserrohrkessel, die einen Dampfdruck von 2,8 MPa lieferten. Täglich wurden mehr als 750 Tonnen Öl verbraucht. Die Dienstgeschwindigkeit lag bei 29 Knoten, maximal konnten 32 erreicht werden.

Am 27. Mai 1936 ging das neue Flaggschiff der britischen Passagierflotte auf Jungfernfahrt von Southampton über Cherbourg nach New York. Tausende Menschen verabschiedeten das vollbesetzte Schiff, gestrichen in den Cunardschen Traditionsfarben, jedoch mit zwei Hausflaggen: von Cunard und White Star. So groß auch die Hoffnungen in Großbritannien auf Rückgewinnung des »Blauen Bandes« waren, sie erfüllten sich nicht. Weder auf der Hinfahrt noch auf der Heimreise erzielte man neue Rekorde. Als einziger Trost blieb: Am 29./30. Mai lief die »Queen Mary« mit 766 Seemeilen bei einer durchschnittlichen Geschwindigkeit von 30,64 Knoten das bisher beste Etmal auf der Westroute.

Doch zwei Monate später – im August – brachte die sechste Rundreise den ersehnten Erfolg. Die »Queen Mary« fuhr auf der Strecke nach New York neuen Rekord mit einem Mittel von 30,14 Knoten. Auf der Rückreise brauchte sie bei einem Durchschnitt von 30,63 Knoten nur noch 3 Tage, 23 Stunden und 57 Minuten. Mit diesem Rekord war erstmals ein Passagierschiff auf der Strecke Ambrose Feuerschiff – Bishop Rock unter der 4-Tage-Grenze geblieben. Groß war die Freude! Großbritannien besaß wieder das schnellste Schiff der Welt. Die Cunard-Reederei lehnte aber die Hales-Trophäe mit der Be-

Rückkehr aus dem Kriegsdienst

»Queen Elizabeth«

»Queen Mary« im Heimathafen Southampton

SPEISEKARTE

Mittagessen

Sellerie-Rahmsuppe Kraftbrühe in Tasse
Gebratener Rindsrücken
Erbsen und Karotten Feldsalat
Gekochte Kartoffeln u. Lyoner Kartoffeln
Rahmeis, Waffeln
Auf Wunsch:
Schtschi (Russisches Nationalgericht)

Nachmittags

Kaffee Tee Kuchen

Dinner

Celery Cream Soup Consommé in Cup
Roast Sirloin of Beef
Peas and Carrots Field Salad
Boiled Potatoes and Lyonnaise Potatoes
Ice Cream, Wafers
To Order:
Shtshi (Russian National Dish)

Afternoon

Coffee Tea Cake

Dienstag, den 9. Februar 1932 D. „Bremen"
3. Klasse

Die legendäre »Bremen« – in New York einlaufend

Motive von Speisekarten

gründung ab, daß Wettfahrten nicht zur Reedereipolitik gehörten. Dennoch: Die »Queen Mary« war die neue »Königin der Meere«. Sie hatte die »Normandie« entthront. Aber diese gab sich nicht geschlagen. Der Wettlauf der Giganten hatte auf der Rennstrecke Bishop Rock–Ambrose Feuerschiff bzw. Ambrose Feuerschiff–Bishop Rock begonnen.

Einhundert Jahre zuvor hatte Kapitän Roberts mit seiner kleinen »Sirius« 18 Tage für diese Strecke benötigt. Die Kapitäne Sir Robert Irving und Pierre Thoreux kreuzten mit ihren »Riesen-Rennpferden« nun den Atlantik in weniger als vier Tagen, bis der zweite Weltkrieg 1939 die Wettrennen auf dem Nordatlantik zwischen Europa und Nordamerika beendete.

Inzwischen hatte die Reederei – mit Blick auf das 100jährige Cunard-Jubiläum – das Schwesterschiff, die »Queen Elizabeth«, im Dezember 1936 auf Kiel legen lassen. Angesichts dieser Entwicklung war die Konkurrenz nicht untätig geblieben. Die C. G. T. beabsichtigte als Schwester für die »Normandie« die »Bretagne« mit 100000 BRT in Auftrag zu geben. Der NDL hatte als Superschiff die »Viktoria« auf den Reißbrettern. Die Hapag ließ bereits an einer neuen »Vaterland« bauen.

Der zweite Weltkrieg zerstörte alle diese Projekte. Fertiggestellt wurde nur die »Queen Elizabeth«. Mit 83673 BRT war sie das größte Schiff der Welt. Als Passagierschiff kam sie aber nicht mehr zum Einsatz. Am 2. März 1940 verließ das weitgehend ausgebaute Schiff die Werft am Clyde, um nicht deutschen Fliegerangriffen zum Opfer zu fallen. Als angeblichen Zielhafen hatte die britische Abwehr der deutschen Spionage Southampton suggerieren lassen. In Wirklichkeit lief die »Queen Elizabeth« – ohne jegliche Probefahrten – direkt nach New York, wo sie am 7. März wohlbehalten eintraf. Hier wurde sie am Pier 90 festgemacht. Neben ihr lagen die Schwester »Queen Mary« und die »Normandie« vertäut. Dies war das einzige Mal, daß diese drei größten Passagierschiffe zusammen in einem Hafen lagen.

Die beiden »Queens« wurden 1940 zur Umrüstung als Truppentransporter nach Australien geschickt und anschließend im Indischen Ozean eingesetzt. Mit Eintritt der USA in den zweiten Weltkrieg fuhren sie hauptsächlich auf dem Nordatlantik. Was beide Schiffe leisteten, ist äußerst bemerkenswert,: Die »Queen Mary« schaffte 86 Atlantik-Überfahrten. Zeitweise beförderte jedes dieser Schiffe bis zu 15000 Soldaten. Randvoll besetzt, mußten die unfreiwilligen Passagiere in zwei Schichten auf den Schiffen schlafen. Insgesamt waren es 1622054 Personen, die bei einer Gesamtstrecke von 1150406 Meilen von beiden »Queens« über die Ozeane gebracht wurden. Dabei kam nicht ein einziger Mensch durch einen feindlichen Angriff ums Leben. Das ist um so erstaunlicher, als beide Schiffe stets allein, d.h. ohne militärischen Schutz, fuhren.

Mit ihren rund 30 Knoten waren die »Queens« viel zu schnell für deutsche U-Boote. Eine Eskorte benötigten sie eigentlich nur zum Schutz vor Fliegerangriffen in britischen und irischen Gewässern, so auch am 2. Oktober 1942. Zum Schutz der »Queen Mary«, die sich, von den USA kommend, mit GI's an Bord auf dem Weg zum Clyde befand, war der Flak-Kreuzer »Curacoa« in Marsch gesetzt worden. Um möglichen U-Boot-Angriffen besser entgehen zu können, lief die Queen – wie üblich – im Zick-Zack-Kurs. Plötzlich, 20 Seemeilen westlich von Bloddy Foreland (Irland), geriet der Kreuzer durch Navigationsfehler vor den Bug der »Queen Mary«. Mit dem Steven ihrer 80000 BRT wurde der nur 4500 BRT große Kreuzer regelrecht halbiert. Die »Queen Mary« mußte aus Sicherheitsgründen mit voller Fahrt weiterlaufen und trug nur eine kleine Beule am Bug davon. Die »Curacoa« aber sank im Nu. Sie nahm 338 Mann der 364köpfigen Besatzung mit in die Tiefe. Ein schicksalhafter Tag für die »Queen Mary«.

Die letzte Reise im Kriegsdienst ging im September 1946 mit heimkehrenden kanadischen Soldaten nach Halifax. Ihre Heimfahrt nach Southampton legte die »Queen Mary« bei einer 29-Knoten-Passage in 3 Tagen, 15 Stunden und 48 Minuten zurück. Dies war nicht ihre schnellste, jedoch ihre kürzeste Fahrt über den Atlantik, bis ein neuer, der letzte Rekordbrecher erschien.

Die »Queen Mary« kehrte am 31. Juli 1947 zu ihrem Passagierdienst Southampton – New York zurück. Auf der Brown-Werft hatte man für neue Unterbringungsmöglichkeiten gesorgt, so daß 711 Plätze für die 1., 707 für die Kabinen- und 577 für die Touristenklasse zur Verfügung standen. Sie war nun mit 81237 BRT vermessen. Die »Queen Elizabeth« hatte bereits im Oktober 1946 ihre Jungfernfahrt als Passagierschiff zwischen Southampton und New York absolviert. Nun besaß die Cunard-Reederei endlich ihren wöchentlichen Dienst mit zwei Superschiffen.

Rekordfahrten zwischen »Queen Mary« und »Normandie«

Queen Mary					
Aug. 1936	West:	04 d	00 h	27 min	30,14 kn
Aug. 1936	Ost:	03 d	23 h	27 min	30,63 kn
Normandie					
März 1937	Ost:	04 d	00 h	06 min	30,99 kn
Aug. 1937	West:	03 d	23 h	02 min	30,58 kn
Aug. 1937	Ost:	03 d	22 h	07 min	31,20 kn
Normandie					
in beiden Richtungen unter 4 Tagen					
Queen Mary					
Aug. 1938	West:	03 d	21 h	48 min	30,99 kn
Aug. 1938	Ost:	03 d	20 h	42 min	31,69 kn
Queen Mary					
in beiden Richtungen unter 4 Tagen					

Zu neuen Rekordfahrten bestand kein Anlaß. Die »Queen Elizabeth« lief ohnehin »nur« 29 Knoten im Schnitt. Überdies war die unmittelbare Konkurrenz durch den zweiten Weltkrieg ausgeschaltet worden. Cunard konnte sich – ob mit oder ohne Rekordbrecher – über Mangel an Arbeit nicht beklagen. Ja, die Nachkriegsjahre wurden für die Reederei die gewinnträchtigsten seit ihrer Gründung überhaupt. Stets volle Schiffe, teilweise auf Monate im voraus ausgebucht. Jährlich sollen die »Queens« Gewinne bis zu 50 Mill. Dollar eingefahren haben.

Die Überlegenheit der Cunard-White Star-Reederei schien 1952 erschüttert zu werden, als die in New York beheimatete United States Lines ihre »United States« auf die Reise nach Europa schickte. Das Schiff fuhr auf Anhieb in beiden Richtungen Rekord. Der durchschnittlichen Geschwindigkeit von etwa 35 Knoten hatten die »Queens« mit ihren maximal 32 Knoten nichts mehr entgegenzusetzen. Trotzdem waren es weder die United States Lines noch andere Reedereien, die Großbritanniens Vormachtstellung auf dem Nordatlantik bedrohten. Die Konkurrenz bewegte sich diesmal nicht auf dem Wasser, sondern sie kam für Cunard wie für alle anderen Passagierreedereien aus der Luft.

Das Fliegen über den Atlantik, immer schneller, preiswerter und komfortabler,

gierschiffahrt einen Verlust von 2,7 Mill. Pfund. Im Frühjahr 1967 kündigte der Vorstand die Außerdienststellung der Schiffe an.

Für die »Queen Mary« kam am 31. Oktober 1967 die letzte Abfahrt von Southhampton. Reiseziel war die kalifornische Stadt Long Beach, die »the big ship« für 1,23 Mill. Pfund aufgekauft hatte, um es in ein Museum, Hotel und Kongreßzen-

bei den Umbauarbeiten in Hongkong ausgebrochenes Feuer zerstörte das Schiff. 1974 wurde die Ex-»Queen Elizabeth« abgewrackt.

Letzter Sieger: »United States«

Über 100 Jahre lang mußten die Amerikaner warten, bis sie wieder einen »Blau-

Das größte Passagierschiff der Welt – die »Queen Elizabeth«

wurde den Riesen zum Ruin. Selbst 4½tägige Schiffsreisen mit gesteigertem Luxus vermochten das Abwandern der Nordatlantikreisenden vom Schiff zum Flugzeug nicht aufzuhalten. Anstelle von sagenhaften Gewinnen begannen die Superliner bald nur noch Verluste einzufahren. Die beiden »Queens« steigerten sich z.B. zu Beginn der 60er Jahre auf 1,5 Mill. Pfund Sterling jährlich! 1965 erlitt die Cunard Line, wie sie ab 1962 hieß, bei der Passa-

trum umzufunktionieren. Am 10. Mai 1971 begann an der amerikanischen Pazifikküste die zweite Karriere für »the old grand lady«, wie der einstige »Blau-Band-Renner« liebevoll genannt wurde.

Die »Queen Elizabeth« wurde im Herbst 1968 aus dem Verkehr gezogen. Nachdem Pläne, das größte Passagierschiff der Welt als Kongreßzentrum und eine Touristenattraktion zu nutzen, finanziell gescheitert waren, wurde es im September 1970 auf einer Auktion von einem chinesischen Reeder ersteigert. Er wollte aus dem in »Seawise University« umgetauften Schiff eine schwimmende Universitätsstadt machen. Ein im Januar 1972

Band-Renner« hatten. 1850/51 war ihr Collins-Dampfer »Pacific« mit Geschwindigkeiten von 12,5 bzw. 13 Knoten der schnellste gewesen. Im Juli 1952 jagte die »United States« mit mehr als 60 Kilometer in der Stunde über den Nordatlantik. Nach Jahrzehnten der Enttäuschungen und Demütigungen in diesem Bereich wurden die USA eindrucksvoll rehabilitiert. Sie besaßen nunmehr das schnellste Passagierschiff der Welt.

So tüchtig und clever die Amerikaner im »big business« auch sein mochten, mit einer eigenen Passagierschiffahrt auf dem Nordatlantik sollten sie einfach keinen durchschlagenden Erfolg erzielen. Die er-

UNITED STATES

CUNARD
Queen Elizabeth 2

Die »United States« – das schnellste jemals gebaute Ozean-Passagierschiff

Kreuzfahrer statt Atlantik-Renner: »Queen Elizabeth 2« der Cunard Line

Cunards »Queen Mary« als Hotel- und Museumsschiff in Kalifornien: Brücke, Swimmingpool sten Projekte mit der Ocean Steam Navigation Company und der Collins Line um die Mitte des vergangenen Jahrhunderts scheiterten ebenso wie der Mammut-Trust IMMC unter Pierpont Morgan zu Beginn des 20. Jahrhunderts. Waren es unzureichende Schiffe? Lag es am falschen Management? Oder an beidem? Tatsache bleibt, daß sich bis zum ersten Weltkrieg der Auswandererstrom als Haupteinnahmequelle von Europa nach Amerika bewegte. Somit saßen die Europäer am längeren Hebel. Nach dem ersten Weltkrieg sollte sich das grundlegend ändern. Jetzt waren es amerikanische Touristen, die das meiste Geld für Schiffsreisen ausgaben. Doch davon profitierten wiederum nicht die eigenen, sondern erneut die europäischen Reedereien.

Die United States Lines war am 1. September 1921 gegründet worden. Ihre Flotte bestand aus zwei 20000-Tonnern und aus vier 10000-Tonnern. Darunter befanden sich drei ehemalige deutsche Schiffe. 1923 übernahm die Reederei vom U.S. Shipping Board die modernisierte, auf Ölfeuerung umgestellte »Leviathan«, die Ex-»Vaterland« der Hapag, welche mit mehr als 54000 BRT das größte, je unter deutscher Flagge in Dienst gestellte Schiff war. Es blieb dann auch bis 1931 das größte Schiff der Welt. Für die neuen Besitzer hat sich der »Riese« aber nie bezahlt gemacht. Er war immer nur zur Hälfte besetzt und wurde 1938 abgewrackt.

Zwei Entwicklungen sollten zu Beginn der 30er Jahre die amerikanische Schiffbau- und Schiffahrtspolitik entscheidend beeinflussen. Einmal brachten die europäischen Reedereien wieder große und schnelle Dampfer auf den Nordatlantik. Zum anderen hatte die Weltwirtschaftskrise das ökonomische Gefüge der führenden Industriestaaten nicht unerheblich erschüttert. Eine Mitte der 30er Jahre in den USA einsetzende, neue Wirtschaftspolitik, bekanntgeworden unter dem Begriff »new deal«, mit ihrer direkten und indirekten Staatsunterstützung schloß auch die Schiffahrt mit ein. Durch den Merchant Marine Act von 1936 erhielten Schiffbau und Schiffahrt gewaltige Subventionen.

Dadurch sollte nicht nur die eigene Handelsschiffahrt ausgeweitet, sondern der Staat auch in die Lage versetzt werden, im Kriegsfall über ausreichend eigene Transportmittel verfügen zu können. Zu welchen Leistungen dann die amerikanischen Schiffbauer im zweiten Weltkrieg fähig waren, zeigte der praktisch am Fließband gebaute Einheitsfrachtertyp »Liberty«. Zum Aushängeschild der neuen maritimen Ambitionen der USA wurde die am 31. August 1939 in Anwesenheit von Präsident Roosevelt vom Stapel gelassene »America« mit 26454 BRT. Während ihrer Kriegseinsätze beförderte sie unter dem Namen »West Point« fast eine halbe Million Mann.

Beeindruckend für die Amerikaner blieben aber auch die Leistungen der bei-

Die »United States« – schnellstes Passagierschiff der Welt

Mit der »America« bekräftigten die USA ihre maritimen Ambitionen.

den britischen »Queens«. Deren Beispiel gab schließlich den Ausschlag, gleichfalls einen »Riesen«-Renner auf Kiel zu legen. Denn Großbritannien besaß mit der »Queen Mary« das schnellste und mit der »Queen Elizabeth« das größte Schiff der Welt. Und die von ihnen nach dem zweiten Weltkrieg im zivilen Einsatz beförderten Passagiere waren größtenteils Amerikaner. Die Briten scheffelten mit den Touristen aus Nordamerika Millionen an Gewinnen. Darüber war selbst Präsident Truman verstimmt. Da zur gleichen Zeit eine beträchtliche Zunahme des Touristenverkehrs prognostiziert wurde, faßte die in New York beheimatete United States Lines, die ja direkt an der wichtigsten Einnahmequelle saß, 1947 folgenden Plan: Bau von zwei Schwesterschiffen für die »America« mit 45000 BRT und einer Geschwindigkeit von 24 Knoten bzw. ein oder zwei ausdrückliche Rekordbrecher von 50000 BRT. Letztlich entschied man sich für einen 50000-Tonner.

Das Projekt wurde William F. Gibbs übertragen, einer Firma mit langjährigen Erfahrungen in der Konstruktion von Schiffen. Die errechneten Baukosten lagen bei 77 Mill. Dollar. Davon sollte die das Schiff bereedernde Gesellschaft 32 Mill. tragen. Den Rest übernahm der Staat. Deswegen mußten auch alle Pläne und Zeichnungen in engster Zusammenarbeit mit der Marine abgesprochen werden. Denn das Schiff sollte nicht nur zum Passagierverkehr genutzt werden, sondern innerhalb kürzester Zeit zu einem Truppentransporter für 14000 Mann umgerüstet werden können mit einem maximalen Aktionsradius von 10000 Meilen ohne Zwischenstop für Nahrungs-, Wasser- und Brennstoffaufnahme. Deshalb gab es bestimmte Auflagen: Hinsichtlich der Größe und des Tiefgangs mußte eine Passage durch den Panama-Kanal möglich sein. In punkto Geschwindigkeit war die Schnelligkeit der »Queens« zu überbieten. Zur allgemeinen Sicherheit durften nur nichtbrennbare Materialien verwendet werden. Gleichzeitig hatten die Bunkerung des Brennstoffes und die wasserdichte Unterteilung den Anforderungen an ein Kriegsschiff zu entsprechen.

Im Mai 1949 erhielt die Newport News Shipbuilding & Dry Dock Company den Bauauftrag. Erst am 8. Februar 1950 konnte der Kiel gelegt werden. Da bei einer Gesamtlänge des Schiffes von 302 Metern keine geeignete Helling vorhanden war, entschloß man sich, ein 350 Meter langes Trockendock einzurichten. Die Bauarbeiten am Schiff verliefen unter strenger Geheimhaltung. Den Unterwasserteil bekam kein Fremder zu Gesicht. Nach 16 Monaten Bauzeit konnte das Schiff mit seinen 53329 BRT zu Wasser gelassen werden. Das geschah jedoch nicht mit einem traditionellen Stapellauf, sondern durch Aufschwimmen im Trokkendock. Am 23. Juni 1951 taufte Frau Truman das Schiff auf den Namen »United States«. Ein Jahr später wurde es als »ready for sea« an die Reederei abgeliefert.

Die »United States« hat mit ihrem

Die »Queen Mary«
vor Anker in Long Beach

geraden, ausfallenden Steven, dem Kreuzerheck und den langen Deckshäusern ein schönes Profil. Hinzu kommen zwei mächtige Schornsteine mit stummelflügelähnlichen Rauchabweisern sowie ein Mast. Alle diese Merkmale hinterließen den Eindruck von geballter Kraft, Stärke und Schnelligkeit. Neben dem üblichen Doppelboden besitzt das Schiff insgesamt 12 Decks, davon vier Ganzdecks sowie je ein Orlop hinten und vorn. Das Promenadendeck reicht bis zum Heck. Es ist zugleich das Hauptgurtungsdeck und trennt die Stahl- von der Aluminiumkonstruktion. Ausgenommen davon sind die Stahlauf-

»Stapellauf« – Aufschwimmen im Dock

Elegant und kraftvoll

bauten des Vorschiffes, um dem enormen Winddruck zu widerstehen. Die anderen Aufbauten und Häuser bestehen ebenso wie die Wände der Kombüsen, Pantries und Waschräume aus Aluminium. Insgesamt sollen von diesem Leichtmetall rund waren Himmel und Wasser sowie die Indianer-Volkskunst. Bei den verarbeiteten Materialien herrschten Glas, Emaille und Metall vor. Dies nicht nur, weil es dem Zeitgeschmack entsprach, sondern weil praktisch eine »absolute« Feuersicherheit des Schiffes verlangt worden war. Deshalb war auch in der Ausstattung – außer den Hackklötzen der Fleischer und den Konzertflügeln – kein Gegenstand aus Holz oder anderen brennbaren Materialien an Bord zu finden. Die Firma Steinway

2000 Tonnen auf der »United States« verbaut worden sein. Durch diese »Leichtbauweise« konnten gegenüber der »Queen Mary« – eingedenk einer Reduzierung der Passagieranzahl um 10% – immerhin fast ein Drittel an Masse eingespart werden!

Auf dem Schiff wurden 1998 Passagiere untergebracht, davon 913 in der 1., 558 in der Kabinen- und 537 in der Touristenklasse. Die Crew zählte 1093 Mann. Die Räume der 1. Klasse lagen mittschiffs, die der Touristenklasse im Vorschiff und die der Kabinenklasse achtern. Hier sollen, wie Spötter behaupteten, die Gläser auf dem Bartisch getanzt haben, wenn der Liner mit »full speed« über den Atlantik fegte. Für alle drei Klassen gab es Gesellschaftsräume, Speisesäle, Rauchsalons, Bars, ein Kino und ein Schwimmbad. Hinzu kamen vielfältige Dienstleistungen, wie Kindergarten, Friseur, Kosmetiksalon, Hospital, Schneider, Wäscherei, Reinigung, Druckerei, Tischlerei und Postamt.

Die Passagierunterkünfte waren nicht luxuriös, aber dennoch elegant und zweckmäßig. Grundmotive der Dekoration

soll sich geweigert haben, einen mit Aluminium verkleideten Flügel zu liefern und bot stattdessen feuerfestes Mahagoni-Holz an.

Ansonsten bestand das gesamte Mobiliar aus Aluminium. Der einzige – echte – hölzerne Gegenstand an Bord, so frozzelten Mitarbeiter des äußerst abergläubischen Chefkonstrukteurs Gibbs, sei ein Stückchen Holz gewesen, das dieser stets in seiner Hosentasche mit sich getragen habe, um von Zeit zu Zeit darauf klopfen zu können. Und ein Reiseagent setzte noch eins drauf: Gibbs habe einmal sogar einen Passagier abgelehnt, weil dieser ein Holzbein gehabt hätte. Stoffe, Vorhänge und Bettzeug bestanden aus Dynel, einem nicht brennbaren Stoff. Einige Dekorationsstoffe bestanden aus einem Metallgewebe. Verschiedene Zwischenwände hatte man ebenfalls aus Metall gebaut. Andere bestanden aus unterschiedlich dicken Platten von Asbestzement (»Marinite«). Über das Schiff waren automatische Feuermelder sowie Rauchmelder und CO_2-Löschanlagen verteilt. Schott- und Brandtüren ließen sich zentral schließen. Die 24 Rettungsboote waren aus Aluminium gefertigt.

Kabine, Cocktailbar, Theater

Vor der Skyline von New York

Am 3. Juli 1952 lief die »United States« unter Kapitän Harry Manning zu ihrer Jungfernfahrt von New York nach Southhampton aus. Und bereits während des ersten Seetages begann sich eine Rekordfahrt abzuzeichnen. Der Liner lief 34 Knoten. Am zweiten Tag wurden sogar mehr als 35 Knoten erreicht. Am nächsten Tag erfolgte dann eine nochmalige Steigerung auf über 36 Knoten. Die Spannung stieg unter der Mannschaft und den Passagieren, je näher die magische Ziellinie bei den Scilly-Inseln heranrückte. Nach 3 Tagen, 10 Stunden und 40 Minuten passierte die »United States« den Leuchtturm von Bishop Rock. Die erreichte durchschnittliche Geschwindigkeit betrug 35,59 Knoten. Das waren gegenüber der »Queen Mary« fast 4 Knoten mehr! Auf der Heimreise durchlief die »United States« die gleiche Strecke in 3 Tagen, 12 Stunden und 12 Minuten mit einem Mittel von 34,51 Knoten. Damit hatte man die »Queen Mary« auch auf Westkurs geschlagen, und zwar um rund 3,5 Knoten. Nach einhundert Jahren besaßen die Amerikaner wieder das schnellste Passagierschiff der Welt.

Überwältigend war dann auch der Empfang bei der Rückkehr am 15. Juli. Hunderte von Schiffen, Schleppern, Fähren und Begleitbooten veranstalteten ein ohrenbetäubendes Tut-, Hub- und Pfeifkonzert. Ringsum stiegen Wasserfontänen aus den Löschbooten empor. Flugzeuge kreisten in der Luft. Tausende von

Beim Anlegemanöver in Bremerhaven

An der Columbuskaje in Bremerhaven

Menschen drängten sich an den Piers. Sie alle feierten ihren Rekordbrecher.

Diesen Rekordgeschwindigkeiten vermochte die »Queen Mary« kein Paroli mehr zu bieten. Am 12. November 1952 überreichte der Herzog von Southerland dem Präsidenten der United States Lines, John M. Franklin, die Hales-Trophäe – an Bord der »United States« in New York. Diese eigentlich der »Queen Mary« seit August 1938 zustehende, aber von der Cunard-White Star stolz zurückgewiesene Trophäe, war seit 1938 bei einem Juwelier in Hanley (Staffordshire) verwahrt worden. Und die »United States« selbst hatte die Trophäe in ihrem Tresor von Southampton mit nach New York gebracht.

Zwei Dinge fanden die Passagiere wie auch die Experten bei der »United States« bemerkenswert: zum einen die relativ vibrationsfreie Fahrt auch bei hohen Geschwindigkeiten, zum anderen die hohe Geschwindigkeit selbst. Über konstruktive Einzelheiten hüllte man sich in ein totales Schweigen. Erst nach Jahren, ja nach Jahrzehnten, sind Einzelheiten über die Rumpfform, die Maschine und das Schraubensystem bekannt geworden. So wurde der Rumpf durchgehend in Kielhöhe »wulstförmig« ausgebildet. Die strömungsgünstigen Eigenschaften wurden im Hinblick auf die Vibrationsdämpfung durch ein neuartiges Schraubensystem unterstützt. Von den insgesamt vier Schrauben ist das innere Paar fünf- und das äußere vierflüglig.

Die Maschinenanlage besteht aus Westinghouse-Getriebeturbinen, unterteilt in vier voneinander unabhängige Gruppen. Jede dieser vier Fahrturbinen besteht aus einem Hochdruck- und einem Niederdruckgehäuse und treibt die jeweilige Propellerwelle über ein zweistufiges Zahnradgetriebe an. Die von Babcock & Wilcox installierten acht Kessel – von denen immer nur sechs gleichzeitig in Betrieb waren, während die beiden anderen als Reserve dienten – lieferten einen wesentlich höheren Dampfdruck als bei der Marine üblich: 7 MPa bei einer auf 520 °Celsius erhitzten Dampftemperatur.

Die Maschine der »United States« erreichte die enorme Leistung von 240000 PSw. Damit konnte die geplante Dienstgeschwindigkeit von 31 Knoten ohne Schwierigkeiten erreicht werden. Die maximale Geschwindigkeit blieb geheim. Der Meilentest wurde weit draußen im Atlantik vor Virginia durchgeführt, dort, wo kein

Spion mitmessen konnte. Heute kennen wir die Höchstgeschwindigkeit: Es waren annähernd 40 Knoten, fast 75 Kilometer in der Stunde. Dabei ist die Hauptmaschine in zwei Abteilungen unterteilt, so daß bei Ausfall einer Maschine immerhin noch eine Geschwindigkeit bis zu 20 Knoten erreicht werden kann.

Während der Hochsaison fuhr die »United States« in einem regulären 14tägigen New York–Southampton-Dienst. Bei wirtschaftlicher Flaute wurden die Fahrten bis Bremerhaven ausgedehnt. So groß auch die konstruktiven Anstrengungen zum Bau des schnellsten Schiffes der Welt gewesen sind, und so sehr es auch verlockte, mit dem Blau-Band-Träger »United States« den Atlantik zu kreuzen, so sollten auf eine anfänglich zufriedenstellende Nachfrage sehr bald schrumpfende Passagierzahlen folgen. Dazu trugen nicht nur die stattlichen Preise bei. So kostete eine Fahrt in der 1. Klasse 4850 Mark. Billiger war es mit 780 Mark innenbords in Höhe der Wasserlinie.

Auch das schnellste Passagierschiff auf dem Atlantik mußte letztlich dem immer schneller werdenden Flugzeug unterliegen. Als die amerikanische Regierung die Subventionen einstellte, kam auch für die »United States« das Kommando: Alle Maschinen stop! Am 8. November 1969 wurde sie in Newport News, später in Hampton Roads aufgelegt. 150 Jahre zuvor hatte der erste mit einer Dampfmaschine ausgestattete amerikanische Segler, die »Savannah«, den Nordatlantik überquert.

Im Februar 1973 wurde die »United States« von der US Maritime Administration gekauft. Das Schiff blieb aber weiterhin in Norfolk aufgelegt. Fünf Jahre später bot die Marinebehörde das Schiff wieder zum Verkauf an. Inzwischen sollen viele nicht niet- und nagelfeste Dinge versteigert worden sein. Anfang der 80er Jahre geriet der ehemalige Luxusliner neuerlich in den Blickpunkt der Öffentlichkeit, nämlich als Pläne bekannt wurden, das Schiff bei einem Hamburger Unternehmen, der Howaldtswerft, zu einem Kreuzfahrer umzubauen. Offensichtlich haben Finanzierungsprobleme dieses Projekt scheitern lassen. So rostet der letzte Träger des imaginären Blauen Bandes, die »United States«, weiterhin an den Pfählen vor sich hin.

Nach Redaktionsschluß: Erneute Jagd ums »Blaue Band«

Neuen Rekord auf Ostkurs fuhr der Luftkissen-Katamaran »SeaCat«. Das Fahrzeug erzielte Ende Juni 1990 auf der Strecke Ambrose – Bishop Rock eine durchschnittliche Geschwindigkeit von 37,45 Knoten. Damit wurde der 38 Jahre alte Rekord der »United States« um 1,86 Knoten überboten. Von der Fahrzeit her benötigte man 2 Stunden und 46 Minuten weniger. Die notwendige Leistung (max. 42 kn) für das Hochdruckstrahltriebwerk – das Schiff besitzt ja keine Schrauben – liefern vier Dieselmotoren mit insgesamt 20000 PS.

Bei der »SeaCat« handelt es sich um den hochseefähigen Katamaran einer britischen Schiffahrtsgesellschaft namens »Hoverspeed Great Britain« und um das erste kommerzielle Zweirumpfschiff überhaupt. Das 3000 BRT große Fahrzeug ist für den Fährverkehr im Ärmelkanal zwischen England (Portsmouth) und Frankreich (Cherbourg) bestimmt. Es wurde in Australien gebaut und ist während der Überführungsfahrt nach Europa von seinem Besitzer, dem angloamerikanischen Großreeder James B. Sherwood, eigens zu Reklamezwecken auf die nordatlantische »Rennstrecke« geschickt worden.

Nachdem man 1986 dem britischen Popmillionär Branson das »Blaue Band« – zu Recht – nicht zuerkannt hatte, mußte die Hales-Trophäe nun vom Treuhänder, dem New Yorker Marinemuseum, nach einem Rechtsstreit herausgegeben werden.

Der Verfasser lehnt dennoch eine Anerkennung ab, weil es sich bei der »SeaCat« um eine für den täglichen Linienverkehr im Ärmelkanal (Route Portsmouth–Cherbourg) bestimmte Passagier- und Fahrzeugfähre und nicht um ein für den Transatlantikverkehr bestimmtes Passagierschiff handelt. Und nur letzteren Fahrzeugen war diese Trophäe zugedacht. Inzwischen hat die »SeaCat« ihren regulären Kanaldienst aufgenommen.

Anhang

Aus dem Brockhaus und Meyers-Lexikon zum Stichwort Blaues Band

(14. Auflage 1898, Leipzig)
Blaues Band: s. Seraphinenorden

(15. Auflage 1929, Leipzig)
Blaues Band: in England und Amerika Ausdruck für höchste Auszeichnung, erster Preis (bei Wettrennen, Wettfahrten, z. B. »das B. B. des Ozeans«, als sinnbildl. Zeichen für die schnellste Fahrt von Dampfern über den Atlant. Ozean), geht zurück auf das hellblaue Ordensband des engl. Hosenbandordens; B. B. ist auch eine Bezeichnung für den Andreas-, Heiligen-Geist- und Seraphinenorden.

(16. Auflage 1953, Wiesbaden)
Blaues Band: in England und Amerika höchste Auszeichnung, erster Preis (bei Wettrennen, Wettfahrten, z. B. »das B. B. des Ozeans«, als Zeichen für die schnellste Fahrt von Dampfern über den Atlant. Ozean); geht zurück auf das hellblaue Band des englischen Hosenbandordens.

(17. Auflage 1967, Wiesbaden)
Blaues Band: die Auszeichnung für die schnellste Überquerung des Atlant. Ozeans, seit 1935 auf der Strecke Bishops Rock (197 Seemeilen westlich von Cherbourg) bis Ambrose Feuerschiff (vor New York). Das B. B. geht zurück auf die Stiftung eines Blauen Wimpels durch eine engl. Reederei Anfang des 19. Jahrh. für Segelschiffe von Australien nach London. 1838 wurde der Wimpel erstmals für die Atlantik-Strecke verliehen. Unter Anlehnung an den Hosenbandorden wurde er in das B. B. umgewandelt.
In Deutschland wurde das B. B. als Auszeichnung im Pferderennsport und im Wassersport übernommen.
N. R. P. Bonsor: North Atlantic Seaway (Prescot 1955).

(18. Auflage 1978, Wiesbaden)
Blaues Band: 1) Auszeichnung für die schnellste Überquerung des Atlant. Ozeans, seit 1935 auf der Strecke Bishops Rock (westlich von Cherbourg) und Ambrose Feuerschiff (vor New York); geht zurück auf Stiftung eines blauen Wimpels durch engl. Reederei Anfang 19. Jh. für Segelschiffe von Australien nach London. 1838 erstmals für Atlantikstrecke verliehen.
2) Pferdesport: Kranz mit blauer Schleife als Siegeszeichen für den Gewinner eines Derbys in verschiedenen Ländern; auch die Zuchtprüfung selbst. Das B. B. wird auch in anderen Sportarten (Sandbahnrennen) als Trophäe vergeben; auch der Name von Wettkämpfen.

(19. Auflage 1987, Mannheim)
Blaues Band: 1) Passagierschiffahrt: Auszeichnung für das dasjenige Schiff, das den Rekord der schnellsten Atlantiküberquerung zw. Europa und Nordamerika hält, seit 1935 auf der Strecke zw. dem Leuchtturm Bishop's Rock auf den britischen Scilly-Inseln und dem Ambrose-Feuerschiff vor New York. Das B. B. wurde in der Form eines »Blauen Bandes« nie verliehen, die Bez. hat somit nur sinnbildhaften Charakter; seit 1934 wird die Auszeichnung durch einen silbernen Pokal (gestiftet von dem Engländer H. K. Hales) symbolisiert. Das B. B. geht zurück auf einen Anfang des 19. Jh. von einer englischen Reederei gestifteten »blauen Wimpel« der für die schnellste Fahrt von Australien nach London verliehen wurde, seit 1838 für die schnellste Fahrt auf der Nordatlantikroute. Unter Anlehnung an den Hosenbandorden und die blaue Schleife, die das schnellste Pferd eines Derbys erhält, kam man später auf die Bez. »B. B.«. Als letztes großes Passagierschiff errang 1952 die »United States« (USA) die begehrte Auszeichnung durch eine Überquerung in 3 Tagen, 10 Stunden und 40 Minuten.
J. Brennecke: Gesch. der Schiffahrt (1981).
2) Pferdesport: aus dem Englischen (»Blue ribbon«) übernommene Bez. für die Siegestrophäe (Kranz mit blauer Schleife) in Derby.

Aus Meyers Konversationslexikon
zum Stichwort Blaues Band
(5. Auflage 1895 u. 6. Auflage 1903)
Blaues Band: Bezeichnung des schwed. Seraphimenordens; früher auch des russischen Andreasordens und des ehemaligen französischen Heiligen Geist-Ordens. S. die betreffenden Artikel

(7. Auflage 1925)
Blaues Band: Bezeichnung des schwed. Seraphimenordens (s. d.), auch des Andreasordens (s. d.) des ehem. russ. Kaiserreiches (s. d.) und des Heiligengeist-Ordens (s. d.) des ehem. franz. Königreiches. Vom hellblauen Ordensbande (Blue Ribbon/engl., spr. blue = rib'n) des englischen Hosenbandordens (s. d.) stammt der Ausdruck B. B.: höchste Auszeichnung, erster Preis, z. B. bei Wettrennen usw. - Blaues Band des Ozeans, sinnbildliches Zeichen für die schnellste Dampferfahrt über den Nordatlantischen Ozean.

(8. Auflage 1936)
Blaues Band, der schwed. Seraphinenorden, auch der russ. Andreasorden und der frz. Heilige-Geist-Orden. Vom hellblauen Ordensband des Hosenbandordens stammt der Ausdruck B. B. als höchste (sinnbildliche) Auszeichnung, erster Preis, bes. für die schnellste Dampferfahrt über den Nordatlantischen Ozean.

(Meyers Neues Lexikon von 1961, Leipzig - 8 Bde.)
Blaues Band: als B. B. des Ozeans symbolische Auszeichnung für dasjenige Fahrgastschiff, das den Nordatlantik zwischen Amerika (Ambrose-Leuchtfeuer vor New York) und Europa (Bishop's Rock auf den Scilly-Inseln) in kürzester Zeit überquert. Im Besitz des B. B. waren bisher u. a. die »Mauretania« (Großbritannien), die »Bremen« (Deutschland) und die »Europa« (Deutschland); z. Z. (1959) besitzt es die »United States« (USA; mit 35,6 kn Reisegeschwindigkeit). - Das B. B. hat seinen Ursprung im hellblauen Band des englischen Hosenbandordens; es dient auch als Auszeichnung für den Sieg in bedeutenden sportlichen Wettbewerben, z. B. für den Derbysieg im Pferdesport.

(Meyers Neues Lexikon, 2. Auflage 1972 - 18 Bde.)
Blaues Band: symbolische Auszeichnung für die schnellste Überquerung des Nordatlantiks zwischen Amerika (Ambrose-Leuchtfeuer vor New York) und Europa (Bishop's Rock auf den Scilly-Inseln) durch Fahrgastschiffe. Das B. B. war letztmalig von 1952 bis zur Außerdienst-

stellung im Besitz der amerikanischen »United States« (36 kn), hat aber auf Grund des umfangreichen transatlantischen Flugverkehrs heute keine Bedeutung mehr.

(BI-Universallexikon, 1. Auflage in 5 Bd. - Leipzig, 1985)
Blaues Band: urspr. symbol. Auszeichnung, ab 1875 seidener blauer Wimpel, seit 1935 Pokal für die schnellste Überquerung des Nordatlantiks zw. Europa (Bishop's Rock auf den brit. Scilly-Inseln) und Nordamerika (Ambrose-Leuchtfeuer vor New York).

(BI-Taschenlexikon Schiffbau, Schiffahrt, 2. Aufl. - Leipzig, 1982)
Blaues Band: als Träger des B. B. bezeichnete man, entsprechend den Besitzern der am hellblauen Band getragenen höchsten britischen Auszeichnung, des Hosenbandordens, dasjenige Fahrgastschiff, das auf der N-Atlantikstrecke zwischen Amerika (Ambrose-Leuchtfeuer vor New York) und Europa (Bishop's Rock auf den britischen Scilly-Inseln) jeweils das schnellste war. Im Besitz des B. B., das zunächst nur eine symbolische Auszeichnung war, ab 1875 in Form eines seidenen blauen Wimpels im Topp des Vormastes geführt wurde und nach 1935 in Form eines Pokals, der »North Atlantic Blue Riband Challenge Trophy«, verliehen wurden, waren u.a. ...

Die Rekordbrecher auf dem Nordatlantik [nach 3 und 19]

Name	Reederei	Erstmals »Blaues Band« Westkurs	Ostkurs	Rekord (kn) Westkurs	Ostkurs	Maschinenleistung	Größe (BRT)
»Sirius«	B & A	April 1838	Mai 1838	8,03	7,31	320 PSi	703
»Great Western«	GW	April 1838	Mai 1838	8,66	9,14	750 PSi	1320
»Britannia«	Cunard	–	Aug. 1840	–	10,98	750 PSi	1135
»Columbia«	Cunard	Juni 1841	April 1843	9,78	11,11	750 PSi	1175
»Hibernia«	Cunard	–	Mai 1843	–	11,18	1040 PSi	1422
»Cambria«	Cunard	Juli 1845	–	10,71	–	1040 PSi	1423
»America«	Cunard	Juni 1848	–	11,71	–	2000 PSi	1826
»Europa«	Cunard	Okt. 1848	–	11,79	–	2000 PSi	1834
»Canada«	Cunard	–	Juli 1849	–	12,38	2000 PSi	1831
»Asia«	Cunard	Mai 1850	–	12,25	–	2400 PSi	2226
»Pacific«	Collins	Sept. 1850	Mai 1851	12,46	13,03	< 3000 PSi	2707
»Baltic«	Collins	Aug. 1851	–	12,91	–	< 3000 PSi	2123
»Arctic«	Collins	–	Febr. 1852	–	13,06	< 3000 PSi	2856
»Persia«	Cunard	April 1856	April 1856	13,11	13,46	4000 PSi	3300
»Scotia«	Cunard	Juli 1863	Dez. 1863	14,46	14,16	4700 PSi	3871
»City of Brussels«	Inman	–	Dez. 1869	–	14,74	≈ 3000 PSi	3081
»Adriatic«	W. Star	Mai 1872	–	14,53	–	> 3000 PSi	3888
»Baltic«	W. Star	–	Jan. 1873	–	15,09	> 3000 PSi	3707
»Germanic«	W. Star	Juli/Aug. 1875	–	14,65	–	5400 PSi	5008
»City of Berlin«	Inman	Sept. 1875	Okt. 1875	15,21	15,37	5200 PSi	5491
»Germanic«	W. Star	–	Febr. 1876	–	15,79	5400 PSi	5008
»Britannic«	W. Star	Okt./Nov. 1876	Dez. 1876	15,43	15,94	5400 PSi	5004
»Arizona«	Guion	–	Juli 1879	–	15,96	6400 PSi	5147
»Alaska«	Guion	April 1882	Mai/Juni 1882	16,07	16,81	11000 PSi	6932
»Oregon«	Guion	April 1884	März/April 1884	18,56	17,12	12500 PSi	7375
»America«*	National	Mai 1884	Juni 1884	17,60	17,78	≈ 8000 PSi	5528
»Oregon«	Cunard	–	Juli/Aug. 1884	–	18,18	12500 PSi	7375
»Etruria«	Cunard	Aug. 1885	Aug. 1885	18,73	18,44	14500 PSi	7718
»Umbria«	Cunard	Mai/Juni 1887	–	19,22	–	14500 PSi	7718
»City of Paris«	I & I	Mai 1989	Mai 1889	19,95	20,03	20000 PSi	10449
»Majestic«	W. Star	Juli/Aug. 1891	–	20,10	–	17500 PSi	9965
»Teutonic«	W. Star	Aug. 1891	–	20,35	–	17500 PSi	9984
»City of New York«	I & I	–	Aug. 1892	–	20,11	20000 PSi	10499
»Campania«	Cunard	Juni 1893	Mai 1893	21,12	21,30	30000 PSi	12950
»Lucania«	Cunard	Aug. 1894	Mai 1894	21,65	21,81	30000 PSi	12952
»Kaiser Wilhelm der Große«	NDL	März/April 1898	Nov. 1897	22,29	22,33	31000 PSi	14349
»Deutschland«	Hapag	Juli 1900	Juli 1900	22,42	22,84	37800 PSi	16502
»Kronprinz Wilhelm«	NDL	Sept. 1902	–	23,09	–	36000 PSi	14908
»Kaiser Wilhelm II.«	NDL	–	Juni 1904	–	23,58	44500 PSi	19361
»Lusitania«	Cunard	Okt. 1907	Okt. 1907	23,99	23,61	76000 PSw	31550
»Mauretania«	Cunard	Sept. 1909	Nov./Dez. 1907	26,06	23,69	78000 PSw	31938
»Bremen«	NDL	Juli 1929	Juli 1929	27,83	27,91	130000 PSw	51656
»Europa«	NDL	März 1930	–	27,91	–	136400 PSw	49746
»Rex«	Italia	Aug. 1933	–	28,92	–	142000 PSw	51062
»Normandie«	CGT	Mai/Juni 1935	Juni 1935	29,98	30,31	165000 PSw	79280
»Queen Mary«	C-WS	Aug. 1936	Aug. 1936	30,14	30,63	200000 PSw	80774
»United States«	USL	Juli 1952	Juli 1952	34,51	35,59	240000 PSW	53329

Die Psi-Werte bei Schiffen mit weniger als 10000 BRT wurden verschiedenen Quellen entnommen.
* Vom Verfasser als »rekordverdächtiges« Schiff eingefügt.

Geschwindigkeitsrekorde auf West- und auf Ostkurs [nach 3, S. 1872–1882]

Datum		Dampfer	Linie	Flagge	Von	Nach	sm	d:h:min	kn
1838	(4. 4.–22. 4.)	»Sirius«	B & A	GB	Cork	Sandy Hook	3583	18:14:22	08,03
1838	(8. 4.–23. 4.)	»Great Western«	GW	GB	Avonmouth	Yew York	3220	15:12:00	08,66
1838	(2. 6.–17. 6.)	»Great Western«	GW	GB	Avonmouth	New York	3140	14:16:00	08,92
1839	(18. 5.–31. 5.)	»Great Western«	GW	GB	Avonmouth	New York	3086	13:12:00	09,52
1841	(4. 6.–15. 6.)	»Columbia«	Cunard	GB	Liverpool	Halifax	(2534)	10:19:00	(09,78)
1843	(29. 4.–11. 5.)	»Great Western«	GW	GB	Liverpool	New York	3068	12:18:00	10,03
1845	(19. 7.–29. 7.)	»Cambria«	Cunard	GB	Liverpool	Halifax	(2534)	09:20:30	(10,71)
1848	(3. 6.–12. 6.)	»America«	Cunard	GB	Liverpool	Halifax	(2534)	09:00:16	(11,71)
1848	(14. 10.–23. 10.)	»Europa«	Cunard	GB	Liverpool	Halifax	(2534)	08:23:00	(11,79)
1850	(18. 5.–27. 5.)	»Asia«	Cunard	GB	Liverpool	Halifax	(2534)	08:14:50	(12,25)
1850	(11. 9.–21. 9.)	»Pacific«	Collins	US	Liverpool	New York	(3050)	10:04:45	(12,46)
1851	(6. 8.–16. 8.)	»Baltic«	Collins	US	Liverpool	New York	3039	09:19:26	12,91
1854	(28. 6.–7. 7.)	»Baltic«	Collins	US	Liverpool	New York	3037	09:16:52	13,04
1856	(19. 4.–29. 4.)	»Persia«	Cunard	GB	Liverpool	Sandy Hook	(3045)	09:16:16	(13,11)
1863	(19. 7.–27. 7.)	»Scotia«	Cunard	GB	Queenstown	New York	(2820)	08:03:00	(14,46)
1872	(17. 5.–25. 5.)	»Adriatic«	W. Star	GB	Queenstown	Sandy Hook	2778	07:23:17	14,53
1875	(30. 7.–7. 8.)	»Germanic«	W. Star	GB	Queenstown	Sandy Hook	2800	07:23:07	14,65
1875	(17. 9.–25. 9.)	»City of Berlin«	Inman	GB	Queenstown	Sandy Hook	2829	07:18:02	15,21
1876	(27. 10.–4. 11.)	»Britannic«	W. Star	GB	Queenstown	Sandy Hook	2795	07:13:11	15,43
1877	(6. 4.–13. 4.)	»Germanic«	W. Star	GB	Queenstown	Sandy Hook	2830	07:11:37	15,76
1882	(9. 4.–16. 4.)	»Alaska«	Guion	GB	Queenstown	Sandy Hook	2802	07:06:20	16,07
1882	(14. 5.–21. 5.)	»Alaska«	Guion	GB	Queenstown	Sandy Hook	2871	07:04:12	16,67
1882	(18. 6.–25. 6.)	»Alaska«	Guion	GB	Queenstown	Sandy Hook	2886	07:01:58	16,98
1883	(29. 4.–6. 5.)	»Alaska«	Guion	GB	Queenstown	Sandy Hook	2844	06:23:48	17,05
1884	(13. 4.–19. 4.)	»Oregon«	Guion	GB	Queenstown	Sandy Hook	2861	06:10:10	18,56
1884	(Mai)	»America«	National	GB	Queenstown	New York	2805	06:15:22	17,60*
1885	(16. 8.–22. 8.)	»Etruria«	Cunard	GB	Queenstown	Sandy Hook	2801	06:05:31	18,73
1887	(29. 5.–4. 6.)	»Umbria«	Cunard	GB	Queenstown	Sandy Hook	2848	06:04:12	19,22
1888	(27. 5.–2. 6.)	»Etruria«	Cunard	GB	Queenstown	Sandy Hook	2854	06:01:55	19,56
1889	(2. 5.–8. 5.)	»City of Paris«	I & I	GB	Queenstown	Sandy Hook	2855	05:23:07	19,95
1889	(22. 8.–28. 8.)	»City of Paris«	I & I	GB	Queenstown	Sandy Hook	2788	05:19:18	20.01
1891	(30. 7.–5. 8.)	»Majestic«	W. Star	GB	Queenstown	Sandy Hook	2777	05:18:08	20,10
1891	(13. 8.–19. 8.)	»Teutonic«	W. Star	GB	Queenstown	Sandy Hook	2778	05:16:31	20,35
1892	(20. 7.–27. 7.)	»City of Paris«	I & I	GB	Queenstown	Sandy Hook	2785	05:15:58	20,48
1892	(13. 10.–18. 10.)	»City of Paris«	I & I	GB	Queenstown	Sandy Hook	2782	05:14:24	20,70
1893	(18. 6.–23. 6.)	»Campania«	Cunard	GB	Queenstown	Sandy Hook	2864	05:15:37	21,12
1894	(12. 8.–17. 8.)	»Campania«	Cunard	GB	Queenstown	Sandy Hook	2776	05:09:29	21,44
1894	(26. 8.–31. 8.)	»Lucania«	Cunard	GB	Queenstown	Sandy Hook	2787	05:08:38	21,65
1894	(23. 9.–28. 9.)	»Lucania«	Cunard	GB	Queenstown	Sandy Hook	2782	05:07:48	21,75
1894	(21. 10.–26. 10.)	»Lucania«	Cunard	GB	Queenstown	Sandy Hook	2779	05:07:23	21,81
1898	(30. 3.–5. 4.)	»Kaiser Wilhelm d. Gr.«	NDL	D	Needles	Sandy Hook	3120	05:20:00	22,29
1900	(6. 7.–12. 7.)	»Deutschland«	Hapag	D	Eddystone	Sandy Hook	3044	05:15:46	22,42
1900	(26. 8.–1. 9.)	»Deutschland«	Hapag	D	Cherbourg	Sandy Hook	3050	05:12:29	23,02
1901	(26. 7.–1. 8.)	»Deutschland«	Hapag	D	Cherbourg	Sandy Hook	3141	05:16:12	23,06
1902	(10. 9.–16. 9.)	»Kronprinz Wilhelm«	NDL	D	Cherbourg	Sandy Hook	3047	05:11:57	23,09
1903	(2. 9.–8. 9.)	»Deutschland«	Hapag	D	Cherbourg	Sandy Hook	3054	05:11:54	23,15
1907	(6. 10.–10. 10.)	»Lusitania«	Cunard	GB	Queenstown	Sandy Hook	2780	04:19:52	23,99
1908	(17. 5.–21. 5.)	»Lusitania«	Cunard	GB	Queenstown	Sandy Hook	2889	04:20:22	24,83
1908	(5. 7.–10. 7.)	»Lusitania«	Cunard	GB	Queenstown	Sandy Hook	2891	04:19:36	25,01
1909	(8. 8.–12. 8.)	»Lusitania«	Cunard	GB	Queenstown	Ambrose	2890	04:16:40	25,65
1909	(26. 9.–30. 9.)	»Mauretania«	Cunard	GB	Queenstown	Ambrose	2784	04:10:51	26,06
1929	(17. 7.–22. 7.)	»Bremen«	NDL	D	Cherbourg	Ambrose	3164	04:17:42	27,83
1930	(20. 3.–25. 3.)	»Europa«	NDL	D	Cherbourg	Ambrose	3157	04:17:06	27,91
1933	(27. 6.–2. 7.)	»Europa«	NDL	D	Cherbourg	Ambrose	3149	04:16:48	27,92
1933	(11. 8.–16. 8.)	»Rex«	Italia	I	Gibraltar	Ambrose	3181	04:13:58	28,92
1935	(30. 5.–3. 6.)	»Normandie«	CGT	F	Bishop Rock	Ambrose	2971	04:03:02	29,98
1936	(20. 8.–24. 8.)	»Queen Mary«	C-WS	GB	Bishop Rock	Ambrose	2907	04:00:27	30,14
1937	(29. 7.–2. 8.)	»Normandie«	CGT	F	Bishop Rock	Ambrose	2906	03:23:02	30,58
1938	(4. 8.–8. 8.)	»Queen Mary«	C-WS	GB	Bishop Rock	Ambrose	2907	03:21:48	30,99
1952	(11. 7.–15. 7.)	»United States«	USL	US	Bishop Rock	Ambrose	2906	03:12:12	34,51
1838	(1. 5–19. 5.)	»Sirius«	B & A	GB	New York	Falmouth	(3159)	(18:00:00)	(07,31)
1838	(7. 5.–22. 5.)	»Great Western«	GW	GB	New York	Avonmouth	3218	14:15:59	9,14
1838	(25. 6.–8. 7.)	»Great Western«	GW	GB	New York	Avonmouth	3099	12:16:34	10,17
1840	(4. 8.–14. 8.)	»Britannia«	Cunard	GB	Halifax	Liverpool	(2610)	09:21:44	(10,98)
1842	(28. 4–11. 5.)	»Great Western«	GW	GB	New York	Liverpool	3248	12:07:30	10,99
1843	(4. 4.–14. 4.)	»Columbia«	Cunard	GB	Halifax	Liverpool	(2534)	09:12:00	(11,11)
1843	(18. 5–27. 5.)	»Hibernia«	Cunard	GB	Halifax	Liverpool	(2534)	09:10:44	(11,18)
1843	(18. 7.–27. 7)	»Hibernia«	Cunard	GB	Halifax	Liverpool	(2534)	08:22:44	(11,80)
1849	(19. 7.–28. 7.)	»Canada«	Cunard	GB	Halifax	Liverpool	(2534)	08:12:44	(12,38)

siehe nächste Seite

Geschwindigkeitsrekorde auf West- und auf Ostkurs [nach 3, S. 1872–1882]

Datum		Dampfer	Linie	Flagge	Von	Nach	sm	d:h:min	kn
1851	(10. 5.–20. 5.)	»Pacific«	Collins	US	New York	Liverpool	(3078)	09:20:14	(13,03)
1852	(7. 2.–17. 2.)	»Arctic«	Collins	US	New York	Liverpool	3051	09:17:15	13,06
1856	(2. 4.–12. 4.)	»Persia«	Cunard	GB	Sandy Hook	Liverpool	(3048)	09:10:22	(13,46)
1856	(14. 5.–23. 5.)	»Persia«	Cunard	GB	Sandy Hook	Liverpool	(3048)	09:03:24	(13,89)
1856	(6. 8.–15. 8.)	»Persia«	Cunard	GB	Sandy Hook	Liverpool	(3046)	08:23:19	(14,15)
1863	(16. 12.–24. 12.)	»Scotia«	Cunard	GB	New York	Queenstown	(2800)	08:05:42	(14,16)
1869	(4. 12.–12. 12.)	»City of Brussels«	Inman	GB	Sandy Hook	Queenstown	(2780)	07:20:33	(14,74)
1873	(11. 1.–19. 1.)	»Baltic«	W. Star	GB	Sandy Hook	Queenstown	2840	07:20:09	15,09
1875	(2. 10.–10. 10.)	»City of Berlin«	Inman	GB	Sandy Hook	Queenstown	2820	07:15:28	15,37
1876	(5. 2.–13. 2.)	»Germanic«	W. Star	GB	Sandy Hook	Queenstown	2894	07:15:17	15,79
1876	(16. 12.–24. 12.)	»Britannic«	W. Star	GB	Sandy Hook	Queenstown	2882	07:12:41	15,94
1879	(22. 7.–29. 7.)	»Arizona«	Guion	GB	Sandy Hook	Queenstown	2810	07:08:11	15,96
1882	(30. 5.–6. 6.)	»Alaska«	Guion	GB	Sandy Hook	Queenstown	(2791)	06:22:00	(16,81)
1882	(12. 9.–19. 9.)	»Alaska«	Guion	GB	Sandy Hook	Queenstown	2781	06:18:37	17,10
1884	(29. 3.–5. 4.)	»Oregon«	Guion	GB	Sandy Hook	Queenstown	2916	07:02:18	17,12
1884	(26. 4.–3. 5.)	»Oregon«	Guion	GB	Sandy Hook	Queenstown	2911	06:16:57	18,09
1884	(Juni)	»America«	National	GB	New York	Queenstown	2815	06:14:18	17,80*
1884	(30. 7.–6. 8.)	»Oregon«	Cunard	GB	Sandy Hook	Queenstown	2853	06:12:54	18,18
1884	(3. 9.–10. 9.)	»Oregon«	Cunard	GB	Sandy Hook	Queenstown	2853	06:11:09	18,39
1885	(1. 8.–7. 8.)	»Etruria«	Cunard	GB	Sandy Hook	Queenstown	2822	06:09:00	18,44
1888	(7. 7.–14. 7.)	»Etruria«	Cunard	GB	Sandy Hook	Queenstown	2881	06:04:50	19,36
1889	(15. 5.–22. 5.)	»City of Paris«	I & I	GB	Sandy Hook	Queenstown	2894	06:00:29	20,03
1892	(17. 8.–23. 8.)	»City of New York«	I & I	GB	Sandy Hook	Queenstown	2814	05:19:57	20,11
1893	(6. 5.–12. 5.)	»Campania«	Cunard	GB	Sandy Hook	Queenstown	2928	05:17:27	21,30
1894	(6. 5.–12. 5.)	»Lucania«	Cunard	GB	Sandy Hook	Queenstown	2911	05:13:28	21,81
1894	(2. 6.–8. 6.)	»Lucania«	Cunard	GB	Sandy Hook	Queenstown	2911	05:12:59	21,90
1895	(18. 5.–24. 5.)	»Lucania«	Cunard	GB	Sandy Hook	Queenstown	2897	05:11:40	22,00
1897	(23. 11.–29. 11.)	»Kaiser Wilhelm d. Gr.«	NDL	D	Sandy Hook	Needles	3065	05:17:23	22,33
1900	(18. 7.–24. 7.)	»Deutschland«	Hapag	D	Sandy Hook	Eddystone	3085	05:15:05	22,84
1900	(4. 9.–10. 9.)	»Deutschland«	Hapag	D	Sandy Hook	Eddystone	2981	05:07:38	23,36
1901	(13. 6.–19. 6.)	»Deutschland«	Hapag	D	Sandy Hook	Eddystone	3083	05:11:51	23,38
1901	(10. 7.–17. 7.)	»Deutschland«	Hapag	D	Sandy Hook	Eddystone	3082	05:11:05	23,51
1904	(14. 6.–20. 6.)	»Kaiser Wilhelm II.«	NDL	D	Sandy Hook	Eddystone	3112	05:11:58	23,58
1907	(19. 10.–24. 10.)	»Lusitania«	Cunard	GB	Sandy Hook	Queenstown	2807	04:22:53	23,61
1907	(30. 11.–5. 12)	»Mauretania«	Cunard	GB	Sandy Hook	Queenstown	2807	04:22:33	23,69
1908	(25. 1.–30. 1.)	»Mauretania«	Cunard	GB	Sandy Hook	Queenstown	2932	05:02:41	23,90
1908	(7. 3.–12. 3.)	»Mauretania«	Cunard	GB	Sandy Hook	Queenstown	2932	05:00:05	24,42
1909	(3. 2.–8. 2.)	»Mauretania«	Cunard	GB	Ambrose	Queenstown	2930	04:20:27	25,16
1909	(17. 3.–22. 3.)	»Mauretania«	Cunard	GB	Ambrose	Queenstown	2934	04:18:35	25,61
1909	(5. 5.–10. 5.)	»Mauretania«	Cunard	GB	Ambrose	Queenstown	2934	04:18:11	25,70
1909	(16. 6.–21. 6.)	»Mauretania«	Cunard	GB	Ambrose	Queenstown	2933	04:17:21	25,88
1924	(20. 8.–25. 8.)	»Mauretania«	Cunard	GB	Ambrose	Cherbourg	3198	05:01:49	26,25
1929	(27. 7.–1. 8.)	»Bremen«	NDL	D	Ambrose	Eddystone	3084	04:14:30	27,91
1933	(10. 6.–15. 6.)	»Bremen«	NDL	D	Ambrose	Cherbourg	3199	04:16:15	28,51
1935	(7. 6.–11. 6.)	»Normandie«	CGT	F	Ambrose	Bishop Rock	3015	04:03:25	30,31
1936	(26. 8.–30. 8.)	»Queen Mary«	C-WS	GB	Ambrose	Bishop Rock	2939	03:23:57	30,63
1937	(18. 3.–22. 3.)	»Normandie«	CGT	F	Ambrose	Bishop Rock	2967	04:00:06	30,99
1937	(4. 8.–8. 8.)	»Normandie«	CGT	F	Ambrose	Bishop Rock	2936	03:22:07	31,20
1938	(10. 8.–14. 8.)	»Queen Mary«	C-WS	GB	Ambrose	Bishop Rock	2938	03:20:42	31,69
1952	(3. 7.–7. 7.)	»United States«	USL	US	Ambrose	Bishop Rock	2942	03:10:40	35,59

(...) und kn von Bonsor berechnet; * Vom Verfasser als »rekordverdächtiges« Schiff eingefügt.

Schreiben der Königlich Preußischen Gesandtschaft

in Mecklenburg und den Hansestädten (die Gesandtschaft fungierte als offizieller Vertreter des Deutschen Reiches in diesen Bundesstaaten, d. Verf.) an den Minister der Auswärtigen Angelegenheiten, Fürst zu Hohenlohe-Schillingfürst.

»Hamburg, 18. April 1898

Über den Verkauf der Schnelldampfer »Normannia« und »Columbia« an die Compania Transatlantica Expañola hat mir der Direktor der Hamburg-Amerika-Linie, Herr Ballin, folgende Erklärung gegeben:

Der Verkauf sei erfolgt, weil die Schiffe veraltet gewesen seien und die Gesellschaft stets bestrebt sei, neues Material zu besitzen. Der dafür erzielte Preis von 10½ Millionen Mark - nicht 12 Millionen, wie ich seinerzeit irrtümlich berichtet hatte - betrage 3½ Millionen über den gegenwärtigen mit 7 Millionen verzeichneten Buchwert der Schiffe, stelle also eine derartige günstige Sanierung der Gesellschaft dar, wie sie nur selten vorkomme. (dazu Randvermerk vom Kaiser: gratulieren, d. Verf.)

Durch dieses glänzende Geschäft sei die Gesellschaft in die Lage versetzt, mit dem »Vulkan« behufs Baues eines neuen Schnelldampfers (spätere »Deutschland«, d. Verf.), welcher 10 Millionen Mark kosten solle, in Unterhandlungen zu treten. Dieser neue Damp-

fer, bei welchem die Wünsche des Reichsmarineamtes in weitgehender Weise berücksichtigt werden sollen, würde den Erfordernissen eines Kreuzers der freiwilligen Flotte weit mehr entsprechen, als die »Normannia« und »Columbia« es getan hätten. Er solle im nächsten Jahre fertiggestellt werden und den Ersatz für einen der beiden verkauften Dampfer bilden. Im nächsten Jahr beabsichtige die Gesellschaft dann einen zweiten ähnlichen Schnelldampfer zu bestellen. Auf meine Frage, was an den Zeitungsnachrichten Wahres sei, daß der amerikanische Marineattaché in Berlin mit der Gesellschaft behufs Ankauf des »Fürst Bismarck« in Verhandlungen stände, erwiderte mir Herr Ballin, daß die Gesellschaft seinerzeit die drei Dampfer »Normannia«, »Columbia« und »Fürst Bismarck« in Amerika zum Verkauf angeboten habe. Nachdem jedoch die beiden ersteren Dampfer nach Spanien verkauft worden seien, habe die Gesellschaft die Verhandlungen wegen des »Fürst Bismarck« abgebrochen, da es ihr nicht anständig erschiene, unter den gegenwärtigen Umständen gleichzeitig Schiffe an die beiden oben erwähnten Staaten zu verkaufen.(Beide befanden sich im Krieg gegeneinander, d. Verf.). Im Prinzip würde sie (die HAL, d. Verf.) auch den »Fürst Bismarck« und selbst die »Auguste Victoria«, wenn diese nicht den Namen Ihrer Majestät der Kaiserin trüge, gern verkaufen.«
(Allerhöchster Randvermerk:»Das soll sie nur ruhig tun. Ich habe nichts dagegen, die Interessen der H.A.P.A.G. gehen vor! Der Name kann ja beim Verkauf geändert werden und Bilder und Erinnerungen vorher entfernt werden.«)

Zu diesen Randbemerkungen des Kaisers die Weisung des Auswärtigen Amtes als Randbemerkung auf Blatt 1:

»S.(eine) M.(ajestät) haben befohlen, daß der königliche Geschäftsträger zu Hamburg telegraphisch von dem Allerhöchsten Randvermerk in Kenntnis gesetzt werde, um den Direktor Ballin baldigst eine entsprechende Mitteilung zu machen, damit eine etwaige Verkaufschance nicht vorübergehe.«

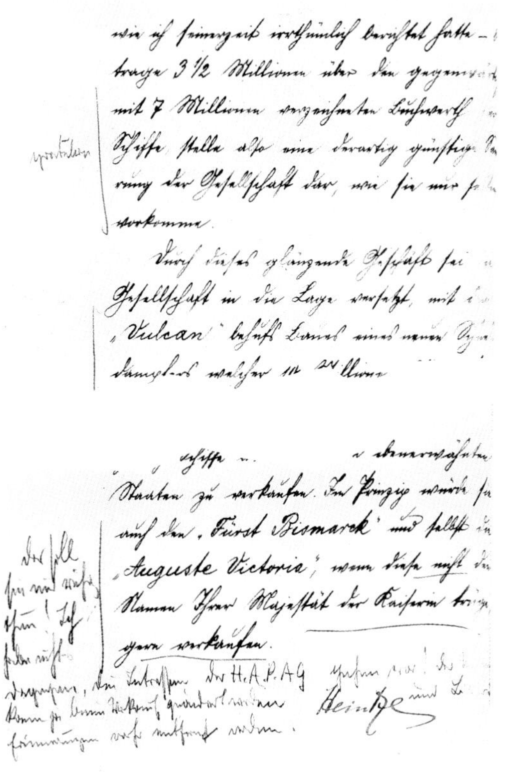

Zu diesem Briefwechsel nachfolgend die Stellungnahme des Oberkommandos der Marine an das Auswärtige Amt vom 26. April 1898 im Zusammenhang mit dem Verkauf von zwei Schnelldampfern der Hamburg-Amerika-Linie:

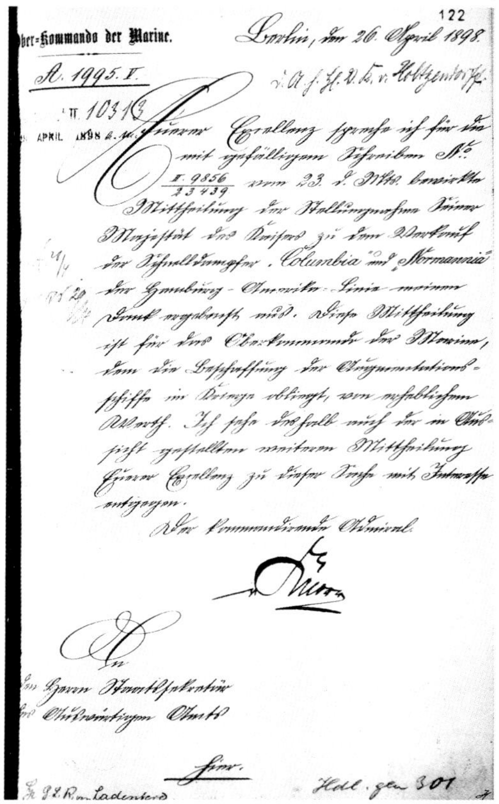

»Euerer Exzellenz spreche ich für die mit gefälligem Schreiben Nr. $\frac{\text{II. 9856}}{\text{23439}}$ vom 23. des Monats bewirkte Mitteilung der Stellungnahme Seiner Majestät zu dem Verkauf der Schnelldampfer »Columbia« und »Normannia« der Hamburg-Amerika-Linie meinen ergebensten Dank aus. Diese Mitteilung ist für das Oberkommando der Marine, dem die Beschaffung der Augmentationsschiffe (Zusatzschiffe, d. Verf.) im Krieg obliegt, von erheblichem Wert. Ich sehe deshalb auch der in Aussicht gestellten weiteren Mitteilung Euerer Exzellenz zu dieser Sache mit Interesse entgegen.

Der kommandierende Admiral
v. Knorr«

(ZStA Potsdam 09.01 AA)

Kaiserlich Deutsches Generalkonsulat.

New York, den 14. Oktober 1907

Aufzeichnung über den Ratenkrieg der transatlantischen Dampfergesellschaften

Das diesjährige Passagiergeschäft im transatlantischen Verkehr in den nunmehr abgelaufenen 9 Monaten des mit dem Kalenderjahr zusammenfallenden Geschäftsjahres ist für die großen Dampfergesellschaften ein außerordentlich günstiges gewesen. Mehr als 1700000 Personen haben seit dem 1. Januar d. J. den Ozean gekreuzt. Diese Zahl bedeutet eine Zunahme gegenüber dem Jahre 1906 von 9594 Passagieren der I. Kajüte, 41860 Passagieren der II. Kajüte und von 210353 Passagieren des Zwischendecks. Da der Rest des Jahres erfahrungsgemäß das Gesamtergebnis nicht mehr beeinflußt, so kann jetzt bereits mit Sicherheit vorausgesagt werden, daß die Erträgnisse des Passagiergeschäfts eine bestimmende Rolle in der diesjährigen Schlußrechnung der großen Gesellschaften spielen werden, zumal das Frachtgeschäft im Vergleich mit dem Vorjahre als schwach zu bezeichnen ist.

Diese außerordentlich günstigen, für jede der Linien reichen Gewinn bedingenden Verhältnisse haben vermocht, daß die seit dem Frühjahres wahrnehmbare Kampfstimmung unter ihnen während des Sommers in kein akutes Stadium getreten ist, daß selbst Maßnahmen, die ein Abgehen von den nach stillschweigender Übereinkunft im Konkurrenzkampf bisher beobachteten Gebräuchen bedeuten, wenn auch nicht unbeachtet, so doch seitens der davon betroffenen Gegner ohne Erwiderung geblieben sind. Das Interesse an der Ausnützung der Hochkonjunktur ließ eben alle anderen Fragen für eine Weile in den Hintergrund treten. Das ist anders geworden mit dem Eintritt der stillen Zeit im Passagiergeschäft. Die Passagen für die Westfahrt sind in der Hauptsache bereits belegt und für die Ostfahrt war die Saison bereits im September vorüber.

Während die hiesigen Eisenbahngesellschaften längst zu der Überzeugung gelangt sind, daß die gegenseitige Bekämpfung großer

Transportgesellschaften stets ein Fehler in der Geschäftspolitik ist, und sich daher verständigt haben, haben die transatlantischen Dampferlinien sich zu dieser Einsicht noch nicht durchringen, oder wohl richtiger gesagt, bisher die Formel für eine Einigung noch nicht finden können. Die seinerzeit von Morgan geleiteten Bestrebungen, alle transatlantischen Schiffahrtslinien in einen Trust zu vereinigen, sind, wie bekannt, in ihren letzten Zielen gescheitert und haben am Ende nur dazu geführt, daß sich eine Anzahl von Linien unter mehr oder minder straffer Organisation in Gruppen zusammenschloß, die zum Teil auch wieder untereinander in Fühlung traten. Letzte war, wie ich mit Rücksicht auf die späteren Ausführungen erwähnen möchte, namentlich der Fall zwischen der International Mercantile Marine Co. (Morgan Gruppe), der die White Star, Red Star, American und Atlantic Transport Linie sowie die New York und Leyland Linien angehören auf der einen und der Hamburg Amerika Linie und dem Norddeutschen Lloyd auf der anderen Seite.*

Unter denjenigen Gesellschaften, die ihre Selbstständigkeit bewahrt haben, ist, was Bedeutung anbetrifft, in erster Reihe die Cunardlinie zu nennen, die bisher mit bemerkenswerter Entschiedenheit es abgelehnt hat, sich nach irgend einer Richtung in belangreicher Weise zu binden. Über die Höhe der Raten hatten lediglich die Hamburg Amerika Linie, der Lloyd, die Holland Amerika Linie, die Red Star Linie und die Österreichischen Linien übereinstimmende Anschauungen erklärt.

Diese unter dem Namen der Nordatlantischen Konferenz bekannte Verständigung war jedoch trotz ihrer unverbindlichen Form deshalb von größerer Tragweite, weil auch die übrigen Linien sich stillschweigend an ihre Sätze hielten. Vor einigen Monaten nun wurde diese Entente, denn als etwas anderes kann das Verhältnis der Schiffahrtsgesellschaften zu einander in Bezug auf die Ratenbemessung nicht bezeichnet werden, durch das Zusammengeraten der in der Translatischen Konferenz vereinigten Gesellschaften mit den beiden Russischen Linien gestört. Die Differenzen betrafen das Zwischendeck, den für die Finanzen der Gesellschaften wichtigsten Faktor im Passagiergeschäft. Die Rolle, die das Zwischendeck spielt, wird ohne weiteres ersichtlich, wenn man sich vergegenwärtigt, daß in der laufenden Saison mehr als 1350000 Zwischendeckspassagiere befördert sind und, daß die Dampfergesellschaften im Normalfalle auf einen Verdienst von ungefähr $ 10 bei jedem Zwischendeckspassagier rechnen können.

Die beiden russischen Gesellschaften, nämlich die Ostasiatische Dampfschiffahrtsgesellschaft und die Freiwilligen Flotte, die einen regelmäßigen Dampferverkehr zwischen Libau, Rotterdam und New York unterhalten, gehörten nicht zu der in der Nordatlantischen Konferenz geeinigten Gruppe. Die Verhandlung über ihren Eintritt sind daran gescheitert, daß die Russen mit ihren 5 Schiffen beitreten wollten, während die vereinigten Linien ihnen den Betrieb von nur zwei Schiffen zuzugestehen gewillt waren. Die notwendige Folge des Ausbleibens einer Verständigung war naturgemäß eine Verschärfung der Konkurrenz die den anderen Linien immerhin fühlbar war, zumal die Russen Passagiere, namentlich Juden,

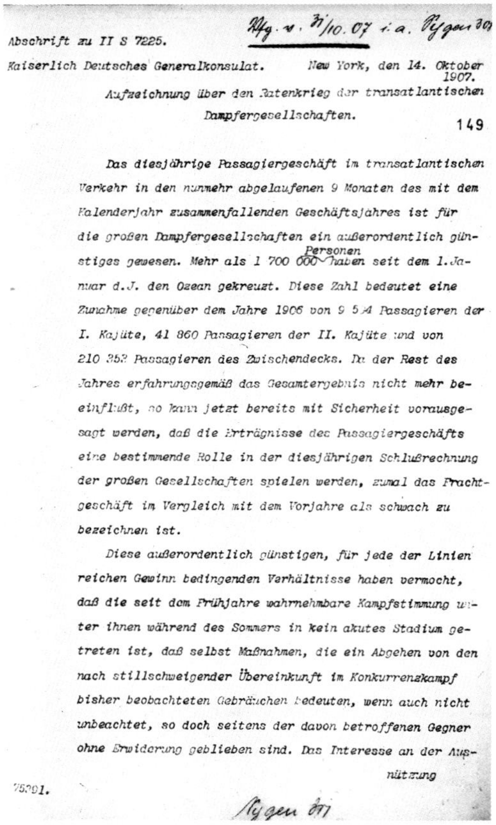
Abschrift zu II S 7225.

Kaiserlich Deutsches Generalkonsulat. New York, den 14. Oktober 1907.

Aufzeichnung über den Ratenkrieg der transatlantischen Dampfergesellschaften.

149

Das diesjährige Passagiergeschäft im transatlantischen Verkehr in den nunmehr abgelaufenen 9 Monaten des mit dem Kalenderjahr zusammenfallenden Geschäftsjahres ist für die großen Dampfergesellschaften ein außerordentlich günstiges gewesen. Mehr als 1 700 000 Personen haben seit dem 1. Januar d.J. den Ozean gekreuzt. Diese Zahl bedeutet eine Zunahme gegenüber dem Jahre 1906 von 9 5[illegible]4 Passagieren der I. Kajüte, 41 860 Passagieren der II. Kajüte und von 210 35[illegible] Passagieren des Zwischendecks. Da der Rest des Jahres erfahrungsgemäß das Gesamtergebnis nicht mehr beeinflußt, so kann jetzt bereits mit Sicherheit vorausgesagt werden, daß die Erträgnisse des Passagiergeschäfts eine bestimmende Rolle in der diesjährigen Schlußrechnung der großen Gesellschaften spielen werden, zumal das Frachtgeschäft im Vergleich mit dem Vorjahre als schwach zu bezeichnen ist.

Diese außerordentlich günstigen, für jede der Linien reichen Gewinn bedingenden Verhältnisse haben vermocht, daß die seit dem Frühjahre wahrnehmbare Kampfstimmung unter ihnen während des Sommers in kein akutes Stadium getreten ist, daß selbst Maßnahmen, die ein Abgehen von den nach stillschweigender Übereinkunft im Konkurrenzkampf bisher beobachteten Gebräuchen bedeuten, wenn auch nicht unbeachtet, so doch seitens der davon betroffenen Gegner ohne Erwiderung geblieben sind. Das Interesse an der Aus-

nützung

(ZStA Potsdam 0901 AA)

für die Ostfahrt dadurch anzulocken begannen, daß sie wohlwollendste Handhabung der Passvorschriften und die Verringerung der mit der Landung in russischen Häfen verbundenen Spesen ankündigten, falls die Überfahrt auf ihren Schiffen bewerkstelligt würde. Die vereinigten Linien suchten sich dieser Konkurrenz zunächst dadurch zu entledigen, daß sie ihren Agenten auf dem ganzen Kontinent verboten, Schiffskarten für die russischen Linien zu verkaufen. Diese Maßnahme konnte nur durch Unterbietung des Passagepreises pariert werden, wozu sich die russischen Linien dann auch alsbald entschlossen. Gegenwärtig sind die Zwischendecksraten $ 10–13 niedriger als vorher. Die Russischen Gesellschaften haben erklärt, daß sie in der Herabsetzung der Raten fortfahren würden, bis der Preis für die Überfahrt nur noch $ 12 betragen würde. Außerdem haben sie erklärt, daß sie den Schutz der Gerichte gegen das von den vereinigten Gesellschaften an ihre Agenten erlassene Verbot des Verkaufs russischer Passagebillets anrufen würden. Die Handhabe für das gerichtliche Vorgehen soll ihnen das Shermannsche Antitrustgesetz bieten. Ob die russischen Linien den Kampf lange aushalten werden, muß im Hinblick auf die so überaus ungleichen Kräfte füglich bezweifelt werden. Der Prozentsatz des von ihnen besorgten Verkehrs ist auch so gering, daß ihr Unterliegen nur von unerheblicher Tragweite sein würde. Die Bedeutung des Auftretens der Russischen Linien liegt vielmehr darin, daß durch sie der Stein ins Rollen gebracht worden ist.

Die Befürchtungen, daß der Kampf vom Zwischendeck auf die Kajüten übergreifen und allmählich auf der ganzen Linie entbrennen würde, sind eingetroffen. Reibungsflächen waren genug vorhanden. Die Entente über die Höhe der Passageraten war aus einem rein gegenwärtigen Bedürfnis heraus geboren. Die Verhältnisse, die vor Jahren bestanden, haben sich naturgemäß erheblich verschoben. Die Betriebsmittel sind teilweise sehr erheblich vermehrt worden, der Geschäftskreis hat sich erweitert und neue Schiffstypen sind entstanden. Als der Lloyd die Aera der modernen Schnelldampfer eröffnete, war es selbstverständlich, daß er für diese Schiffe höhere Preise forderte. Hierzu war er sowohl mit Rücksicht auf den vermehrten Luxus, mit dem diese Dampfer ausgestattet waren, als auch wegen der durch die Schnelligkeit bedingten wesentlich höheren Betriebskosten berechtigt. Der Grundsatz, die Preise der Überfahrt nach der Schnelligkeit der Schiffe zu bestimmen, wurde dadurch auch nicht berührt. Dieses Prinzip konnte aber nicht mehr aufrecht erhalten werden, als man begann, Riesendampfer zu bauen, die in Bezug auf Fahrgeschwindigkeit älteren Schiffen an die Seite traten, aber an Eleganz der Einrichtung und Vollständigkeit der Ausstattung die Schnelldampfer noch übertrafen. Die White Star Linie hat mit dem Bau dieses Schiffstyp begonnen, die Hamburg Amerika Linie hat diesen Weg weiter verfolgt und in ihren beiden Prachtdampfern »Amerika« und »Kaiserin Auguste Viktoria« Muster dieser Schiffsklasse errichtet. Im Juni c. J. machte nun der die beiden Hamburger Schiffe an Größe und auch an Schnelligkeit noch übertreffende Dampfer »Adriatic« der White Star Linie seine Jungfernreise über den Ozean und zwar zu Preisen, die hinter denen der »Amerika« und »Kaiserin Auguste Viktoria« zurückbliebenund sich auf der Höhe der Preise der zur gleichen Gesellschaft gehörigen, als überwunden zu betrachtenden Celtic Klasse hielten. Dieses Vorgehen der White Star Linie veranlaßte die Hamburg Amerika Linie zu einem Protest, der im Hinblick auf die außerordentliche Beliebtheit, der sich die neue Schiffsklasse erfreut, sehr sehr verständlich ist.* Die zur Beilegung des Zwischenfalls abgehaltenen Konferenzen haben ein befriedigendes Resultat nicht ergeben, immerhin kann aber angenommen werden, daß sich der Riß noch einmal hätte überkleben lassen, wenn die

* **Anmerkung.** Auf das zwischen diesen beiden Gruppen bestehende, ziemlich weitgehende Übereinkommen ist hier nicht eingegangen, da es über die Festsetzung der Passagierraten nichts enthält.

Meinungsverschiedenheiten sich auf der White Star Linie und die Hamburg Amerika Linie und auf den einen oder anderen Dampfer beschränkt hätten. Der Ruhm, das Signal zum Kampf gegeben und den Ratenkrieg zu einem allgemeinen gemacht zu haben, ist der Cunardlinie zuzuschreiben.

Daß von Seiten der Cunardlinie auf einen dauernden Frieden nicht gerechnet werden durfte, hatten bereits die Verhandlungen über den von Morgan angeregten allgemeinen Schiffstrust und die sich daran schließenden, zur Einigung wenigstens über einzelne Punkte führenden Beratungen der großen Gesellschaften gezeigt. In diesem Fernhalten der Cunardlinie von jeder verbindlichen Verständigung über vitale Fragen des Schiffahrtsverkehrs lag System. Es galt für sie, die bedeutenste und vornehmste englische Linie, nicht nur gleichen Schritt zu halten mit der Entwicklung der anderen Gesellschaften, sondern auch den Boden wieder zu gewinnen, der in den letzten Jahren verloren gegangen war. Solchen Absichten ist der Eintritt in ein Syndikat notwendig zuwiderlaufend und verbindliche, die Aktionsfreiheit beschränkenden Vereinbarungen naturgemäß nicht förderlich.

Seitdem vor einem Dezennium die Cunardlinie das blaue Band des Ozeans an den einen neuen Rekord aufstellenden Lloyddampfer »Kaiser Wilhelm der Große« verloren hat, hat man sich daran gewöhnt, die deutschen Dampfer als die schnellsten und besten anzusehen. Auch der von den deutschen Linien besorgte Anteil an dem transatlantischen Verkehr hat stetig an Umfang zugenommen. War schon dieses Übrflügeln durch die einst gering geschätzten deutschen Mitbewerber für die stolze Engländerin schwer zu ertragen, so kam noch hinzu, daß in letzter Zeit die (englische) White Star Linie den Personenverkehr des eigenen Landes mehr und mehr auf ihre durch ruhigen Gang und bequeme Einrichtung ausgezeichneten Schiffe ablenkte. Unter den gegebenen Verhältnissen lag es nahe, daß die Cunardlinie in dem Bestreben, ihre einstige Stellung an der Spitze der Dampfergesellschaften wiederzuerringen unter anderem auch auf den Plan verfiel, Schiffe zu erbauen, die gleichzeitig die deutschen Schnelldampfer in Bezug auf Geschwindigkeit und die Prachtdampfer der White Star Linie und der Hamburg Amerika Linie in Bezug auf Größe und Ausstattung in den Schatten stellten. Um die Durchführung dieser Pläne zu ermöglichen, ließ sich die englische Regierung bereit finden, der Cunardlinie ein nur zu 3% verzinsliches Kapital von $ 13000000 zur Verfügung stellen und ihr gleichzeitig eine jährliche Subvention von 750000 in Aussicht zu stellen, falls die projektierten neuen Schiffe eine Durchschnittsgeschwindigkeit von 24½ Knoten, und von einem Bruchteil davon, wenn sie zwar weniger aber doch mindestens eine solche von 23½ Knoten erreichen würden. Die englische Regierung verließ damit zum ersten Mal ihren alten Grundssatz, nicht in das freie Spiel des wirtschaftlichen Wettbewerbes zu Gunsten eines Einzelnen einzugreifen dadurch bekräftigend, wie sehr der Verlust der Führung im transatlantischen Verkehr als nationale Sache empfunden worden ist. Die Cunardlinie konnte bei diesem Unternehmen mit Sicherheit auf die Unterstützung der einen so großen Prozentsatz der Kajütspassagiere stellenden Amerikaner rechnen, die in ihrer etwas kindlichen Vorliebe für Superlative, sich mit Begeisterung dem größten und schnellsten Schiffe der Welt zuwenden werden. Es war auch vorauszusehen, daß die hiesige englisch schreibende Presse in ihren Spalten eine ungeheure Reklame für die neuen Schiffe und für die Gesellschaft machen würde, falls es gelang, einen neuen Schnelligkeitsrekord aufzustellen und die »Deutschland« in Bezug auf die höchste Tagesleistung und den »Kaiser Wilhelm II« in Bezug auf die schnellste Überfahrt zu schlagen. Die Einstellung des ersten dieser Riesenschnelldampfer, der »Lusitania«, in den Verkehr bot also die denkbar günstigste Gelegenheit für die Cunardlinie den Kampf um die Wiedererlangung der alten Stellung zu beginnen.

Der Fehdehandschuh wurde von der französischen Linie aufgehoben, die sofort Raten veröffentlichte, die unter die Sätze der Cunardlinie noch heruntergingen. Ihr folgte die Hamburg Amerika Linie, worauf die übrigen Linien (einschließlich der kanadischen) sich der Bewegung anschlossen. Der durch die Cunardlinie geschaffenen Situation hätte am wirksamsten jedenfalls durch einen Zusammenschluß sämtlicher nordatlantischer Dampferlinien begenet werden können. Dazu ist es jedoch nicht gekommen. Wie weit die nach dem Vorstoß der Cunardlinie sofort eingeleiteten Verhandlungen nach dieser Richtung gediehen und woran sie schließlich gescheitert sind, ist nicht bekannt geworden. Es ist jedoch anzunehmnen, daß in der Hauptsache der Umstand, daß die Interessen der anderen Gesellschaften durch das Vorgehen der Cunardlinie nicht in gleichem Umfang beeinträchtigt wurden, die Einigung verhindert hat. Es ist klar, daß für den Mittelmeerdienst andere Verhältnisse in Betracht kommen als für die nordeuropäischen Häfen und daß, um ein Beispiel herauszugreifen, die White Star Linie der Cunardlinie andere und meines Erachtens breitere Angriffsflächen bietet als die französischen, holländischen und deutschen Linien. Die White Star Linie hat der Cunardlinie gegnüber auch ihren Anteil an den speziell englischen Verkehr zu verteidigen. Obwohl ebenso wie die Cunardlinie in Liverpool beheimatet, läuft die White Star Linie mit einem Teil ihrer Schiffe Southampton an. Dem Entschluß der Cunardlinie, ebenfalls einen Kanalhafen anzulaufen, könnte für sehr fühlbar werden, zumal sie diesen Schritt mit einer entsprechenden Gegenmaßregel nicht beantworten könnte. Diese Überlegungen müssen sie darauf Bedacht nehmen lassen, sich den Weg zu einer Verständigung mit der Cunardlinie (mit der Spitze gegen die deutsche Konkurrenz) nicht leichtsinnig zu erschweren. Auch das nationale Interesse muß sie in dieser Richtung leiten. Die deutschen Gesellschaften, die unter einander Fühlung behalten haben, sind in dieser Beziehung besser daran. Ob sie übrigens das Anlaufen eines Kanalhafens durch die Schiffe der Cunardlinie ruhig hinnehmen würden, muß als sehr zweifelhaft angesehen werden. Man denke nur daran, daß die Hamburg Amerika Linie bereits früher nahe daran war, eine neue Linie zwischen Liverpool und Boston einzurichten. Natürlich könnte die Cunardlinie als Gegengewicht ihren Dienst bis nach Hamburg und Bremen ausdehnen. Durch solche Maßnahmen würde der Konkurrenzkampf auf ein weiteres und gefährliches Gebiet hinübergetragen werden. Neue Dampferlinien verlangen neue Schiffe und neues Betriebsmaterial. Die damit verbundenden Kosten können selbstverständlich nicht aus den Überschüssen der Gesellschaften gedeckt werden. Eine Erhöhung des Aktienkapitals wäre unabweisbar. Ob die Linien sich zu solch folgeschweren Schritten bei der gegenwärtigen Lage des Geldmarktes entschließen werden, bleibt abzuwarten. Vorläufig liegen Beweise dafür vor, daß sämtliche Gesellschaften den gegenwärtigen Kampf mit Schonung ihrer finaziellen Kräfte führen. So treten die ermäßigten Raten für die Westfahrt meistens erst am 1. November in Kraft, wenn der Rückstrom der Reisenden nach Amerika bereits im Versiegen begriffen ist. Das Wintergeschäft aber ist so wie so nicht lohnend und mag durch die erstaunlich billigen Raten vielleicht noch angeregt werden.

Inzwischen ist es der »Lusitania« auf ihrer zweiten Reise gelungen mit einer höchsten Tagesleistung von 617 Knoten und einer totalen Durchschnittsgeschwindigkeit von 24 Knoten in der Stunde neue Rekorde aufzustellen und sowohl die »Deutschland« (601 Knoten höchste Tagesleistung) als auch den »Kaiser Wilhelm II« (23,58 Knoten Durchschnittsgeschwindigkeit) zu schlagen. Die in englische Sprache gedruckte hiesige Presse hat es dann auch nicht unterlassen, dieses Ereignis im besonderen und die Cunardlinie im allgemeinen in der übertriebensten Weise zu feiern. Für die deutschen Schnelldampfer ist damit ein gefährlicher Konkurrent auf dem Kampfplatz erschienen. Daß sie nunmehr mit dem Bau noch schnellerer Schiffe beginnen werden, ist nicht anzunehmen, da der Betrieb so schneller Schiffe mit Rücksicht auf die enormen Kosten (die »Lusitania« braucht doppelt soviel Kohlen wie die deutschen Schnelldampfer) auch bei guter Besetzung sich nicht als lohnend erweisen dürfte. Die deutschen Linien werden ihre Stellung daher durch andere Mittel aufrecht zu erhalten haben. In der Verfolgung dieses Zieles werden sie gut daran tun, ihre alten Grundsätze: Gediegenheit und Sauberkeit, strenge Disziplin und gute Verpflegung nicht zu vergessen. Vielleicht wirkt in dieser Beziehung die »Lusitania« heilsam. Haben sich doch in letzter Zeit leider die Stimmen derer gemehrt, die behaupten, man sei früher an Bord der deutschen Schiffe besser aufgehoben gewesen als dies jetzt der Fall ist.

gez. Hossenfelder.

Auszüge aus den Regeln und Ausführungsbestimmungen der White Star Line

»Ausführungsbestimmungen für die sichere und wirksame Navigation der Dampfschiffe der Gesellschaft.

1. Instruktionen, die beachtet werden müssen

Die Kommandanten und Offiziere der Gesellschaft sind gehalten, sich mit den nachfolgenden Regeln und Ausführungsbestimmungen nicht nur oberflächlich bekannt, sondern echt vertraut zu machen.

2. Verantwortung der Kommandanten

Die Kommandanten müssen erkannt haben, daß die Herausgabe der nachfolgenden Instruktionen sie in keiner Weise der vollen Verantwortung für die Sicherheit und die wirksame Navigation ihrer entsprechenden Schiffe enthebt; und sie sind auch gehalten, stets daran zu denken, daß sie, während von ihnen erwartet wird, jede Sorgfalt für die Sicherung einer schnellen Reise walten zu lassen, kein Risiko eingehen dürfen, das bei irgendeiner Gelegenheit zu einem Zwischenfall für ihre Schiffe führen könnte.

Es wird erwartet, daß sie stets daran denken, daß die Sicherheit von Leben und Eigentum, die ihrer Sorgfalt anvertraut sind, das grundsätzliche, sie beherrschende Prinzip bei der Navigation ihrer Schiffe ist und kein erhoffter Vorteil durch Eile oder Einsparung von Zeit mit dem Risiko eines Unfalls erzielt werden darf. Die Gesellschaft wünscht, ihr Ansehen für die Sicherheit ihrer Schiffe zu begründen und zu erhalten. Sie ist daher nur an Geschwindigkeiten bei den verschiedenartigen Reisen interessiert, die die Sicherheit und ein kluges Navigieren gewährleisten.

3. Autorität des Kommandanten

Die Offiziere, Ingenieure und alle anderen in den Schiffsbüchern Verzeichneten unterstehen der Kontrolle und den Befehlen des Kommandanten, und alle an Bord Befindlichen, ganz gleich, welchen Ranges, haben seine Autorität zu achten.

4. Respekt gegenüber den Offizieren

Jeder übergeordnete Offizier ist bei allen Gelegenheiten von den ihm Untergeordneten zu achten, und seine Befehle sind eindeutig und mit respektvoller Einwilligung auszuführen.

5. Wachen

Die Wachen müssen gleichmäßig verteilt werden, und das Schiff darf niemals ohne einen diensthabenden Deckoffizier gelassen werden, weder auf See noch im Hafen. Keinem Offizier ist es je erlaubt, sein Deck während seiner Wache zu verlassen, bis er vom Dienst abgelöst wird.

8. Anker-Wache

Im Hafen, wenn das Schiff vor Anker liegt, ist die Wache Tag und Nacht durch einen untergeordneten Offizier, 2 Quartiermeister und vier Seeleute zu gewährleisten.

11. Fahrtgeschwindigkeit und Feststellung der Position des Schiffes

Die Fahrtgeschwindigkeit ist regelmäßig zu ermitteln, und die Position des Schiffes ist jeden Tag durch Sonnenbeobachtung - wenn durchführbar - festzuhalten.«

Abkürzungen

BRT
Bruttoregistertonne, Raummaß für die Vermessung von Seeschiffen, gemessen in Registertonnen (2,8315 m³) des gesamten geschlossenen Schiffsraums einschließlich der Aufbauten

NRT
Nettoregistertonne, Raumaß für Vermessung von Seeschiffen, gemessen in Registertonnen (2,8315 m³) des für Fracht und Passagiere zur Verfügung stehenden Raumes

PS
veraltete Einheit der Maschinenleistung (1 PS = 0,7355 kW)

PSe
effektive Leistung bei Motoren; am Ende der Schraubenwelle auf die Schiffschraube wirkend

PSi
indizierte Leistung bei Kolbenmaschinen; mit dem Indikator an der Maschine gemessen

PSw
Wellenleistung bei Turbinen; wie PSe an der Schraubenwelle gemessen

kn
Einheit für die Geschwindigkeit in der Seefahrt (1 kn = 1sm/h = 1,825 km/h)

sm
Einheit für die nautische Länge (entspricht der Länge einer Bogenminute auf der Erde; 1 sm = 1852 m)

B & A
British & American Steam Navigation Company (1838–1841)

GW
Great Western Steam Ship Company (1838–1846)

Cunard
Cunard Line (ab 1840), British & North American Royal Mail Steam Packet Company, 1878 Cunard Steam Ship Company Ltd, 1934 Cunard-White Star Ltd, 1949 Cunard Steam-Ship Company Ltd, 1962 Cunard Line Ltd.

Collins
Collins Line (1850–1858), New York & Liverpool United States Mail Steamship Company

Inman
Inman Line (1850–1893), 1850 Liverpool & Philadelphia Steam Ship Company, 1857 Liverpool, New York & Philadelphia Steam Ship Company, 1875 Inman Steamship Company Ltd, 1886 Inman & International Steamship Company Ltd (I & I)

Guion
Guion Line (1866–1894)
Liverpool & Great Western Steamship Company Ltd

National
National Line (1864–1914)
1863 National Steam Navigation Company Ltd
1867 National Steamship Company Ltd

White Star
White Star Line (1871–1934)
Oceanic Steam Navigation Company Ltd

Hapag
Hamburg-Amerikanische Packetfahrt-Actien Gesellschaft (1856–1970). Zusammenschluß von Hapag und NDL zur Hapag-Lloyd AG

HAL
Hamburg-Amerika Linie, ab 1893 als Kurzform für den angeblich umständlichen und nur noch begrenzt aussagefähigen Namen Hapag

NDL
Norddeutscher Lloyd (1858–1970);
1970 Zusammenschluß von Hapag und NDL zur Hapag-Lloyd AG

Italia
Italian Line (1932–1977) 1932 Italia Flotte Riunite Cosulich-Lloyd Sabaudo-NGI, 1937 Italia Società Anonima di Navigazione, 1952 Italia Società per Azioni di Navigazione.

CGT
French Line (ab 1864), Compagnie Gènèrale Transatlantique

USL
United States Lines (ab 1921), 1921 United States Shipping Board, 1929 United States Lines Inc. (of Delaware), 1931 United States Lines Company (of Nevada), 1943 United States Lines Company (of New Jersey), 1966 United States Lines Inc.

Quellenverzeichnis

Literatur

[1] Barbauce, M.: Histoire de la Compagnie Générale Transatlantique. – Paris, 1955
[2] Baumann, P.: Das Blaue Band. – Spreitenbach, 1972
[3] Bonsor, N. R. P.: North Atlantic Seaway, Bde 1–4. – London, 1975–79; Bd. 5. – Jersey Islands, 1980
[4] Brennecke, J.: Geschichte der Schiffahrt. – Würzburg, 1981
[5] Coleman, T.: The Liners. – Harmondsworth, 1977
[6] Cornwell, E. L.; Brennecke, J.: Das Blaue Band. – In: Schiff und Zeit, H. 10
[7] Cornwell, E. L.; Edwards, L.: An Illustrated History of ships. – London, 1979
[8] Ellmers, D.: Maritimes Silber im Industriezeitalter. – Bremerhaven/Hamburg, 1989
[9] Fry, H.: The History of North Atlantic Steam Navigation. – London, 1896
[10] Gibbs, V. C. R.: Passenger Lines of the Western Ocean. – London, 1957
[11] Haws, D.; Hurst, A.: The Maritime History of the world. – Brighton, 1985
[12] Hesse, D.: Geschichte der Schiffsbetriebstechnik. – Flensburg, 1974
[13] Hessel, M.: Der kapitalistische Konkurrenzkampf in der Seeschiffahrt bei der Jagd ums Blaue Band des Nordatlantiks, T. 1 und 2. – Rostock, 1983 und 1988
[14] Hoeft, E. S.: Cunard-Line New York–Liverpool–Boston. – Hamburg, 1908
[15] Hughes, T.: Der Kampf ums Blaue Band. – Oldenburg, 1974 (1988) (Originaltitel: The Blue Riband of the Atlantic. – Cambridge, 1973)
[16] Kiupel, U.: Selbsttötung als sozialer Protest – Zu den Arbeits- und Lebensbedingungen der Feuerleute auf Bremischen Dampfschiffen von 1880–1914. – Bremen, 1981
[17] Kludas, A.: Deutsche Ozean-Passagierschiffe 1850–1895. – Berlin, 1983
[18] Kludas, A.: Die Geschichte der deutschen Passagierschiffahrt, Bde I bis V. – Hamburg, 1986–1990
[19] Kludas, A.: Die großen Passagierschiffe der Welt, Bde 1–5. – Oldenburg, 1972–1974
[20] Köhnemann, W.; Burck, U: Das Schiff. – Hamburg 1987
[21] Lee, C.: The Blue Riband. – London, 1931
[22] Maddox, M.: The great passenger ships. – Amsterdam, 1978
[23] Matschoß, C.: Die Dampfmaschine, Bde I und II. – Berlin, 1908
[24] Mertens, E.: Die Lloyd-Schnelldampfer. – Hildesheim, 1975
[25] Miller, W.: The fabulos interiors of the great ocean liners. – London, 1985
[26] Murken, E.: Die großen transatlantischen Linienreedereiverbände, Pools und Interessengemeinschaften bis zum Ausbruch des Weltkrieges. – Jena, 1922
[27] Neubaur, P.: Der Norddeutsche Lloyd. – Leipzig, 1907
[28] Neukirchen, H.: Seefahrt im Wandel der Zeiten. – Berlin, 1985
[29] Peillard, L.: Auf den Straßen des Ozeans. – Oldenburg, 1973
[30] Radunz, K.: 100 Jahre Dampfschiffahrt. – Rostock, 1907
[31] Rehbein, E.: Einbaum – Dampflok – Düsenklipper. – Leipzig, 1969
[32] Rehbein, E.: Unterwegs durch die Jahrtausende. – Leipzig, 1984
[33] Rook, H.-J.: Oldtimer der Flüsse und Meere. – Leipzig, 1981
[34] Rook, H.-J.: Riesen der Ozeane. – Leipzig, 1988
[35] Rothe, C.: Deutsche Ozean-Passagierschiffe 1896–1918. – Berlin, 1986
[36] Rothe, C.: Deutsche Ozean-Passagierschiffe 1919–1985. – Berlin, 1987
[37] Schapiro, L. S.: Schnelle Schiffe. – Berlin, 1985
[38] Stubmann, P. F.: Mein Feld ist die Welt: Albert Ballin – Sein Leben. – Hamburg, 1960
[39] Walker, F.: Song of the Clyde. – Cambridge, 1984
[40] Wall, R.: Die goldene Zeit der Ozeanriesen. – Gütersloh, 1971
[41] Warren, T.: Atlantic conquest. – London, 1962
[42] Wätjen, H.: Aus der Frühzeit des Nordatlantikverkehrs. – Leipzig, 1932
[43] Wehner, H.: Der Wiederaufbau der Handelsflotte und die Entwicklung der internationalen Schiffahrtsbeziehungen des imperialistischen Deutschlands in den Jahren der Weimarer Republik (Diss. B). – Dresden, 1978
[44] Wilton, O.: The Ismay Line. – London, 1961

Bilder

Agentur AP (S. 24 u.)
American Merchant Marine Museum, New York (S. 11 o.)
Bildarchiv Preußischer Kulturbesitz, Berlin (S. 10 u., 161 u., 178 u., 180, 181, 182, 184, 203 o.)
Brandenburgisches Verlagshaus (S. 47, 59, 201 u.)
Britische Botschaft, Berlin (S. 10 o.)
Cunard Line, London (S. 212 u.)
Sächsische Landesbibliothek, Abt. Deutsche Fotothek, Dresden (S. 65 u., 81, 141 u., 145 u., 185)
Deutsche Staatsbibliothek, Berlin (S. 20, 67 u.)
Deutsches Schiffahrtsmuseum, Bremerhaven (S. 5, 7, 21, 24 o., 33, 35, 38 u., 40, 54, 139, 154 o.-u., 169 o.-m., 186, 189, 190 o., 192, 193, 195 o., 196, 209, 212 o., 217 o., 220)
Hapag-Lloyd AG, Hamburg (S. 16, 28 m., 29 m., 78, 79, 96, 149, 154 o., 177)
Hotel Queen Mary, Long Beach/Kalifornien (S. 213, 216)
Kühne, Dresden (S. 200 u.)
National Maritime Museum, London (S. 14, 15, 33 m.)
Sammlung Kludas (S. 54, 109 u., 124, 194 u., 204)
Sammlung Rothe (S. 57, 73 u., 82 u., 109 u., 130, 136 o., 150 o., 154 u., 161 o., 178 o., 197 r., 203 u., 217 u., 218 o.)
Sammlung Scharf (S. 83 u., 197 l., 199, 207, 208 o., 221)
Zentralbild/ADN (S. 222)
Zentrales Staatsarchiv, Potsdam; jetzt Bundesarchiv Koblenz, Abteilungen Potsdam (S. 20, 67 o.)

Reproduktionen aus: [1] (S. 202 o.), [5] (S. 11 o., 119, 125, 176 o.), [9] (S. 112 u., 138 u.), [10] (S. 83 o., 98 m., 99, 103 u., 106, 107, 121 o., 128, 131), [14] (S. 61, 104, 109 o., 113 u., 156 u.), [15] (S. 110, 116 o.-u., 121 u., 129), [21] (S. 56, 60, 70 u., 97, 123, 127 m., 134 u., 136 u.), [22] (S. 76, 115 m.), [24] (S. 46, 47), [25] (S. 80 u., 85 u., 169 u., 171, 176 m., 198 o., 201, 202 o., 205 u., 218 o., 219 o.), [27] (S. 64, 65 m., 66, 85 o.-m., 92, 93, 142 m.-u., 143 o., 146 u.), [31] (S. 166, 179 u.), [39] (S. 50 o., 101 o.), [41] (S. 27, 100, 115, 119 m.), [44] (S. 132, 137, 138 o., 142 o.)

Alle nicht mit einem Quellenvermerk versehenen Abbildungen sind entweder eigene Entwürfe des Autors, oder sie stammen aus der Sammlung desselben bzw. aus dem Archiv des Verlages. Die Zeichnungen fertigte K.-H. Döring an.

Verzeichnis der Schiffsnamen